한韓민족과 '해 속의 삼족오'

-한국의 일상문 日象文 연구-

한韓민족과 '해 속의 삼족오'
- 한국의 일상문日象文 연구 -

2010년 11월 30일 초판 1쇄 인쇄
2010년 12월 10일 초판 1쇄 발행

지은이 · 김주미
펴낸이 · 권혁재

책임 편집 · 윤석우
편집 · 선시현, 조혜진, 이가영, 김현미
출력 · 엘렉스출력센터
인쇄 · 한영인쇄

펴낸곳 · 학연문화사
등록 · 1988년 2월 26일 제2-501호
주소 · 서울시 금천구 가산동 371-28 우림라이온스밸리 B동 712호
전화 · 02-2026-0541~4 | 팩스 · 02-2026-0547
E-mail · hak7891@chollian.net

ISBN 978-89-5508-230-2 93910

ⓒ 김주미, 2010
협약에 따라 인지를 붙이지 않습니다.

책값은 뒤표지에 있습니다.
잘못된 책은 바꾸어 드립니다.

한韓민족과 '해 속의 삼족오'
－ 한국의 일상문 日象文 연구 －

| 김주미 지음 |

학연문화사

책을 펴내며

　마흔이란 적지 않은 나이에 다시 공부를 시작했고 그 작은 결실로 2년 전 박사학위를 취득했습니다. 그리고 2년 반 이상의 시간이 흐른 지금, 박사학위 논문을 수정 보완한『한韓민족과 '해 속의 삼족오'』라는 책을 발간하게 되었습니다.

　대부분의 사람들이 그러하겠지만 저에게 박사학위 취득과 책자 발간은 중요한 의미를 지닙니다. 단순히 생각하면 공부한 결과물로 볼 수 있지만 그 안에는 인내한 세월의 노고가 담겨 있고, 이를 계기로 제가 살아온 50년 인생을 뒤돌아볼 수 있는 계기가 되었다는 점에서 매우 값진 것이었습니다.

　제 삶을 더듬어 보면서 많은 사람들이 뇌리를 스쳐갔고, 저를 격려해주셨든 아니면 쓴 소리를 해주셨든 간에 양자 모두 제가 성장하고 발전하는 데 긍정적 역할을 해주셨다는 것을 새삼 깨닫게 되었습니다.

　그 중 가장 생각났던 분은 바로 저의 할머니였습니다. 여러분께 선보이는『한韓민족과 '해 속의 삼족오'』는 어쩌면 할머니가 저에게 늘 입버릇처럼 얘기해 주신 말들의 의미를 살펴보고, 그 참 뜻을 이해해 가는 과정이었다고 생각합니다. 그렇기에 머리로만 쓰려 하지 않고 마음을 담고자 했습니다.

　처음에는 '해 속의 삼족오'에 대한 연구를 통해 중국의 동북공정에 대응할 수 있는 학문적 토대를 마련하고 이를 체계화 시켜야겠다고 생각했습니다. 하지만 그것을 뛰어넘는 그 무엇이 '해 속의 삼족오'에 함축되어 있음을 책을 마무리하면서 점차 인식하게 되었습니다.

　식견도 짧고 글 솜씨도 모자라 '해 속의 삼족오'를 연구하면서 하나둘씩 알게 되고 느꼈던 것들을 십분 전달할지는 모르겠지만, 이 책을 통해 저와 여러분이 만나고 함께 공유할 수 있는 부분이 있기를 진심으로 희망합니다. 아울러 고단한 삶을 사는 분들에게 "일몰은 일출을 전제로 하며, 완전한 어둠도 완전한 밝음도 없다. 즉, 생성과 소멸은 경계 없는 동반자이다"라는 메시지를 꼭 전하고 싶습니다.

　한편 학위 논문을 쓰고 단행본을 준비함에 있어 많은 도움을 주신 분들께 진심으로 머리 숙여 감사의 뜻을 전합니다.

　늘 든든한 울타리가 되어 주시는 정영호 교수님(박사학위 지도교수), 논문과 인생의 지도교수로서 공부하는 자세와 마음가짐을 일러주셨던 김동현 교수님(석사학위 지도교수), 논문 지도하실 때는 쓴 소리도 마다하지 않으시지만 제가 행복한 학생임을 느끼게 해주시는 정명호 교수님, 인연 맺게 된 지는 얼마 되지 않지만 관심과 배려 속에 잔잔한 감동을 주시는 홍윤식 교수님, 봉황과 삼족오에서 갈피를 잡지 못할 때 일상문에 나타난 새를 중심으로 연구를 전개할 것을 조언해주신 박경식 교수님, 논문 목차도 함께 구상해주시고 도움이 되는 여러 자료도 제시해주셨던 김문식 교수님.

　본인에게 다양한 교과목의 강의 기회를 주어 학문의 폭과 깊이를 넓힐 수 있게 해주신 문철영 교수님, 일상문에 관한 신라의 문헌 자료를 발견하시고 기쁜 마음으로 기꺼이 제공해주신 김상현 교수님, 삼족오의 오鳥를 현조玄鳥라는 개념으로 이해하고 접근할 것을 말씀해주신 윤내현 교수님, 여말선초의 평산 박씨 박적오朴赤鳥와 고구려 계승 의식을 연계시켜 볼 것을 제안하신 이재범 교수님, 일상문 관련 자료를 알려주시고 챙겨주셔서 일상문 연구가 진일보할 수 있도록 도와주신 하문식 교수님.

'미술사' 라는 강의를 처음 접하고 그 매력에 흠뻑 빠지게 했던 안휘준 교수님, 미술사를 공부할 수 있도록 다리를 놓아주신 이주형 교수님, 일상문이 새겨진 잘 알려지지 않은 묘비들을 소개해주시고 양질의 사진도 함께 제공해주신 장이근 선생님, SOS를 치면 언제나 마다하지 않고 자기 일처럼 도와주는 오혜경 선생!

공부한다는 핑계로 집안 살림도 아이들 건사도 제대로 못하는 아내를 싫은 소리 안하고 지켜봐 준 남편, 다른 엄마들처럼 챙겨주지 못했어도 스스로 자기 몫을 해주는 예쁜 딸과 아들. 바쁜 와중에도 묘비 답사 때 동행해준 남동생과 제부!

또한 책자 출판의 기회를 마련해 주신 학연문화사 권혁재 사장님, 편집에 애써주신 윤석우 실장님과 이가영·조은숙 씨를 비롯한 여러분께도 감사드립니다.

제 첫 단독 저서인 『한韓민족과 '해 속의 삼족오'』가 이 세상에 얼굴을 내미러 하니 첫 아이를 출산하는 것 같은 가슴 떨림도 있지만 사실은 두려움이 더 큽니다. 글은 자기가 낳은 사생아이고 결국 자기가 낳은 사생아에게 발목을 잡힌다는 말도 있지만,

감히 용기를 내어 이 책을 펴냅니다.

『한韓민족과 '해 속의 삼족오'』에서 언급된 내용에 대해 견해차는 있을 수 있지만, 한국의 일상문 관련 유물 및 문헌을 최대한 취합하여 제시하고자 했으므로 적어도 유용한 자료집은 되리라 생각합니다. 이 책이 작은 밑거름이 되어 이후 일상문과 삼족오에 대한 다양한 측면에서의 심도 있는 연구가 이루어지고, 이를 통해 한국의 문화 정체성 확립은 물론 정신적 메카로 자리매김하길 기대해봅니다.

끝으로 저에게 삶의 가치와 지혜를 일깨워주신 할머님께 이 책을 바칩니다. 하늘나라에 계신 할머니, 고맙습니다. 그리고 사랑합니다!!

2010년 11월 20일

김 주 미

차례

■ 1장 서론
  I. 연구 범위 • 17
  II. 연구사 검토 • 19

■ 2장 한국 고대 일상문의 성립 배경
  I. 신화·설화·민속을 통해 본 한국 고대의 태양 숭배와 새 토템 • 35
  II. 한국 고대 유물에 나타난 태양 숭배와 새 토템 • 54

■ 3장 중국과 한국의 일상문 형성과 전개
  I. 중국의 일상문 • 91
  II. 한국의 일상문 • 117

■ 4장 일상문의 도상학적 고찰과 문화권에 따른 특징
  I. 일상문의 구성 요소의 상징성 • 151
  II. 문화권에 따른 동이족(東夷族)과 화하족(華夏族)의 일상문 • 180

■ 5장 일상문에 나타난 삼족오의 변이(變移)
  I. 삼족오·주작·봉황의 성립 배경 • 200
  II. 삼족오·주작·봉황 도상의 특징 및 변천 • 211
  III. 삼족오·주작·봉황과의 친연성 • 252

■6장 일상문의 시대별 전개와 천하관의 추이

6-1장 고구려 고분 벽화에 나타난 일상문 • 279
Ⅰ. 고구려 고분의 편년 검토 및 제안 • 281
Ⅱ. 고구려 고분 벽화 일상문의 형식 분류 • 288
Ⅲ. 6세기 중반 이전과 이후의 일상문의 양식 특징과 천하관 • 299

6-2장 일상문을 통해 본 고려시대의 역사 계승 의식 • 315
Ⅰ. 고려시대 일상문의 형식 분류 • 318
Ⅱ. 일상문의 시기별 양식 특징과 천하관 및 역사 계승 의식 • 323

6-3장 조선시대의 일상문 연구 • 377
Ⅰ. 조선시대 일상문의 형식 분류 • 379
Ⅱ. 양란 이전과 이후의 일상문의 양식 특징과 천하관의 추이 • 386

■7장 일상문을 통해 본 복락(福樂)과 재화(災禍)의 의미 고찰
Ⅰ. 태양의 상징적 의미 • 426
Ⅱ. 삼족오의 상징적 의미 • 433
Ⅲ. 일상문의 도상 해석 • 443
Ⅳ. '해 속의 삼족오'에 나타난 복락과 재화의 의미 • 448

■8장 결론 • 458

찾아보기 • 469

일러두기

1. 이 책은 필자의 박사학위 논문인 「한국의 일상문日象文 연구-동이계 한韓민족의 문화 계통을 중심으로-」를 수정·보완한 것이다.
2. 연구의 주된 방향이 일상문에 표현된 삼족오이고, '일상문'이라는 용어가 낯선 분들을 위해 책명은 『한韓민족과 해 속의 삼족오』로 했다.
3. 한글 전용을 원칙으로 했고, 필요한 한자는 한글과 병용했다. 한편 설명이 필요한 단어는 괄호 안에 한자와 함께 뜻풀이를 했다. 하지만 각주는 원본 또는 원전 그대로 표기했다.
4. 주제별로 각 장을 구성했기 때문에 장章이 다르더라도 내용 전개상 필요한 사항은 일정 부분 중복 게재했다.
5. 내용에 대한 이해를 돕고 가독성을 높이고자 각 장별로 해당 페이지에 사진을 게재했다. 따라서 같은 장章이 아닐 경우, 필요에 따라 사진이 반복 사용된 경우도 있다.
6. 각 장마다 처음과 끝 부분에 도입부와 결어부를 두었다. 도입부에서는 연구 목표와 연구 내용을 밝히고, 결어부에서는 장章의 내용을 요약 정리했다.

01

서론

문양은 인류 문화의 시원始原과 그 맥을 같이 하며 장구한 세월 동안 많은 변화 과정을 거치며 발전해 왔다. 원시 신앙을 배경으로 하여 성립된 문양은 초기에는 주술적·감응적感應的 성격이 강했지만 역사 발전과 함께 계급과 권위를 나타내거나 우주관과 종교관, 정치·사회적 이념 등을 함축하게 되었다. 이처럼 다양한 기능성과 상징성을 지닌 문양은 보편성을 띠기도 하지만, 인간이 처한 생활환경과 이에 따른 사유 체계의 영향을 받아 고유한 특성을 형성한다. 따라서 문양은 생활에 대한 주관적 의식의 소산으로 인간의 내면세계와 미美 의식을 엿볼 수 있는 유용한 자료적 가치를 지닌다.

문양 가운데 종족이 살아온 환경과 그들의 집단적 가치 및 정서가 투영된 것을 전통 문양이라 한다. 전통 문양은 시간의 흐름과 외래문화의 영향 하에서도 고유성과 전통성을 유지하며, 다른 한편으로는 시대상과 이에 따른 인식 변화도 함께 반영한다. 그러므로 한국의 전통 문양은 한韓민족의 문화 공동체 의식과 역사 변천에 따른 시대상을 함께 조망할 수 있는 심도 깊은 연구 분야이다.

필자의 박사학위 논문인 '한국의 일상문日象文[1] 연구'를 근간으로 하여 구성된 이 책 『'한韓민족[2]과 해 속의 삼족오'』은 한국의 전통 문양 가운데 앞서 언급한 전통 문양의 특징적 요소를 잘 살필 수 있고, 오랜 세월 동안 우리와 동고동락해 온 일상문을 다루고 있다. 태양(일상日象)을 상징하고 이를 형상화한 일상문을 연구 대상으로 삼은 이유는 다음과 같다.

첫째, 태양을 상징하는 원 안에 삼족오三足烏와 같은 현조玄鳥를 표현하거나 원만으로 태양을 형상화 한 일상문은 문화권(동이족東夷族과 화하족華夏族)과 시기에 따라 다른 양상을 띠거나 습합된 형태를 보이고 있어 동이족과 화하족의 문화적 계통성과 양자의 문화 수용 관계를 엿볼 수 있다.

둘째, 천상天象을 대표하는 태양은 천심天心과 함께 천하관天下觀[3]을 파악할 수 있는 치천하治天下의 상징으로 여겨졌다. 태양에 대한 이 같은 인식은 지상에서의 국가 위력과 통치 조직이 천天에 반영되기를 원하고 천인합일天人合一을 통해 영원불멸의 절대적인 권력과 통치를 누리기 위함이다. 이런 까닭에 왕권의 상징물로 태양(日象)을 형상화 한 일상문이 사용되었다.

셋째, 초월적인 천상계의 대표적 물상物象으로 영원성을 지닌 태양은 종교의 내세관과 연계되어 죽은 자와 관련된 묘제 장식 등에 사용됨으로써 영혼 불멸과 신생新生을 염원하는 인간의 마음을 반영했다.

---

1 태양을 상징하고 이를 형상화 한 문양은 한자로 日象文, 日像文, 日象紋, 日像紋 등 다양하게 표기되고 있는데, 여기서는 '日象文'으로 표기하고자 한다. 먼저 '像'이 아닌 '象'으로 표기한 것은 '像'은 동물이나 사람을, '象'은 그 밖의 대상을 형상화 한다는 측면이 강하며, 태양은 천상(天象)을 대표하는 물상(物象)이므로 日像보다는 日象이 적합하다고 판단되었기 때문이다. 또한 태양을 형상화 했고 천하관과 내세관을 엿볼 수 있는 문양을 '日象紋'이 아닌 '日象文'으로 표기한 것은 '紋'은 직문(織文) 등 도안적 성격이 강하고, '文'은 글자처럼 사물을 표시하고 의사를 전달하는 상징적 기호로서 인간의 내적 정신 활동의 소산을 의미하기 때문이다. 한자인 '日象文' 대신 우리말인 '해 무늬'의 사용 여부도 검토하였으나 학술적으로 널리 통용되고 있지 않아 여기서는 사용하지 않았다. 그러나 금후 '日象文'의 우리말 용어 정립이 필요하다고 생각한다.

2 한(韓)민족에서 '한'은 신석기 시대의 고아시아족과 청동기 시대의 퉁구스족(일명 알타이족으로도 지칭)이 결합하여 구성된 예맥(濊貊)과 예맥이 한반도 남부로 내려와 지역화 된 한반도 중남부의 한을 총칭하는 개념이다. 또한 '민족'이라는 용어를 근대 이후의 산물로 인식하는 시각도 있지만, 여기서는 동국(東國)이나 진단(震檀) 등 우리를 지칭하는 실체가 오래 전부터 존재했다고 보는 견해를 수용했다.

3 천하라는 말은 하늘 아래 또는 천자(天子)의 권위 하에 있는 온 세상을 뜻하며, 천하관(天下觀)은 온 세상이 어떻게 구성되어 있고 나아가 인접 집단과 비교해 자기 족속의 특성이 어떠한 가에 대한 인식을 담은 것이다.(盧泰敦, 「5세기 高句麗人의 天下觀」, 『한국사 시민강좌』 제3집, 一潮閣, 1988, 61쪽.)

넷째, 생명과 아침을 상징하는 붉은 태양 안에 죽음과 밤을 의미하는 까마귀와 같은 현조를 함께 표현한 '해 속의 삼족오'와 같은 일상문은 밤이 지나면 아침이 오듯이 죽음과 어둠은 끝이 아닌 새로운 시작이며, 생성과 소멸은 경계 없는 동반자라는 우주론을 함축한다. 이를 반증하듯 '해 속의 삼족오'로 표현된 일상문은 대내외적으로 어려움을 겪었던 시기에 많이 나타난다. 이는 국난이나 정치적 혼란과 같은 어려움의 시기가 지나면 밝은 세상이 올 것이라는 희망의 메시지를 담고 있기 때문이다.

본 책에서는 일상문의 구성 요소 중 삼족오와 같은 현조에 주목하고 여기서 한국의 일상문 전통을 찾고자 한다. 이처럼 일상문의 현조 표현에 관심을 두는 것은 천공을 날며 하늘 가까이 갈 수 있는 새가 영혼과 곡령穀靈의 전달자로서 일찍이 솟대 위에 올려졌기 때문이다. 아울러 고구려의 동명성왕·신라의 박혁거세·가야의 김수로 등 고대의 시조始祖 탄생 설화가 대부분 천손天孫 강림을 바탕으로 하는 난생卵生설화로 이루어졌고, 고구려 고분 벽화의 일상문에 삼족오가 그려지는 등 우리의 역사와 생활 속에 밀접한 유대 관계를 가지며 기능해 왔기 때문이다. 더욱이 솟대 신앙과 신조神鳥 사상은 동북아시아의 샤머니즘 문화권에 널리 퍼져 있고, 난생설화는 동이계 문화권에 공통적으로 나타난다. 또한 태양 안에 삼족오와 같은 현조를 표현한 일상문은 동이족의 이동 경로 및 활동 영역에 주로 분포되어 있어 솟대·난생설화·일상문에 등장하는 현조에 대한 고찰은 동이계인 한韓민족의 문화적 계통성을 엿볼 수 있다는 측면에서 그 중요성이 인정된다.

하지만 일상문을 우리 문화의 계통성과 한국 고대 사회의 천하관 및 내세관을 파악할 수 있는 대상으로 인식하거나 일상문에 표현된 삼족오와 같은 현조를 솟대신앙 및 난생설화 등과 연계하여 종합적으로 다룬 책은 아직 나와 있지 않다. 또한 일상문에 관한 도상학적 해석이나 문화권(동이족과 화하족)에 따라 일상문이 어떻게 형성·전개되었으며 구성 요소의 특징과 그 상징적 의미는 무엇인가에 대한 검토도 아직 이루어지지 않고 있다. 이에 본 책에서는 고구려 고분 벽화의 일상문과 이후 전개되는 국내의 일상문 연구를 통해 전술한 여러 문제들을 검토해 보고자 한다. 아울러 시대 상황 및 이에 따른 정치·사상적 변화가 일상문에 어떻게 반영되었는가를 알아봄으로써 일상문에 관한 종합적 검토에 다소나마 일조하고자 한다.

고구려를 중국의 지방 정권으로 인식하려는 중국의 동북東北공정과 독도를 둘러싼 일본의 영유권 주장이 제기되고 있는 오늘날, 역사가의 사관史觀이 반영되는 문헌보다도 더 실재성實在性을 지닌 일상문과 같은 전통 문양 연구는 한韓문화의 정체성과 역사적 궤적을 파악하는 데 매우 유용하고 중요한 연구 과제가 될 것이다.

I. 연구 범위

이 책의 연구 범위는 동이계인 한민족의 문화적 계통성을 살필 수 있는 한국 고대의 일상문(고구려 고분 벽화의 일상문)과 이후의 일상문 전개이며, 주 관심 분야는 일상문에 나타난 삼족오와 같은 현조이다. 이를 위해 검토할 연구 내용은 ① 한국 고대 일상문의 성립 배경, ② 중국과 한국의 일상문 형성과 전개, ③ 일상문의 도상학적 고찰과 문화권에 따른 특징, ④ 일상문에 나타난 삼족오의 변이變移, ⑤ 일상문의 시대별 전개와 천하관의 추이(고구려 고분 벽화에 나타난 일상문, 일상문을 통해 본 고려 시대의 고구려 계승 의식, 조선시대의 일상문), ⑥ 일상문을 통해 본 복락福樂과 재화災禍의 의미 고찰 등이다. 이와 관련하여 각 장에서 다루어질 내용은 다음과 같다.

1장 '서론'에서는 연구 목적을 제시하고 지금까지 진행된 일상문의 연구사를 정리하여 기존 연구의 문제점과 해결해야 할 과제를 검토하고자 한다.

2장 '한국 고대 일상문의 성립 배경'에서는 일상문 형성에 중요한 동인動因으로 작용한 태양 숭배와 새 토템(솟대신앙, 난생설화)의 형성 배경과 그 성격을 알아보고자 한다. 또한 태양과 새의 이미지를 형상화 시킨 한국의 다양한 고대 유물을 통해 태양 숭배 및 새 토템과 같은 원시 신앙의 양상이 우리나라에서 어떻게 표현되고 전승되었는가를 고찰해 보고자 한다.

3장 '중국과 한국의 일상문 형성과 전개'에서는 태양과 현조가 결합된 일상문이 언제 형성되고 이후 어떠한 변화 과정을 거치며 전개되었는가를 중국과 한국으로 나누어 살펴보고자 한다. 중국은 한대漢代 이전에 보이는 태양과 삼족조三足鳥가 결합된 도상이나 삼족조의 여러 형상들을 소개한 후, 일상문의 다양한 작례作例들을 한대와 한대 이후로 나누어 정리하고자 한다. 우리나라는 삼국시대 이전, 삼국시대(고구려·백제·신라), 삼국시대 이후(남북국시대, 고려, 조선)로 나누어 일상문 형성과 전개를 다루고자 한다.

4장 '일상문의 도상학적 고찰과 문화권에 따른 특징'에서는 일상문의 구성 요소와 그 상징성에 대한 검토를 통해 일상문의 도상학적 고찰을 시도해 보고자 한다. 한편 도상과 이에 함축된 상징성에서 많은 차이를 보이는 동이족과 화하족의 일상문 특징도 함께 정리해보고자 한다.

5장 '일상문에 나타난 삼족오의 변이變移'에서는 문헌과 유물 자료를 통해 삼족오·주작·봉황의 성립 배경, 도상의 특징 및 변천 과정, 상호간의 친연성을 살펴보고 이를 통해 삼족오에서 주작과 봉황, 주작에서 봉황으로의 변이를 고찰하고자 한다.

6장 '일상문의 시대별 전개와 천하관의 추이'에서는 일상문의 중요한 구성 요소인 현조의 유무有無 및 동세動勢를 중심으로 일상문을, ⅰ) 원 안에 날개를 접은 채 서 있는 현조, ⅱ) 원 안에 날개를 펼친 채 서 있는 현조, ⅲ) 원 안에 날개를 펴고 날아가는 현조, ⅳ) 원으로 구성된 일상문 등 네 가지 형식으로 구분한 후, 일상문의 양식 변천을 고려하여 천하관의 추이를 살펴보고자 한다. 고구려는 6세기 중반 이전과 이후로, 고려는 남북국시대~고려 초·거란 침입~금金의 등장 이전·금의 등장~무신 난 이전·무신 집권기·원元 간섭기로, 조선은 양란兩亂 이전과 이후로 나누어 일상문의 시기별 특징이 당시의 시대 상황 및 이에 따른 정치·사상적 변화와 어떠한 관련성을 갖는가를 검토하고자 한다.

7장 '일상문을 통해 본 복락福樂과 재화災禍의 의미 고찰'에서는 태양과 삼족오의 상징적 의미를 알아본 후, 원으로 구성된 일상문과 원과 삼족오가 결합된 일상문의 도상 해석을 통해 해 속의 삼족오에 나타난 복락과 재화의 의미를 파악하고자 한다.

8장 '결론'에서는 2장에서 7장까지의 연구 내용을 간략하게 정리한 후, 이를 토대로 '해 속의 삼족오'와 같은 일상문이 우리 역사와 문화에서 어떻게 기능해왔고 그것이 시사하는 바는 무엇인가를 살펴보고자 한다. 이러한 시도는 일상문에 대한 인식과 이해의 폭을 넓히고 그 위상과 가치를 제고시키는데 일조할 것으로 본다.

II. 연구사 검토

연구 대상이 한국의 일상문이고, 주 관심사는 한민족의 문화 계통을 살필 수 있는 일상문에 나타난 삼족오와 같은 현조이므로 일상문과 삼족오로 나누어 기존의 연구 내용을 검토하고자 한다. 이 같은 연구사 검토를 통해 기존 연구의 미진한 사항을 연구 내용에 반영하고, 아울러 일상日象과 일상 안에 표현된 현조와의 관련성을 중시하면서 일상문에 대한 미술사적·사상사적·문헌사적 측면에서의 종합적인 고찰을 시도하고자 한다.

1. 일상문 관련 논문

일상문을 다룬 국내 논문으로는 이태호李泰浩의 「일상日象·월상月象-동양 고대미술에 있어서 해와 달의 표현과 사상」,[4] 리준걸의 「고구려 고분벽화의 해와 달 그림

---

4 李泰浩, 「日象·月象 — 東洋 古代美術에 있어서 해와 달의 表現과 思想」, 『弘益大 大學院 論考』, 弘益大學校, 1976.

에 대하여」,[5] 전호태全虎兌의 「한漢-당대唐代 고분의 일상日像 · 월상月像」[6] 및 「고구려 고분벽화의 해와 달」,[7] 김주미金珠美의 「주작기朱雀旗와 일기日旗를 통해 본 일상문日象文의 변천」[8] 등이 있다.

ⅰ) 이태호의 「일상 · 월상-동양 고대미술에 있어서 해와 달의 표현과 사상」은 일월상의 도상 성립 배경과 함께 한대漢代 및 한대 이후, 6세기 이전 및 6세기 이후의 고구려 고분 벽화 등으로 나누어 일월상의 유형을 고찰했다. 그 결과 후한(동한 : AD 25~220)는 전한(서한 : BC 206~AD 24)에 비해 다양한 형태의 일월상이 나타나고 한대 이후부터 9, 10세기까지의 일월상은 중원中原에서 벗어난 돈황敦煌이나 투르판(현재 신강성 토노번현) 등 외곽 지역에 나타나고 있음을 지적했다. 또한 고구려 고분 벽화의 일월상을 6세기 이전 및 6세기 이후로 구분한 후, 고구려 고분 벽화의 일월상은 중국의 영향 하에서 고구려 나름의 독자성을 가지며 변화한 것으로 보았다.

ⅱ) 리준걸의 「고구려 고분벽화의 해와 달 그림에 대하여」는 고구려 고분 벽화에 나타난 일상문의 도상 성립을 태양의 흑점을 관측한 고구려 당대의 과학적 결과의 산물로 보고 한대의 일상문과는 관계없이 고구려에서 자체 발생한 것으로 파악했다. 또한 고구려 고분 벽화에 표현된 일상문의 형식을 ① 원만으로 표현된 일상문, ② 원 안에 나래를 펴지 않은 채 측면으로 서 있는 삼족오가 그려진 일상문, ③ 원 안에 나래를 펴고 정면으로 서 있는 삼족오가 그려진 일상문 등으로 분류했다.

ⅲ) 전호태의 「한-당대 고분의 일상 · 월상」은 한-당대 일월상의 형식을 성좌형星座形과 신격형神格形으로 대별했고, 성좌형은 다시 양조형(陽鳥形 : 원륜을 등에 진 채 하늘을 나는 새의 형태)과 순수 성좌형(특정한 상서祥瑞 동물이나 신격과 결합됨 없이 표현되는 해와 달)으로,

---

5 리준걸, 「고구려 고분벽화의 해와 달 그림에 대하여」, 『력사과학』 85-2집, 1985. 2.
6 全虎兌, 「漢-唐代 고분의 日像 · 月像」, 『美術資料』 제48호, 국립중앙박물관, 1991. 6.
7 全虎兌, 「高句麗 古墳壁畵의 해와 달」, 『美術資料』 제50호, 국립중앙박물관, 1992. 12.
8 拙稿, 「朱雀旗와 日旗에 나타난 日象文의 變容과 變遷」, 『三足烏』, 학연문화사, 2007. 3.

신격형은 우인형羽人形, 복희伏羲·여와형女媧形, 서왕모西王母·동왕공형東王公形, 기타 형식 등으로 분류한 후 이를 한-당대의 일월 인식과 연계시켰다. 또한 이처럼 여러 형식의 일월상이 등장하는 배경을 이방세계의 다종다양한 문화를 흡수 통합하여 이를 세계성과 보편성을 지닌 중세문화로 발전시켜 나갔던 한-당대의 문화적 특징의 하나로 보았다.

 iv) 전호태의 또 다른 논문「고구려 고분벽화의 해와 달」은 전술한 그의 논문을 토대로 하여 한-당대 묘실에 표현된 일월상과 고구려 고분 벽화에 나타난 일월상에 반영된 인식 사이에 어떤 관련성이 있는가를 살펴보고, 일월상과 같이 우주관 및 세계관을 반영하는 존재에 대한 인식과 표현이 고구려 고분 벽화에 어떻게 반영되고 있는가를 검토하였다. 즉, 고구려 고분 벽화의 일월상이 한대 이후의 일월 인식을 수용한 것으로 보고 한-당대 일월상 형식에 의거해 고구려 고분 벽화의 일월상 형식을 분류했다.

 v) 필자의「주작기와 일기에 나타난 일상문의 변용과 양식 변천」은 의장기儀仗旗 중 주작기와 일기를 대상으로 일상문에 등장하는 현조가 어떠한 변화 과정을 거쳐 삼족오에서 주작과 봉황으로 변이變移되었는가를 살펴보았다. 또한 주작과 일상문의 양식 변천을 시대 조류에 따른 정치·사상과 연계하여 고찰했다.

 vi) 중국과 일본의 경우, 일상문만을 다룬 논문은 찾기 어렵다. 그나마 지금까지 발굴 조사된 한대 화상석畵像石과 벽화[9], 고구려 고분 벽화[10]에 나타난 일월상을 제

---

9 한대(漢代) 화상석(畵像石)과 벽화에 나타난 일상문에 대해 언급한 중국과 일본의 논문 및 저서는 다음과 같다.
 王德慶,「河南出土的漢晋繪畵簡述」,『考古通信』57-4, 1957.
 金維諾,「談長沙馬王堆三號墓漢墓帛畵」,『文物』74-12, 1974.
 周 到,「南陽漢畵像石中幾幅天象圖」,『考古』75-1, 1975.
 張明川,「河南出土的漢晋繪畵簡述」,『文物』78-6, 1978.
 黃承宗,「西昌東漢魏晋時期磚室墓葬調査」,『考古與文物』83-1, 1983.
 魏仁華,「南陽漢畵像石中的幻日圖像試析」,『中原文物』85-3, 1985.

재題材의 하나로서 언급하거나 고대 동양의 대표적인 문양으로 또는 고대 중국의 신화 및 신들을 다루면서 얘기되는 경우가 대부분이다.

vii) 일상문을 언급한 영문 논문에는 Xu Zhentao의 'Solar Obsrvations in Ancient

常任俠,「漢代畫像石與畫像磚藝術的發展與成就」,『中國美術全集』繪畫篇 卷18 '畫像石·畫 像磚', 中國美術全集編輯委員會編, 上海人民美術出版社(上海), 1988.
湯 池,「漢魏南北朝的墓室壁畫」,『中國美術全集』繪畫篇 卷12 '墓室壁畫', 中國美術全集編輯委員會編, 上海人民美術出版社(上海), 1988.
王仁波,「隋唐時期的墓室壁畫」,『中國美術全集』繪畫篇 卷12 '墓室壁畫', 中國美術全集編輯委員會編, 上海人民美術出版社(上海), 1988.
湖南省博物館·中國科學院考古硏究所,「長沙馬王堆二, 三號漢墓發掘簡報」,『文物』 47-7, 1947. 7.
河南省博物館,「南陽漢墓畫像石槪述」,『文物』 73-6, 1973.
甘肅省博物館,「酒泉嘉谷關晋墓的發掘」,『文物』 79-6, 1979.
濟南市博物館,「濟南市馬家莊北齊墓」,『文物』 85-10, 1985.
高文,『四川漢代畫像磚』, 上海人民美術出版社, 1987.
上居淑子,「古代中國における仙界圖像」,『美術史硏究』 8冊, 早稻田大學美術史學科, 1971.
上野アキ,「アスタナ出土伏羲·女媧圖について」上下,『美術硏究』 292, 293號, 東京國立文化財硏究所, 1974.
石井昌子,「道敎の神」,『道敎はなにか』, 平河出版社, 1985.
長度敏雄,『漢代畫像の 硏究』, 中央公論美術出版社, 1965.
梅原末治·藤田亮策,『朝鮮古文化綜鑑』卷四, 養德社(東京), 1966.
渡邊素舟,『中國古代文樣史』, 雄山閣(東京), 1976.
樂浪漢墓刊行會,『樂浪漢墓(石巖里第219號墳發掘調査報告) 第2冊, 眞陽社(東京), 1976.
土居淑子,『古代中國の畫像石』, 同朋舍出版, 1986.
林巳奈夫,『中國古代の神がみ』, 吉川弘文館, 2002.
─────,『漢代の神神』, 臨川書店

10 고구려 고분 벽화에 나타난 일상문에 대해 언급한 중국과 일본의 논문 및 저서는 다음과 같다.
李殿福,「集安洞溝三室墓壁畫補正」,『考古與文物』 81-3, 1981.
─────,「吉林集安五壙墳四號墓」,『考古學報』 84-1, 1984.
吉林省博物館,「吉林輯安五壙墳四號和五號墓淸理略記」,『考古』 64-2, 1964.
吉林省文物工作隊·集安縣文物保管所「集安長川1號壁畫墓」,『東北考古與歷史』 1輯 7, 1982.
關野貞,「平壤附近に於ける高句麗時代の古墳及繪畫」,『朝鮮の建築と藝術』, 岩波書店(東京), 1941.
朝鮮總督府 編,『朝鮮古蹟圖譜』卷二, 1915.
─────────,『大正五年度古墳調査報告』, 1917.
總督府 編,『高句麗時代之遺蹟』圖版下冊(古墳調査特別報告 第5冊), 1930.
梅原末治,『樂浪及高句麗古瓦圖譜』, 便利堂(京都), 1935.
朝鮮古墳硏究會 編,『昭和十一年度古墳調査報告』, 1937.
池内宏·梅原末治,『通溝』, 日滿文化協會(東京), 1940.
朝鮮畫報社 編·高寬敏 譯,『德興里高句麗壁畫古墳』, 講談社(東京), 1986.

China and Solar Variability' [11]와 Michael Loewe의 'The bird in the sun and the hare in the moon' [12] 등이 있다. Xu Zhentao는 태양 속의 현조 표현을 태양의 흑점을 관측한 결과로 보았다. 또한 Michael Loewe는 태양 안의 현조 표현을 머리가 매hawk 모습을 하고 있는 이집트 신화의 태양신 라Ra와 비교하는 한편, 일상문의 날아가는 현조를 태양의 운행을 묘사한 것으로 풀이했다.

앞서 언급한 일상문 관련 논문들의 특징을 간추려 보면 다음과 같다.

첫째, 대부분의 논문들이 일상문과 월상문을 함께 언급했고 일상문의 연구 대상도 한대 화상석과 벽화, 고구려 고분 벽화 등에 한정되어 있다.

둘째, 고구려 고분 벽화의 일월상을 다룰 경우, 한·당대 일월상과의 영향 관계에 비중을 두거나 중국 문화의 영향 하에서 나름대로의 독자성을 가지며 변화 발전한 것으로 보는 경향이 짙다. 그러나 고구려 고분 벽화의 일월상에 나타난 중국의 영향은 무엇이고 고구려의 독자성은 어떤 것인가를 구체적으로 기술하지 않고 있어 아쉬움이 남는다.

셋째, 국내의 일상문 관련 논문은 형식 분류에 초점을 둔 것이 많아 연구 내용의 다각화가 필요하며, 아울러 형식 분류의 기준과 근거가 명확하지 않다는 문제점도 제기된다.

이상에서 살펴본 일상문의 연구 성과를 보면, 일상문을 다룬 국내 논문은 몇 편에 불과하고 이와 관련된 학위논문이나 단행본은 아직 나와 있지 않다. 또한 일월상을 함께 언급한 논문이 대부분이고 일상문의 연구 시기 및 대상도 한대 화상석과 벽화, 고구려 고분 벽화 등에 한정되어 있다. 따라서 일상문과 월상문을 함께 다룬

---

[11] Xu Zhentao, Solar Observations in Ancient China and Solar Variability(Series A, Mathematical and Physical Sciences, Vol. 330, No. 1615), Royal Society of London, 1990.

[12] Michael Loewe, The bird in the sun and the hare in the moon, Ways to Paradise : The Chinese Quest for Immortality, George Allen & Unwin Ltd., 1979.

지금까지의 연구 패턴에서 벗어나 연구 범위를 일상문에 한정하고, 한대의 일상문을 기준으로 고구려 고분 벽화의 일상문 형식을 분류했던 종래와는 달리 일상문의 중요한 구성 요소인 현조의 유무 및 동세를 기준으로 하여 고구려 고분 벽화의 일상문 형식을 분류하고자 한다. 아울러 고구려 고분 벽화의 일상문이 이후 한국의 일상문 전개에 어떻게 반영되고 있는가를 고찰함으로써 한국 일상문의 계통성과 전통성을 도출해내고, 이것이 갖는 상징적 의미를 밝히는데 연구의 초점을 맞추고자 한다.

2. 삼족오 관련 논문

일상문의 중요한 구성 요소인 삼족오를 다룬 국내 논문에는 이형구李亨求의「고구려의 삼족오三足烏 신앙에 대하여-고고학적 측면에서 본 조류鳥類숭배사상의 기원 문제」,[13] 신용하慎鏞廈의「고조선 문명권의 삼족오태양 상징과 조양朝陽 원태자袁台子 벽화묘의 삼족오태양」,[14] 허흥식許興植의「삼족오의 동북아시아 기원과 사상의 계승」,[15] 손환일의「삼족오 문양의 시대별 변천」,[16] 우실하의「흐름과 교류의 산물 삼족오」[17] 등이 있고, 학위 논문으로는 유은규柳銀奎의『고구려 고분벽화 삼족오 도상의 특징과 기원』,[18] 송미화宋美花의『고분벽화에 나타난 고구려인의 삼족오 인식-한

---

[13] 李亨求,「고구려의 삼족오(三足烏) 신앙에 대하여-고고학적 측면에서 본 鳥類숭배사상의 기원 문제」,『東方學志』86, 연세대학교국학연구원, 1994. 12.
―――,「고구려 고분벽화에 보이는 삼족오(三足烏) 신앙에 대하여-발해연안 조류숭배사상과 연관하여」,『三足烏』, 학연문화사, 2007. 3.
[14] 慎鏞廈,「古朝鮮文明圈의 三足烏太陽 상징과 朝陽 袁台子壁畵墓의 三足烏太陽」,『韓國學報』第105輯, 一志社, 2001. 12.
[15] 許興植,「三足烏의 동북아시아 기원과 사상의 계승」,『三足烏』, 학연문화사, 2007. 3.
[16] 손환일,「三足烏 문양의 시대별 변천」,『三足烏』, 학연문화사, 2007. 3.
[17] 우실하,「흐름과 교류의 산물 '三足烏'」,『동북공정 너머 요하문명론』, 소나무, 2007. 4.
[18] 柳銀奎,「高句麗 古墳壁畵 三足烏 圖像의 特徵과 起源」, 서울대학교 大學院(社會敎育科) 碩士學位論文, 2003. 2.

당대漢唐代의 삼족오 인식과의 관련성을 중심으로』[19]가 있다.

ⅰ) 이형구는 「고구려의 삼족오 신앙에 대하여-고고학적 측면에서 본 조류숭배사상의 기원 문제」에서 문헌상에 보이는 삼족오 신앙, 고구려 고분 벽화에 보이는 삼족오, 고구려 인접 지역의 삼족오, 한대의 삼족오 등을 다루었다. 그는 '해 속의 삼족오'와 같은 일상문 표현을 동이족의 태양 숭배와 새 토템이 연합한 것으로 보았다. 또한 동이족인 고구려인에 의해 그려진 태양과 현조가 결합된 고구려 고분 벽화의 일상문을 태양과 알이 합일된 고구려 시조의 난생설화와 연계시켰다. 아울러 '해 속의 삼족오'로 묘사된 일상문은 고대부터 조류숭배사상이 강했던 발해 연안의 석묘계 고분에 주로 나타나며, 한대에는 복희·여와가 일상문에 출현하는 등 표현 양식이 다양해지고 있음을 지적했다.

ⅱ) 신용하의 「고조선 문명권의 삼족오태양 상징과 조양 원태자 벽화묘의 삼족오태양」은 고조선 문명권의 삼족오태양과 3신三神, 삼족오태양과 소호족少昊族과의 관련성을 언급했다. 한편 상고 시대 고조선의 영역이었던 조양 원태자 벽화묘에 '삼족오태양'이 그려진 것을 통해 이 벽화묘의 주인공을 고조선 문명권의 후예로 보았다.

ⅲ) 허흥식은 「삼족오의 동북아시아 기원과 사상의 계승」에서 삼족오 신앙은 상고시대 동북아시아에 널리 퍼져 있던 일오日烏 신화에서 기원한 것으로 중원에서는 당나라 후기부터 소멸되나, 우리나라에서는 고구려 고분 벽화의 삼족오 전통이 고려와 조선에까지 계승되고 있음을 말하고 있다.

ⅳ) 손환일은 「삼족오 문양의 시대별 변천」에서 삼국시대부터 고려와 조선에 이르기까지 장구한 세월동안 우리와 함께 해온 삼족오를 동이족인 우리의 민족 신앙

---

19 宋美花『古墳壁畵에 나타난 高句麗人의 三足烏 認識 － 漢唐代의 三足烏 認識과의 關聯性을 中心으로』, 韓國敎員大學校 敎育大學院(歷史敎育科) 碩士學位論文, 2003. 2.

이며, 또한 해 뜨는 동방의 나라 조선을 상징하는 징표로 이해했다.

v) 우실하는 「흐름과 교류의 산물 '삼족오'」에서 상商·주周·춘추전국春秋戰國 시대에 단독으로 등장했던 삼족오는 음양오행설이 체계화된 한대에 이르러 태양과 결합된 모습으로 나타나지만 다리 셋과 같은 3수의 상징성은 점차 약화된 것으로 보았다. 한편 삼족오는 한대 이후 중원에서는 거의 보이지 않다가 고구려에서 화려한 모습으로 부활한 후, 한반도 도래인渡來人들을 통해 일본에까지 전파된 것으로 보았다.

vi) 유은규의 『고구려 고분벽화 삼족오 도상의 특징과 기원』은 한 나라와 남북조 시대의 화상석 및 벽화에 나타난 일상문 중의 서조와 고구려 고분 벽화 일상문 중의 삼족오와의 차이점을 설명하면서 고구려 고분 벽화에 묘사된 해 속의 삼족오는 중국과는 차별화되는 우리 고유의 기원을 갖는 상징적 형상물로 이해했다. 또한 삼족오 도상의 기원을 파악하기 위해 삼족오 관련 신화의 계통성을 검토하고 그 기원이 동이東夷, 즉 예맥족濊貊族과 연결되고 있음을 밝히고 있다.

vii) 송미화의 『고분벽화에 나타난 고구려인의 삼족오 인식 - 한당대의 삼족오 인식과의 관련성을 중심으로』는 한-당대와 고구려의 삼족오 표현 형식을 분류한 후, 고구려 고분에 표현된 삼족오의 상징성을 태양 및 조류 숭배 사상의 결합, 태양의 흑점 표현, 길수吉數 3에 대한 철학적 인식이 반영된 것으로 보았다.

viii) 삼족오만을 다룬 외국 논문은 찾기 힘들다. 일상문의 경우와 마찬가지로 한대 벽화 및 화상석, 고구려 고분 벽화 등에 나타난 삼족오를 제재의 하나로 다루거나 고대 문헌에 언급된 삼족오 관련 내용을 소개하는 정도이다.[20]

지금까지 살펴본 국내의 삼족오 관련 논문들의 특징을 정리해보면 다음과 같다.

첫째, 삼족오를 다룬 국내 논문들은 삼족오와 동이족인 우리 민족과의 밀접한 관

---

[20] 주)9과 주)10 참조

련성을 말하고 있다.

둘째, 삼족오 관련 논문이 고고학이나 문헌 중 한쪽에 무게를 둔 것이 많고 미술사와 사상사적 측면에서의 검토는 아직 이루어지지 않고 있어 다각적 측면에서의 종합적인 연구가 요구된다.

셋째, 전술한 일상문의 형식 분류와 마찬가지로 고구려 고분 벽화에 나타난 삼족오 형식을 분류함에 있어 그 기준과 분류된 형식의 상징적 의미 등을 분명히 제시하지 않고 있어 형식 분류의 모호성이 제기된다.

이상에서 고찰한 바와 같이 삼족오를 다룬 논문들이 일상문 속의 삼족오를 다루기보다는 삼족오 자체에 주력한 것이 많아 태양과 삼족오 양자 간의 관련성을 이해하는 데는 다소 어려움이 있다. 그 결과 삼족오 논문에서는 삼족오와 동이계인 한韓민족과의 긴밀한 관련성을 말하고 있으나, 일상문 논문에서는 고구려 고분의 일상문이 한-당대의 영향 하에서 나름대로의 독자성을 가지고 변화 발전한 것으로 보는 등 상반된 견해를 내놓고 있다. 한편 해와 달에 관한 인식의 일부로서 현조인 삼족오를 언급한 논문은 있으나, 일상문의 중요한 구성 요소인 현조에 대한 고대의 관념 생성 배경과 그 인식 체계를 함께 고찰하거나 일상문에 그려지는 현조인 삼족오의 변이變移와 변이된 주작과 봉황의 성립 배경 및 도상의 특징을 다룬 논문은 없다.

따라서 본 논문은 태양과 태양 안에 표현된 현조와의 관련성을 염두에 두면서 일상문을 고찰하고자 한다. 이를 위해 일상문의 구성 요소의 상징성과 도상학적 고찰을 실시하고, 일상문에 나타난 삼족오의 변이를 문헌과 유물 자료를 통해 살펴보고자 한다. 아울러 현조의 유무와 동세로 일상문의 형식을 분류하고, 일상문의 시기별 양식 특징과 천하관의 추이도 연구 내용에 포함시키고자 한다. 이밖에 한국의 역사와 문화에서 '해 속의 삼족오'와 같은 일상문이 어떻게 기능해 왔고 그것이 주는 메시지는 무엇인가를 도출해 내고자 한다.

참고문헌

1. 일상문 관련 단행본

長度敏雄,『漢代畵像の 硏究』, 中央公論美術出版社, 1965.

梅原末治·藤田亮策,『朝鮮古文化綜鑑』卷四, 養德社(東京), 1966.

渡邊素舟,『中國古代文樣史』, 雄山閣(東京), 1976.

樂浪漢墓刊行會,『樂浪漢墓(石巖里第219號墳發掘調査報告』第2冊, 眞陽社(東京), 1976.

土居淑子,『古代中國の畵像石』, 同朋舍出版, 1986.

高文,『四川漢代畵像磚』, 上海人民美術出版社, 1987.

林巳奈夫,『中國古代の神がみ』, 吉川弘文館, 2002.

_____,『漢代の神神』, 臨川書店

2. 일상문 관련 논문

李泰浩,「日象·月象 - 東洋 古代美術에 있어서 해와 달의 表現과 思想」,『弘益大 大學院 論考』, 弘益大學校, 1976.

리준걸,「고구려 고분벽화의 해와 달 그림에 대하여」,『력사과학』85-2집, 1985. 2.

全虎兌「漢-唐代 고분의 日像·月像」,『美術資料』제48호, 국립중앙박물관, 1991. 6.

全虎兌,「高句麗 古墳壁畵의 해와 달」,『美術資料』제50호, 국립중앙박물관, 1992. 12.

拙 稿,「朱雀旗와 日旗에 나타난 日象文의 變容과 變遷」,『三足烏』, 학연문화사, 2007. 3.

關野貞,「平壤附近に於ける高句麗時代の古墳及繪畵」,『朝鮮の建築と藝術』, 岩波書店(東京), 1941.

湖南省博物館·中國科學院考古硏究所,「長沙馬王堆二, 三號漢墓發掘簡報」,『文物』47-7, 1947. 7.

王德慶,「河南出土的漢晋繪畵簡述」,『考古通信』57-4, 1957.

吉林省博物館,「吉林輯安五壤墳四號和五號墓淸理略記」,『考古』64-2, 1964.

上居淑子,「古代中國における仙界圖像」,『美術史硏究』8冊, 早稻田大學美術史學科, 1971.

河南省博物館,「南陽漢墓畵像石槪述」,『文物』73-6, 1973.

金維諾,「談長沙馬王堆三號墓漢墓帛畵」,『文物』74-12, 1974.

上野アキ,「アスタナ出土伏羲・女媧圖について」上下,『美術硏究』292, 293號, 東京國立文化財硏究所, 1974.

周 到,「南陽漢畵像石中幾幅天象圖」,『考古』75-1, 1975.

張明川,「河南出土的漢晋繪畵簡述」,『文物』78-6, 1978.

甘肅省博物館,「酒泉嘉谷關晋墓的發掘」,『文物』79-6, 1979.

吉林省文物工作隊・集安縣文物保管所의「集安長川1號壁畵墓」,『東北考古與歷史』1輯 7, 1982.

黃承宗,「西昌東漢魏晋時期磚室墓葬調査」,『考古與文物』83-1, 1983.

李殿福,「集安洞溝三室墓壁畵補正」,『考古與文物』81-3, 1981.

_____,「吉林集安五壞墳四號墓」,『考古學報』84-1, 1984.

魏仁華,「南陽漢畵像石中的幻日圖像試析」,『中原文物』85-3, 1985.

濟南市博物館,「濟南市馬家莊北齊墓」,『文物』85-10, 1985.

石井昌子,「道敎の神」,『道敎はなにか』, 平河出版社, 1985.

常任俠,「漢代畵像石與畵像磚藝術的發展與成就」,『中國美術全集』繪畵篇 卷18 '畵像石・畵像磚', 中國美術全集編輯委員會編, 上海人民美術出版社(上海), 1988.

湯 池,「漢魏南北朝的墓室壁畵」,『中國美術全集』繪畵篇 卷12 '墓室壁畵', 中國美術全集編輯委員會編, 上海人民美術出版社(上海), 1988.

王仁波,「隋唐時期的墓室壁畵」,『中國美術全集』繪畵篇 卷12 '墓室壁畵', 中國美術全集編輯委員會編, 上海人民美術出版社(上海), 1988.

朝鮮總督府 編,『朝鮮古蹟圖譜』卷二, 1915.

_____,『大正五年度古墳調査報告』, 1917.

總督府 編,『高句麗時代之遺蹟』圖版下冊(古墳調査特別報告 第5冊), 1930.

梅原末治,『樂浪及高句麗古瓦圖譜』, 便利堂(京都), 1935.

朝鮮古墳硏究會 編,『昭和十一年度古墳調査報告』, 1937.

池內宏・梅原末治,『通溝』, 日滿文化協會(東京), 1940.

朝鮮畵報社 編・高寬敏 譯,『德興里高句麗壁畵古墳』, 講談社(東京), 1986.

Michael Loewe, The bird in the sun and the hare in the moon, Ways to Paradise : The Chinese Quest for Immortality, George Allen & Unwin Ltd., 1979.

Xu Zhentao, Solar Observations in Ancient China and Solar Variability(Series A, Mathematical and Physical Sciences, Vol. 330, No. 1615), Royal Society of London, 1990.

3. 삼족오 관련 단행본

허흥식 · 이형구 · 손환일 · 김주미, 『삼족오』, 학연문화사, 2007. 3.

우실하, 『동북공정 너머 요하문명론』, 소나무 2007. 4.

4. 삼족오 관련 논문

柳銀奎, 『高句麗 古墳壁畵 三足烏 圖像의 特徵과 起源』, 서울大學校 大學院(社會敎育科) 碩士學位論文, 2003. 2.

宋美花, 『古墳壁畵에 나타난 高句麗人의 三足烏 認識 - 漢唐代의 三足烏 認識과의 關聯性을 中心으로』, 韓國敎員大學校 敎育大學院(歷史敎育科) 碩士學位論文, 2003. 2.

李亨求, 「고구려의 삼족오(三足烏) 신앙에 대하여-고고학적 측면에서 본 鳥類숭배사상의 기원 문제」, 『東方學志』 86, 연세대학교국학연구원, 1994. 12.

_____, 「고구려 고분벽화에 보이는 삼족오(三足烏) 신앙에 대하여-발해연안 조류숭배사상과 연관하여」, 『三足烏』, 학연문화사, 2007. 3.

愼鏞廈, 「古朝鮮文明圈의 三足烏太陽 상징과 朝陽 袁台子壁畵墓의 三足烏太陽」, 『韓國學報』第105輯, 一志社, 2001. 12.

許興植, 「三足烏의 동북아시아 기원과 사상의 계승」, 『三足烏』, 학연문화사, 2007. 3.

손환일, 「三足烏 문양의 시대별 변천」, 『三足烏』, 학연문화사, 2007. 3.

02

한국 고대 일상문의 성립 배경
— 한(韓)민족의 태양 숭배와 새 토템을 중심으로 —

　　태양을 상징하는 원圓 안에 삼족오(三足烏 : 세발 달린 까마귀)와 같은 서조(瑞鳥 : 상서로운 새)가 표현된 일상문日象文은 전한(前漢 : 기원전 206년~기원후 9년) 시기에 해당하는 기원전 2세기에 처음 등장한다. 따라서 이보다 후대後代에 나타나는 고구려 고분 벽화의 일상문을 고찰함에 있어 한대漢代·당대唐代 일상문과의 영향 관계에 비중을 두거나 한漢 문화의 수용 후 나름대로의 독자성을 가지며 변화 발전한 것으로 보는 경우가 많다.

　　그러나 상고上古 시대에 태양 숭배와 새 토템의 전통을 지닌 동이족東夷族은 중국의 서북변에서 동북 방면으로 이동하여 한 갈래는 산동山東반도 지역으로 남하하였고, 또 다른 한 갈래는 동東으로 나와 만주·한반도·일본 일대에 분포하게 되었음은 주지하는 바이다.[1]

　　그러므로 기원전 2세기에 태양과 서조를 결합시킨 일상문이 출현한 것은 진한秦漢 교체기 때 한족漢族에 흡수 통합된 산동반도 등 중국 동부 연해 지역에 분포해 있던 동이족의 태양 숭배와 새 토템의 영향이 일상문 형성에 반영되었기 때문으로 풀

---

[1] 金庠基, 「東夷와 淮夷·徐戎에 대하여」, 『東方史論叢』, 1974, 424쪽.
　　金杜珍, 『韓國 古代의 建國神話와 祭儀』, 一潮閣, 1999. 6, 5~6쪽.

이된다.

이러한 견해를 뒷받침하듯, 남북조南北朝 시대를 지나 수당대隋唐代가 되면 태양과 서조를 결합시킨 일상문은 중원中原 문화권에서는 거의 사라지고 요령성, 돈황, 투르판 등 화북의 외곽 지역에서만 나타난다. 한편 중원에서 소멸된 '해 속의 삼족오〔日中三足烏〕'로 일컬어지는 일상문은 고구려로 전승된 후 한반도를 거쳐 일본으로 전파된다. 이러한 사실은 동이족의 새 토템을 반영하는 삼족오 문화가 한漢나라 때 일시적으로 수용되어 일상문에 표현된 것임을 말해준다. 아울러 '해 속의 삼족오'와 같은 일상문이 한대 이후 상고 시대 동이족의 또 다른 이동 경로 및 생활 영역이었던 한반도와 일본으로 전승된 것은 삼족오 문화와 동이족과의 밀접한 관련성을 보여준다.

전술한 바와 같이, '해 속의 삼족오'로 표현되는 일상문은 우리나라의 경우 4세기 이후 고구려 고분 벽화를 통해 확인할 수 있다. 그러나 고구려 고분 벽화의 일상문이 이러한 도상圖像의 틀을 갖추게 된 것은 옛부터 전승되어 온 태양 숭배 및 새 토템과 같은 원시 신앙이 주효하게 작용한 것으로 본다. 따라서 2장에서는 재생(영혼 불멸)과 왕권을 상징하는 일상문 형성에 중요한 동인動因으로 작용한 태양 숭배와 새 토템(솟대신앙과 난생설화)에 관한 연원과 그 성격을 한국의 신화 · 설화 · 민속 등을 통해 알아보고자 한다. 아울러 태양과 새의 이미지를 형상화시킨 한국 고대의 유물 자료를 고찰함으로써 태양 숭배와 새 토템의 결합으로 이루어진 고구려 고분 벽화에 그려진 일상문의 성립 배경을 살펴보고자 한다.

Ⅰ. 신화 · 설화 · 민속을 통해 본 한국 고대의 태양 숭배와 새 토템

1. 태양 숭배

인간뿐만 아니라 모든 자연 현상에도 영혼이 있다고 믿는 애니미즘의 대표적 대상 가운데 하나가 바로 태양이다. 천天을 대표하며 광명과 열기를 상징하는 태양은 천지를 밝혀주고 모든 생물을 소생·번식시키는 데 있어 없어서는 안 되는 중요한 존재로 오랫동안 인류의 동경의 대상이 되어 왔다. 수렵과 채집을 위주로 했던 구석기 시대에도 이러한 활동을 가능하게 하는 기본적 요건으로 광명의 상징인 태양이 중시되었고, 신석기 시대에 농경이 시작된 이래 태양은 곡식을 생장시키는 필수 불가결한 요소로서 그 중요성이 배가되었다. 태양이 생명의 생장과 활동을 가능하게 하는 근원이라는 인식과 농경의 풍요를 기원하는 인간의 바람이 태양을 경외와 숭배의 상징물로 삼게 했고, 태양 자체를 신격화神格化 또는 의인화함으로써 태양은 종교적인 신앙의 대상이 되었다.

또한 태양 운행의 주기적 회귀의 규칙성과 공정성 등은 우주를 지배하는 신神으로서 태양의 절대적 권위를 받아들이게 했고, 그런 까닭에 전통적인 사회일수록 자연과 우주의 질서를 태양에 두고 있음을 볼 수 있다. 이는 단순히 우주와 자연에 국한된 질서뿐만 아니라 인간 사회의 규범적 질서로서 태양의 여러 속성이 이의 없이 수렴될 수 있다는 데 그 당위성이 인정되었기 때문이다.[2]

태양의 절대성과 위용에 대한 이러한 인식은 천신天神 사상 및 음양설陰陽說과 연계되어 국가의 최고 권력자를 천자天子·천왕天王·천손天孫, 일자日子·일월지자日月之子 등으로 지칭하게 되었다. 한국 고대의 건국 신화 특히 고구려의 시조始祖 신화를 다룬 다음의 문헌들을 통해 이 같은 내용을 확인할 수 있다.

고구려의 시조인 동명성왕東明聖王을 천자와 천손으로 기록한 문헌에는 광개토호태왕비廣開土好太王碑의 '황천지자皇天之子', 『제왕운기帝王韻紀』의 '황천지손皇天之孫', 『동국이상국집東國李相國集』 권3 「동명왕편東明王篇」 병서幷序의 '천제지손天帝之孫', 『삼국사기三國史記』 권13 고구려본기高句麗本紀와 『삼국유사三國遺事』 권1 고구려에 언급된

---

[2] 황패강, 「태양신화 비교 연구」, 『한국신화의 연구』, 새문사, 2006. 5, 117쪽.

'천제자天帝子' 등이 있다. 또한 동명성왕을 일자日子로 기록한 것으로는 모두루묘지牟頭婁墓誌의 '일월지자日月之子', 『위서魏書』 권100 열전列傳 88의 고려 기사記事 중의 '일자日子', 『수서隋書』 권81 열전 46의 고려 기사 중의 '일지자日之子' 등이 있다. 이처럼 동명성왕을 하늘의 아들[天子] 또는 태양의 아들[日子]로 일컫고 있는 것은 국가의 최고 권력자를 천신 및 태양신과 같은 개념으로 인식하고 있음을 보여준다.

그 외에 일본으로 건너가 왕과 왕비가 된 신라의 연오랑燕烏郎과 세오녀細烏女가 일월지정日月之精으로 묘사되고 있는 『삼국유사』 기이편紀異篇의 '연오랑·세오녀'를 통해서도 태양과 왕권과의 유기적 관련성을 살필 수 있다. 이와 유사한 내용은 천조대신(天照大神: 아마데라스 오오미카미)이 화가 나 천석굴天石窟에 들어가 숨어버리니 온 세상이 캄캄해지고 낮과 밤의 바뀜을 알 수 없게 되었다는 『일본서기日本書紀』 신대기神代記의 천조대신天照大神 기사記事에도 나타나 있다. 관계된 내용은 다음과 같다.

"제8대 아달라왕 즉위 4년 정유(丁酉: 158년)에 동해 바닷가에 연오랑과 세오녀가 부부로 살고 있었다. 어느 날 연오가 바다에 가서 해조를 따고 있던 중 갑자기 바위 하나가 연오를 싣고 일본으로 가버렸다. 그 나라 사람들이 연오를 보고 비상한 사람이라고 말했다. 그래서 왕으로 삼았다. 세오는 남편이 돌아오지 않음을 괴이히 여겨 바다로 가서 찾다가 남편이 벗어 놓은 신을 보고 그 바위에 올라가니 바위는 또한 그 전처럼 세오를 싣고 갔다. 그 나라 사람들이 보고 놀라서 왕께 아뢰니 부부가 서로 만나게 되어 세오를 귀비(貴妃)로 삼았다. 이때 신라에서는 해와 달의 빛이 없어지니 일관(日官)이 우리나라에 있었던 해와 달의 정기(精氣)가 지금 일본으로 가 버린 때문에 이런 기이한 괴변이 일어났다고 말했다."[3]

"천조대신이 놀라 북에 몸을 다쳤다. 이 때문에 노하여 천석굴에 가서 돌문을 닫고 숨어 버렸

---

[3] 『三國遺事』卷一 第二 紀異篇 燕烏郞 細烏女. '第八 阿達羅王卽位四年丁酉 東海濱 有燕烏郞 細烏女 夫婦而居 一日燕烏歸海採藻 忽有一巖 負歸日本 國人見之曰 此非常人也 乃立爲王 細烏怪不來 歸尋之 見夫脫鞋 亦上其巖 巖亦負歸如前 其國人驚訝 奏獻於王 夫婦相會 立爲貴妃 是時新羅日月無光 日者奏云 日月之精 降在我國今去日本 故 致斯怪.'

다. 그래서 세상이 항상 어둡고 밤낮이 바뀌는 것을 몰랐다."[4]

앞서 언급한 태양 숭배와 결합된 천신 사상과 음양설을 간략히 살펴보면, 천신 사상은 하늘이 지닌 광대무변廣大無邊, 절대적인 위엄과 권위, 기상의 무궁한 변화를 포용하는 조화 능력, 해(日)와 달(月)의 품으로서 간직하게 되는 신비함 등이 어우러져 성립한 것으로 상고 시대에 국가 성립과 함께 국가의 창건주인 시조를 천상에서 지상으로 내려온 신격적神格的 존재, 즉 천손으로 관념화함으로써 구체화된다. 이러한 천신 사상은 고조선 성립에 주도적 역할을 한 환웅桓雄이 천제天帝인 환인桓因의 아들, 즉 천자로 묘사되고 있는 단군신화檀君神話를 통해서도 엿볼 수 있다.[5]

한편 전국戰國 시대에 이르러 체계화된 음양설은 음양이 만물을 이루는 본체가 된다는 관념으로 하늘(天)·태양(日)·군주 등은 양陽을, 땅(地)·달(月)·신하 등은 음陰을 각각 상징한다. 음양설은 전한前漢 때 오행론五行論과 결합하고, 유교의 국교화를 이룩한 전한 무제武帝 때 국상을 지낸 동중서(董仲舒 : BC 179년~BC 104년경)에 의해 음양과 오행의 운행이 인사人事와 연결되며, 군주의 막대한 정치권력을 효과적으로 통제하기 위해 천인天人 관계를 강조하는 유교 정치 철학으로 발전한다. 이러한 유교 정치 철학은 정치적·사회적 질서의 정당성을 부여해 주는 유용한 장치로 작용한다. 고대에는 천문의 변화 특히 일식日蝕에 민감했는데 그 이유는 군왕의 상징인 태양이 신하를 뜻하는 달에 의해 가려지는 일식을 정변政變이 일어날 조짐으로 보았기 때문이다.

전술한 내용을 뒷받침해주듯 옛부터 '해는 임금의 정령精靈이다(日爲人君之精也)' '태양의 정기精氣는 임금의 표상이다(太陽之精君象也)'라 하여 해가 임금의 상징임을

---

[4] 『日本書紀』卷一 神代 上 第七段. '天照大神驚動 以梭傷身 由此 發慍 乃入于天石窟 閉磐戶而幽居焉 故六合之内常闇 而不知晝夜之相代.'
[5] 『三國遺事』卷一 第二 紀異篇 古朝鮮條. '古記云 昔有桓因(謂帝釋也) 庶子桓雄.'

밝히고 있고,[6] 이런 까닭에 태양을 의미하는 글자가 고대 사회의 통치자 이름에 많이 포함되어 있다. 이를 뒷받침하듯 단군신화에 등장하는 환인과 환웅의 이름 중 '환'은 환하다(밝다)는 의미이고, 단군檀君의 한자어를 한글로 풀이하면 박달나무임금으로 여기서 '박달'을 '밝다'가 변화한 소리로 볼 때 단군은 태양과 성수聖樹를 숭배했던 임금을 지칭한다. 또한 북부여의 해모수解慕漱는 일시자(日侍者 : 해를 모시는 분)를, 고구려 동명성왕東明聖王의 '동東'과 '명明', 신라 박혁거세朴赫居世의 '박朴'과 '혁赫'은 밝음을 뜻한다.

고려 12세기 말(1193년) 이규보李奎報가 저술한 『동국이상국집』 권3 「동명왕편」에서는 해모수가 하늘에서 지상으로 강림하는 광경을 아래와 같이 묘사하고 있다.

> "천제가 태자를 보내 부여왕의 옛 도읍에 내려와 놀았는데 이름이 해모수였다. 하늘에서 내려오는데 다섯 마리 용이 끄는 수레를 타고, 종자(從者 : 따르는 자) 백여 인은 흰 고니를 탔다. 채색 구름이 위에 뜨고 음악 소리는 구름 속에서 울렸다. 웅심산 위에 머물렀다 10여 일이 지나서 세상으로 내려오는데, 머리에는 까마귀 깃털로 만든 관(冠)을 쓰고 허리에는 용광(龍光)의 칼을 찼다. 아침에는 정사(政事)를 듣고 저물면 하늘로 올라가니 세상에서 천왕랑(天王郞)이라 일컬었다."[7]

위의 내용은 아침 해의 눈부신 광선이 높은 산에서 세상을 비추는 광경을 묘사한 것이다. 또한 해모수가 아침에는 인간 세상으로 내려왔다 저녁이면 천궁天宮으로 돌아간다고 한 것은 낮에 지상을 비추었던 해가 저녁이 되면 지는 것을 말하며, 일시

---

6 임영주, 『한국의 전통 문양』, 대원사, 2004. 9, 185쪽.
崔敏順, 「朝鮮朝 旗幟에 關한 硏究-儀仗旗의 紋樣을 中心으로」, 淑明女子大學校 大學院(産業工藝學科) 碩士學位論文, 1983, 64쪽.
7 『東國李相國集』, 「東明王篇」并序. '天帝遺太子 降遊夫余王古都 號解慕漱 從天而下 乘五龍車 從者百餘人 皆騎白鵠 彩雲浮於上 音樂動雲中 止熊心山 經十餘日始下 首戴烏羽之冠 腰帶龍光之劍 朝則聽事 暮卽升天 世謂之天王郞.'

자日侍者인 해모수를 천제자니 천왕랑이니 한 것은 천제가 곧 태양임을 나타낸 것이다. 한편 해모수가 용이 끄는 수레를 타고 내려오는 것은 일광日光과 일행日行의 광경을 묘사한 것이고, 고니를 타고 해모수를 따르는 100여 명의 종자들은 해 뜰 때 구름이 뭉게뭉게 피어남을 형용한 것이며, 오우관(烏羽冠 : 까마귀 깃털로 장식한 관)이니 용광의 칼이니 하는 것은 일륜日輪과 일광日光에 대한 표상을 나타낸 것이다.[8]

또한 고려 인종 23년(1145년) 김부식金富軾 등이 왕명王命에 의해 편찬한 『삼국사기』에서는 고구려의 시조인 주몽朱蒙의 탄생 과정을 다음과 같이 기록하고 있다.

> "금와(金蛙)는 그녀를 이상히 여겨 방 안에 가두어 두었는데 햇빛이 그곳에 비추었다. 몸을 이끌어 햇빛을 피해가니 햇빛이 또 따라가 그녀를 비췄다. 그로 말미암아 아기를 배어 한 개의 알을 낳으니 크기가 닷 되〔한 말 분량〕크기만 했다."[9]

위의 내용은 고구려의 시조인 주몽이 햇빛의 비추임을 받아 태어난 자, 즉 태양의 아들〔日子〕임을 말해준다. 『삼국사기』에서 고구려의 시조인 주몽을 해가 뜨는 동쪽東과 밝을 명明이 포함된 '동명성왕'으로 기록하고 있는 것도 바로 이런 연유 때문이다.

고려 충렬왕 7년(1281년)에 일연一然이 편찬한 『삼국유사』에는 신라의 시조인 '박혁거세'의 이름에 대해 아래와 같이 언급하고 있다.

> "몸에서 광채가 나고 새와 짐승이 따라 춤추며 천지가 진동하고 해와 달이 청명해지므로 그 일로 인하여 그를 혁거세왕(赫居世王)이라 이름했다〔혁거세는 우리말로 불거내왕이라고도 하

---

8 崔南善, 『六堂 崔南善 全集 5』, 高麗大學校 亞細亞問題研究所 六堂全集 編纂委員會, 玄岩社, 1970, 26쪽.
9 『三國史記』卷十三 高句麗本紀 第一 始祖 東明聖王條. '金蛙異之 幽閉於室中 爲日所炤 引身避之 日影又逐而炤之 因而有孕 生一卵 大如五升許.'

니 밝게 세상을 다스린다는 뜻이다)."¹⁰

『삼국유사』에 기록된 이 기사 내용에서 "몸에서 광채가 나고 새와 짐승이 따라 춤추며 천지가 진동하고 해와 달이 청명해졌다"라 함은 일출과 함께 천지 만물이 모두 기쁨을 가짐을 나타낸 것이다.¹¹ 한편 혁거세를 우리말로 풀이하여 '불거내왕'이라 한 것은 고어古語의 국어 읽기 음인 '불거내'에서 '불거'는 현대 국어의 '밝음'을, '내'는 현대 국어의 '누리'에 해당되므로 혁거세는 세상의 빛(밝음)을 의미하며, 이는 곧 밝게 세상을 다스린다는 '광명이세光明理世'와도 상통하기 때문이다. 그렇다면 세상의 빛 또는 밝게 세상을 다스리는 자로 그려지고 있는 혁거세는 태양의 아들을 의미하며, 이처럼 박혁거세의 신격神格의 근원을 태양에서 찾고자 한 것은 신라인의 태양 숭배를 반영한 것이다.

우리나라는 고대 국가의 통치자 이름뿐만 아니라 국호, 도읍지, 지명에서도 태양 숭배 사상을 살필 수 있다. 고조선의 국호인 '조선朝鮮'과 그 도읍지인 아사달阿斯達, 천자인 환웅이 강림했던 태백산太白山 등이 그 좋은 예로 '조선'은 해가 뜨는 아침을, '아사달'은 '조선'과 '조양朝陽'을,¹² 태백산의 '백'은 밝음을 각각 뜻한다. 이 같은 용례는 태양이 떠오르는 나라라는 뜻을 지닌 일본日本의 국명國名에서도 살필 수 있다. 그런 맥락에서 본다면 일본 국기의 붉은 원은 일출 때의 태양을 상징한다.

또한 태양은 국가의 최고 통치자를 상징하는 것 외에도 매일 아침 소생하는 특성으로 인해 죽은 자의 부활과 재생을 의미한다. 한편 사람들은 광채를 지닌 태양을 영靈이 살고 있는 거처로 생각했고, 이러한 믿음은 태양에 초월적인 신격을 부여하

---

10 『三國遺事』卷一 第二 紀異篇 新羅始祖 赫居世王條. '身生光彩 鳥獸率舞 天地振動 日月淸明 因名赫居世王(盖 鄕言也 或作弗矩內王 言光明理世也).'
11 崔南善, 주)8의 책, 28쪽.
12 李丙燾, 「阿斯達과 朝鮮」, 『韓國古代史의 硏究-서울대논문집 人文科學篇』 2, 博英社, 1976, 42쪽.

게 했다., 즉 날마다 뜨고 지는 태양을 보며 유한(有限)한 인간은 죽은 후 태양과 같이 재생하기를 소망했고, 이러한 바람은 이후 죽은 자와 관계되는 고분 벽화, 부장품, 탑비(塔碑) 및 묘비 관석(冠石) 등의 일상문 표현으로 나타났다.

이처럼 태양 숭배가 국가의 최고 통치자 및 죽은 자의 재생과 연계되는 것은 태양을 상징하고 이를 형상화 한 일상문이 왕권 및 망자의 재생과 관련한 천상(天象)의 상징물로 사용된 것과 일맥상통하다. 절대적 위용과 불멸성을 지닌 태양에 대한 숭배는 세계 공통의 현상이지만, 해가 뜨는 동쪽을 향해 근거지를 옮겨온 동이족의 태양 숭배는 좀 더 특별하다. 동이족인 우리 겨레의 사상과 문화의 원천이 되어온 '한밝사상'은 이 같은 동이족의 태양 숭배를 단적으로 보여준다.

2. 새 토템

토테미즘이란 미개사회에서 자기 부족의 기원을 특정한 동식물과 연결시켜 그것을 숭배하는 것으로 숭배 대상인 특정 동식물은 씨족과 부족 등 특정 사회 집단과 동일시된다. 토테미즘은 부족의 토템이 부족들을 방위하고 보호하리라는 믿음, 즉 부족과 토템 대상 사이의 상호 존경 및 상호 보호 관계에서 성립하는 하나의 종교 체계인 동시에 사회 체계이다.

다양한 토템 가운데 새 토템의 양상은 솟대 신앙과 난생설화(卵生說話)를 통해 살필 수 있다. 우주나무(우주 층의 교통로)와 하늘 새(우주 층을 왕래하는 사자(使者))를 연결시킨 솟대 신앙은 새를 최초의 샤만 또는 샤만의 정령(精靈)으로 보는 동북아시아 샤머니즘의 신조(神鳥) 사상에 그 뿌리를 둔다. 솟대 신앙은 농경 사회가 본격화되고 정치 및 종교 이념으로 천신 신앙이 확립 보급되며, 국가를 성립시킨 지배 계층이 스스로를 천자 내지 천손으로 자처했던 청동기시대에 그 성립과 전개가 활발히 일어난다. 그러므로 초월적 세계와 인간 세계를 넘나드는 천신의 메신저로서 솟대 위에 올려졌던 새는 샤먼의 정령과 곡령(穀靈)뿐만 아니라 천(天: 하늘)의 대리자로 제사장과 정치적 수장

首長을 겸했던 부족국가의 족장 내지 왕을 의미한다.

이러한 새의 상징성은 이후 고대국가의 시조 난생설화와 태양을 상징하는 일상日象 안에 삼족오가 표현되는 고구려 고분 벽화의 일상문으로 이어진다. 따라서 솟대 신앙·난생설화·일상문 등은 상호 밀접한 관련성을 갖는다. 이를 말해주듯 솟대 위의 새가 하늘의 대리자를 의미하는 것과 같이 난생설화에서 난생卵生은 왕족이 천신의 화신化身인 천손임을 상징하며, 일상문에 표현되는 현조玄鳥는 솟대 위에 놓이는 까마귀 또는 물새水鳥의 특징적 모습을 나타낸다. 또한 알의 부화에 있어 빛은 필수 불가결한 요소이고 일상문이 태양을 상징하고 이를 형상화 한 것임을 고려할 때, 난생설화와 일상문 모두 태양 숭배를 반영한다는 공통점을 지닌다. 그렇다면 솟대 위에 일반적으로 올려지는 3마리의 새, 신라 김알지金閼智의 탄생 설화에 등장하는 흰 닭을 연상케 하는 서봉총瑞鳳塚 출토의 금관 위에 장식된 3마리의 서조, 일상문의 다리 셋 달린 삼족오 역시 상호 연계성을 갖는 것으로 생각된다.

여기서는 일상문의 성립 배경을 이해하기 위해 일상문에 표현되는 삼족오와 같은 서조와 밀접한 관련성을 지닌 솟대 신앙과 난생설화에 대해 고찰하고자 한다.

1) 솟대 신앙

미국과 캐나다의 북서해안에 남아 있는 토템 기둥Totem Pole을 통해 토테미즘의 흔적을 살필 수 있다. 이러한 토템 기둥은 인디언들이 통나무를 조각·채색하여 세웠던 것으로 그 위에는 부족의 수호신으로 여겨져 신성시 했던 동물상像이 얹어져 있다. 기둥 위에 올려진 동물상은 독수리와 비버(Beaver : 큰 다람쥐과에 속하는 동물)가 많은데, 독수리는 갈고리 모양의 날카로운 부리로, 비버는 그물 모양의 꼬리로 각각의 특징적 모습을 나타내고 있다(그림 1).[13]

동북아시아에서도 기둥 위에 동물상을 얹은 인디언의 토템 기둥과 유사한 것을 찾을 수 있는데, 그것은 바로 장대 위에 새를 얹은 솟대이다. 이처럼 동북아시아와

그림 1 아메리카 인디언의 토템 기둥

아메리카 북서해안에서 솟대 및 이와 유사한 상징물인 토템 기둥을 발견할 수 있음은 동북아시아에서 기원한 아메리카 인디언이 베링해를 건너 북아메리카로 이동하여 정착했음을 살필 수 있는 좋은 예이다.

장대와 새를 결합시킨 솟대는 경천敬天 사상, 성수聖樹 사상, 새 토템 등을 반영하는 민속의 하나로 중앙아시아에서 북아시아를 거쳐 한반도와 일본 등 광범위한 지역에서 발견된다. 솟대에 있어 장대는 상계上界 · 중계中界 · 하계下界라는 3개의 우주 층이 세계 축에 의해 서로 연결되어 있다는 동북아시아 샤머니즘의 기본 우주 관념을 반영한다. 이때 신목神木 또는 우주 나무를 상징하는 장대는 우주 층 사이의 교통을 가능케 하는 세계 축으로 기능하며, 초자연적인 존재가 지상으로 하강하는 교통로로서 신神들을 불러 모으는 역할을 한다. 이러한 특성으로 인해 솟대 자체가 신앙의 대상이 되기도 하며 그 신성성 때문에 성역에 잡귀가 접근하는 것을 막아주는 벽사辟邪의 역할을 한다.[14]

13 Pat Kramer, An Altitude SuperGuide Totem Poles, Altitude Publishing Canada Ltd., 2006, pp.11
    ~39.

솟대 위의 새는 하늘과 땅을 넘나드는 새를 샤만의 정령 내지 천신의 메신저로 생각했던 동북아시아의 새 토템을 반영한다. 그런 까닭에 동북아시아 지역의 민속이나 역사에는 위대한 인물의 탄생과 죽음에 새가 등장한다.[15] 솟대에는 철새와 물새(水鳥:수조)의 속성을 지닌 새가 얹어진다. 그 이유는 주기성을 갖는 철새가 영혼의 운반자로서 인간 세계와 신의 세계를 넘나드는 신조神鳥로 생각되었고, 잠수 능력을 지닌 물새는 천계天界·지계地界·수계水界 등 3계를 넘나들 수 있으며 홍수에서도 살아남을 수 있는 불사不死의 새로 인식되었기 때문이다. 따라서 철새이자 물새인 오리가 솟대에 많이 올려졌다.

다음에 제시한 「동명왕편」의 기사 내용은 오리가 홍수에서도 살아남을 수 있는 불사조不死鳥로 인식되고 있음을 보여준다.

"사슴의 구슬픈 울음소리는 하늘에까지 이르렀다. 7일 동안의 장마에 송양(松讓)의 왕도(王都)는 물에 잠겨 버렸다. 이때 왕(주몽)이 강에 갈대 줄을 가로질러 놓고 오리 말을 타고 있었다. 백성들은 모두가 그 줄을 붙들고 있었다. 주몽이 채찍으로 물에 금을 그으니 물이 줄었다."[16]

위의 내용은 오리와 홍수와의 관계를 살필 수 있는 중요한 자료로 여기서 물새인 오리와 말을 연계시킨 압마(鴨馬:오리 말)는 홍수 속에서도 능히 살아남을 수 있는 신마神馬, 즉 구원의 존재를 뜻한다.

또한 농경에 있어 물은 필수불가결한 요소이므로 물새를 농경의 풍요와 관련지어 농경의 보조 신으로도 여겨졌다. 이런 까닭에 물가를 끼고 있는 농경 사회에서는

---

14 이필영, 『솟대』, 대원사, 1990. 8, 49~52쪽, 94~96쪽.
15 김병모, 『김병모의 고고학 여행 1』, 고래실, 2006. 5, 93쪽.
16 『東國李相國集』 卷三 東明王篇條. '其鹿哀鳴聲 徹于天 霖雨七日 漂沒松讓都 王以葦索橫波 乘鴨馬 百姓皆執其索 朱蒙以鞭畫水 水卽滅.'

그림 2 영혼의 전달자 외에 곡령 및 신생을 상징하는 철새이자 물새인 솟대 위의 오리

대부분 물새인 오리가 솟대에 많이 올려졌는데, 이는 오리의 다산성과 농경의 풍요를 연계시키고자 했던 의도로 풀이된다. 이때 솟대 위에 얹어진 철새이자 물새인 오리는 영혼 승천의 사자使者 외에 곡령穀靈과 신생新生을 상징한다(그림 2).

솟대 위의 오리처럼 새가 곡령과 신생을 의미하는 경우는 다음에 언급한 「동명왕편」의 기사 내용을 통해 살필 수 있다.

> "주몽이 떠나면서 어머니와 이별하기를 못내 안타까워하니 어머니는 내 걱정은 조금도 말라 하며 오곡 씨앗을 싸서 보냈다. 주몽은 이별이 너무 괴로워 보리씨를 깜박 잊고 왔다. 그 뒤 주몽이 남(南)으로 향하여 얼마를 가다가 큰 나무 밑에 앉아 쉬고 있는데 어머니가 비둘기를 보내 보리씨를 전해 주었다. 활로 비둘기를 쏘아 떨어뜨려 목구멍에서 보리씨를 꺼내고는 물을 뿜으니 비둘기가 살아나 날아갔다."[17]

[17] 『東國李相國集』 卷3 東明王篇條. '朱蒙臨別 不忍日癸 違 其母曰 汝勿以一母爲念 乃裏五穀種以送之 朱蒙自切 生別之心 忘其麥子 朱蒙息大樹之下 有雙鳩來集 朱蒙曰 應是神母使送麥子 乃引弓射之 一矢俱擧 開喉得麥子 以水噴鳩 更蘇而飛去.'

그림 3 경상도 해안 일부와 제주도에서 볼 수 있는 솟대 위의 까마귀

위의 내용은 주몽이 동부여 병사들의 추병追兵을 피한 후 나무 아래에서 쉬고 있을 때, 신모神母로 상징되는 주몽의 어머니인 유화柳花가 비둘기를 통해 맥종麥種을 보내온 것을 다룬 것이다. 여기서 유화가 보낸 비둘기는 신모의 대리자 내지 별태別態로 이해되며, 맥종을 보낸 유화는 다산과 풍요를 의미하는 지모신地母神과 농업신의 특성을 지닌다.[18] 따라서 유화가 보낸 비둘기는 곡령, 신생 및 풍요를 상징하며 어머니인 유화로부터 곡종穀種을 받아 나라를 경영하게 되는 주몽은 농경 왕자의 면모를 보인다.

농경 지역에서 철새이자 물새인 오리가 솟대 위에 주로 올려지는 것과는 달리, 알타이·야쿠티아·바이칼·몽골 등과 같이 수렵과 유목을 위주로 하는 지역에서는 까마귀와 독수리 등이 솟대 위에 올려진다. 우리나라는 솟대 위에 오리가 주로 얹어지나 제주도와 경남 해안 지역 일부에서는 까마귀가 얹어지는 것이 일반적이다(그림 3). 그 이유는 까마귀 중 겨울 철새인 떼까마귀의 서식지가 제주도와 경상도

---

[18] 金哲埈,「東明王篇에 보이는 神母의 성격」,『韓國古代社會研究』, 知識産業社, 1975. 8, 35~40쪽.

일대인 것과 밀접한 관련이 있다. 이를 뒷받침하듯 제주도에는 가마귀들, 가마귀통 등 까마귀와 관련된 지명이 많다. 더욱이 경남 해안은 해와 달의 정기精氣를 상징하며 이름에 까마귀 '오烏' 자가 포함된 연오랑과 세오녀가 일본으로 건너간 지역이라는 점에서 주목된다.

특히 시베리아와 몽골 등 수렵과 유목을 주主 생활로 하는 지역에서 솟대 위에 까마귀와 독수리가 얹어지는 것은 그곳의 조장鳥葬 풍습과 밀접한 관련이 있다. 그 이유는 인육人肉을 먹는 까마귀, 독수리, 매 등의 맹금류가 하늘로 날아오르면 죽은 사람의 영혼도 함께 천상으로 인도된다고 믿었기 때문이다. 독수리와 매는 힘차고 재빠르게 날아오르는 능력과 용맹성 때문에 일찍이 천신의 사자인 샤만의 정령으로 여겨졌고, 까마귀는 고대 동북아시아에서 신조神鳥인 태양조로 인식되어 '해 속의 까마귀(日中之烏)' 와 '양조陽鳥' 등으로 일컬어졌다. 또한 까마귀는 야쿠트어로 'Sol소르' 라 발음하는데, 소르는 라틴어로 태양을 의미하고 있어 까마귀와 태양과의 상호 관련성을 엿볼 수 있다.

우리나라에서 새를 영혼 승천의 사자로 인식한 것은 『삼국지=國志』 위지魏志 동이전東夷傳 변진조弁辰條에 "장례 시 큰 새의 깃털을 넣어 죽은 이의 영혼이 하늘로 날아가게 한다"는 기록[19]을 통해 살필 수 있다. 이는 영혼은 불멸하며 죽은 후 영혼이 타계他界로 이어진다고 믿는 샤머니즘의 정신 세계를 반영하는 것으로, 새가 그것을 돕는 존재로 인식되고 있음은 시베리아 샤머니즘에서의 새의 기능과 동일하다.[20]

한편 한국의 솟대 신앙의 연원은 『삼국지』 위지 동이전 한전韓傳에 나오는 소도蘇塗에서 찾고 있는데 그 내용은 다음과 같다.

---

[19] 「三國志」 魏志 東夷傳 弁辰條. '以大鳥羽送死 其意慾死者飛揚.'
[20] Andreas Lommel, Shamanism : The beginning of Art, Mcgraw Hill Book Company, New York, 1967, pp.7~10.

> "귀신을 믿어 국읍(國邑)에서는 각기 한 사람을 세워 천신을 제사지내게 하는데 이를 천군(天君)이라 부른다. 또한 여러 나라는 각기 별읍(別邑)을 갖고 있는데 이를 소도라 부르며 큰 나무를 세워 방울과 북을 걸고 귀신을 섬긴다."[21]

소도와 관련된 위의 기사 내용에서 솟대가 직접 언급되고 있지는 않지만, 학자에 따라 소도와 솟대를 같은 것으로 인식하거나[22] 별읍으로 불렸던 소도를 제사를 지내던 성역聖域으로,[23] 성역인 소도에 세워지는 큰 나무를 솟대로 해석하기도 한다.[24]

처음에 솟대는 생목을 잘라 신간神竿으로 삼았으나 차츰 나뭇가지를 버리고 장대만을 신간으로 삼게 되었을 것으로 추정한다. 신간 위에 새를 꽂았다는 기록이 없어 단정하기는 어려우나 경기도 광주와 충청북도 등에서 마을 어귀에 장대를 세우고 그 위에 나무로 만든 새(木鳥)를 앉힌 것을 솟대 또는 소줏대로 지칭한 것으로 보아 현재 단오제나 당산제 때 솟대를 세우고 솟대 위에 나무를 깎아 새를 앉힌 것은 소도의 전통적 유습으로 볼 수 있다.[25]

이처럼 소도에 세워졌던 신간인 솟대 위에 새를 앉혔던 것을 살필 수 있는 유물로는 농경문農耕文 청동기와 세형동검細形銅劍의 검파두식劍把頭飾, 스키타이 계통의 장

---

21 『三國志』魏志 東夷傳 韓傳. '信鬼神國邑各立一人 主祭天神 名之天君 又諸國各有別邑 名之爲蘇塗 立大木縣 鈴鼓 事鬼神.'
22 崔南善,「不咸文化論」,『朝鮮及朝鮮民族』, 1927, 50쪽.
　孫晋泰,「蘇塗考」,『民俗學論考』, 民學社, 1975, 99~143쪽 참조.
　趙芝薰,「新羅의 原義와 詞腦歌에 對하여」,『趙芝薰全集』7, 一志社, 1973, 121~126쪽 참조.
23 許回淑,「蘇塗에 關한 硏究」,『慶熙史學』第3號, 慶熙史學會, 1972, 1~19쪽 참조.
　朴昊遠,「솟대信仰에 關한 硏究」, 韓國精神文化硏究院 大學院(韓國藝術民俗史專攻) 碩士學位論文, 1986.11, 94쪽.
　宋華燮,「三韓社會의 宗敎儀禮」,『三韓의 社會와 文化』, 신서원, 1995. 7, 67쪽.
24 李丙燾,『韓國史』古代篇, 震檀學會, 1959, 304쪽.
　金宅圭,『韓國農耕歲時의 硏究』, 영남대학교출판부, 1985, 138쪽.
　宋華燮, 주)23의 논문, 67쪽.
25 孫晋泰,「蘇塗考」,『朝鮮民族文化의 硏究』, 乙酉文化社, 1948, 187~197쪽 참조.

그림 4 농경문 청동기 앞면 좌측에 표현된 나뭇가지 위의 새들, 청동기~철기시대, 폭 12.8cm, 대전 괴정동 출토, 국립중앙박물관 소장

대투겁 등이 있다. 대전 괴정동에서 출토된 농경문 청동기의 앞면에는 Y자형으로 뻗은 나뭇가지 끝에 마주 보고 앉아 있는 한 쌍의 새가 있는데, 학계에서는 솟대를 표현한 것으로 보고 있다(그림 4).[26]

또한 솟대에 방울과 새가 부속되고 있음을 보여주는 대구 비산동에서 발견된 세형동검의 검파두식은 대나무 모양의 손잡이 양 끝에 오리를 장식했고, 몸체가 비어 있는 손잡이 안에 방울이 들어 있어 신간인 대나무 위에 새를 얹은 솟대를 형상화했음을 알 수 있다(그림 5).[27] 이와 유사한 것이 일본 나가사키 현의 시게노당ツゲノダン에서도 발견된 바 있다. 스키타이 계통의 청동제 장대투겁 역시 솟대에 방울과 새가 부속되어 있었음을 보여준다. 그 중 시베리아 쿠르칸 묘에서 출토된 청동제 장

---

[26] 韓炳三, 「先史時代 農耕文靑銅器에 대하여」, 『考古美術』 112, 韓國美術史學會, 1971. 12, 12쪽.
[27] 鄭明鎬, 「세형동검과 검파형동기의 조형상의 의미 해석」, 『孫寶基博士停年紀念考古人類學論叢』, 知識産業社, 1988, 443~445쪽.

그림 5 세형동검의 검파두식에 장식된 오리, 철기시대, 대구 비산동 출토, 호암미술관 소장

그림 6 스키타이 계통의 청동제 장대투겁, 기원전 3세기 초, 시베리아 쿠르칸 묘 출토

대투겁의 경우, 세 개의 나뭇가지 위에 각각 한 마리의 새가 앉아 있고 새 주둥이에는 동탁(銅鐸 : 동(銅)으로 만든 방울)이 달려 있다(그림 6).

이 밖에 다음에 제시한 『속일본기續日本記』 문무천황조文武天皇條에 "대극전大極殿 정문에 까마귀 솟대를 세웠다"는 기록은 솟대 위에 까마귀와 같은 새를 앉혔던 풍습이 문무천황의 재위 기간(698~707년)인 7세기 말에서 8세기 초에 일본에서 행해졌음을 말해준다.

> "대보원년(大寶元年) 정월 보름에 대극전 정문에 까마귀 솟대(烏形幢)를 세우고 왼쪽에는 일상(日象)·청룡(靑龍)·주작(朱雀)의 깃발을, 오른쪽에는 월상(月象)·현무(玄武)·백호(白虎)의 깃발을 세웠다."[28]

---

[28] 『續日本記』 卷第二 文武天皇條 '大寶元年春正月乙亥朔 天皇御大極殿受朝 其儀於正門樹烏形幢 左日像靑龍朱雀幡 右月像玄武白虎幡.'

2) 난생설화

새가 태양과 천자로 인식된 것은 고대 국가의 시조 난생설화[29]를 통해 살필 수 있다. 이때 새는 하늘과 인간 세계를 잇는 천명天命의 전달자 및 실행자로서 최고 권력을 상징한다. 따라서 이러한 새의 상징성은 고대의 건국 신화와 왕권 상징 및 제의祭儀 관련 유물에 반영되었고 천신 사상[30] 및 천손 의식과도 유기적으로 연계되어 있다.

『삼국사기』 권13 고구려본기 제1 고구려 시조 '동명성왕',[31] 『삼국유사』 권1 제2 기이편 신라 시조 '혁거세왕', 『삼국유사』 권1 제2 기이편 '가락국기駕洛國記' 등을 보면 고대 국가의 시조 설화가 난생으로 얘기되고 있다. 다음의 내용은 신라와 가야의 시조인 박혁거세와 김수로金首露의 난생설화이다.

> "양산(楊山) 밑 나정(蘿井) 곁에 이상한 기운이 전광처럼 땅에 비치는데 흰 말 한 마리가 꿇어앉아 절하는 형상을 하고 있었다. 그곳을 찾아가 살펴보니 붉은 알 한 개〔혹은 푸른 큰 알이라고도 한다〕가 있는데 말은 사람을 보고는 길게 울다가 하늘로 올라가 버렸다. 그 알을 깨어보니 사내아이가 나왔는데 모양이 단정하고 아름다웠다. 놀라고 이상히 여겨 그 아이를 동천(東泉)〔동천사(東泉寺)는 사뇌야(詞腦野) 북쪽에 있다〕에서 목욕시켰다."[32]

> "얼마 후 우러러 하늘을 바라보니 자주색 줄이 하늘로부터 드리워져 땅에 닿는 것이었다. 줄 끝을 찾아보니 붉은 단이 붙은 보자기에 금합이 싸여 있었다. 열어보니 황금색 알이 여섯 개가 있는데 해처럼 둥글었다. 여러 사람은 모두 놀라기도 하고 기뻐서 함께 수없이 절했다. 조금 있다가 다시 황금알들을 보자기에 싸서 아도간의 집으로 돌아와 걸상 위에 두고 무리들은 모두 흩어졌다. 12일이 지난 그 다음날 아침에 마을 사람들이 다시 모여서 금합을 열어 보니

---

[29] 기마민족의 신화를 천손강림신화로, 농경민의 신화를 난생설화로 보는 견해가 있다. 그러나 알타이 문화권의 기마민족이 신조 사상을 가지고 있고, 새 역시 난생인 점을 감안하면 난생설화를 농경민의 신화로만 해석하는 것은 제고의 여지가 있다.
[30] 새를 천신의 상징으로 보는 견해는 이미 제기된 바 있다.
[31] 주)9의 원문 참조.
[32] 『三國遺事』卷一 第二 紀異篇 新羅始祖 赫居世王條. '楊山下蘿井傍 異氣如電光垂地 有一白馬跪拜之狀 尋撿之 有一紫卵(一云靑大卵) 馬見人長嘶上天 剖其卵得童男 形儀端美 驚異之 浴於東泉(東泉寺在詞腦野北).'

알 여섯 개가 어린이로 변해 있었는데 용모가 덩실하니 컸으며 이내 평상에 앉았다. 여러 사람들은 모두 삼가 절을 올리고는 극진히 공경했다.[33]

이처럼 고구려, 신라, 가야의 시조는 모두 난생이며 하늘에서 강림降臨하는 것으로 되어 있는데, 이는 시조가 신이神異한 존재임을 부각시키기 위한 것이다. 또한 알의 부화에 있어 빛은 필수불가결한 요소이므로 알은 곧 천天의 대표적 물상物象인 태양을 상징하며, 따라서 새의 자손임을 말하는 난생은 곧 천자로 관념되었다. 따라서 건국의 주체 세력이 천손임을 말하고자 할 때 난생은 가장 효과적인 표현 방법으로 사용되었다.[34]

중국에서도 제왕帝王의 선조先祖와 관련된 난생설화가 전해지고 있다. 『시경詩經』 「상송 현조편商頌 玄鳥篇」에는 다음과 같이 기록되어 있는데, 이는 상商의 조상이 현조인 새의 자손, 즉 난생임을 의미한다.

"하늘이 현조에게 명하여 현조가 지상에 내려와 상(商)나라 조상을 낳게 하시어 커다란 은(殷)나라 땅을 다스리게 하셨네"[35]

또한 『사기史記』 「은본기殷本紀」에도 이와 유사한 상나라의 시조 탄생 설화가 언급되어 있다.

"은(殷)나라 계(契)의 어미가 말하길, 간적(簡狄)은 유융씨(有娀氏)의 여자로 제곡(帝嚳)의 차비

---

[33] 『三國遺事』 卷一 第二 紀異篇 駕洛國記條. '仰而觀之 唯紫繩自天垂而着地 尋繩之下 乃見紅幅裏金合子 開而視之 有黃金卵六圓如日者 衆人悉皆驚喜 俱伸百拜 尋還裹著 抱持而歸我刀家寶榻上 其衆各散 過浹辰 翌日平明 衆庶復相聚集開合 而六卵化爲童子 容貌甚偉 仍坐於床 衆庶拜賀 盡恭敬止.'
[34] 권오영, 「한국 고대의 새(鳥) 관념과 祭儀」, 『역사와 현실』 32, 한국역사연구회, 1999, 105~106쪽.
[35] 『詩經』 「商頌玄鳥篇」. '天命玄鳥 降而生商 宅殷芒芒.'

(次妃 : 둘째 왕비)가 되었다. 3인이 목욕을 하러 갔는데 현조가 알을 떨어뜨리는 것을 보고 간적이 취하여 삼키니 곧 잉태하여 계(契)를 낳게 되었다."[36]

이 밖에 여수女修가 길쌈을 하다 떨어진 현조의 알을 삼키고 진秦의 조상인 대업大業을 낳았다는 진秦의 선조 설화도 『사기史記』 「진본기秦本紀」에 전해지고 있다.[37] 이 같은 상商과 진秦의 선조 설화는 모두 동북아시아의 새 토템의 산물로 이해되어 왔다. 그러나 상나라와 진나라 모두 제왕의 선조 설화는 있어도 왕조를 개창한 제왕의 설화는 없고,[38] 상商과 진秦의 선조 설화 모두 현조의 알을 삼키고 그대로 인간을 낳았다는 점에서 알을 낳은 난생설화와는 유형이 다르며, 더욱이 햇빛과 조사照射의 요소도 보이지 않는다는 점에서 우리의 난생설화와는 차별성을 갖는다. 하지만 상나라와 진 나라 모두 한족漢族에 의해 이족夷族으로 불리었던 종족에 의해 건설된 나라라는 점에서 알을 삼키고 아이를 낳았다는 이 같은 탄란회임吞卵懷妊 설화는 동이계인 한韓 민족의 난생설화와 어느 정도 친연성을 지닌 것으로 이해된다.

II. 한국 고대 유물에 나타난 태양 숭배와 새 토템

1. 태양 숭배

태양 숭배와 관련한 한국의 선사先史 및 고대 미술의 작품 예로는 암각화에 나타난 원과 동심원, 태양신의 얼굴을 새긴 신상神像, 동경銅鏡, 팔두령동구八頭鈴銅具, 내리 1호분과 환문총 등 고구려 고분벽화에 그려진 환문環紋 등이 있다.

---

[36] 『史記』「殷本紀」. '殷契母曰 簡狄有娀氏之女 爲帝嚳次妃 三人行浴 見玄鳥墮其卵 簡狄取吞之 因孕生契'.
[37] 『史記』「秦本紀」. '女修織 玄鳥隕卵 女修吞之 生子大業'.
[38] 金渭顯, 「中國歷代帝王說話의 可信性 問題」, 『人文科學研究論叢』 第13號, 明知大學校 人文科學研究所, 1995. 2, 159~160쪽.

그림 7 울주군 천전리 암각화의 태양을 상징하는 동심원, 청동기시대

그림 8 고령군 양전리 암각화의 태양을 신상(神像)으로 표현한 태양신 얼굴, 청동기시대

먼저 울주군 천전리 암각화의 동심원은 천지를 밝혀주고 모든 생물을 소생 번식시키는 데 있어 가장 중요한 요소인 태양에 대한 숭배를 표현한 것으로, 이는 선사인들의 주된 생활 수단이었던 수렵과 어로의 행운, 농경의 풍요를 기원하는 신앙적 심의心意를 보여준다(그림 7). 또한 고령 양전리와 영천 보성리 암각화에서는 태양을 신상神像으로 표현한 태양신의 얼굴을 살필 수 있는데, 태양신의 얼굴 주위에는 태양 광선이 사방으로 퍼져 나가는 모습을 나타낸 짧은 직선들이 둘러져 있다(그림 8). 이처럼 동심원과 태양신의 얼굴을 새긴 신상神像은 바이칼 호湖 부근·시베리아·몽고·만주·한반도 등지의 암각화에서 볼 수 있는데, 이는 바이칼 호에서 기원한 알타이족의 한 갈래가 시베리아와 만주를 걸쳐 한반도로 이동해 왔기 때문으로 풀이된다.

빛을 반사·흡수하는 성격을 지닌 동경銅鏡은 그 속성상 태양을 상징한다. 동경의 이 같은 특성은 한漢나라 동경 중 일광경日光鏡에 나타난 "見日之光 天下大明"이란 글을 통해 살필 수 있다. 이 글은 "태양의 빛을 보니 천하가 밝다"라는 뜻이지만, 함축

그림 9 여러 개의 원문(圓文)으로 구성된 일광문(日光文)이 등장하는 가는 무늬(細文) 동경(銅鏡), 철기시대, 숭실대박물관 소장

그림 10 중심부의 원은 태양을, 원 밖의 8각형 집선문대(集線文帶)는 태양 광선을 상징하는 팔두령동구(八頭鈴銅具), 철기시대, 국립중앙박물관 소장

된 실제 의미는 "이 동경을 보니 천하가 밝다"란 것으로 여기서 태양은 동경을 말하며, 동경을 지니게 되면 세상 일이 순조로울 것이라는 길상吉祥을 의미하는 글귀이다.[39] 동경 중 가는 무늬 동경(細文銅鏡 : 다뉴세문경)은 디자인의 주된 모티브로 여러 개의 원문圓文으로 구성된 일광문日光文이 등장하는데, 이는 태양의 광명과 빛의 확산을 표현한 것이다(그림 9). 태양을 상징하는 동경은 거울의 용도보다는 샤만이나 지배 계급의 권력을 나타내며 아울러 주술적 의미도 지닌다.

한편 주술적 의미가 강한 팔두령동구의 경우 중심부의 원은 태양을, 원 밖의 8각형의 집선문대集線文帶는 태양 빛이 퍼져 나가는 것을 상징한다(그림 10). 팔두령동구와 같이 동銅으로 만든 방울, 즉 동령銅鈴은 동경과 더불어 제정일치의 청동기 사회상을 보여주는 삼신기三神器[40]에 해당한다.

---

[39] 국립김해박물관 편저, 『영혼의 전달자 - 새·풍요·숭배』, 국립김해박물관, 2004, 34쪽.

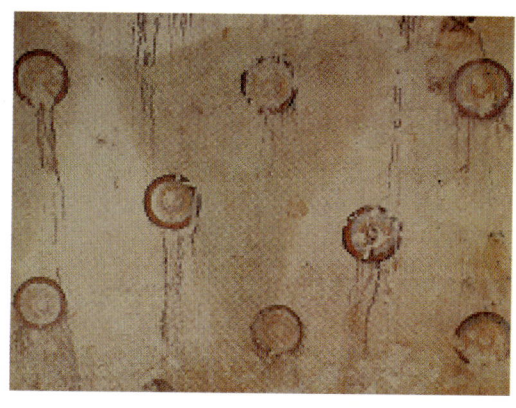 

그림 11 고구려 환문총의 태양을 상징하는 환문(環紋), 삼국시대 5세기 중반, 집안 지역 고분

그림 12 고구려 내리1호분의 태양을 상징하는 환문, 삼국시대 6세기 중반, 평양 지역 고분

 이 밖에 태양 숭배와 관련하여 주목을 끄는 것은 암각화의 동심원과 같이 환문총과 내리1호분 등 고구려 고분 벽화에 그려진 환문이다(그림 11, 그림 12). 바미안이나 투르판 등 중앙아시아의 5~8세기경의 불교 벽화에서 다색의 동심원을 두광頭光이나 배광背光으로 한 불상화佛像畵가 있다는 점을 예로 들어 환문이 불상을 상징한다고 보는 견해도 제기된 바 있지만,[41] 이는 고래古來의 태양 숭배 사상이 반영된 일상日象의 또 다른 표현으로 생각된다.

2. 새 토템

 새 토템을 반영하는 우리나라 고대의 대표적인 유물로는 농경문 청동기, 삼한三韓 지역의 새 모양 토기, 고구려 고분 벽화에 등장하는 다양한 형태의 조문鳥文과 서조

---

40 삼신기(三神器)는 청동기시대의 의기(儀器)로 동검(銅劍)·동경(銅鏡)·동령(銅鈴 : 방울)을 말하며, 삼신기는 제사장 또는 지배 계층이 지녔던 물건으로 당시의 사회상을 반영한다. 분포지역은 시베리아, 요동반도, 한반도 등이며 중국적인 성격보다는 시베리아의 샤만적 요소가 많이 나타난다. 이재호는 그가 옮긴 『삼국유사』 권1 제2 기이편 고조선에서 환인이 인간세계에 내려가 세상 사람을 다스릴 환웅에게 준 천부인(天符印)을 거울(銅鏡)·칼(銅劍)·방울(銅鈴), 즉 삼신기로 추정하였다.(이재호 역, 『삼국유사』 권1 제2 기이편 고조선 주)10 참조)
41 金元龍, 「高句麗 古墳壁畵에 있어서의 佛教的 要素」, 『白性郁訟壽記念 佛教學論文集』, 1957, 14쪽.

가 표현된 도침陶枕, 백제금동대향로 뚜껑 정상부의 서조·부여 규암면 출토의 산수봉황문전山水鳳凰文塼·백제 무령왕릉 출토의 동탁은잔銅托銀盞과 왕비 두침頭枕, 신라 서봉총의 금관金冠·천마총天馬塚의 백화수피(白樺樹皮 : 자작나무 껍질)로 만든 채화판彩畵板·조익형鳥翼形 관식冠飾, 가야 지역의 새 모양을 장식한 갑옷, 삼국시대의 봉문鳳文 환두대도環頭大刀 등 다수가 있다.

1) 삼한 : 청동기시대와 철기시대

대전 괴정동에서 출토된 농경문 청동기를 보면, 앞면 우측에 Y자형으로 갈라진 나뭇가지 끝에 서로 마주보고 앉아 있는 새 두 마리가 있고, 뒷면 좌측에는 성기를 드러낸 채 새 깃털을 머리에 꽂고 밭을 가는 남자의 모습이 표현되어 있다(그림 4 참조, 그림 13).

농경문 청동기 앞면 좌우측에 묘사된 나뭇가지 위의 두 마리의 새는 솟대 위에 얹어진 새와 같이 영혼의 전달자를 의미하며, 뒷면 좌측의 새 깃털을 머리에 꽂고 밭을 가는 남자의 모습은 춘경春耕의 시작이 곡령穀靈을 운반하는 새에 의해 비롯된다는 고대인의 관념을 표현한 것이다. 이때 새 깃털을 머리에 꽂은 조인鳥人은 「동명왕편」에서 언급된 주몽의 어머니인 유화의 사자使者로 맥종麥種을 입에 물고 온 비둘기와 같이 신생新生과 함께 풍요를 가져다주는 매개로 인식된다.

그림 13 농경문 청동기 뒷면 우측에 새 깃털을 머리에 꽂고 밭을 가는 남자

그림 14 변한과 진한 지역의 오리 모양 토기, 3~4세기, 국립김해박물관 소장

그림 15 마한 지역(영광 군동 A-6호묘 출토)의 새 모양 토기, 3~4세기, 목포대학교박물관 소장

3~4세기경 한반도 남부에서는 영혼의 재생과 농경의 풍요를 기원하고자 오리형 토기가 제작되어 부장품으로 사용되었다. 이를 말해주듯 낙동강과 같은 철새 도래

지이자 농경 지역에서 오리형 토기가 집중적으로 출토되고 있다(그림 14).[42]

그런데 변한弁韓과 진한辰韓 지역에서는 오리 모양의 토기(鴨形(압형) 토기)가 출토되는데 비해, 마한馬韓 지역에서는 독특한 형태의 새 모양 토기(鳥形(조형) 토기)가 출토되어 이채롭다(그림 15). 또한 변한과 진한이 있었던 영남에서는 사실적으로 표현된 오리 모양의 토기가 분묘 유적에서 대부분 출토되는데 비해, 마한이 있었던 호남 지역에서는 간략하게 표현된 새 모양의 토기가 분묘 유적은 물론 생활 유적에서도 출토되고 있어 장송葬送 의례뿐만 아니라 실생활에서 행해지는 의식에도 사용되었을 것으로 추정한다. 분묘 유적에서 출토된 새 모양의 토기들은 부장용으로 제작된 것으로 보이나, 주구注口가 뚫려 있는 것을 감안하면 의식을 거행할 때 정화수 같은 물을 담아 따라 사용했던 것으로 생각된다.[43]

2) 고구려

고구려 고분 벽화에는 다양한 모습의 새가 등장하는데, 이 가운데 선인仙人의 탈것으로 등장하는 서조는 평양 지역의 천왕지신총과 강서대묘, 집안 지역의 무용총·통구사신총·오회분4호묘 등의 현실 천장 고임부에서 찾아볼 수 있다. 천왕지신총의 경우, 현실 천장 고임부 북측에 주작朱雀을 타고 있는 선인의 머리 위에 '천왕天王'이란 글자가 적혀져 있고, 강서대묘의 현실 천장 고임부 동면 남측에는 삼산형三山形의 산을 향해 날아가는 새를 탄 선인이 그려져 있다(그림 16, 그림 17).

이 밖에 집안 지역의 무용총에는 현실 천장 고임부 남측 하단에 두 마리의 학鶴을 부리고 있는 학을 탄 선인이 등장하고, 통구사신총은 현실 천장 고임부 2층 서남면과 서북면에서 서조와 학을 탄 선인을 볼 수 있다. 오회분4호묘는 현실 천장 고임부

---

42 金元龍, 「新羅鳥形土器小見」, 『考古美術』 106·107, 韓國美術史學會, 1970. 9, 5~6쪽.
43 국립김해박물관 편저, 주)39의 책, 58~59쪽.

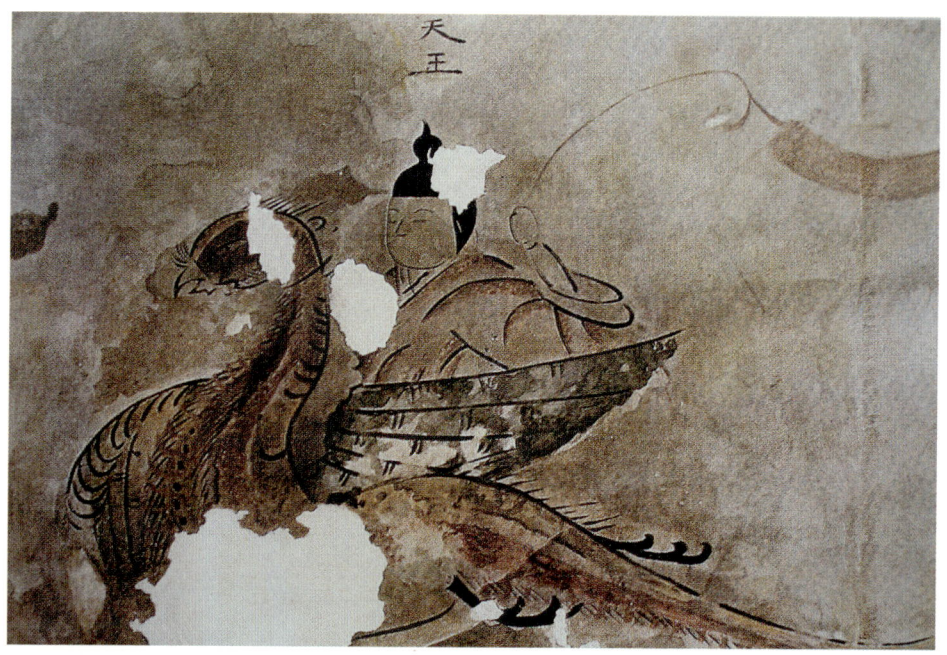

그림 16 고구려 천왕지신총 현실 천장 고임부 북측에 그려진 주작을 탄 선인(천왕(天王)), 삼국시대 5세기 초, 평양 지역 고분

그림 17 고구려 강서대묘 현실 천장 고임부 남측에 그려진 삼산형(三山形)의 산을 향해 날아가는 서조를 탄 선인, 삼국시대 6세기 말~7세기 초, 평양 지역 고분

2층의 달신 좌측에 학을 탄 선인이, 해신의 좌우에는 용龍과 봉조鳳鳥를 탄 선인이 각각 그려져 있다.

상기 언급한 고구려 고분 벽화에 선인의 탈 것으로 등장하는 서조는 조령祖靈과 함께 신선神仙 사상을 나타낸 것으로, 이와 관계된 것은 『삼국유사』「왕력편王曆篇」의 '고구려'와 『삼국유사』「기이편」의 '단군壇君[44]신화', 천왕지신총의 '천왕도天王圖', 『동국이상국집』「동명왕편」, 『제왕운기』「동국군왕개국연대東國君王開國年代」, 강서대묘의 '삼산형의 산' 등을 통해 살필 수 있다.

먼저 『삼국유사』「왕력편」의 '고구려조'를 보면 고구려의 시조인 주몽을 단군의 아들로 기술하고 있다. 단군이 천자인 환웅과 지모신地母神인 웅녀熊女 사이에서 탄생한 천손임을 고려할 때, 단군의 아들로 기록된 주몽 또한 천손으로 이해되고 있음을 알 수 있다.

또한 『삼국유사』「기이편」의 '단군신화'에서 "단군이 장당경藏唐京으로 옮겨갔다가 후에 돌아와 아사달阿斯達의 산신山神으로 되었다"[45]는 것은 천신인 단군이 산신으로 분파 변형되었음을 말해준다.[46] 그런데 천왕지신총의 '천왕도'에서 주작을 탄 선인을 천왕으로 적고 있어 천왕과 선인이 같은 개념으로 이해되고 있으므로 천왕(천신)=선인=산신의 개념이 성립된다. 따라서 고구려 고분 벽화에 등장하는 선인은 천손인 단군과 주몽 등으로 이해될 수 있는 고구려 왕계王系의 조상으로, 또한 선인의 탈 것으로 등장하는 서조는 시조의 난생설화 등을 고려할 때 천상에서 지상으로 조상의 영靈을 운반하는 조령鳥靈으로 볼 수 있다. 또한 산악숭배사상을 반영하는 산신 내지 신선과 유사한 성격을 지닌 선인은 현실에 뿌리를 둔 초월적 존재로서 탈속

---

44 『三國遺事』에서는 단군의 '단'을 壇(제단 단) 字로, 『帝王韻紀』에서는 檀(박달나무 단) 字를 사용하고 있다. 여기서는 일반적으로 통용되는 '檀' 字를 사용하되 『三國遺事』의 原典을 다룰 때는 '壇' 字를 사용하고자 한다.
45 『三國遺事』「紀異篇」'壇君神話'條. '壇君乃移於藏唐京 後還隱於阿斯達爲山神.'
46 이필영, 「단군신화의 기본 구조-천신신앙을 중심으로」, 『白山學報』第26號, 1981. 3, 19쪽.

의 삶을 산다. 선인의 이 같은 특성을 고려할 때, 선인의 탈 것으로 등장하는 서조 역시 신선 사상과 관련성을 지닌 것으로 생각된다.

선인의 탈 것으로 등장하는 서조를 조령과 신선 사상을 나타낸 것으로 볼 수 있는 또 다른 근거는 고려 12세기 말(1193년) 이규보李奎報가 쓴 『동국이상국집』 「동명왕편」에 인용된 『구삼국사舊三國史』와 고려 13세기 말(1287년) 이승휴李承休가 펴낸 『제왕운기』 「동국군왕개국연대」에서 비류국沸流國의 송양松讓을 언급한 내용이다. 고구려 건국 초기에 소노부消奴部의 우두머리이며 비류국의 군왕인 송양과 계루부의 실력자인 부여 계통의 주몽이 왕위를 다투면서 서로의 왕계를 '선인지후仙人之後'와 '천제지손天帝之孫'으로 대별한 내용이 「동명왕편」에 인용된 『구삼국사』에 언급되고 있어 송양으로 대표되는 소노부 집단이 선인으로 상징되는 시조 설화를 보유하고 있었음을 알 수 있다. 비류국 송양 집단의 이 같은 시조 인식은 앞서 살펴본 바와 같이 선인과 유사한 의미를 갖는 아사달의 산신이 된 단군과도 연계된다. 한편 『제왕운기』 「동국군왕개국연대」에서 비류국의 송양을 언급하면서 "이 또한 단군의 후손이 아니겠는가?"[47]라고 한 것을 고려해 볼 때 송양이 자처한 '선인지후仙人之後'의 선인을 단군과 연계시켜 생각해도 큰 무리는 없을 것으로 본다. 전술한 『삼국유사』 「왕력편」 '고구려'에서 주몽을 단군의 아들로 기록하고 있고, 『제왕운기』 「동국군왕연대」에서 비류국의 송양을 단군의 후손으로 본 것 등을 통해 고구려 건국 시기의 핵심 세력이었던 계루부와 소노부 모두 천손인 단군을 고구려의 조상으로 인식하고 있음을 엿볼 수 있다.

또한 강서대묘의 새를 탄 선인이 날아가고 있는 '삼산형의 산' 역시 천왕지신총의 '천왕도'와 같이 선인을 고구려 왕실의 조상으로, 선인의 탈 것으로 등장하는 서조를 조령祖靈으로 볼 수 있는 근거를 제공한다. 그 이유는 삼산형의 산은 왕과 관련

---

[47] 「帝王韻紀」 下卷 東國君王開國年代. '則此亦疑檀君之後也.'

된 유물이나 신화적 세계를 나타낼 때 주로 표현되며, 이러한 삼산형의 산은 선계仙界로 일컬어지는 곤륜산崑崙山과 삼신산三神山 등을 의미하기 때문이다.[48] 더욱이 한국의 고대 신앙에서는 산악을 통로로 하여 천신이 인간계에 왕래한다고 보아 산악을 인간계에 연장된 천계天界의 일부로 인식했기 때문이다.

신선 사상을 반영하는 선인과 서조의 등장을 당唐으로부터 유입된 도교의 영향으로 보는 견해도 있다. 그러나 앞서 살펴본 『삼국유사』 「왕력편」의 '고구려', 『동국이상국집』 「동명왕편」에 인용된 『구삼국사』, 『제왕운기』 「동국군왕개국연대」 등의 내용과 천왕지신총의 '천왕도' 등을 고려해 볼 때 선인은 천손인 고구려 왕실의 조상으로 이해되므로 선인과 서조의 등장은 우리 고유의 천신 사상과 더 깊은 연관이 있는 것으로 생각된다. 더욱이 고구려에 도교가 정식으로 수용된 것은 7세기 초인 624년이고, 이보다 빨리 도교가 고구려에 전해졌다 해도 5세기 고분인 무용총에 이미 선인과 서조가 표현되었고, 그 후에도 고구려 고분 벽화의 중요한 제재題材로 줄곧 등장하고 있어 이 같은 추론의 근거를 뒷받침해 주고 있다.

집안에 위치한 각저총의 현실 동벽 서측에는 두 사람의 역사力士가 씨름하는 장면과 이를 바라보는 노인을 묘사한 '씨름도'가 있다. '씨름도' 좌측의 나뭇가지에는 검은 새 여러 마리가 앉아 있고(그림 18), 나무 아래에는 곰과 호랑이가 함께 보이고 있어 단군신화에 나오는 곰과 호랑이를 연상케 한다. '씨름도'에 그려진 나무를 단군신화에 등장하는 신단수(神檀樹 : 천상과 지상의 통로로서 양자를 이어주는 우주나무)와 같은 존재로 볼 때, 나뭇가지에 앉아 있는 검은 새들은 솟대 위에 앉아 있는 새와 같이 지상과 천상을 잇는 매개인 동시에 죽은 이의 영혼을 천상으로 인도하는 영혼의 운반자로 해석된다.

각저총과 인접해 있는 무용총의 현실 서벽에는 '수렵도'가 그려져 있다. 새 깃털

---

[48] 서정록, 『백제금동대향로』, 학고재, 2001, 245쪽.

그림 18 고구려 각저총의 '씨름도' : 자색나무 위에 앉아 있는 검은 새들, 삼국시대 5세기 초, 집안 지역 고분

그림 19 고구려 무용총의 '수렵도' : 기사(騎士)가 머리에 착용한 새 깃털로 장식된 조우관(鳥羽冠), 삼국시대 5세기 중엽, 집안 지역 고분

로 장식한 조우관鳥羽冠을 머리에 쓴 기마인물상을 '수렵도'에서 볼 수 있는데(그림 19), 이러한 고구려인의 조우관 착용은 주몽신화에 등장하는 주몽의 아버지인 해모수가 머리에 쓴 오우관鳥羽冠 외에 『위서魏書』 고구려조,[49] 『수서隋書』 고려조,[50] 『북사北史』 고려조[51] 등의 기록을 통해서도 확인된다. 백제와 신라에서도 조우관의 착용 전통이 발견되는데 백제의 경우 『북사』 백제조에 "조배나 제사 때에는 관의 양쪽에 시(翅 : 새의 날개깃)를 가식하고, 군사의 경우에는 '시'를 가식하지 않는다"[52]는 관련 내용이 보이고, 신라는 새의 깃을 모티브로 하여 여기에 장식성을 가미하여 제작된 조익형鳥翼形 관식冠飾과 같은 현존 유물을 통해 살필 수 있다.[53] 이 같은 조우관의 착용은 앞서 언급한 청동기~철기시대에 제작된 농경문 청동기에도 나타나고 있어 그 연원이 오래되었음을 말해준다(그림 13 참조). 조우관은 새의 상징성(영혼·곡령·천명의 전달자)과 높은 사회적 지위 및 권능을 나타내는 수단으로 착용되었지만 점차 새의 상징성보다는 사회적 지위를 나타내는 용도로 사용되었다. 또한 『수서』 고려조와 『북사』 고려조에 언급된 바와 같이 고구려에서는 조우관의 착용 대상이 확대 보편화 되었다.

이 밖에 유물로는 서조가 표현된 '정사년丁巳年'이란 명문銘文과 함께 고구려 도침(陶枕 : 흙으로 구워 만든 베개)이 있다(그림 20). 도침의 상부 좌우에는 새를, 상부 중앙에는 연화문을, 상부 위쪽에는 구름문을 음각하였고, 도침 뒷면에는 두 명의 선인이 공양물을 받쳐 들고 수평으로 하늘을 나는 모습이 표현되었다. 또한 도침의 양 모서리는 태토를 파내어 좌측에는 청룡靑龍을, 우측에는 백호白虎를 입체적으로 나타냈다.

---

49 『魏書』 卷100 列傳 第88 高句麗條. '頭著折風, 其形如弁 揷鳥羽 貴賤有差.'
50 『隋書』 卷81 列傳 第46 東夷傳 高麗條. '人皆皮冠使人加揷鳥羽.'
51 『北史』 卷94 列傳 第86 高麗條. '人皆頭著折風 形如弁 士人加揷二鳥羽.'
52 『北史』 卷94 列傳 第82 百濟條.
53 林在海, 「文化的 脈絡에서 본 金冠의 形象과 建國神話의 函數」, 『孟仁在先生古稀紀念 韓國의 美術文化史論叢』, 孟仁在先生古稀紀念論叢 刊行委員會, 2002. 4, 246~247쪽 참조.

그림 20 '丁巳年(정사년)' 명문(銘文)이 있는 고구려 도침(陶枕) 상부 좌우의 서조. 삼국시대 3세기, 폭 30cm, 한국토지공사 토지박물관 소장

도침의 앞면에는 '진고려국 기무정군 충남 정사삼월晉高麗國 騎武正郡 忠南 丁巳三月'이라는 명문이 새겨져 있는데, 서체나 간지 등을 고려할 때 이 도침은 고구려 봉상왕烽上王 6년(297년)에 제작된 것으로 추정된다.[54] 도침의 용도가 죽은 자를 위한 것임을 고려할 때 도침 상부 좌우의 새 역시 영혼의 운반자로 해석된다.

3) 백제

백제금동대향로百濟金銅大香爐의 뚜껑 상부에는 서조가 장식되어 있다(그림 21). 백제금동대향로를 불교 공양구로 보는 경우도 있다. 그러나 산악 및 나무 등과 함께 각종 서수瑞獸·서조·선인이 등장하는 뚜껑 부분의 구성이 죽은 자의 무덤인 고구려 고분의 천장부에 묘사된 벽화의 소재들과 일맥상통하고, 그 크기나 상징 체계로 볼 때 국가적 대사大事, 즉 사비 천도와 국호를 남부여로 바꾼 데 따른 종묘와 제사 체계의 정비에 따라 제작된 것으로 보이므로 왕실의 제기로서 사용된 것으로 추정

[54] 김대환, 「三國時代의 陶枕研究」, 『白山學報』 제71호, 白山學會, 2005. 5, 64쪽.

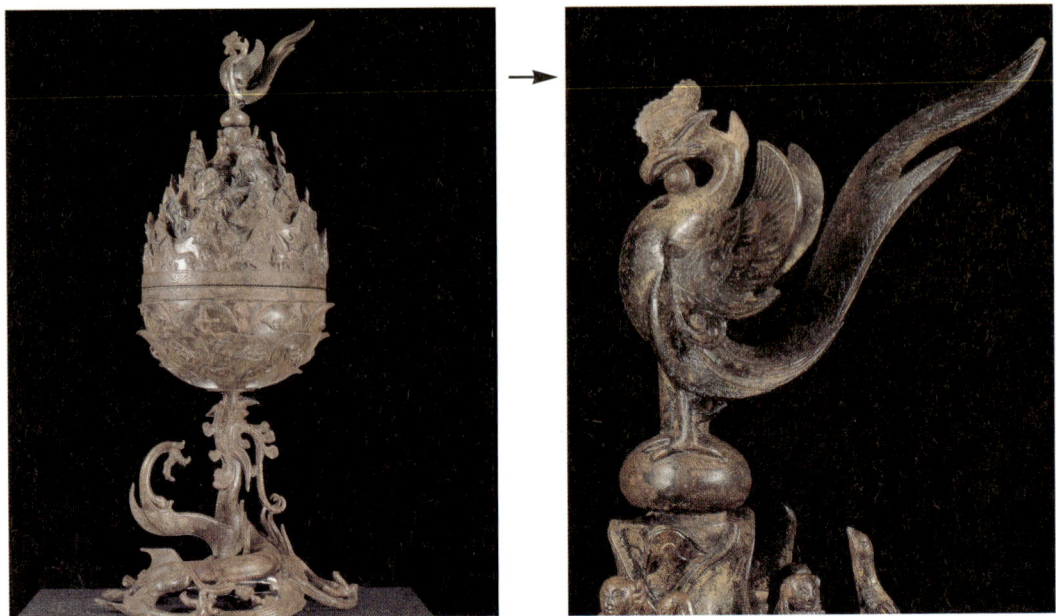

그림 21 백제금동대향로 뚜껑 상부의 서조, 삼국시대 6세기, 높이 62.5cm, 부여 능산리 절터 출토, 국립부여박물관 소장

그림 22 백제 산수봉황문전, 삼국시대 6세기, 길이 29.2cm, 부여 외리 출토, 국립부여박물관 소장

된다.⁵⁵ 그렇다면 향로 뚜껑 상부의 서조는 조령祖靈과 함께 성천자聖天子의 강림을 상징화 한 것이며, 이러한 맥락에서 볼 때 서조가 발톱으로 움켜쥐고 있는 커다란 타원형의 알은 난생설화를 연상케 한다.⁵⁶ 또한 서조를 봉황鳳凰으로 본다면 봉황의 '황凰'이 임금(皇)과 태양(光)을 의미하므로⁵⁷ 봉황의 다리 아래의 커다란 알은 왕재王才가 일광日光에 의해 탄생하기 직전의 상황을 표현한 것으로 이해된다.

부여 규암면에서 출토된 전(塼 : 벽돌) 가운데에는 전면을 위, 아래로 구분하고 상단에는 봉황과 구름무늬를, 하단에는 산악과 나무 등을 표현한 산수봉황문전山水鳳凰文塼이 있다(그림 22). 하단의 중첩되어 있는 삼산형의 산봉우리 중 가장 높은 산봉우리 위에 날개를 활짝 편 봉황이 정면을 바라보고 있는데, 이러한 모습은 백제금동대향로 뚜껑부 정상에 있는 서조의 모습과 매우 유사하다. 따라서 백제금동대향로의 서조와 마찬가지로 산수봉황문전의 봉황 역시 성천자의 강림을 상징적으로 표현한 것으로 보인다. 이 벽돌은 왕궁 또는 왕실 사찰 등에 사용된 건축 부재로 알려져 있어 이 같은 추론의 근거를 뒷받침해준다.

무령왕릉 출토의 동탁은잔銅托銀盞은 잔 받침, 잔, 뚜껑 등으로 구성되어 있으며 뚜껑과 잔의 바깥 면, 잔 받침의 안쪽 면에는 다양한 문양들이 새겨져 있다. 은잔에 새겨진 구름 무늬를 중심으로 그 위인 뚜껑부에는 산수문과 서조가, 그 아래에는 용이 새겨져 있어 백제금동대향로와 비슷한 구성을 하고 있다(그림 23). 동탁은잔의 뚜껑부에 묘사된 서조 역시 백제금동대향로 뚜껑부 정상의 서조와 같이 반원형으로 날개를 편 모습을 하고 있어 양자兩者의 제작시기도 비슷한 것으로 추정된다.

무령왕릉에서는 상부 좌우에 목조 봉수(木彫 鳳首 : 나무로 조각된 봉황 머리)가 장식된 왕비의 두침頭枕이 출토되었다(그림 24). 두침이 망자를 위해 제작된 것이고 봉황의 머

---

55 서정록, 주)48의 책, 282쪽, 325~329쪽 참조.
56 이도학, 「불교의 도입과 발전」, 『불교의 나라 백제, 사비성』, 주류성, 2006, 60쪽.
57 김주미, 「鳳凰紋과 韓 民族의 天神 思想」, 『文化史學』 21號, 文化史學會, 2004. 6, 138쪽.

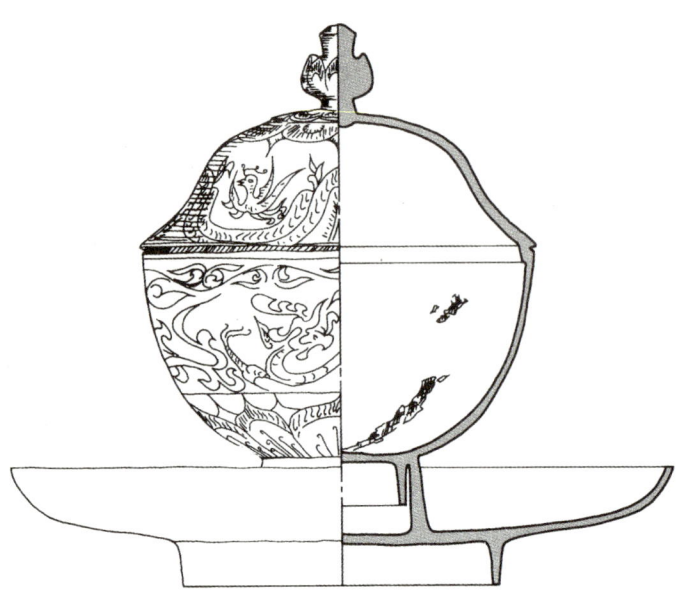

그림 23 백제 무령왕릉 출토 동탁은잔(銅托銀盞)의 세부도, 삼국시대 6세기 초, 높이 15cm, 국립공주박물관 소장

그림 24 백제 무령왕릉 출토 왕비 두침(頭枕), 삼국시대 6세기 초, 폭 40cm, 국립공주박물관 소장

그림 25 백제 무령왕릉 출토 단룡문(單龍文) 환두대도(環頭大刀) 통금구(筒金具)에 장식된 봉황, 삼국시대 6세기 초, 국립공주박물관 소장

리가 검게 표현된 점을 감안할 때, 두침에 장식된 봉황은 각저총 '씨름도'에 등장하는 자색나무 위의 검은 새들과 마찬가지로 죽은 이의 영혼을 천상으로 인도하는 영혼의 메신저로 이해된다(그림 18 참조).

무령왕릉에서 출토된 단룡문單龍文 환두대도環頭大刀는 손잡이 끝의 둥근 고리에는 한 마리의 용이, 통금구筒金具에는 서조가 장식되어 있다(그림 25). 환두대도란 손잡이 끝에 있는 환두부(環頭部 : 둥근 고리) 안에 용이나 봉황이 장식되어 있는 칼로 전쟁에 사용되었던 무기라기보다는 피장자의 신분을 상징하는 권위구權威具이다. 이러한 환두대도는 삼국시대인 5세기 후반에서 6세기 전반에 정치 집단의 최고 지배자나 왕으로 지칭될 수 있는 자가 소유했던 의도儀刀였다. 환두대도의 손잡이 끝 고리와 손잡이를 연결하는 통금구, 칼의 몸체 등에는 용이나 봉황이 장식되었고, 환두대도는 그것이 출토된 지역의 수장首長에 대한 상징적 징표로서 수장 사후死後에 그의 무덤에 부장되었다.

환두대도와 같이 수장을 상징하기 위해 서조가 장식된 예는 후대後代인 조선시대

그림 26 막대 끝에 서조가 장식된 궤장(几杖), 조선 1668년, 길이 190cm, 경기도박물관 소장

에 왕이 대신大臣에게 하사했던 궤장几杖에서도 살필 수 있다. 조선시대의 궤장 수여 제도는 "벼슬이 1품에 이르고 나이가 70세 이상으로서 나라의 중경사重輕事에 관계되어 치사시킬 수 없는 사람에게 예조에서 왕에게 보고하여 궤장을 내려준다"고 『경국대전經國大典』에 명문화 되어 있다. 따라서 왕으로부터 궤장을 하사받는 것은 국로國老로서 받을 수 있는 가장 영예로운 은택으로 여겨졌다.[58]

현종(顯宗 : 1659~1674)이 이경석李景奭에게 하사한 궤장[59] 중 막대의 상부 끝에 비둘

---

[58] 박정혜,「이경석사궤장도첩의 회화사적 의의」,『全州李氏(白軒相公派) 寄贈古文書』, 경기도박물관, 2003. 1, 346~347쪽.

[59] 이경석이 하사받은 궤장 중에는 새가 장식된 것 외에 칼이 들어 있는 지팡이, 긴 막대 끝에 삽 형태와 뾰족

기 모양의 새가, 하부에는 작은 삽 모양을 장식한 것이 있어 눈길을 끈다(그림 26). 궤장이 국로인 대신에게 내려졌다는 점에서 막대 상부 끝의 새는 환두대도에 장식된 봉황과 같이 수장의 상징으로 인식되며, 막대 하부 끝의 삽은 농사의 중요성을 일깨우기 위해 장식된 것으로 보인다.

그런데 궤장 상부의 비둘기 모양의 새는 앞서 언급한 「동명왕편」에 나오는 유화가 주몽에게 보낸 곡식의 씨를 전달하는 비둘기를 연상시킨다. 지모신과 농경신의 성격을 갖는 유화의 사자使者로서 「동명왕편」에 등장하는 비둘기가 곡령과 신생(풍요)를 상징한다고 볼 때, 궤장 상부에 장식된 비둘기 모양의 새 역시 같은 맥락에서 이해될 수 있다. 또한 궤장의 상하부 끝에 장식된 새와 삽은 농경문 청동기 뒷면 좌측에 새 깃털을 머리에 꽂고 따비로 밭갈이 하는 인물의 모습을 떠올리게 한다(그림 13 참조). 밭갈이 하는 인물이 당시의 제사장과 같은 실력자를 표현한 것으로 볼 때, 머리에 꽂은 새 깃털은 궤장 상부의 새와 같이 수장의 표식標式으로 볼 수 있고, 따비는 궤장 하부의 삽처럼 농사의 중요성과 함께 본격화된 농경 사회의 면모를 보여준다.

4) 신라

서봉총瑞鳳塚 출토의 금관金冠 위에는 정면을 향해 앉아 있는 닭과 흡사한 모습의 3마리의 새가 장식되어 있다(그림 27). 이를 김알지金閼智의 탄생을 알렸다는 흰 닭과 연계시켜 볼 때 3마리의 새는 천자의 출생을 알리는 천명天命의 전달자 내지 신생의 의미를 지닌 조령祖靈으로 이해된다. 그러나 부장품의 하나였던 금관 위에 장식된 새들의 모습은 솟대 위의 새를 연상케 한다는 점에서 죽은 이의 영혼 승천과도 관련 있는 것으로 생각된다.

한 형태가 달린 것 등 3점의 지팡이가 더 있다.

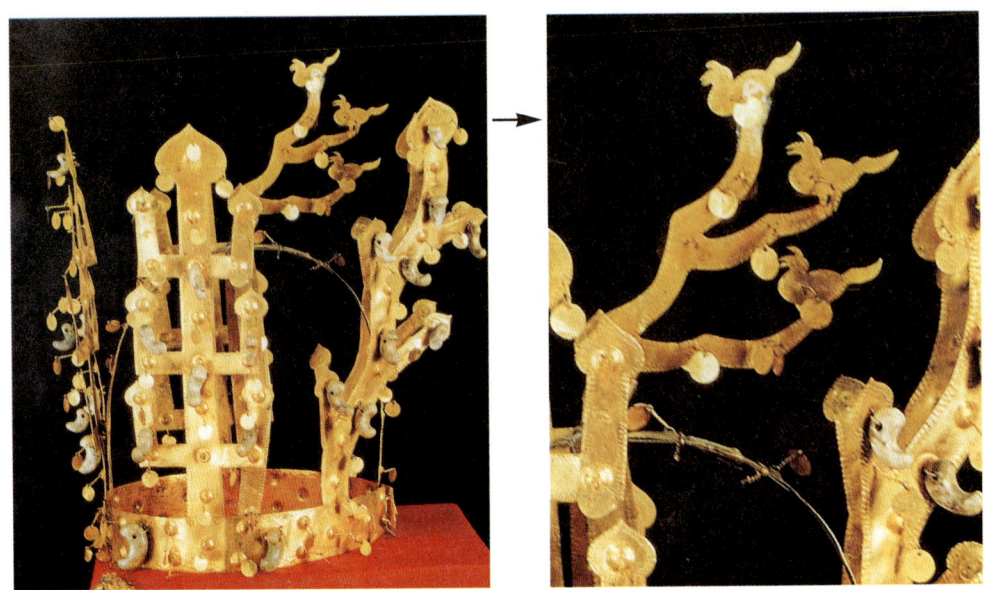

그림 27 신라 서봉총 출토 금관에 장식된 3마리의 서조, 삼국시대 5세기, 국립경주박물관 소장

그림 28 신라 천마총 출토 채화판(彩畵板)에 그려진 서조, 삼국시대 6세기, 국립경주박물관 소장

천마총天馬冢에서는 자작나무 껍질로 만든 채화판彩畵板이 출토되었다. 자작나무 껍질로 만든 2매의 채화판 중 하나에는 흑색 윤곽에 주칠朱漆한 서조가 그려져 있다(그림 28). 채화판에 그려진 서조는 천天·목木·인人의 관계를 보여주는 것으로, 이는 하늘에 사는 새가 높은 나무를 통해 인간에게 생명을 주고 또한 죽은 이의 영혼을 천상으로 운반해준다는 믿음을 표현한 것이다.[60] 더욱이 단군신화에 등장하는 신神의 교통로인 신단수神檀樹의 '단檀'이 박달나무를 의

그림 29 신라 금관총 출토의 조익형(鳥翼形) 금 관식(金冠飾), 삼국시대 5세기, 높이 40.8cm, 국립경주박물관 소장

미하고, 박달나무는 자작나무 과에 속하는 수종樹種인 점을 감안하면 신목神木인 자작나무 껍질로 채화판을 만든 것은 시사하는 바가 크다.

황남대총皇南大冢 남분南墳, 금관총金冠塚, 천마총天馬冢 등에서는 날개를 활짝 펴고 하강하는 새 모양의 관식冠飾, 일명 조익형鳥翼形의 금 관식이 출토되었다(그림 29). 조익형의 금 관식은 좌우대칭을 이루며 가운데를 각지게 접어 관모冠帽에 끼울 수 있도록 만들어졌고, 그 좌우에는 새 날개 모양의 장식이 연결되어 있다. 박혁거세의 난생설화, 석탈해昔脫解와 김알지의 탄생을 알리는 까치 및 흰 닭 등을 이와 연계시켜 볼 때, 새가 하강하는 모습을 연상케 하는 조익형의 금 관식은 천명의 전달자 내지 천天의 대리자인 왕을 상징하기 위해 제작된 것으로 이해된다. 조익형 관식은 5세기에서 6세기 전반까지 제작되었고 금 외에 은銀이나 금동金銅으로 만든 것들도

---

60 김병모, 『금관의 비밀』, 푸른역사, 1998, 171쪽.

그림 30 신라 천마총 출토 단봉문(單鳳文) 환두대도, 삼국시대 6세기, 국립경주박물관 소장

그림 31 신라 은(銀) 상감 용봉문(龍鳳文) 환두대도, 신라 5~6세기, 길이 85cm, 전(傳) 경주 안경 출토, 호암미술관 소장

있다. 은과 금동의 조익형 관식은 경주가 아닌 외곽 지역에서 출토되고 있어 각 지역의 실력자였던 왕족의 무덤으로 추정된다.

　환두대도에 봉황과 같은 서조가 표현된 것이 경주 천마총과 경주 안경安庚에서 출토되었다. 천마총 출토의 단봉문單鳳文 환두대도는 손잡이 끝의 둥근 고리 안쪽에 한 마리의 봉황이 조각되어 있다(그림 30). 경주 안경 출토의 은 상감象嵌 용봉문龍鳳文 환두대도는 손잡이 하단의 고리 안쪽에 여의주를 입에 문 쌍룡雙龍이 서로 머리를 반대로 하고 있고, 몸체 상부에는 서조가 하부에는 용이 은으로 상감되었다. 환두대도 몸체 상부의 서조는 다리를 앞뒤로 쭉 뻗고 긴 몸통을 길게 구부리고 있는 모습을 하고 있는데, 하부에 용이 있는 것으로 보아 서조는 봉황으로 이해된다(그림 31). 천마총과 안경에서 출토된 환두대도 역시 앞서 살펴본 백제 무령왕릉 출토의 단룡문 환두대도와 같이 정치 집단의 최고 지배자나 왕으로 지칭될 수 있는 자가 소유했던 의도儀刀의 성격을 지닌다.

5) 가야

부산 복천동 86호 및 복천동 69호 등과 같은 대형 목곽묘에서는 새 깃털 혹은 새 모양의 장식품으로 꾸민 가야의 갑옷이 출토되었다. 복천동 86호 출토의 판갑옷에는 새를 형상화한 철판이 사용되었고(그림 32), 복천동 69호 출토의 판갑옷에는 목과 가슴 부분에 새 깃털로 장식한 흔적이 남아 있다.

갑옷의 이러한 장식은 앞서 살펴본 농경문 청동기 뒷면에 제사장으로 보이는 남

그림 32 가야의 새 모양이 장식된 갑옷, 철기시대, 높이 68cm, 부산 복천동 86호묘 출토, 복천박물관 소장

그림 33 가야의 단봉문 환두대도, 철기시대, 합천 옥전 M3호묘 출토, 국립김해박물관 소장

자가 새 깃털을 머리에 꽂고 밭을 가는 모습처럼, 새 혹은 새의 깃털로 장식하던 제사장이 무武를 기반으로 하는 정치력을 갖추게 되었음을 보여준다. 새를 장식한 이러한 판갑은 실전용이 아니라 전쟁에 앞서 승리를 기원하기 위해 제의祭儀에 사용된 의례용이라는 견해가 지배적이다. 이처럼 새가 장식된 가야의 갑옷은 시베리아 지역의 샤만이 입는 코트에 부착된 새 모양의 장식과도 일맥상통한데, 이때 새는 천계天界와 인간 세계를 오가는 샤만의 정령으로 해석된다.[61]

옛 가야 지역인 합천 옥전 M3호묘에서는 단봉문 환두대도가 출토되었다(그림 33). 단봉문 환두대도는 손잡이 위에 은사銀絲가 감겨져 있고 단룡單龍과 쌍룡雙龍이 손잡이(柄頭金具:병두금구)와 칼집 머리에 각각 장식되어 있다. 합천 옥전 M3호묘는 5세기 후반에 성립되었던 다리국多羅國의 왕 묘로 추정되고 있어[62] 여기서 출토된 단봉문 환두대도 역시 다른 환두대도와 마찬가지로 정치 집단의 최고 실력자가 지녔던 의도儀刀로 파악된다.

지금까지 한국 고대 일상문 형성에 중요한 동인으로 작용한 태양 숭배와 새 토템(솟대신앙과 난생설화)에 관한 역사성과 그 특성을 한국 고대의 문헌과 민속, 유물 자료를 통해 살펴보았다. 그 결과 태양 숭배·새 토템·일상문 모두 재생(영혼 불멸)과 왕권을 상징하며, 태양 숭배와 새 토템은 그 외에 곡령穀靈과 신생新生의 의미를 함축하고 있음을 알 수 있었다.

먼저 태양 숭배의 성립 배경을 정리하면 다음과 같다.

첫째, 저녁에 지고 아침에 떠오르는 태양의 특성이 영혼 불멸을 희망하는 인간의 바램과 연계되어 죽은 자의 재생을 상징하게 되었다. 이러한 작품 예는 환문총,

---

61 M.A. Czaplicka 지음·이필영 옮김, 『시베리아의 샤마니즘』, 探究堂, 1984, 119쪽(원전은 M.A. Czaplicka, Aboriginal Siberia : A Study in Social Anthropology, Oxford, 1914).
62 국립김해박물관 편저, 주)39의 책, 104쪽.

내리1호분과 같은 고구려 고분에 그려진 태양을 표현한 동심원을 통해 살필 수 있었다.

둘째, 천상계를 대표하는 태양은 주기적 회귀의 규칙성과 공정성으로 인해 우주를 지배하는 신으로서 그 절대적 권위를 인정받았다. 태양에 대한 이 같은 인식은 천신 사상 및 음양설과 연계되어 국가의 최고 권력자를 하늘의 아들(天子) 또는 태양의 아들(日子)로 지칭하게 되었다. 그 예는 고구려의 시조인 동명성왕을 황천지자皇天之子와 일월지자日月之子로 기록한 광개토대왕비와 모두루묘지 등을 통해 확인할 수 있다. 또한 우리나라의 고대 유물인 세문 동경細文 銅鏡을 통해서도 태양과 왕권과의 관련성을 엿볼 수 있었다. 빛을 반사하고 흡수하는 성격을 지녀 그 속성상 태양을 상징하는 세문 동경에는 태양의 광명과 빛의 확산을 표현한 여러 개의 원문圓文으로 구성된 일광문日光文이 등장한다. 동경이 제사장이나 지배 계급이 지녔던 권력을 상징하고 주술적 의미를 지닌 의물儀物임을 고려할 때, 세문 동경에 나타난 일광문은 지배자의 정치력과 은택恩澤이 빛의 확산처럼 널리 퍼져나가는 것을 표현한 것이다.

셋째, 태양은 천지를 밝혀주고 모든 생물을 소생 번식시키는 데 없어서는 안 되는 중요한 존재이다. 태양은 특히 곡식을 생장시키고 농경의 풍요를 가져오는데 중요한 역할을 하므로 곡령과 신생의 의미를 지닌다. 울주군 천전리 암각화의 동심원은 태양의 이러한 특성을 나타낸 것으로 농경의 풍요를 기원하는 신앙적 심의心意를 보여준다.

한편 새 토템을 반영하는 솟대신앙과 난생설화에서 살필 수 있는 새의 상징성은 영혼·천명天命·곡령의 전달자로 정리된다.

천상에서 지상으로, 지상에서 천상으로 영혼을 운반하는 영혼의 전달자로서의 새의 기능은 죽은 자의 환생을 염원하는 태양 숭배와 상통한다. 천자에게 천명을 전달하거나 성천자聖天子의 강림을 알리기 위해 새가 등장하는 것은 태양이 왕권을

그림 34 까마귀의 특징적 모습이 반영된 고구려 쌍영총의 일상문, 삼국시대 5세기 말, 평양 지역 고분

상징하는 것과 유사하며, 곡령의 전달자로 상징되는 새는 곡식을 생장시키고 풍농을 가져다주는 태양의 특성과도 닮아 있다. 한편 영혼과 곡령의 전달자로서의 새의 모습은 농경문 청동기 앞면 우측에 묘사된 나뭇가지 위에 마주 보고 앉아 있는 두 마리의 새와 농경문 청동기 뒷면 좌측에 새 깃털을 머리에 꽂고 밭을 가는 남자의 모습을 통해 각각 살필 수 있었다. 이밖에 천명의 전달자로서의 새의 모습은 하늘의 대리자인 왕에게 천명을 전달하기 위해 날개를 활짝 펴고 하강하는 새의 모습을 형상화 한 금관총과 천마총 출토의 조익형鳥翼形의 금 관식을 통해 엿볼 수 있었다.

우주나무와 하늘 새를 결합시킨 솟대는 상기 언급한 영혼·천명·곡령의 전달자 등과 같은 새의 상징성을 모두 함축하고 있다. 솟대신앙은 새를 최초의 샤먼 또는 샤먼의 정령으로 보는 동북아시아 샤머니즘의 신조神鳥 사상에 그 뿌리를 두는 것으로, 농경 사회가 본격화되고 정치 및 종교 이념으로서의 천신 신앙이 확립 보급되며, 국가를 성립시킨 지배 계층이 스스로를 하늘의 자손으로 자처했던 청동기시대에 그 성립과 전개가 활발히 일어났다. 그러므로 초월적 세계와 인간 세계를 넘나

그림 35 물새의 특징적 모습이 반영된 고려청자 상감진사 동자포도문 표형주자 상부의 일상문, 고려 12세기 말~13세기 초

드는 천신의 대리자로서 솟대 위의 올려졌던 새는 샤먼의 정령과 곡령뿐만 아니라 하늘(天)의 대리자로 제사장과 정치적 수장首長을 겸했던 부족 국가의 족장 내지 왕을 의미한다.

솟대에서 볼 수 있는 이러한 새의 상징성은 이후 고대국가의 시조 난생설화와 '해 속에 삼족오'로 표현되는 고구려 고분 벽화의 일상문으로 이어졌다. 이를 말해주듯 솟대 위의 새가 하늘의 대리자를 의미하는 것과 같이 난생설화에서 난생은 왕계王系가 천신의 화신化身인 천손임을 상징하며, 일상문에 표현되는 서조는 솟대 위에 놓이는 까마귀 또는 물새의 특징적 모습을 보인다. 이를 반영하듯, 날카로운 부리와 매서운 눈매 등 까마귀의 특징적 모습은 고구려 고분 벽화의 일상문에서(그림 34), 가는 목과 긴 부리 등 물새의 특징적 모습은 12세기 말에서 13세기 초의 작품으로 추정되는 고려청자 상감진사 동자포도문 표형주자 상부에 그려진 일상문에서 각각 살필 수 있다(그림 35).

또한 알의 부화에 있어 빛은 필수 불가결한 요소이고 일상문이 태양을 상징하고 형상화 한 것임을 고려할 때 난생설화와 일상문 모두 태양 숭배를 반영한다는 공통점을 지닌다. 그렇다면 솟대 위에 일반적으로 올려지는 3마리의 새, 신라 김알지의 탄생 설화에 등장하는 흰 닭을 연상케 하는 서봉총 출토의 금관 위에 장식된 3마리의 서조, 일상문의 다리 셋 달린 삼족오 역시 상호 연계성을 갖는 것으로 볼 수 있다.

이 밖에 한국 고대의 일상문 형성과 관련하여 주목해야 할 것은 일상(日象:태양)과 서조가 결합된 일상문의 등장은 안악3호분과 같은 4세기 고구려 고분 벽화를 통해 확인할 수 있지만, 해와 까마귀와의 연계성은 전술한 바 있는「동명왕편」에 언급된 북부여를 세운 해모수 관련 기사記事를 통해 파악할 수 있다는 점이다.「동명왕편」에서는 일시자日侍者인 해모수를 천왕랑天王郎이라 일컫고 있어 해모수가 천天을 대표하는 태양을 상징하고 있음을 보여준다. 아울러 태양의 화신인 해모수가 머리에 까마귀 깃털로 만든 오우관烏羽冠을 쓴 것으로 기록하고 있어 해와 까마귀와의 결합된 모습을 엿볼 수 있다. 이러한 문헌 기록은 우리나라에서 해와 삼족오가 결합한 일상문에 대한 인식이 4세기 이전에 이미 성립되었음을 말해준다.

참고문헌

1. 사료(史料)

『三國史記』

『三國遺事』

『東國李相國集』

『帝王韻紀』

『史記』

『詩經』

『三國志』

『魏書』

『隋書』

『北史』

『日本書紀』

『續日本記』

2. 단행본

李丙燾,『韓國史』古代篇, 震檀學會, 1959.

崔南善,『六堂 崔南善 全集 5』, 高麗大學校 亞細亞門題硏究所 六堂全集 編纂委員會, 玄岩社, 1970.

M.A. Czaplicka 지음·이필영 옮김,『시베리아의 샤마니즘』, 探究堂, 1984.

金宅圭,『韓國農耕歲時의 硏究』, 영남대학교출판부, 1985.

이필영,『솟대』, 대원사, 1990.8.

金杜珍,『韓國 古代의 建國神話와 祭儀』, 一潮閣, 1999. 6.

김병모,『금관의 비밀』, 푸른역사, 1998.

_____,『김병모의 고고학 여행 1』, 고래실, 2006. 5.

서정록,『백제금동대향로』, 학고재, 2001.

임영주,『한국의 전통 문양』, 대원사, 2004. 9.

국립김해박물관 편저, 『영혼의 전달자 - 새·풍요·숭배』, 국립김해박물관, 2004.

황패강, 『한국신화의 연구』, 새문사, 2006. 5.

M.A. Czaplicka, Aboriginal Siberia : A Study in Social Anthropology, Oxford, 1914.

Andreas Lommel, Shamanism : The beginning of Art, Mcgraw Hill Book Company, New York, 1967.

Pat Kramer, An Altitude SuperGuide Totem Poles, Altitude Publishing Canada Ltd., 2006.

3. 논문

崔敏順, 『朝鮮朝 旗幟에 關한 硏究-儀仗旗의 紋樣을 中心으로』, 淑明女子大學校 大學院(産業工藝學科) 碩士學位論文, 1983.

朴昊遠, 『솟대信仰에 關한 硏究』, 韓國精神文化硏究院 大學院(韓國藝術民俗史專攻) 碩士學位論文, 1986.

崔南善, 「不咸文化論」, 『朝鮮及朝鮮民族』, 1927.

孫晉泰, 「蘇塗考」, 『朝鮮民族文化의 硏究』, 乙酉文化社, 1948.

_____, 「蘇塗考」, 『民俗學論考』, 民學社, 1975.

金元龍, 「高句麗 古墳壁畵에 있어서의 佛敎的 要素」, 『白性郁訟壽記念 佛敎學論文集』, 1957.

_____, 「新羅鳥形土器小見」, 『考古美術』 106·107, 韓國美術史學會, 1970. 9.

韓炳三, 「先史時代 農耕文靑銅器에 대하여」, 『考古美術』 112, 韓國美術史學會, 1971. 12.

許回淑, 「蘇塗에 關한 硏究」, 『慶熙史學』 第3號, 慶熙史學會, 1972.

趙芝薰, 「新羅의 原義와 詞腦歌에 對하여」, 『趙芝薰全集』 7, 一志社, 1973.

金庠基, 「東夷와 淮夷·徐戎에 대하여」, 『東方史論叢』, 1974.

金哲埈, 「東明王篇에 보이는 神母의 성격」, 『韓國古代社會硏究』, 知識産業社, 1975. 8.

李丙燾, 「阿斯達과 朝鮮」, 『韓國古代史의 硏究-서울大論文集 人文科學篇』 2, 博英社, 1976.

이필영, 「단군신화의 기본 구조-천신신앙을 중심으로」, 『白山學報』 第26號, 1981. 3.

宋華燮, 「三韓社會의 宗敎儀禮」, 『三韓의 社會와 文化』, 신서원, 1995. 7.

金渭顯, 「中國歷代帝王說話의 可信性 問題」, 『人文科學硏究論叢』 第13號, 明知大學校 人文科學

硏究所, 1995. 2.

鄭明鎬, 「세형동검과 검파형동기의 조형상의 의미 해석」, 『孫寶基博士停年紀念考古人類學論叢』, 知識産業社, 1988.

권오영, 「한국 고대의 새(鳥) 관념과 祭儀」, 『역사와 현실』 32, 한국역사연구회, 1999.

林在海, 「文化的 脈絡에서 본 金冠의 形象과 建國神話의 函數」, 『孟仁在先生古稀紀念 韓國의 美術文化史論叢』, 孟仁在先生古稀紀念論叢 刊行委員會, 2002. 4.

박정혜, 「이경석사궤장도첩의 회화사적 의의」, 『全州李氏(白軒相公派) 寄贈古文書』, 경기도박물관, 2003. 1.

김주미, 「鳳凰紋과 韓 民族의 天神 思想」, 『文化史學』 21號, 文化史學會, 2004. 6.

김대환, 「三國時代의 陶枕硏究」, 『白山學報』 제71호, 白山學會, 2005. 5.

이도학, 「불교의 도입과 발전」, 『불교의 나라 백제, 사비성』, 주류성, 2006.

도판목록

그림 1. 아메리카 인디언의 토템 기둥

그림 2. 영혼의 전달자 외에 곡령 및 신생을 상징하는 철새이자 물새인 솟대 위의 오리

그림 3. 경상도 해안 일부와 제주도에서 볼 수 있는 솟대 위의 까마귀

그림 4. 농경문 청동기 앞면 좌측에 표현된 나뭇가지 위의 새들, 청동기~철기시대, 폭 12.8cm, 대전 괴정동 출토, 국립중앙박물관 소장

그림 5. 세형동검의 검파두식에 장식된 오리, 철기시대, 대구 비산동 출토, 호암미술관 소장

그림 6. 스키타이 계통의 청동제 장대투겁, 기원전 3세기 초, 시베리아 쿠르칸 묘 출토

그림 7. 울주군 천전리 암각화의 태양을 상징하는 동심원, 청동기시대

그림 8. 고령군 양전리 암각화의 태양을 신상(神像)으로 표현한 태양신 얼굴, 청동기시대

그림 9. 여러 개의 원문(圓文)으로 구성된 일광문(日光文)이 등장하는 가는 무늬(細文) 동경(銅鏡), 철기시대, 숭실대박물관 소장

그림 10. 중심부의 원은 태양을, 원 밖의 8각형 집선문대(集線文帶)는 태양 광선을 상징하는 팔두령동구(八頭鈴銅具), 철기시대, 국립중앙박물관 소장

그림 11. 고구려 환문총의 태양을 상징하는 환문(環紋), 삼국시대 5세기 중반, 집안 지역 고분

그림 12. 고구려 내리1호분의 태양을 상징하는 환문, 삼국시대 6세기 중반, 평양 지역 고분

그림 13. 농경문 청동기 뒷면 우측에 새 깃털을 머리에 꽂고 밭을 가는 남자

그림 14. 변한과 진한 지역의 오리 모양 토기, 3~4세기, 국립김해박물관 소장

그림 15. 마한 지역(영광 군동 A-6호묘 출토)의 새 모양 토기, 3~4세기, 목포대학교 박물관 소장

그림 16. 고구려 천왕지신총 현실 천장 고임부 북측에 그려진 주작을 탄 선인[천왕(天王)], 삼국시대 5세기 초, 평양 지역 고분

그림 17. 고구려 강서대묘 현실 천장 고임부 남측에 그려진 삼산형(三山形)의 산을 향해 날아가는 서조를 탄 선인, 삼국시대 6세기 말~7세기 초, 평양 지역 고분

그림 18. 고구려 각저총의 '씨름도' : 자색나무 위에 앉아 있는 검은 새들, 삼국시대 5세기 초, 집안 지역 고분

그림 19. 고구려 무용총의 '수렵도' : 기사(騎士)가 머리에 착용한 새 깃털로 장식한 조우관(鳥羽冠), 삼국시대 5세기 중엽, 집안 지역 고분

그림 20. '丁巳年(정사년)' 명문(銘文)이 있는 고구려 도침(陶枕) 상부 좌우의 서조. 삼국시대 3세기, 폭 30cm, 한국토지공사 토지박물관 소장

그림 21. 백제 금동대향로 뚜껑 상부의 서조, 삼국시대 6세기, 높이 62.5cm, 부여 능산리 절터 출토, 국립부여박물관 소장

그림 22. 백제 산수봉황문전, 삼국시대 6세기, 길이 29.2cm, 부여 외리 출토, 국립부여박물관 소장

그림 23. 백제 무령왕릉 출토 동탁은잔(銅托銀盞)의 세부도, 삼국시대 6세기 초, 높이 15cm, 국립공주박물관 소장

그림 24. 백제 무령왕릉 출토 왕비 두침(頭枕), 삼국시대 6세기 초, 폭 40cm, 국립공주박물관 소장

그림 25. 백제 무령왕릉 출토 단룡문(單龍文) 환두대도(環頭大刀) 통금구(筒金具)에 장식된 봉황, 삼국시대 6세기 초, 국립공주박물관 소장

그림 26. 막대 끝에 서조가 장식된 궤장(几杖), 조선 1668년, 길이 190cm, 경기도박물관 소장

그림 27. 신라 서봉총 출토 금관에 장식된 3마리의 서조, 삼국시대 5세기, 국립경주박물관 소장

그림 28. 신라 천마총 출토 채화판(彩畵板)에 그려진 서조, 삼국시대 6세기, 국립경주박물관 소장

그림 29. 신라 금관총 출토의 조익형(鳥翼形) 금 관식(金 冠飾), 삼국시대 5세기, 높이 40.8cm, 국립경주박물관 소장

그림 30. 신라 천마총 출토 단봉문(單鳳文) 환두대도, 삼국시대 6세기, 국립경주박물관 소장

그림 31. 신라 은(銀) 상감 용봉문(龍鳳文) 환두대도, 신라 5~6세기, 길이 85cm, 전(傳) 경주 안경 출토, 호암미술관 소장

그림 32. 가야의 새 모양이 장식된 갑옷, 철기시대, 높이 68cm, 부산 복천동 86호묘 출토, 복천박물관 소장

그림 33. 가야의 단봉문 환두대도, 철기시대, 합천 옥전 M3호묘 출토, 국립김해박물관 소장

그림 34. 까마귀의 특징적 모습이 반영된 고구려 쌍영총의 일상문, 삼국시대 5세기 말, 평양 지역 고분

그림 35. 물새의 특징적 모습이 반영된 고려청자 상감진사 동자포도문 표형주자 상부의 일상문, 고려 12세기 말~13세기 초

03

중국과 한국의 일상문 형성과 전개

　태양〔일상(日象)〕과 새를 연계하여 표현했거나 다리 셋 달린 삼족조三足鳥를 나타낸 것은 신석기 시대의 하모도河姆渡 문화와 앙소仰韶 문화를 통해 확인할 수 있다. 이 밖에 요하遼河와 대릉하大凌河 일대의 신석기 홍산紅山 문화와 신석기 말기에서 청동기 발생기에 형성된 산동山東 대문구大汶口 문화에서도 새를 형상화 한 옥기玉器와 팽이형 토기에 태양과 새를 결합시킨 문양을 볼 수 있다.

　그러나 '해 속의 삼족오三足烏'와 같은 일상문日象文이 성립되고, 일상문이 '달 속의 두꺼비' 또는 '달 속의 옥토끼'로 그려진 월상문月象文과 짝을 이루며 함께 표현된 것은 한대漢代부터이다. 이 같은 도상圖像의 일상문이 한대에 출현한 것은 진한秦漢 교체기 때 한족漢族에 흡수된 산동 지역 등 중국 동부 연해 지역에 분포해 있던 동이족東夷族의 새 토템〔玄鳥(현조)숭배〕이 일상문 형성에 반영되었기 때문으로 본다.

　여기서는 중국과 한국의 일상문이 어떻게 형성되고 전개되었는가를 고찰하고자 한다. 중국은 한대 이전, 한대〔전한(前漢) 및 후한(後漢)〕, 한대 이후로 나누어 일상문의 형성 및 전개를 살펴보고자 한다. 이에 대한 이해를 돕기 위해 중국의 각 지역을 표시한 지도를 〈그림 1〉에 제시했다. 한편 한국의 일상문 형성은 2장 '한국 고대 일상문의 성립 배경'에서 이미 다루었기 때문에 여기서는 삼국시대를 중심으로 그 이전과 이후의 일상문의 전개를 알아보고자 한다.

Ⅰ. 중국의 일상문

1. 한대(漢代) 이전

태양과 새가 결합된 모습은 하모도 문화의 골제骨制 숟가락 자루와 앙소 문화의 채도彩陶 잔편을 통해 확인할 수 있다. 하모도 문화는 양자강 하류인 절강성浙江省 항주만抗州灣 인근에서 기원전 5000년경에 형성된 신석기 문화이고, 앙소 문화는 황하 유역의 하남성河南省 앙소촌仰韶村 일대에서 기원전 5000~3000년 사이에 발달했던 신석기 문화이다.

그림 1 중국의 각 지역을 표시한 지도

하모도 문화에서 출토된 골제 숟가락 자루는 자루의 좌우 양끝에 짧은 단선·긴선·사선 등을 여러 겹 세로로 배치시킨 기하학적인 무늬를 새겼고, 자루의 가운데 부분에는 새와 원을 연계시킨 도상을 위치시켰다. 도상의 세부를 살펴보면, 중앙의 원을 사이에 두고 그 좌우에 쌍조雙鳥가 등을 맞댄 채 바깥을 향해 있고, 원의 바로 윗부분에는 삼산형三山形의 화염火焰을, 원 아래에는 쌍조의 다리를 나타냈다. 이 같은 도상이 두 개 나란히 배치되어 있는데 오른쪽의 것은 중앙의 원륜 위에 새김 자국이 들어간 큰 원이 다시 돌려져 있고, 왼쪽의 것은 중앙의 원이 동심원을 이루고 있다(그림 2).

쌍조의 등 부분에 묘사된 원이 태양이라면 이는 새가 태양을 운반한다는 고대인의 관념을 표현한 것이다. 그렇다면 골제 숟가락 자루 중앙에 위치한 원과 새가 결

그림 2 하모도 문화에서 출토된 골제(骨制) 숟가락 자루 중앙에 새겨진 태양과 새가 연계된 도상, 신석기시대

합된 두 개의 도상은 두 개의 태양, 즉 해가 뜰 때의 태양과 해가 질 때의 태양을 묘사한 것이다. 주지하는 바와 같이, 해는 동쪽에서 뜨고 서쪽에서 지기 때문에 동측에 해당하는 우측이 일출을, 서측에 해당하는 좌측이 일몰을 나타낸 것으로 이해된다. 그렇다면 일출을 나타낸 우측의 도상에서 중앙의 2개의 원 중 안쪽의 원륜 모양은 햇무리를, 원륜 바깥에 위치한 큰 원반의 가장자리의 새김 자국은 태양의 빛이 사방으로 퍼져 나가는 것을 형상화 한 것으로 생각된다. 한편 쌍조의 머리 위에는 가늘고 긴 머리털이 나 있고, 갈고리 모양의 날카로운 부리와 부리부리한 큰 눈은 독수리와 같은 맹금류를 닮았다.[1] 하지만 쌍조의 다리가 2족=足인지 3족=足인지는 파악하기 어렵다.

한편 앙소 문화에서 출토된 채도 잔편에는 반원 안에 3족의 새를 묘사했거나 새의 등 위에 검은 원이 그려져 있는데, 이 때 반원과 검은 원은 태양을 상징한다. 채도 잔편에 그려진 새는 도식화圖式化 된 모습을 하고 있어 어떤 부류의 새를 형상화 했는가는 자세히 알 수 없다. 하지만 새의 다리는 3족 또는 2족으로 그려졌고, 새의 동세動勢는 날개를 펼친 채 서 있거나 날아가는 모습으로 표현되었다(그림 3).

이밖에 현재 중국의 동북지역(요하(遼河)와 대릉하(大凌河) 유역)에서 발달한 신석기 홍산

---

[1] 林巳奈夫, 『中國古代の神がみ』, 吉川弘文館, 2002, 1~2쪽.

그림 3 앙소 문화에서 출토된 채도(彩陶) 잔편에 그려진 태양과 새가 결합된 도상, 신석기시대

그림 4 홍산 문화에서 출토된 새를 형상화 한 다양한 옥기들, 신석기시대

문화에서는 기원전 5000년 무렵까지 소급되는 다양한 옥기들이 출토되었는데, 그 가운데는 새를 형상화 한 옥기들이 다수 포함되어 있다(그림 4).

또한 기원전 4300~2200년경으로 비정되는 산동 지방의 대문구 문화에서는 ⊙, ⊛ 문양이 새겨진 팽이형 토기들이 출토되어 눈길을 끈다(그림 5). 이 토기들은 대문구 문화 말기에 속하는 기원전 2800~2200년경의 유물로 추정되고 있다.

⊙ 문양은 학자에 따라 태양과 새, 태양과 불[火], 태양과 달이 결합된 것으로 해석되고 있는데, 중국의 왕대유王大有는 ⊙ 문양이 태양을 상징하는 원과 그 아래에 날개를 펼치고 있는 새의 모습을 복합한 것으로 보아 태양과 새가 결합된 도상으로

인식했다. 왜냐하면 앞서 언급한 앙소 문화에서 ⊗ 문양과 유사한 다리 셋 달린 새의 모습(🐦)을 확인할 수 있기 때문이다(그림 3 참조).[2]

한국의 신용하愼鏞廈는 대문구 문화에서 출토된 팽이형 토기의 ⊗문양을 아침(아사)과 산(달)이 결합된 도상으로 인식하여 아사달[3] 문양으로 해석했다. 이처럼 산동 지방의 대문구 문화에서 고조선의 나라 이름과 수도 이름을 나

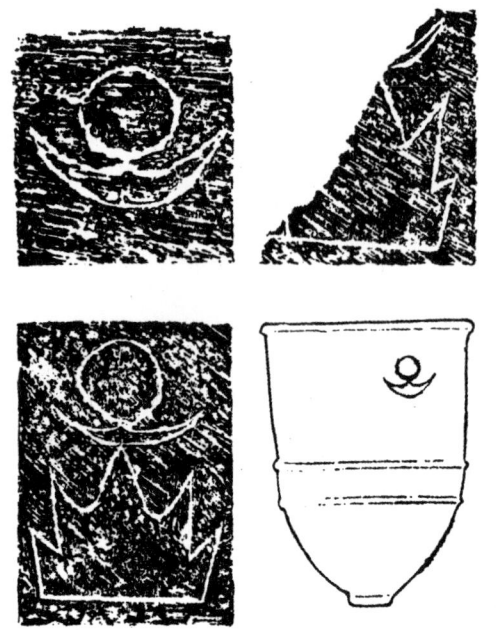

그림 5 산동 대문구 문화에서 출토된 팽이형 토기에 시문된 해·새·산 등이 결합된 문양

타내는 아사달 문양이 새겨진 팽이형 토기가 출토된 것은 이 토기를 만들어 사용한 주인공이 고조선을 건국한 아

사달의 조선족임을 증명해 주는 것으로 보았다. 아울러 고조선이 건국된 후 그 세력이 확산되는 과정에서 고조선의 조선족들이 산동 지방에 진출하여 다수의 소국들을 세워 활동하면서 독자적인 고조선 문화권을 형성하고 발전시킨 것으로 풀이했다. 대문구 문화의 팽이형 토기가 동이족의 일파인 조선족이 세운 고조선의 독특한 토기 유형이고, 중국의 고고학자들도 대문구 문화를 산동 용산龍山 문화[4]에 선행

---

2 王大有 지음·林東錫 옮김, 『龍鳳文化源流』, 東文選, 1994. 5, 108~109쪽.
3 한국의 고어(古語)에서 '아사'는 아침을, '달'은 햇빛이 비추는 따뜻한 양지의 산을 의미한다. 따라서 고조선의 수도인 아사달은 아침 산, 아침 햇살 등을 뜻하며, 이를 한자로 나타내면 朝陽과 朝鮮으로 풀이된다(이병도, 「단군신화의 해석과 아사달」, 『한국고대사연구』, 박영사, 1976, 43쪽 참조).
4 용산 문화는 앙소 문화의 뒤를 이어 기원전 2500년경 황하 유역에서 광범위하게 발달한 흑도(黑陶) 문화를 지칭한다.
5 愼鏞廈, 「古朝鮮 '아사달' 文樣이 새겨진 山東 大汶口文化 유물」, 『韓國學報』 제102집, 2001. 3, 3~5쪽.

그림 6 청동기에 부조로 표현된 다리 셋 달린 삼족조, 상대(商代)

그림 8 요녕성 객좌기마창구에서 출토된 다리 셋 달린 오리 모양의 술통(압준(鴨尊)), 서주

그림 7 청동기에 부조로 표현된 2족의 새, 서주

하는 동이계東夷系 문화로 인식하는 것은 이 같은 해석의 개연성을 높여준다.[5]

상대商代·주대周代·춘추春秋 시대의 청동기 및 전국戰國 시대의 와당에서는 태양과 결합된 것은 아니지만 다리 셋 달린 삼족조三足鳥의 모습을 살필 수 있다.

상대商代(기원전 1600~1050년경) 청동기에 부조浮彫로 새겨진 삼족조 역시 신석기 앙소 문화에서 출토된 채도 잔편의 삼족조처럼 도식적으로 표현되었다. 하지만 채도 잔편에 그려진 삼족조와는 달리, 맹금류의 특징적 모습(부리부리한 눈매·갈고리 모양의 날카로운 부리)이 잘 반영되었고, 한 마리가 아닌 한 쌍의 새가 중앙을 향해 마주 보고 서 있다(그림 6).

이와 비슷한 형태와 구도의 것은 서주西周 시대(기원전 1045~770년)의 청동기에서도 볼 수 있다. 이 역시 부조로 한 쌍의 새를 표현했는데 새의 다리는 3족이 아닌 2족이

그림 9 섬서성 여가장묘에서 출토된 청동 입상의 삼족조, 서주

그림 10 청동 입상의 삼족조, 춘추시대, 상해박물관 소장

그림 11 와당에 나타난 삼족조, 전국시대

다. 전술한 상대 청동기에 새겨진 삼족조처럼 부리부리한 눈매를 지니고 있지만, 긴 부리는 물새를 연상시킨다(그림 7). 한편 서주 시대의 청동기 가운데는 부조가 아닌 입상立像의 삼족조들도 보이는데 그 모습은 물새인 오리 또는 맹금류인 독수리·매 등을 닮았다(그림 8, 그림 9).

춘추春秋 시대(기원전 770~481년)의 삼족조로는 상해박물관 소장의 청동 입상이 있는데, 새의 발에는 물갈퀴가 표현되었다(그림 10). 춘추 시대의 또 다른 삼족조의 작례

作例는 아직까지 확인되지 않았는데, 이는 춘추 시대에 삼족조의 표현이 둔화되고 그 명맥만을 유지하고 있었음을 말해준다.[6]

전국戰國 시대(기원전 481~221년)의 와당에 표현된 삼족조는 상대 및 서주 시대의 청동 부조 및 청동 입상의 삼족조와 같이 큰 눈과 날카로운 부리 등이 잘 나타나 있다(그림 11). 또한 중앙을 향해 두 마리의 새가 마주 보고 서 있는 모습 역시 상대 및 서주 시대 청동 부조에 묘사된 삼족조와 유사하다. 그러나 세부를 보면 좌측의 새는 다리가 둘로, 우측의 새는 다리가 셋으로 표현되었고 좌우측의 새의 가슴 부분에는 중앙에 반점이 있는 원이 나타나 있다. 태양을 상징하는 원과 새를 결합하여 우측에는 일출을, 좌측에는 일몰을 나타낸 하모도 문화의 골제 숟가락 자루처럼(그림 2 참조) 다리 셋 달린 우측 새 가슴의 원은 일출을, 2족을 지닌 좌측 새 가슴의 원은 일몰을 각각 표현한 것으로 이해된다.

2. 한대(漢代)

앞서 살펴본 바와 같이 태양과 새가 결합된 모습이나 다리 셋 달린 삼족조는 한대 이전에 이미 나타난다. 그러나 '해 속의 삼족오'와 같은 일상문이 성립되고 '달 속의 두꺼비' 또는 '달 속의 옥토끼'로 형상화된 월상문이 일상문과 짝을 이루어 표현된 것은 한대에 이르러서이다.

태양과 새를 결합시킨 '해 속의 삼족오'와 같은 일상문은 하남河南, 섬서陝西, 산동山東, 호남湖南, 강소江蘇, 사천四川, 낙랑樂浪 지역 등 발해 연안의 석묘계 고분에서 주로 발견되고 있는데,[7] 이러한 석묘계 고분은 동이족의 대표적인 무덤 형식이라는 점에서 주목된다. 다음에서는 전한前漢과 후한後漢으로 구분하여 일상문의 다양한

---

[6] 우실하, 『동북공정 너머 요하문명론』, 소나무, 2007. 4, 345쪽 참조.
[7] 李亨求, 「고구려의 삼족오(三足烏) 신앙에 대하여-고고학적 측면에서 본 鳥類숭배사상의 기원 문제」, 『東方學志』 86, 연세대학교국학연구원, 1994. 12, 22쪽.

전개를 살펴보고자 한다.

1) 전한(前漢 : 기원전 206~기원후 24년)

전한 초기의 일상문은 기원전 2세기 중엽의 호남성 장사 마왕퇴馬王堆 1호묘 및 3호묘 출토의 백화(帛畵 : 비단 그림)와 산동성 임기 금작산 9호묘 출토의 백화에서 볼 수 있다. 그러나 원 안에 그려진 새의 다리는 3족이 아닌 2족이고, 동세動勢는 날개를 접고 서 있는 정지된 모습이며, 새는 자연계에서 흔히 볼 수 있는 까치 또는 참새를 연상시키는 사실적인 조류鳥類의 모습을 하고 있다(그림 12, 그림 13).

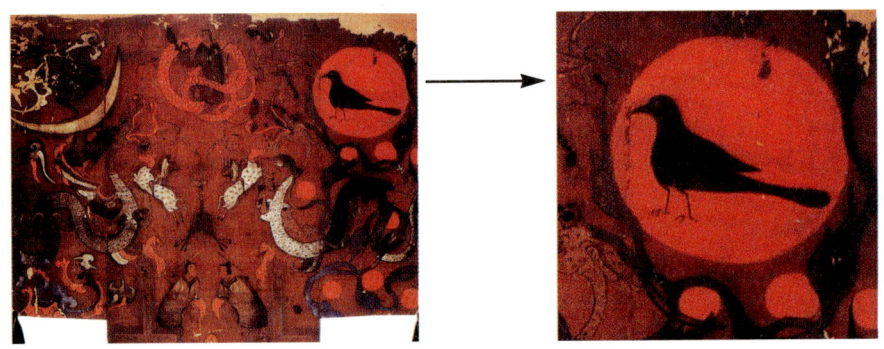

그림 12 호남성 장사 마왕퇴 1호묘 출토의 비단 그림에 그려진 원 안에 까치를 닮은 2족의 새가 표현된 일상문, 전한(기원전 2세기 초), 호남성박물관 소장

그림 13 산동성 임기 금작산 9호묘 출토의 비단 그림에 그려진 원 안에 참새를 닮은 2족의 새가 표현된 일상문, 전한, 산동성박물관 소장

그림 14 하남성 낙양 복천추 묘 벽화에 원 안에 날아가는 새로 표현된 일상문, 전한(기원전 86~49년경)

그림 15 평양 석암리 219호묘 출토의 칠전통에 장식된 은판 투조 안의 '해 속의 삼족오'로 표현된 일상문, 전한(기원전 2년경)

전한 후기의 일상문은 기원전 86~49년경의 하남성 낙양 복천추卜千秋 묘 벽화와 기원전 2년경에 조성된 낙랑 지역의 왕근王根 묘로 추정되는 평양 석암리 219호묘 출토의 칠전통(漆箭筒 : 옻칠한 화살 통)에 장식된 은판銀板 투조透彫에서 살필 수 있다(그림 14, 그림 15). 하남성 낙양 복천추 묘 벽화는 일상문에 날아가는 모습의 새가 다리 표현이 생략된 채 그려졌고, 평양 석암리 219호묘 출토의 칠전통은 일상문의 새가 날개를 활짝 펴고 날아오르는 자세를 취하고 있으며 다리는 3족이다.

위에서 언급한 전한 시기의 일상문 특징을 간추려보면 첫째, 전한 초기의 일상문에 등장하는 새는 까치와 참새 등 자연계에 가까운 사실적인 조류의 모습을 하고 있으며, 일상日象 안의 새는 날개를 접은 채 서 있고 다리는 2족이다. 둘째, 전한 후기에는 날아가는 모습의 새와 서 있는 정지된 모습의 삼족오를 일상문에서 볼 수 있는데, 날아가는 모습일 경우 새의 다리 표현이 생략되었고, 서 있는 정지된 모습의 삼족오는 전한 초와는 달리 날개를 활짝 펴고 비상하려는 자세를 취하고 있다.

전한 시대 일상문에 보이는 이 같은 양상은 전술한 바와 같이 진한 교체기 때 한족에 흡수된 중국 동부 연해 지역에 분포해 있던 동이족의 새 토템의 영향으로 일상문에 새가 등장하지만, '해 속의 삼족오〔日中三足烏〕'에 대한 인식은 일정 기간을 거친 후 수용되었음을 시사한다. 이러한 사실은 다음의 한대漢代 문헌을 통해 확인할 수 있다.

전한 초 회남왕淮南王 유안劉安이 저술한 『회남자淮南子』 권7 「정신훈精神訓」에는 "태양 안에는 준오踆烏가 있고 달 안에는 두꺼비가 있다"[8]고 기록하고 있다. 그러나 후한 때 고유高誘가 『회남자』를 정리하면서 주注를 단 것에는 "준踆은 꿇어앉은 것이며 발꿈치다. 이는 곧 삼족오를 말한다"[9]고 하여 준오와 삼족오를 동일한 것으로 보았다. 이처럼 전한 때 문헌인 『회남자』 「정신훈」에서 삼족오를 지칭하는 '준오'를 살필 수 있음은 전한 이전에 삼족오에 대한 신화 전승이 있었음을 보여준다. 그러나 삼족오란 표현이 후한 때 고유가 『회남자』 「정신훈」에 주注를 단 것에 나타나고 있음은 외부로부터 전파된 삼족오에 대한 인식이 어느 정도의 시간이 경과한 후 수용되었음을 말해준다.

한편 『회남자』 권7 「정신훈」에 언급된 준오의 '준踆'은 10개의 태양을 낳은 희화羲和의 남편인 제준帝俊의 '준俊'과 관련성을 지닌 것으로 보는데, 그 까닭은 제준의 '준俊'은 사람을 뜻하는 'ㅅ'이 더해지고 태양조를 의미하는 준오의 '준踆'은 발을 나타내는 '足'이 더해져 한자의 부수만 달라졌을 뿐 두 글자의 기원은 같다고 판단되기 때문이다.[10] 그런데 제준은 소호족少昊族으로 알려져 있고, 소호족은 태호족太昊族과 함께 동방의 이夷 집단, 즉 동이족으로 보는 데에는 큰 이견이 없다. 이를 입증해 주는 것은 문헌에 보이는 소호족과 태호족의 활동 영역이 모두 동이족의 대표적인 생활 영역으로 알려져 있는 산동 지역에 나타난다는 점이다.[11]

---

[8] 『淮南子』卷7「精神訓」. '日中有踆烏 而月中有蟾蜍.'
[9] 『淮南子』卷7「精神訓」高誘 注. '日中有踆烏 踆猶蹲也 謂三足烏.'
[10] 사라 알란 지음·오만종 옮김, 「열개의 태양과 아들들」, 『거북의 비밀, 중국인의 우주와 신화』, 예문서원, 2002. 4, 65쪽.
[11] 徐旭生, 「我國古代部族三集團考」, 『中國上古史論文選集』(上), 華世出版社, 1979, 340~350쪽 참조.
 奇修延, 「東夷의 개념과 실체의 변천에 관한 연구」, 『白山學報』 42집, 白山學會, 1992, 18~19쪽.

이 밖에 전한 이전에 만들어졌을 것으로 추정되는『산해경山海經』권14「대황동경 大荒東經」에는 태양 속에 까마귀가 들어 있는 것〔일중유삼족오 : 日中有三足烏〕이 아닌 까마귀가 태양을 지고 하늘을 운행하는 것으로 기록하고 있어[12] 태양과 까마귀와의 상호 관련성에 대한 인식의 차이를 읽을 수 있다.

2) 후한(後漢 : 기원후 25~기원후 220년)

하남성 당하 침직창 화상석畵像石 묘실 천장에 그려진 일상문은 후한 초기의 것으로 알려져 있다(그림 16). 일상문에는 서 있는 정지된 모습의 삼족오를 측면에서 묘사했는데, 후한대後漢代 일상문 중 이와 비슷한 유형은 강소성 동산 묘산 출토의 치수治水 화상畵像에도 나타나 있다(그림 17).

그러나 후한대 일상문에 그려진 새는 서 있는 정지된 모습보다는 대부분 날아가는 모습으로 표현되었으며, 이 경우 새는 수직으로 비상 또는 하강하거나 수평 또는 사선으로 날고 있다.

그림 16 하남성 당하 침직창 화상석(畵像石) 묘실 천장의 '해 속의 삼족오'로 표현된 일상문, 후한 초

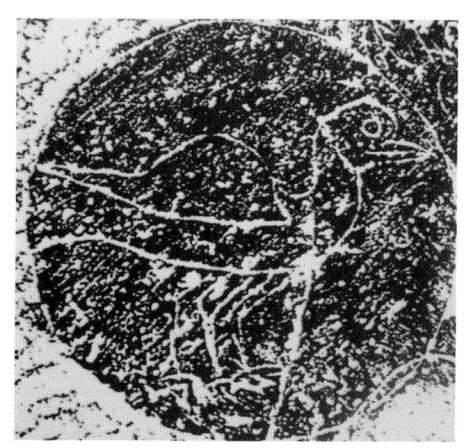

그림 17 강소성 동산 묘산 출토 치수(治水) 화상(畵像)에 '해 속의 삼족오'로 표현된 일상문, 후한, 서주박물관 소장

[12] 『山海經』卷十四「大荒東經」. '湯谷上有扶木 一日方至 一日方出 皆載于烏.'

그림 18 와당에 하늘로 비상하는 모습의 새가 표현된 일상문, 후한, 동경대학박물관 소장

그림 19 산동성 비성에 위치한 효당산 화상 석실 천장 중앙의 새가 지상으로 하강하는 모습이 그려진 일상문, 후한(129년경)

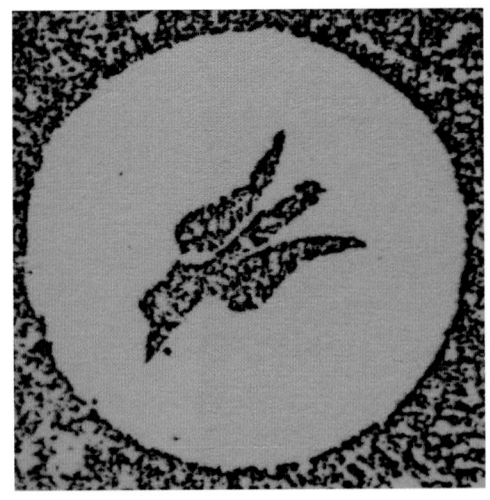

그림 20 강소성 동산 강자(崗子) 1호묘 천장석에 그려진 원 안에 날아가는 새로 표현된 일상문, 후한 말

먼저 일상문의 새가 수직으로 비상하는 경우는 와당에서 볼 수 있다(그림 18). 여러 개의 가는 선으로 양 날개의 깃털과 꼬리 부분이 묘사된 일상문의 새는 제비를 연상시키며, 새의 주위에는 작은 원 10개가 별자리처럼 둥글게 띠를 이루고 있다. 여기서 작은 원 10개는 다음에 제시한 『산해경山海經』 권11 「해외동경海外東經」에 언급된 '10개의 태양'을 나타낸 것이다.

> "아래에 양곡(暘谷)이 있다. 양곡의 위에는 부상(扶桑)이 있는데 이곳은 열 개의 태양이 목욕하는 곳으로 흑치(黑齒)의 북쪽에 있다. 물 가운데에 큰 나무가 있는데 아홉 개의 태양이 아래 가지에 있고 한 개의 태양이 위의 가지에 있다."[13]

한편 일상문의 새가 수직으로 하강하는 모습은 산동성 비성에 위치한 효당산 화상 석실의 천장 중앙에 묘사되어 있다(그림 19). 앞서 언급한 와당에서와 같이 별자리를 볼 수 있는데 원 안이 아닌 원 밖에 그려져 있어 양자의 차이를 살필 수 있다.

이 밖에 일상문의 새가 수평 또는 사선으로 날아가는 모습은 특정한 상서祥瑞 동물이나 신격神格과 결합하지 않고 표현된 순수 성좌형星座形의 일상문과 우인羽人 및 복희伏羲와 결합된 일상문에 나타나는데, 순수 성좌형은 화상석 묘가 많은 하남, 산동, 사천과 그 주변 지역에 주로 보인다.

전술한 바와 같이, 후한대의 일상문은 수평 또는 사선으로 날아가는 모습의 새가 많이 그려졌는데, 강소성 동산 강자崗子 1호묘의 묘실 천장석에 그려진 일상문도 이에 해당한다(그림 20). 또한 사천성 팽현에서 출토된 화상에는 인두조신(人頭鳥身: 머리는 사람, 몸은 새의 형태를 하고 있는 모습)의 우인羽人이 태양을 등에 진채 하늘을 날고 있으며, 태양 안에는 수평으로 날아가는 새가 표현되었다(그림 21). 태양과 결합된 이러한 우

---

[13] 『山海經』 卷十一 「海外東經」. '下有暘谷 暘谷上扶桑 十日所浴 在黑齒北 居水中 有大木 九日居下枝 一日居上枝.'

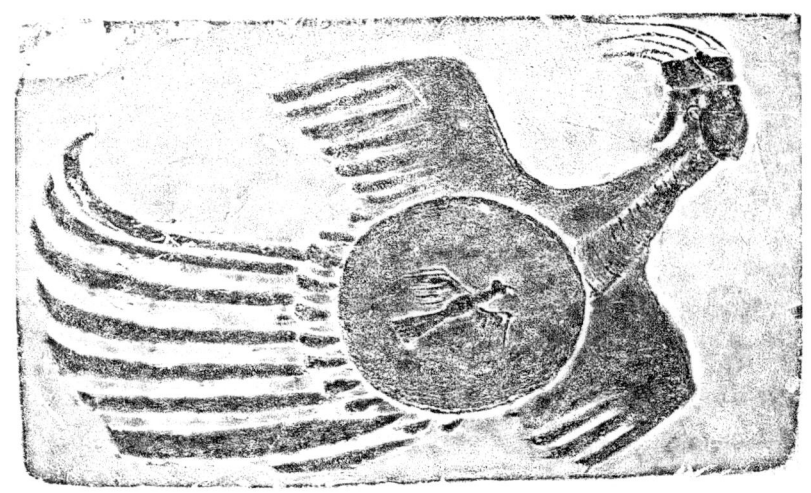

그림 21 사천성 팽현 출토의 일신(日神) 우인(羽人) 화상에 원 안에 날아가는 새로 표현된 일상문, 후한

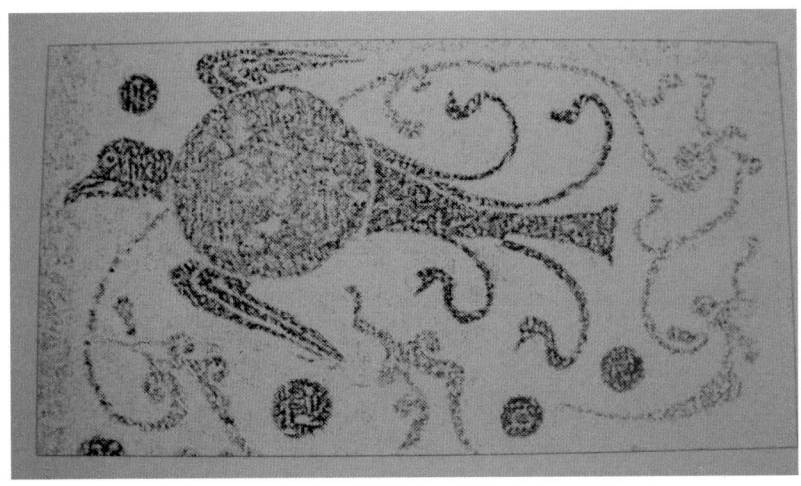

그림 22 하남성 남양 영장한(英莊漢) 4호묘 출토의 태양을 등에 진 채 하늘을 나는 서조가 묘사된 화상, 후한

인형의 일신日神은 후한 때 제작된 화상석과 화상전畵像塼에 주로 나타나며 그 출토지는 사천성 일대이다. 우인형은 아니지만 태양을 등에 진 채 하늘을 나는 새의 모습은 하남성 남양 일대의 벽화 및 화상에서 볼 수 있는데 이 경우 태양 안에 새의 모습은 보이지 않는다(그림 22).[14]

그림 23 산동성 가상 무씨사 화상석의 복희·여와, 후한(147년 추정)

후한대의 복희伏羲·여와도女媧圖는 몸은 사람, 꼬리는 뱀의 형태(인신사미 : 人身蛇尾)를 하고 있으며, 꼬리 부분은 교미하듯이 꼬고 있고, 일상 및 월상과 결합하거나 결합하지 않은 형태로 표현된다. 산동성 가상 무씨사武氏祠 화상석에 표현된 복희·여와는 일상 및 월상은 보이지 않고, 여와가 손에 네모난 자〔구(矩) : 땅을 상징하는 네모난 방형을 그리는데 사용되는 직각자〕를 들고 있다(그림 23). 그러나 사천성 숭경 출토의 복희·여와 화상전은 일월상日月象과 결합되어 있다(그림 24). 복희와 여와가 바깥 손으로는 머리 위의 일상과 월상을, 안쪽 손에는 콤파스〔규(規) : 하늘을 상징하는 원을 그리는 콤파스〕와 네모난 자를 각각 들고 있으며 일상 안에는 날아가는 새가, 월상 안에는 계수나무와 토끼로 추정되는 동물이 함께 그려져 있다. 이처럼 복희·여와와 일월상이 결합한 도상이 출현하는 것은 그간 전승되어 온 복희·여와 신화[15]가 전국 시대에 형성된

14 全虎兌, 「漢-唐代 고분의 日像·月像」, 『美術資料』 제48호, 국립중앙박물관, 1991. 6, 21쪽, 22쪽, 27쪽 참조.
15 복희와 여와에 대해서는 복희는 본래 동이족의 영웅이고 여와는 하족(夏族)의 신이었으나 한족(漢族)이 형성되는 과정에서 두 신이 부부의 관계로 전화되었다는 견해(孫作雲, 「洛陽西漢卜千秋墓壁畫考釋」, 『文物』

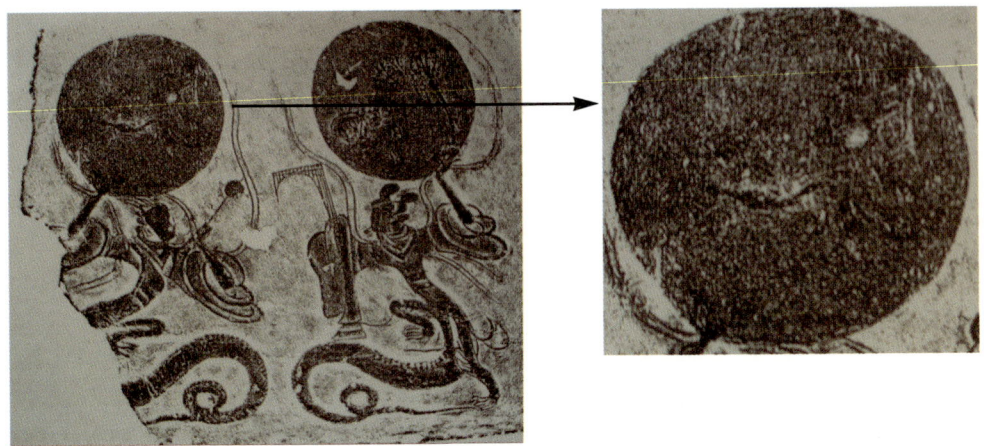

그림 24 사천성 숭경 출토의 복희·여와 화상에 원 안에 날아가는 서조가 표현된 일상문, 후한

음양설陰陽說과 연결되어 복희·여와가 음양의 상징인 태양과 달의 정精으로 각각 변화했음을 보여준다.

후한대 화상 중에는 삼족오가 태양에서 분리하여 서왕모의 권속으로 묘사된 경우도 있다. 사천성 신번 청백향 1호묘 출토의 서왕모 화상처럼 삼족오가 구미호 및 월상月象에서 분리된 토끼와 함께 서왕모의 권속으로 나타나기도 하며(그림 25), 사천성 신도 신룡향 출토의 서왕모 화상과 같이 삼족오가 구미호와 함께 서왕모의 사자使者 등장하기도 한다(그림 26). 또한 산동성 가상 홍산 출토의 서왕모 화상과 같이 삼족오와 구미호 외에 월상에서 분리한 토끼 및 두꺼비가 함께 묘사되는 경우도 있다(그림 27). 이밖에 산동성 임기 출토의 복희·일륜日輪 화상처럼 일상문에 삼족오와 구미호가 함께 나타나기도 한다(그림 28).

이처럼 삼족오가 태양(일상日象)에서 분리하여 서왕모의 권속으로 등장하는 것은

77-6, 1977. 6, 18쪽), 복희와 여와가 묘족(苗族)의 신이었다는 견해(袁珂, 『中國神話傳說辭典』, 上海辭書出版社, 1985, 46쪽), 복희와 여와를 한족(漢族) 고유의 태양신 및 지모신(地母神)의 화신으로 보는 견해 (何新 著·洪熹 譯, 『神의 起源』, 서울 東文選, 1990, 48~96쪽) 등 그 기원과 전개에 대한 다양한 해석이 시도되고 있으나 아직 정설은 없다(全虎兌, 주)10의 논문, 32쪽의 주18 참조).

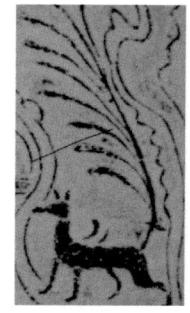

우측 하단의 토끼   우측 상단의 구미호

좌측 하단의 삼족오

그림 25 사천성 신번 청백향 1호묘 출토의 서왕모 화상 : 일상(日象)에서 분리된 삼족오가 구미호 및 토끼〔월상(月象)에서 분리〕와 함께 서왕모의 권속으로 등장, 후한

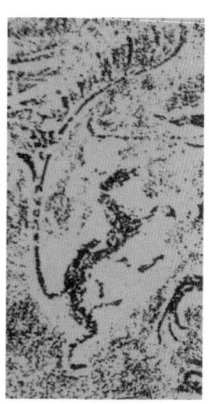

좌측 상단의 구미호

우측 상단의 삼족오

그림 26 사천성 신도 신룡향 출토의 서왕모 화상 : 일상(日象)에서 분리하여 구미호와 함께 서왕모의 사자(使者)로 표현된 삼족오, 후한

그림 27 산동성 가상 홍산 출토의 서왕모 화상 : 화상 상단에 일상(日象)에서 분리된 삼족오가 구미호 외에 월상(月象)에서 분리된 토끼·두꺼비와 함께 서왕모의 사자(使者)로 등장, 후한

그림 28 산동성 임기 출토의 복희·일륜(日輪) 화상(일상 안에 삼족오와 구미호가 함께 등장), 후한

진한 교체기 때 한족에 흡수된 동이족의 영향력이 약화됨에 따라 서왕모와 같은 한족漢族의 전통 신앙 속에 동이족의 삼족오 신앙이 편입되었기 때문으로 풀이된다.

한편 사천성 신번·신도·가상 출토의 서왕모 화상이나 산동성 임기 출토의 복희·일륜日輪 화상에서 삼족오와 함께 구미호가 표현된 것은 후한대의 사회적 혼란과 어지러운 정치상을 반영한 것으로 본다. 이같은 해석의 개연성은 여우의 출현을 나라가 망할 불길한 징조로 인식하고 있는 다음의 『삼국사기三國史記』 권15 제3 「고구려본기高句麗本紀」 차대왕次大王 3년 7월 조條와 『삼국사기』 권28 제6 「백제본기百濟本紀」 의자왕義慈王 19년 2월 조條와 같은 내용을 통해 엿볼 수 있다.

"여우라는 것은 요망한 짐승으로 상스럽지 못한데 게다가 그 빛깔도 흰색이니 더욱 괴이하다고 하겠습니다. 그러나 하늘은 곡진하게 말할 수 없으므로 요괴한 물건으로써 보인 것이오니 이는 임금께 두려워하고 반성하여 개과천선하게 하려는 것입니다. 임금께서 덕을 닦으신다면 재앙이 바뀌어 복이 될 수 있습니다."[16]

"의자왕 19년(659) 봄 2월 많은 여우가 궁 안으로 들어왔는데 흰 여우 한 마리는 좌평(佐平)의 책상 위에 올라앉았다. 여름 4월에는 태자궁의 암탉이 작은 참새와 교미했다. 장수를 보내어 신라의 독산과 동잠 등 두 성을 쳤다. 5월에 서울의 서남쪽 사비하(泗沘河)에서 큰 고기가 나와 죽었는데 길이가 세 발이나 되었다. 가을 8월에 여자의 시체가 생초진(生草津)에 떠올랐는데 길이가 열여덟 자나 되었다. 9월에 궁중의 홰나무가 사람이 우는 것처럼 울었고 밤에는 귀신이 대궐 남쪽 길에서 울었다."[17]

이처럼 후한 시기에는 '해 속의 삼족오' 외에 새가 태양을 등에 진 채 하늘을 날고 있거나 우인羽人 및 복희와 결합된 일상日象 등 다양한 형태의 일상문이 나타난다. 또한 삼족오와 같은 서조瑞鳥가 태양에서 분리하여 서왕모의 권속으로 등장하기도 한다. 일상문의 새는 서 있는 정지된 모습보다는 대부분 수평 또는 사선으로 날아가며, 이 경우 새의 특징적 모습은 잘 나타나지 않고 다리 표현도 생략되었다.

3. 한대(漢代) 이후

삼족오와 결합된 한대 이후의 일상문은 요령성 조양 원태자袁台子 벽화묘의 현실 동측의 천장석에서 살필 수 있다. 4세기로 추정되는 원태자 벽화 묘에는 '해 속의

---

[16] 『三國史記』卷十五 第三「高句麗本紀」次大王 3年 7月條. '秋七月 王田于平儒原 白狐隨而鳴 王射之不中 問於師巫 曰 狐者妖獸非吉祥 況白其色 尤可怪也 然天不能諄諄其言 故示以妖怪者 欲令人君恐懼修省 以自新也 君若修德 卽可以轉禍爲福 王曰 凶卽爲凶 吉卽爲吉 爾旣以爲妖 又以爲福 何其誣耶 遂殺之.'

[17] 『三國史記』卷二十八 第六「百濟本紀」義慈王 19年 2月條. '義慈王十九年春二月 衆狐入宮中 一白狐坐上佐平書案 夏四月 太子宮雌雞與小雀交 遣將侵攻新羅獨山·桐岑二城 五月 王都西南泗沘河 大魚出死 長三丈 秋八月 有女屍浮生草津 長十八尺 九月 宮中槐樹鳴 如人哭聲 夜 鬼哭於宮南路.'

삼족오'로 묘사된 일상문이 그려졌고, 삼족오의 형상은 까치와 흡사하다(그림 29).

남북조시대에 개착된 돈황 석굴 벽화에 그려진 십일면관음보살과 천수관음보살은 해와 달을 상징하는 일상과 월상을 손에 얹고 있다. 이를 일정마니인(日精摩尼印 또는 일륜인(日輪印)), 월정마니인(月精摩尼印 또는 월륜인(月輪印))이라 하는데, 〈그림 30〉에 보이는 일정마니인은 일상 안에 참새를 닮은 3족의 새를 나타냈다.

남북조시대부터 당대(唐代)에 걸쳐 고창국(高昌國)이 위치해 있던 투루판(현재 신강성 토로번현) 아스타나 지역의 고분에서는 복희·여와를 그린 비단 그림이 많이 발견되었는데, 복희·여와도가 출토되는 고분의 조성 시기는 6세기 후반에서 8세기 전반경이다.

비단에 그려진 복희·여와도 중 〈그림 31〉에 제시한 국립중앙박물관 소장의 것은 전술한 후한대 무씨사 화상석의 복희·여와처럼 꼬리 부분이 교미하듯이 꼬여 있고(그림 23 참조), 복희와 여와의 손에는 원을 그리는 콤파스(규(規))와 방형을 그리는 자(구(矩))가 들려져 있다. 한편 앞서 언급한 사천성 숭경 출토의 후한대 복희·여와 화상전

그림 29 요령성 조양 원태자(袁台子) 벽화 묘의 '해 속의 삼족오'로 표현된 일상문, 남북조시대 4세기경

그림 30 돈황 석굴 벽화에 '해 속의 삼족오'로 표현된 일정마니인(日精摩尼印), 남북조시대

그림 31 투르판 아스타나 지역 고분에서 출토된 복희·여와도, 당(唐) 7세기, 국립중앙박물관 소장

그림 32 투르판 아스타나 지역 고분에서 출토된 복희·여와도, 당(唐) 8세기, 뉴델리박물관 소장

과는 달리(그림 24 참조), 일상 및 월상이 복희와 여와의 손에 들려져 있는 것이 아니라 화면의 상단 및 하단 중앙에 각각 그려져 있고, 둥근 고리를 이은 성좌星座에 둘러싸여 있는 일상과 월상은 중앙의 붉은 원과 그 위에 방사선이 결합된 원륜 모양으로 표현되었다.

뉴델리박물관 소장의 복희·여와도 역시 국립중앙박물관 소장의 복희·여와도처럼 화면의 상단 및 하단 중앙에 일상문과 월상문을 나타냈다. 그런데 화면 상단 중앙의 일상문은 일상 안에 긴 목과 긴 부리 등이 물새인 오리를 연상시키는 3족足의 새를 표현했고, 화면 하단 중앙의 월상문은 상현달을 좌측으로 90도 회전한 모습으로 그려졌다(그림 32). 일상문의 3족의 새는 서 있는 정지된 모습으로 묘사했는데, 이는 후한대의 복희·여와도에 보이는 일상문에서 새가 날아가는 모습으로 표현된 것과는 다르다. 또한 〈그림31〉의 복희·여와도는 복희와 여와의 얼굴과 복장이 서역인을 연상케 하는 반면, 〈그림 32〉의 복희·여와도는 복희와 여와의 얼굴이 투르판 지역의 토착인을 닮았고, 복장은 당唐의 것을 착용하고 있다.

이처럼 남북조시대를 지나 수隋·당唐 시대가 되면 삼족오와 같은 서조와 일상이 결합된 일상문은 중원中原 문화권에서 거의 사라지고 요령성, 돈황, 투르판 등 중원 외곽 지역에서만 나타난다. 또한 한대 이후 중원에서 소멸된 '해 속의 삼족오'로 표현된 일상문은 고구려로 전승되고 이후 한반도를 거쳐 일본으로 전파된다. 이러한 사실은 새 토템을 반영하는 동이족의 삼족오 문화가 한대漢代에 일시적으로 수용되어 일상문에 삼족오와 같은 서조를 나타낸 것임을 말해준다. 아울러 '해 속의 삼족오'로 표현된 일상문이 한대 이후 상고 시대 동이족의 또 다른 이동 경로 및 생활 영역이었던 한반도와 일본으로 전승된 것은 삼족오 문화와 동이족과의 밀접한 관련성을 보여준다.

당대唐代 이후의 일상문은 묘제와 관계된 유적 및 유물 외에 왕권의 상징물인 일기日旗와 12장복十二章服을 통해 살필 수 있다.

일기는 국왕의 위엄을 갖추기 위해 각종 의전 행사에 사용되는 의장기儀仗旗 가운데 하나로 천자국만이 사용했던 깃발이다. 그 이유는 천상天象을 대표하는 태양을 군왕의 상징으로 인식함에 따라 하늘에 2개의 태양이 있을 수 없듯이 지상에도 두 임금이 있을 수 없다 하여 제후국이 아닌 천자국天子國만이 일기를 사용하도록 했기 때문이다.

일기에 관한 중국 기록은 아래에 제시한 『대명집례大明集禮』 권43 의장儀仗 중의 '일기日旗 및 월기月旗'에 관한 도설圖說을 통해 확인할 수 있다.

"주관(周官)에는 사상(司常)이 9기(旗)의 모든 것을 관장하는데 그 하나가 일월기(日月旗)이다. 좌씨(左氏)는 그것을 삼진기기(三辰旂旗)[18]라 하고 밝은 것을 밝힌다고 했다. 양자(揚子)의 『태현경(太玄經)』을 보면 해는 밝기가 낮과 같고 달의 밝기가 밤을 밝히니 해와 달을 기(旗)에 그려 천(天)을 형상한다고 했다. 송(宋)의 태조가 처음으로 해와 달을 깃발에 그려서 그 하나를 '천성노부도(天聖鹵簿圖)'라 했다. 일기(日旗)는 적색 바탕에 해를 그리고 그 안에 까마귀를 넣었다. 월기(月旗)는 청색 바탕에 달을 그리고 그 안에 토끼를 넣었다. 원(元)의 제도에서 일기는 청(靑) 바탕에 적색(赤色) 화염각(火炎脚)을 그리고 해를 그렸다. 월기(月旗)는 청색 바탕에 적색 화염각을 그리고 달을 그렸다. 오늘날〔명대(明代)〕에는 일기와 월기를 제정해서 각각 청색 바탕에 노란 갓을 두르고 적(赤) 화염 사이에 다리를 그려서 해는 빨강으로 칠하고 달은 흰 것으로 칠했다."[19]

위의 내용을 통해 송대宋代부터 일기가 사용되었음을 알 수 있다. 한편 전술한 『대명집례』에서는 송대의 일기에 대해 해를 그린 원 안에 까마귀〔烏〕를 넣었다고 기록하고 있으나 『삼재도회三才圖會』[20] 권3 의제儀制 의장 '일기日旗 월기月旗'에는 까마귀〔烏〕가 아닌 닭〔鷄〕으로 기술하고 있어 일상문에 까마귀를 그린 것인지, 닭을 그린 것인지 파악하기 어렵다. 또한 이 내용만으로는 일상문에 그려진 까마귀 내지 닭의 다리 수가 몇 개이며, 새의 동세動勢가 서 있는 정지된 모습인지 아니면 날아가는 모습인지도 알 수 없다. 한편 원대元代 일기의 경우, "해를 그렸다"고만 기록하고 있어 일상문에 새가 있는지 아니면 원圓만으로 일상문을 나타낸 것인지 분명하지 않다. 그러나 『대명집례』에 도시圖示된 명대明代의 일기를 보면, 일상문이 원으로만 표현되

18 기기(旂旗)는 날아오르는 용과 내려오는 용을 그린 붉은 기(旗)로 제후가 세우는 깃발을 말한다.
19 『大明集禮』 卷43 儀仗. '周官司常掌九旗之物 各其一曰 日月爲常 左氏曰 三辰旂旗昭其明也 揚子太玄經曰 日以煜乎晝 月以煜乎夜登 日月於旗 以象天也 宋太祖 始置日月旗 各一 天聖鹵簿圖 日旗 赤質畵日中以烏 月旗 靑質畵月中以兎 元制 日旗一 靑質赤火焰脚 繪日于上 月旗一 靑質赤火焰脚 繪月于上 今制 日旗月旗各一 俱靑質黃襴赤火焰間絟脚 繪日以赤繪月以白.'
20 일종의 백과사전으로 명나라의 왕기(王圻)가 저술하였다. 1607년에 쓴 저자의 자서(自序)가 있고, 후에 그의 아들 왕사의(王思義)가 속집(續集)을 편찬하였다. 모두 106권이다. 여러 서적의 도보(圖譜)를 모으고 그 그림에 의하여 천지인(天地人)의 삼재(三才)에 걸쳐 사물을 설명하였다. 천문·지리·인물·시령(時令)·궁실(宮室)·기용(器用)·신체·의복·인사(人事)·의제(儀制)·진보(珍寶)·문사(文史)·조수(鳥獸)·초목(草木) 등 14부문으로 분류했다.

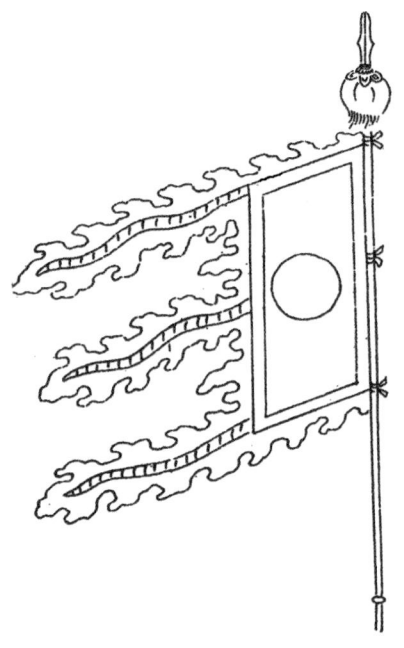

그림 33 『대명집례(大明集禮)』 권43 의장(儀仗)에 도시된 명대(明代) 일기(日旗)

그림 34 송대(宋代) 십이장복의 일상문

고 있어 해를 나타낸 일상 안에 까마귀 또는 닭을 묘사한 송대의 일기와는 분명한 차이가 있음을 확인할 수 있다(그림 33).

앞서 언급한 일기와 같이 제후국이 아닌 천자국의 황제 제례복으로 사용되는 십이장복十二章服[21]에서도 일상문을 살필 수 있는데, 십이장복의 12개 문양 중 태양과 달을 나타낸 일상문과 월상문은 황제 제례복의 어깨 좌우에 수놓아져 있다.

먼저 송대 십이장복에 수놓아진 일상문을 보면, 태양 안에 3족의 새가 표현되었고 동세는 서 있는 정지된 모습을 하고 있다(그림 34). 그렇다면 전술한 『대명집례』 권43 의장 '일기 및 월기'에 언급된 송대 일기에 그려진 까마귀의 모습도 이와 크게

21 천자 내지 황제가 착용하는 12장복에는 해(日), 달(月), 별(성진聖辰), 산(山), 용(龍), 불(火), 화충(華蟲 : 꿩), 종이(宗彛 : 제기의 하나로 동물을 그려넣은 술잔, 조(藻 : 가래나무의 잎과 가지), 분미(紛米 : 낱알이며 풍요를 상징), 보·불黼黻 : 도끼와 亞자 모양의 자수 문양) 등 12가지의 문양이 수놓아져 있다.

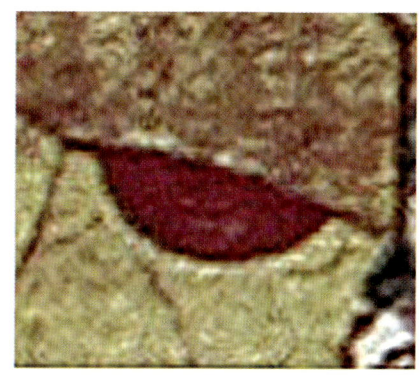
그림 35 명대(明代) 십이장복의 일상문

그림 36 청대(淸代) 십이장복의 일상문

다르지 않았을 것으로 본다. 하지만 송대 십이장복에 수놓아진 일상문의 새는 까마귀와 같은 맹금류의 특징적 모습은 잘 나타나 있지 않다. 또한 일상문이 그려진 일기가 북송 초인 태조 때 제작되었음을 고려할 때 일상문이 수놓아진 십이장복도 이와 비슷한 시기에 제작되었을 것으로 추정된다.

그러나 명대 십이장복에 보이는 일상문은 명대 일기처럼 원 안에 까마귀와 같은 새를 표현하지 않은 채 원으로만 일상문을 나타냈다(그림 35). 이에 반해 청대 십이장복은 송대와 같이 일상문에 새가 등장한다(그림 36). 다만 송대와 청대 십이장복에 수놓아진 일상문의 차이는 일상문에 표현된 새의 모습이 다르다는 점이다. 송대는 가늘고 긴 다리·큰 눈·날개를 접은 채 서 있는 모습으로 묘사되고 있으나, 청대는 머리 위의 닭 벼슬·아래로 굽어진 뾰족한 부리·화려한 날개를 활짝 펴고 날아 오르려는 동세를 취하고 있다.

이처럼 일기와 십이장복에 보이는 일상문은 시대(송, 명, 청)에 따라 다르게 표현되고 있다. 동이족과 '해 속의 삼족오'와의 상호 관련성을 말해주듯, 한족漢族 국가 부흥의 기치를 내걸고 중국을 통일한 명대에는 일상문에 삼족오와 같은 서조가 등장하지 않지만, 동이족의 일파인 만주족이 세운 청대에는 일상문에 닭과 흡사한 3족의 새가 등장한다. 그렇다면 한족漢族이 세운 송대에 왕권의 상징물인 일기 및 십이장복에 '해 속의 삼족오'와 같은 일상문이 나타나고 있음은 어떻게 설명할 수 있을까?

당唐 멸망 후 화북의 5대(후량, 후당, 후진, 후한, 후주) 정권과 강남의 10국(오월, 민, 형남, 초, 오, 남당, 남한, 전촉, 후촉)이 각축을 벌이던 5대 10국의 시대를 마감하고 송宋을 세운 조광윤趙匡胤은 후주의 왕 공제恭帝로부터 왕권을 선양禪讓받아 보위에 올랐다. 사서史書에 보이는 '진교陣橋의 변變'에 의하면, 조광윤이 지휘하던 금군의 장병들이 그를 천자天子로 세우기로 결의했고, 이를 거부하는 조광윤을 말에 태우고 입성한 후 조정에서 선양의 절차를 행한 후 후주의 공제로부터 황제 자리를 넘겨받아 송조宋朝가 성립되었고 조광윤이 송의 태조가 되었다고 기록되어 있다. 그러나 후세의 사가史家들이 지적한 바와 같이 '진교의 변'은 처음부터 태조 자신과 심복들이 꾸민 쿠테타였다. 당시 조광윤은 최강의 군대를 장악하고 있었기 때문에 쿠테타는 아무런 교전 없이 평온한 가운데 성공했고 후주의 대신들과 장군들도 저항 없이 새로운 왕조를 따랐다. 5대 10국 시대에는 이 같은 선양이 자주 일어났고, 이 때 왕권을 선양한 황제는 죽이는 것이 통례였다. 하지만 송의 태조 조광윤은 자신에게 왕권을 넘겨준 후주의 공제를 죽이지 않고 후하게 대접했으며, 공제가 죽었을 때는 황제의 예禮로서 장례를 치렀다.

이러한 시대 상황을 염두에 두고 송대 일기 및 십이장복에 '해 속의 삼족오'로 표현된 일상문이 등장하는 배경을 고찰해 보면, 삼족오의 다리 셋이 천天, 지地, 인人을 상징하고 삼족오를 천명天命의 대리자 내지 전달자로 인식했듯이, 왕권의 상징물인 일기와 십이장복에 삼족오를 표현함으로써 송나라와 송의 태조가 인위人爲가 아닌 천명天命에 의해 세워진 왕조와 천자임을 부각시키기 위한 것으로 풀이된다. 또한 삼족오의 동세가 서 있는 정지된 모습으로 묘사된 것은 송宋이 5대 10국과 같은 정치적 혼란기를 마무리하고 건립된 왕조이며, 찬탈이 아닌 선양에 의해 이루어진 것임을 강조하기 위한 것으로 본다.

한편 '한족漢族의 입장에서 중국의 역사를 조망하고 더 나아가 중국이 세계의 중심이다'라는 화이론華夷論의 관점에서 볼 때, 송대는 이 같은 화이론이 상당 부분 손상된 시기였다. 송은 북방 유목 민족인 요遼·금金·원元 등의 침략을 저지하기 위해 그들에게 막대한 조공을 바쳤다. 북송(960~1127년)은 '이이제이'(以夷制夷 : 오랑캐로서 오랑캐를 제압한다)의 정책을 취하고 금과 연합하여 요를 멸망시켰으나 그 결과 중원中原을 잃었고 남하하여 남송을 세웠다. 남송(1127~1279년) 역시 몽고와 연합해 금을 멸망시켰으나 다시 몽고군의 공격을 받고 멸망했다. 이처럼 송대는 한족漢族에 의해 오랑캐 즉, 이족夷族으로 일컬어졌던 종족들로부터 정치적 주도권을 상실한 시대였다. 송대宋代의 이러한 시대적 정치 상황도 왕권의 상징물인 일기와 십이장복에 '해 속의 삼족오'와 같은 일상문이 등장하는데 일정 부분 영향을 미쳤을 것으로 본다.

Ⅱ. 한국의 일상문

1. 삼국시대 이전

기원전 2세기 초인 중국의 전한 시대에 '해 속의 삼족오'와 같은 일상문이 성립되고 일상문이 월상문과 짝을 이루어 표현되었던 것과는 달리, 우리나라에서 태양과 삼족오가 결합된 일상문은 이보다 후대後代인 안악3호분과 같은 4세기 고구려 고분 벽화를 통해 확인할 수 있다. 이를 근거로 하여 고구려 고분 벽화의 일상문을 한漢-당대唐代 일상문의 영향 하에서 나름대로의 독자성을 가지고 변화 발전한 것으로 보는 시각도 있다.

그러나 고구려 고분 벽화의 일상문이 '해 속의 삼족오〔日中三足烏〕'와 같은 도상의 틀을 갖추게 된 것은 옛부터 전승되어 온 태양 숭배 및 새 토템과 같은 원시 신앙이 주효하게 작용했기 때문이다. 또한 해〔日〕와 3족三足 등 태양과 천지인天地人이 결합된 모습과 해〔日〕와 까마귀〔烏〕가 연계된 모습은 『삼국유사三國遺事』기이편紀異篇 고조선古朝鮮에 언급된 단군신화와 『동국이상국집東國李相國集』「동명왕편東明王篇」병서并序

에 나타난 북부여를 세운 해모수 관련 내용을 통해 확인할 수 있다.

단군신화에 등장하는 환인桓因과 환웅桓雄의 '환'은 환하다는 의미로 태양을 상징하고, 단군檀君 역시 한자어를 우리말로 풀이하면 박달나무 임금으로 박달을 밝다가 변화한 소리로 볼 때 태양과 성수聖樹를 숭배했던 임금을 뜻한다. 따라서 환인·환웅·단군 모두 태양과 밀접한 관련이 있다. 한편 천제天帝인 환인·천제의 아들인 환웅·천자天子인 환웅과 지모신地母神인 웅녀熊女와의 사이에서 태어난 단군 등 천신天神의 직계인 삼신三神은 바로 천지인天地人을 의미한다. 이 같은 측면을 고려할 때 단군신화에 보이는 태양 숭배와 천지인 사상은 이후 고구려 고분 벽화에 그려진 '해 속의 삼족오'와 같은 일상문 형성에 영향을 미쳤을 것으로 본다.

'해 속의 삼족오'와 같이 태양과 까마귀가 연계된 모습은 「동명왕편」에서 일시자(日侍者 : 해를 모시는 사람)인 해모수解慕漱를 천왕랑天王郎이라 일컫고 있어 해모수가 천天을 대표하는 태양을 상징하고 있음을 보여준다. 한편 태양의 화신化身인 해모수가 머리에 까마귀 깃털로 만든 오우관烏羽冠을 쓴 것으로 기록하고 있어 태양과 까마귀와의 밀접한 관련성을 엿볼 수 있다.

이러한 문헌 기록은 우리나라에서 태양과 삼족오가 결합된 일상문에 대한 인식이 4세기 이전에 이미 성립되었음을 말해준다.

2. 삼국시대

1) 고구려

고구려 고분 벽화의 일상문은 대부분 태양과 삼족오가 결합된 모습으로 나타난다. 이 때 삼족오는 머리에 공작 벼슬을 달고 있고, 날개를 접은 모습으로 또는 날개를 반원형으로 펼친 채 서 있는 모습으로 그려졌으며(그림 37, 그림 38), 드물지만 날개를 펴고 날아가는 모습도 살필 수 있다(그림 39). 또한 오회분4호묘·오회분5호묘·통구사신총과 같은 집안 지역 후기 고분에는 순수 성좌형과 복희·여와형 등 두

그림 37 각저총의 일상문(날개를 접은 채 서 있는 해 속의 삼족오), 삼국시대 5세기 초, 집안 지역 고분

그림 38 오회분 4호묘의 일상문(날개를 반원형으로 펼친 채 서 있는 해 속의 삼족오), 삼국시대 6세기 중반, 집안 지역 고분

1. 덕흥리고분(삼국시대 5세기 초, 평양 지역 고분)

2. 강서중묘(삼국시대 6세기 후반~7세기 초, 평양 지역 고분)

그림 39 덕흥리 고분과 강서중묘의 일상문〔일상(日象) 안의 새가 날개를 펴고 날아가는 모습〕, 5세기 초, 평양 지역 고분

 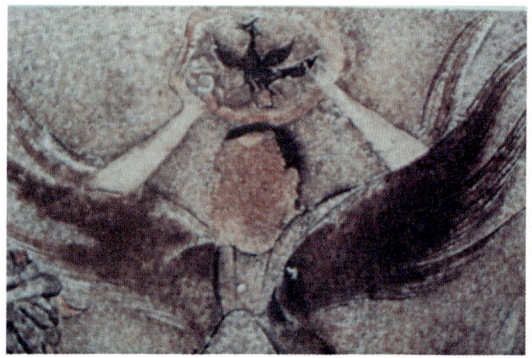

그림 40 오회분 5호묘의 순수 성좌형(좌측)과 복희·여와형(우측)의 일상문, 삼국시대 6세기 중반, 집안 지역 고분

그림 41 현실 천장석에 그려진 장천1호분의 일상문, 삼국시대 5세기 중반, 집안 지역 고분

그림 42 현실 천장 고임부 동측에 그려진 쌍영총의 일상문, 삼국시대 5세기 말, 평양 지역 고분

부류의 일상문이 묘사되었다(그림 40).

고구려 고분 벽화의 일상문은 그 특성상 천상天上의 세계를 나타내는 묘실의 천장석과 천장 고임부에 등장하지만(그림 41, 그림 42), 때로는 현실의 좌측 벽 상단에 나타나기도 한다. 일상문은 천장석보다는 천장 고임부에 표현된 경우가 많으며, 천장 고임부에 등장하는 일상문과 월상문은 현실玄室 또는 전실前室의 동쪽과 서쪽을 나타내는 방위의 표지標識가 된다. 고분의 분포 지역과 일상문이 나타나는 위치를 정리하면 〈표 1〉과 같다.

표 1 고구려 고분의 분포 지역과 고분에 일상문이 나타나는 위치

분포지역/ 위 치	현실 천장석 동측	현실 천장 고임부 동측	현실 좌측(동쪽) 벽 상단
평양 지역	· 안악3호분(4세기 중반, 여러방 무덤) ※전실 · 진파리1호분 (6세기 중반, 외방 무덤) · 강서중묘(6세기 말~7세기 초, 외방 무덤)	· 안악1호분 (4세기 말, 외방 무덤) · 덕흥리고분 ※전실 (5세기 초, 여러방 무덤) · 천왕지신총 (5세기 초, 여러방 무덤) · 복사리벽화분 (5세기 초, 외방 무덤) · 연화총 (5세기 중반, 여러방 무덤) · 쌍영총 (5세기 말, 여러방 무덤) · 성총(5세기 말, 외방 무덤) · 덕화리1호분 (6세기 초, 외방 무덤) · 덕화리2호분 (6세기 초, 외방 무덤) · 개마총 (6세기 초중반, 외방 무덤) · 내리1호분 (6세기 중후반, 외방 무덤)	· 약수리고분 (5세기 초, 여러방 무덤) · 우산리1호분 (5세기 후반, 외방 무덤) · 매산리사신총(수렵총) (6세기 초, 외방 무덤) · 진파리4호분 (6세기 초, 외방 무덤)
집안 지역	· 장천1호분 (5세기 중반, 여러방 무덤) · 삼실총 (5세기 중후반, 외방 무덤)	· 각저총 (5세기 초, 여러방 무덤) · 무용총 (5세기 중반, 여러방 무덤) · 통구사신총 (6세기 중반, 외방 무덤) · 오회분5호묘 (6세기 중반, 외방 무덤) · 오회분4호묘 (6세기 중반, 외방 무덤)	

※ 안악3호분과 덕흥리고분은 현실이 아닌 전실에 일상문이 나타난다.
※ 성총과 복사리벽화분은 '해 속의 삼족오'가 아닌 둥근 원(圓)만으로 일상문이 표현되었다.

다음에서는 고구려 고분 벽화에 그려진 일상문을 초기(4세기 중반~5세기 초), 중기(5세기 중반~6세기 초), 후기(6세기 중반~7세기 초)로 나누어 그 특징을 살펴보고자 한다. 여기에 제시하는 고구려 고분의 편년은 6-1장 '고구려 고분 벽화에 나타난 일상문'에서 다루게 될 편년 검토 및 제안을 바탕으로 한 것이다. 고구려 일상문의 형식 분류와 시

기별 양식 특징은 6-1장에서 자세히 언급하고자 한다.

(1) 초기 (4세기 중반~5세기 초)

평양 지역의 초기 고분 중 일상문을 살필 수 있는 것은 안악3호분(4세기 중반, 여러 방 무덤), 안악1호분(4세기 말, 외방 무덤), 덕흥리고분(5세기 초, 여러방 무덤), 약수리고분(5세기 초, 여러방 무덤), 천왕지신총(5세기 초, 여러방 무덤), 복사리벽화분(5세기 초, 외방 무덤) 등이다.

안악3호분은 일상문이 전실의 천장석 동측(좌측)에, 덕흥리고분은 전실의 천장 고임부 동측에 위치한다. 약수리고분은 현실의 동쪽 벽 상단에 일상문이 그려졌는데, 일상문의 좌측과 상부에는 사신四神의 하나인 청룡과 별자리가 함께 표현되었다(그림 43). 천왕지신총, 안악1호분, 복사리벽화분은 현실 천장 고임부에 일상문이 나타난다.

한편 집안 지역의 초기 고분 가운데는 각저총(5세기 초, 여러방 무덤)이 현실 천장 고임부에 일상문을 그렸다.

고구려 초기 고분 중 일상문의 세부를 살필 수 있는 것은 평양 지역의 덕흥리고분·천왕지신총·복사리벽화분과 집안 지역의 각저총이다. 천왕지신총과 각저총

그림 43 현실 동벽 상부에 청룡·별자리와 함께 표현된 약수리고분의 일상문, 삼국시대 5세기 초, 평양 지역 고분

은 날개를 접고 서 있는 삼족오를, 덕흥리고분은 날아가는 새를 각각 일상문에 표현했고, 복사리벽화분은 원(圓)만으로 일상문을 나타냈다.

(2) 중기(5세기 중반~6세기 초)

평양 지역의 중기 고분 중 일상문이 그려진 것은 연화총(5세기 중반, 여러방 무덤), 쌍영총(5세기 말, 여러방 무덤), 성총(5세기 말, 외방 무덤), 우산리1호분(5세기 말, 외방 무덤), 덕화리1호분(6세기 초, 외방 무덤), 덕화리2호분(6세기 초, 외방 무덤), 매산리사신총(6세기 초, 외방 무덤), 진파리4호분(6세기 초, 외방 무덤), 개마총(6세기 초중반, 외방 무덤), 내리1호분(6세기 중후반, 외방 무덤) 등이다.

쌍영총과 성총은 현실 천장 고임부 동측에 일상문을 나타냈는데, 쌍영총은 일상문 외에 연꽃과 장식무늬가 등장하고, 성총은 해(일상문)·달(월상문)·별자리만이 나타나는 순수 성좌형에 해당한다. 이밖에 연화총, 덕화리1호분, 덕화리 2호분, 개마총, 내리1호분 등도 현실 천장 고임부 동측에 일상문을 그렸다.

또한 우산리1호분(5세기 후반, 외방 무덤), 매산리사신총(6세기 초, 외방 무덤), 진파리4호분(6세기초, 외방 무덤) 등의 고분에서는 전술한 약수리고분과 마찬가지로 현실의 좌측(동측) 벽 상단에 일상문이 보인다. 매산리사신총은 현실 좌측 벽에 그려진 청룡의 몸통 위쪽에 일상문이 보이고, 우산리 1호분은 매산리사신총과는 달리 현실 좌측 벽에 청룡은 보이지 않고 일상문만 그려졌다. 진파리1호분은 현실 벽 상부에 용이나 봉황을 타고 하늘을 나는 천인(天人)과 함께 일상문과 월상문을 표현했다.

집안 지역의 중기 고분 중 일상문을 살필 수 있는 것으로는 무용총(5세기 중반, 여러방 무덤)·장천1호분(5세기 중반, 여러방 무덤)·삼실총(5세기 중후반, 외방 무덤)이 있다. 무용총은 현실 천장 고임부에 일상문·월상문·별자리 외에 사신의 하나인 청룡을 그렸고, 장천1호분과 삼실총은 현실 천장석에 해·달·별자리 등이 함께 표현되었다. 장천1호분과 삼실총의 경우, 일상문과 월상문은 현실의 천장석 동서 측에 위치하고 현실의 천장석 남북으로 별자리가 좌우로 길게 나타난다.

중기 고분 중 일상문의 세부를 살필 수 있는 것은 평양 지역의 쌍영총·성총·덕화리1호분·덕화리2호분·매산리사신총·개마총 등과 집안 지역의 무용총과 장천1호분 등이다. 이 중 쌍영총, 덕화리1호분, 덕화리2호분, 무용총, 장천1호분은 날개를 접고 서 있는 삼족오를 일상문에 표현했고, 매산리사신총과 개마총은

그림 44 현실 천장 고임부에 원으로 표현된 성총의 일상문, 삼국시대 5세기 말, 평양 지역 고분

날개를 반원형으로 펴고 서 있는 삼족오를 일상문에 그렸다. 또한 성총은 원만으로 일상문을 나타냈다(그림 44).

(3) 후기(6세기 중반~7세기 초)

평양 지역의 후기 고분에서는 진파리1호분(6세기 중반, 외방 무덤)과 강서중묘(6세기 말~7세기 초, 외방 무덤)에서 일상문을 볼 수 있다. 진파리1호분은 현실의 천장석 동서 측에 일상문과 월상문이 위치하고, 그 외에 연꽃과 인동 잎이 결합한 복합무늬가 나타난다. 강서중묘 역시 진파리1호분과 같이 현실의 천장석 동서 측에 일상문과 월상문이 위치하나 천장석의 중앙과 위, 아래에는 연꽃과 서조가 등장한다(그림 45, 그림 46).

집안 지역의 후기 고분 중 통구사신총(6세기 중반, 외방 무덤), 오회분4호묘(6세기 중반, 외방 무덤), 오회분5호묘(6세기 중반, 외방 무덤)에는 순수 성좌형과 복희·여와형 등 두 부류의 일상문이 현실 천장 고임부 동측에 그려져 있다(그림 47, 그림 40 참조). 순수 성좌형은 상서로운 동물이나 신격神格과 결합하지 않고 해·달·별자리만 나타냈고, 복

그림 45 현실의 천장석 동서 측에 일월상이 위치하고 그 외에 연꽃과 인동잎이 결합된 복합 무늬가 그려진 진파리1호분, 삼국시대 6세기 중반, 평양 지역 고분

그림 46 현실의 천장석 동서 측에 일월상이 위치하고 그 외에 연꽃과 서조가 그려진 강서중묘, 삼국시대 6세기 말~7세기 초, 평양 지역 고분

그림 47 해신(우측)과 달신(좌측)의 머리 위에 있는 구체(球體) 안에 일상문과 월상문을 표현한 오회분5호묘, 삼국시대 6세기 중반, 집안 지역 고분

희·여와형은 남자와 여자 모습의 상반신에 용 모양의 하반신이 합쳐진 해신과 달신의 머리 위에 있는 구체球體로서 일상문과 월상문을 표현했다.

후기 고분에 그려진 일상문의 세부를 보면, 날아가는 새를 표현한 강서중묘를 제외하고는 날개를 반원형으로 펼친 채 서 있는 삼족오를 일상문에 나타냈다.

위에서 고찰한 내용을 토대로 하여 고구려 고분에 그려진 일상문 특징을 고분의 위치와 시기별로 정리하면 다음과 같다.

첫째, 현실 천장석에 일상문과 월상문이 표현될 경우 평양 지역은 후기 고분에, 집안 지역은 중기 고분에 주로 나타나며, 이 때 현실 천장 고임부에는 연꽃이 표현된다. 천장석의 회화 내용이 초기에는 연꽃이, 후기에는 황룡이 많이 그려졌던 것을 고려할 때, 평양 지역 후기 고분의 천장석에 황룡이 아닌 일상문이 등장하는 것은 태양과 천자天子를 상징하는 일상문과 황제를 상징하는 황룡을 같은 개념으로 보았기 때문으로 인식된다. 또한 집안 지역 중기 고분에 일상문이 현실 천장석에 그려진 것은 연꽃에서 황룡으로 천장석의 회화 내용이 변화되는 과정에서 해, 달, 별자리 등이 현실의 천장석에 나타난 것으로 이해된다.

둘째, 현실 천장 고임부에 일상문이 등장하는 5~6세기의 평양 지역 고분은 현실 천장석에는 연꽃이, 현실 벽면에는 생활풍속도(천왕지신총)·생활풍속도와 사신(약수리고분, 쌍영총, 덕화리1호분, 덕화리2호분)·사신(성총, 내리1호분)이 묘사되었다. 이처럼 5~6세기의 평양 지역 고분은 생활풍속도와 사신이 현실 벽면에 함께 표현되는 경우가 많고, 생활풍속도·생활풍속도와 사신·사신 등 다양한 내용이 현실 벽면에 독립적으로 또는 함께 나타나고 있는데, 이는 중기 고분에서 후기 고분으로 이행되어가는 단계적 발전 과정을 보여주는 것으로 생각된다. 또한 후기 고분에 이르러서야 현실 벽면에 사신이 등장하는 집안 지역 고분에 비해, 평양 지역 고분은 현실 벽면에 사신이 빨리 나타나고 또한 회화 내용의 변화 과정을 자세히 살필 수 있음은 사신 표현과 밀접한 관련이 있는 음양오행론의 수용이 집안 지역보다 빨랐으며 또한 그 영향력이 컸음을 시사한다.

셋째, 우산리1호분, 매산리사신총, 진파리4호분 등과 같은 평양 지역 고분에서는 현실 천장 고임부 동측에 나타났던 일상문이 현실의 좌측 벽(동측) 상부에 등장한다. 이는 현실 벽 전면에 사신이 등장하는 평양 지역 후기 고분이 정착되는 과정에서 일시적으로 나타난 현상으로 풀이된다.

2) 백제

백제의 공주 송산리 6호분과 부여 능산리 벽화 고분에는 사신도四神圖 · 비운문飛雲文 · 연화문蓮花文 등이 묘사되었지만 일상문은 보이지 않는다. 하지만 일상문의 범주에 포함시킬 수 있는 것으로는 사택지적비砂宅智積碑와 봉황문전鳳凰文塼이 있다.

사택지적비는 백제 의자왕 때 대좌평大佐平을 역임했던 사택지적이 말년에 지난 날의 영광과 세월의 덧없음을 한탄하면서 지은 글귀가 전면前面 비문碑文에 새겨져 있다. 한편 비석의 우측면 상부에 위치한 원에는 봉황문이 음각되었으며, 원의 테두리선 안에는 주칠朱漆한 흔적이 희미하게 남아 있다(그림 48).[22] 비석의 우측면에 음각된 원 안의 봉황을 해 속의 삼족오와 같은 일상문으로 인식할 수 근거는 동진東晉 때 저술된 『습유기拾遺記』 권1을 통해 살필 수 있다.

> "황아(皇娥)가 소호(小昊)를 낳으니 궁상씨(窮桑氏) 혹은 금천씨(金天氏)라 불렸다. 이 때 다섯 마리의 봉황이 나타나 다섯 방위의 빛깔에 맞춰 임금의 뜰에 모여 들었다. 이로 인해 봉조씨(鳳鳥氏)라 이름하게 되었다."[23]

위의 문헌에서 언급된 소호족少昊族은 상고시대 중국 동부 연해 일대(산동반도)에 살

---

[22] 洪思俊, 「百濟砂宅智積碑에 對하여」, 『歷史學報』第六輯, 歷史學會, 1954, 256~257쪽.
[23] 『拾遺記』卷1. '及皇娥生小昊 號曰窮桑氏 一號金天氏 時有五鳳 隨五方之色 集于帝庭 因曰鳳鳥氏.'

그림 48 백제 사택지적비 우측면 상부에 위치한 원 안에 음각된 봉황문, 삼국시대 642년, 국립부여박물관 소장(좌 : 전면, 우 : 우측면 상부)

그림 49 고구려 진파리7호분에서 출토된 일상문 금동 투조 장식 중앙에 장식된 '해 속의 삼족오', 삼국시대 6세기 초중반, 평양 지역 고분

았던 동이족의 일파로 태양을 숭배했고 독수리·매·까마귀와 같은 맹금류를 토템으로 삼았다.[24] 그런데 『습유기』권1에서 소호족이 자기 부족의 시조始祖인 소호를 봉조씨라 불렀다 함은 동이족인 소호족이 맹금류 외에 봉조鳳鳥 토템을 가지고 있었음을 의미한다. 토테미즘이 자기 부족의 기원을 특정한 동식물과 연결시켜 그것을 숭배하는 것임을 고려할 때, 소호족이 맹금류와 봉조 토템을 동시에 갖고 있었다는 것은 맹금류와 봉조가 유사한 성격

그림 50 부여 규암면 외리 절터에서 출토된 백제 봉황문전, 삼국시대 6세기 중후반, 국립중앙박물관 소장

을 지닌 서조임을 의미한다. 한편 광의의 개념을 지닌 봉조에는 봉황에 포함되며, 일상문에 그려지는 삼족오가 매서운 눈매와 날카로운 발톱 등 맹금류의 특징을 잘 반영하고 있음은 봉조·봉황·삼족오(맹금류)와의 밀접한 관련성을 시사한다. 따라서 사택지적비 우측면 상부에 음각된 원 안의 봉황은 '해 속의 삼족오'와 같은 일상문의 범주로 볼 수 있다.

부여 규암면 외리 절터에서 출토된 백제의 봉황문전 역시 일상문으로 인식된다. 왜냐하면 전술한 바와 같이 봉황과 삼족오는 유사한 성격을 지닌 서조이며, 도상에 있어서도 상호 친연성을 엿볼 수 있기 때문이다. 한편 고구려 진파리 7호분 출토의 일상문 금동 투조 장식 중앙에 나타난 '해 속의 삼족오'와 봉황문전의 원주문대 안에 음각된 봉황은 다리가 3족足이냐 2족이냐의 차이만 있을 뿐 갈고리처럼 구부러진 날카로운 부리, 활짝 펼친 날개, 위로 말아 올린 꼬리 등 형태와 동세動勢에 있어서는 큰 차이점이 발견되지 않는다(그림 49, 그림 50). 더욱이 전한 시기의 호남성 장

---

[24] 王大有 지음·林東錫 옮김, 주2)의 책, 80쪽.

사 마왕퇴 1호묘 출토 비단과 산동성 임기 금작산 9호묘 출토 비단에 그려진 일상문은 3족이 아닌 2족의 새를 나타냈기 때문에 3족의 새로 표현하지 않았다 하여 그것을 일상문으로 보지 않을 근거는 없다(그림 12 참조, 그림 13 참조).

그림 51 백제의 삼족(三足) 토기, 충남 보령군 웅천면 구룡리 출토, 공주사범대학박물관 소장

일상문에 그려지는 삼족오의 다리 셋처럼 3족을 살필 수 있는 것으로는 백제의 삼족三足 토기가 있다(그림 51). 뚜껑을 갖춘 편평한 용기 저부低部에 낮게 3족이 달렸는데 현존하는 3족 토기는 대부분 석실분에서 출토되었다. 그렇다면 일상문의 삼족오와 삼족 토기 모두 죽은 자와 관계된 공간에서 확인된다는 공통점을 지닌다.

3) 신라

고신라에서는 아직까지 일상문이 확인된 바는 없다. 하지만 '해 속의 삼족오'처럼 태양과 까마귀와의 연계성을 보여주며 까마귀가 태양과 왕을 상징하는 경우는 일본으로 건너가 왕과 왕비가 된 신라의 연오燕烏와 세오細烏가 일월지정日月之精으로 그려지고 있는『삼국유사』기이편의 '연오랑燕烏郎·세오녀細烏女'를 통해 살필 수 있다.

> "제8대 아달라왕 즉위 4년 정유(丁酉 : 158년)에 동해 바닷가에 연오랑과 세오녀가 부부로 살고 있었다. 어느 날 연오가 바다에 가서 해조를 따고 있던 중 갑자기 바위 하나가 연오를 싣고 일본으로 가버렸다. 그 나라 사람들이 연오를 보고 비상한 사람이라고 말했다. 그래서 왕으로 삼았다. 세오는 남편이 돌아오지 않음을 괴이히 여겨 바다로 가서 찾다가 남편이 벗어 놓은 신을 보고 그 바위에 올라가니 바위는 또한 그 전처럼 세오를 싣고 갔다. 그 나라 사람들이 보

고 놀라서 왕께 아뢰니 부부가 서로 만나게 되어 세오를 귀비(貴妃)로 삼았다. 이때 신라에서는 해와 달의 빛이 없어지니 일관(日官)이 우리나라에 있었던 해와 달의 정기(精氣)가 지금 일본으로 가 버린 때문에 이런 기이한 괴변이 일어났다고 말했다."[25]

비록 유물로는 확인되고 있지 않지만, 위의 기사記事 내용을 통해 고신라에서도 태양과 까마귀와의 상호 관련성에 대한 인식이 있었음을 파악할 수 있다.

3. 삼국시대 이후

1) 고려

'해 속의 삼족오'와 같은 일상문은 남북국시대에는 보이지 않다가 고려 때 다시 등장한다.

고려 시대에는 통천관通天冠·탑비塔碑·고분·고려청자·고려불화에서 일상문을 살필 수 있다. 하지만 태조 왕건상의 통천관 내관 상단의 원형판에 초승달과 함께 장식된 일상문과 안동의 서삼동 고분[26](12세기 초)·신종神宗의 양릉(陽陵 : 1204년)·공

그림 52 개성 양릉(신종의 능) 천장의 천문 모사도 : 큰 원판의 중앙 우측에 검은 점으로 묘사된 일상문, 고려 1204년

민왕의 현릉(玄陵 : 1372년) 등과 같은 고려 무덤 천장에 별자리와 함께 표현된 일상문은 둥근 원으로 이루어져 있어 태양과 삼족오가 결합된 고구려 고분 벽화의 일상문과는 차이를 보인다(그림 52).

---

25 『三國遺事』卷一 第二 紀異篇 燕烏郞 細烏女. '第八 阿達羅王卽位四年丁酉 東海濱 有燕烏郞 細烏女 夫婦而居 一日燕烏歸海採藻 忽有一巖 負歸日本 國人見之曰 此非常人也 乃立爲王 細烏怪不來 歸尋之 見夫脫鞋 亦上其巖 巖亦負歸如前 其國人驚訝 奏獻於王 夫婦相會 立爲貴妃 是時新羅日月無光 日者奏云 日月之精 降在我國今去日本 故 致斯怪.'
26 서삼동 벽화 고분은 12세기 초엽에 축조된 것으로 본다(임세권, 『서삼동 벽화 고분』, 안동대학박물관, 1981, 36쪽).

그림 53 태조 왕건상의 통천관 내관 상단에 둥근 해와 초승달을 결합시킨 원형 판, 고려 951년경

그림 54 지광국사현묘탑비의 비신(碑身) 앞 상부 좌측의 일상문, 고려 1085년, 원주 소재

고려 초기에는 원으로 구성된 일상문이 태조 왕건상王建像의 통천관通天冠 내관內冠에 나타난다(그림 53). 그러나 거란 침입 이후부터 금金이 등장하기 이전인 11세기에는 현화사비玄化寺碑와 지광국사현묘탑비智光國師玄妙塔碑를 통해 태양과 새가 결합된

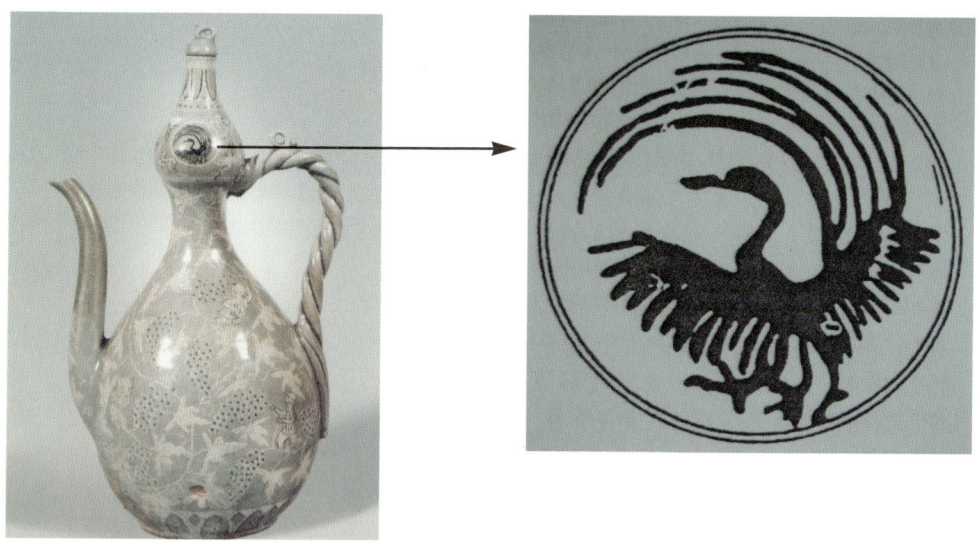

그림 55 고려청자 상감진사 동자포도문 표형주자 상부에 시문된 일상문, 고려 12세기 말~13세기 초

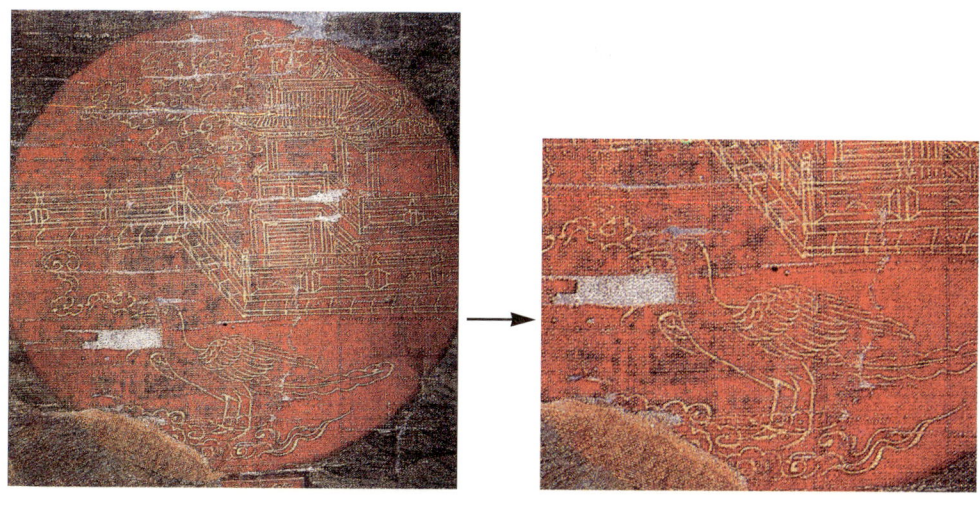

그림 56 관경16관변상도 중앙 상부 일몰관(日沒觀)에 그려진 일상문, 고려 1323년, 일본 인송사(隣松寺) 소장

일상문을 확인할 수 있다(그림 54). 한편 금이 등장한 이후부터 무신 난이 일어나기 이전에는 태양과 새가 결합된 일상문은 보이지 않지만, 무신 집권기와 원元 간섭기에는 고려청자와 고려 불화을 통해 태양과 새가 결합된 일상문을 확인할 수 있다(그림 55, 그림 56).

고려시대의 일상문 특징은 고구려 고분 벽화에 그려졌던 '해 속의 삼족오'처럼 일상문에 표현된 새가 3족을 지니고 있지만, 삼족오 머리에 달린 공작 벼슬과 매서운 눈매 및 갈고리 모양의 날카로운 부리 등은 보이지 않거나 약화된다. 그 대신 닭과 물새를 연상시키는 닭 벼슬 또는 긴 부리와 가는 목을 지닌 새가 일상문에 그려졌다.

고려시대 일상문에 대한 세부 내용은 6-2장 '일상문을 통해 본 고려시대의 역사 계승 의식'에서 자세히 다루기로 한다.

2) 조선

조선시대의 일상문은 일월오악도日月五嶽圖와 대한제국大韓帝國의 일기日旗, 왕실과 밀착된 사찰의 기로소耆老所 원당願堂 내부에 표현된 일상日象, 사대부 묘비, 불화佛畵 및 일월도자수日月圖刺繡 가사袈裟 등에 나타나며, 태양과 새가 결합된 일상문보다는 원으로 구성된 일상문이 다수를 차지한다(그림 57, 그림 58).

조선시대의 일상문 중 태양과 새가 결합된 것은 세조世祖와 성종成宗 때 제작한 조선 초기의 불화(그림 59), 조선 중기의 사대부 묘비와 문정왕후文定王后가 발원하여 제작한 불화(그림 60, 그림 61), 조선후기의 불화 및 일월도자수 가사, 대한제국의 일기 등을 통해 확인할 수 있다. (그림 62, 그림 63, 그림 64) 일상문에 표현된 새의 모습은 이전(고구려, 고려)처럼 시기에 따른 특징적 모습(고구려 고분 벽화 : 까마귀와 같은 맹금류, 고려 전기 : 벼슬 달린 닭, 고려 후기 : 긴 부리와 가는 목을 지닌 물새)은 보이지 않고 작례에 따라 다양하게 나타난다. 또한 일상문의 새가 날아가는 모습일 때는 다리가 셋 또는 둘로 묘사되었고, 조선시대 불화 및 일월도자수 가사에 표현된 일상문의 삼족오는 대부분 참새를 닮았고 서 있는 정지된 모습으로 표현되었다.

조선시대 일상문에 대한 세부 내용은 6-3장 '조선시대의 일상문 연구'에서 상세히 기술하기로 한다.

그림 57 일월오악도 우측에 붉은 원으로 표현된 일상문, 조선 19세기 초~20세기 초

그림 58 임유겸 묘비 앞면 상부에 원으로 표현된 일상문, 조선 16세기 초

그림 59 약사3존12신장도 중 일광(日光)보살(우측)의 보관(寶冠) 위에 그려진 일상문, 조선 1477년

그림 60 이곤(李坤) 묘비 관석(冠石) 앞면의 일상문, 조선 1559년

그림 61 문정왕후가 발원하여 제작한 회암사 약사3존도 중 일광보살(좌측)의 보관 위에 그려진 일상문, 조선 1565년

그림 62 직지사 약사여래도 중 일광보살(우측)의 보관 위에 그려진 일상문, 조선 1744년

그림 63 일월도자수(日月圖刺繡) 가사(袈裟)에 수놓아진 일상문, 조선 후기

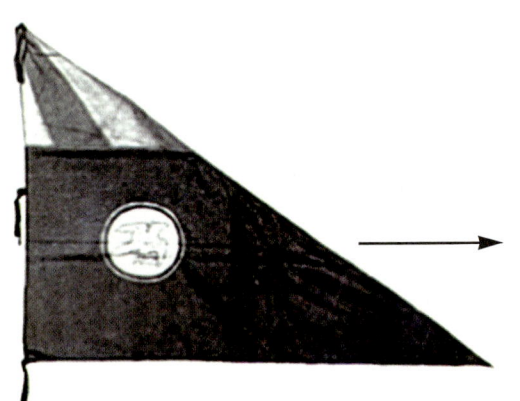 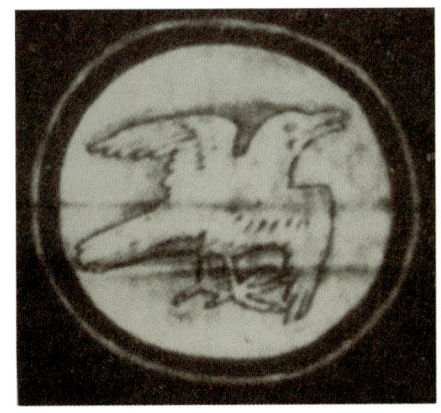

그림 64 대한제국 일기(日旗)에 그려진 일상문, 조선 1897~1905년

이상에서 중국과 한국의 일상문 형성과 전개에 대해 알아보았다. 그 내용을 정리하면 다음과 같다.

중국은 하모도 문화, 앙소 문화, 대문구 문화 등을 통해 태양과 새가 결합된 도상이나 다리 셋 달린 삼족조의 모습을 살필 수 있다. 그러나 '해 속의 삼족오'와 같은 일상문이 성립되고, 일상문이 '달 속의 두꺼비' 또는 '달 속의 옥토끼'로 형상화된 월상문과 짝을 이루어 표현된 것은 한대부터이다.

전한 초기에는 자연계에서 흔히 볼 수 있는 까치 내지 참새를 닮은 새가 일상문에 표현되었고, 날개를 접고 서 있는 2족足의 새가 그려졌다. 전한 후기에는 서 있는 정지된 모습의 삼족오와 날아가는 모습의 새를 일상문에서 볼 수 있는데, 서 있는 정지된 모습의 삼족오는 날개를 활짝 펴고 비상하려는 자세를 취하고 있고, 날아가는 모습의 새는 다리 표현이 생략되었다. 이처럼 전한 초기가 아닌 전한 후기에 일상문에 다리 셋 달린 삼족오가 표현된 것은 진한 교체기 때 한족에 흡수된 중국 동부 연해 지역에 분포해 있던 동이족의 새 토템의 영향으로 일상문에 새가 등장하지만 '해 속의 삼족오'에 대한 인식은 일정 기간을 거친 후 수용되었음을 말해준다.

후한대에는 '해 속의 삼족오' 외에 새가 태양을 등에 진 채 하늘을 날고 있거나 일상(태양)이 우인羽人 및 복희와 결합되는 등 다양한 형태의 일상문이 등장하며, 일상문의 새는 대부분 날아가는 모습으로 표현되었다. 또한 서왕모 화상畵像에서 볼 수 있듯이 삼족오가 일상문에서 분리되어 서왕모의 사자使者로 등장하기도 하는데, 이는 한족漢族에 흡수된 동이족의 영향력이 약화됨에 따라 서왕모와 같은 한족의 전통 신앙 속에 동이족의 삼족오 신앙이 편입되었기 때문으로 이해된다.

한대 이후에는 새와 태양이 결합된 일상문은 중원中原 문화권에서 거의 사라지고 중원 외곽 지역에서만 나타난다. 또한 한대 이후 중원 문화권에서 소멸된 '해 속의 삼족오'로 표현된 일상문은 4세기 고구려에서 전승된 후 한반도를 거쳐 일본으로 전파된다. 이러한 사실은 동이족의 새 토템을 반영하는 삼족오 문화가 한대에 일시적으로 수용되어 일상문에 나타난 것임을 말해준다. 아울러 '해 속의 삼족오'로 표현된 일상문이 한대 이후 동이족의 또 다른 이동 경로 및 생활 영역이었던 한반도와 일본으로 계승된 것은 삼족오 문화와 동이족과의 밀접한 관련성을 시사한다.

한국은 4세기 고구려 고분 벽화를 통해 '해 속의 삼족오'와 같은 일상문을 살필 수 있다. 그러나 일상문이 이 같은 도상의 틀을 갖추게 된 것은 옛부터 전승되어 온 태양 숭배 및 새 토템과 같은 원시 신앙이 주효하게 작용했기 때문이다. 아울러 태양과 천지인 사상, 태양과 까마귀가 연계된 모습을 단군신화와 동명왕편에서 찾을 수 있음은 우리나라에서 태양과 삼족오가 결합된 일상문에 대한 인식이 4세기 이전에 이미 성립되었음을 보여준다.

고구려 고분 벽화의 일상문은 대부분 태양과 삼족오가 결합된 모습으로 나타난다. 이 때 삼족오는 날개를 접은 모습으로 또는 날개를 반원형으로 펼친 채 서 있는 모습으로 그려졌다. 드물지만 날개를 펴고 날아가는 새의 모습도 일상문에 그려졌고, 삼족오와 같은 서조瑞鳥 없이 원으로만 구성된 일상문도 볼 수 있다. 한편 태양을 상징하고 이를 형상화 한 일상문은 그 특성상 하늘 세계를 나타내는 묘실의 천장석과 천장 고임부에 그려졌고, 천장 고임부에 일상문과 월상문이 표현될 경우 현실 또는 전실의 동쪽과 서쪽을 나타내는 방위의 표지標識가 되기도 하였다.

고구려 고분 벽화의 일상문 외에 삼국시대의 또 다른 일상문의 범주로는 비석의 우측면 상부에 음각된 둥근 원 안에 봉황을 새긴 백제의 사택지적비와 원주문대 안에 봉황을 부조로 나타낸 백제의 봉황문전이 있다. 왜냐하면 문헌을 통해 삼족오와 봉황이 유사한 성격을 지닌 서조임을 확인할 수 있고, 도상에 있어서도 상호 친연성을 엿볼 수 있기 때문이다. 신라는 아직까지 일상문이 확인된 바는 없지만, 『삼국유사』의 '연오랑·세오녀'를 통해 태양과 까마귀와의 상호 관련성에 대한 인식이 있었음을 파악할 수 있다.

'해 속의 삼족오'와 같은 일상문은 남북국 시대에는 보이지 않다가 고려와 조선시대에 다시 선보인다. 고려 시대에는 거란 침입 이후, 무신 집권기, 원 간섭기에 태양과 새가 결합된 일상문이 나타난다. 거란 침입 이후에는 닭을, 무신 집권기에는 물새를, 원 간섭기에는 맹금류와 물새의 특징적 모습을 엿볼 수 있는 새가 일상문에 그려졌다.

조선시대에는 태양과 새가 결합된 일상문보다는 원으로 구성된 일상문이 다수를 차지한다. 일상문 중 태양과 새가 결합된 것은 조선 초기 불화, 조선 중기의 사대부 묘비 및 문정왕후가 발원하여 제작한 불화, 조선 후기의 불화 및 일월도자수 가사, 대한제국의 일기 등을 통해 확인할 수 있으며, 일상문에 표현된 새는 전대前代와 같이 시기에 따른 특징적 모습은 보이지 않는다.

위에서 정리한 내용을 통해 파악할 수 있는 것은 '해 속의 삼족오'와 같은 일상문 표현은 중국 한대에 등장하지만, 이는 동이족의 새 토템을 반영하는 삼족오 문화가 한대에 일시적으로 수용되었기 때문이다. 또한 한대 이후 중원 문화권에서 소멸된 '해 속의 삼족오'와 같은 일상문이 동이족의 또 다른 생활 영역이었던 한반도와 일본으로 전승되고, 한반도에서 그 전통이 고려와 조선시대 말까지 이어진 것은 동이계 한(韓) 민족의 문화 계통성을 여실히 보여준다는 측면에서 큰 의미를 지닌다.

참고문헌

1. 사료

『三國史記』

『三國遺事』

『大明集禮』

『淮南子』

『山海經』

『拾遺記』

2. 단행본

袁珂, 『中國神話傳說辭典』, 上海辭書出版社, 1985.

何新 著·洪熹 譯, 『神의 起源』, 서울 東文選, 1990.

林巳奈夫, 『中國古代の神がみ』, 吉川弘文館, 2002.

王大有 지음·林東錫 옮김, 『龍鳳文化源流』, 東文選, 1994.

사라 알란 지음·오만종 옮김, 「열개의 태양과 아들들」, 『거북의 비밀, 중국인의 우주와 신화』, 예문서원, 2002.4.

임세권, 『서삼동 벽화 고분』, 안동대학박물관, 1981.

우실하, 『동북공정 너머 요하문명론』, 소나무, 2007.

3. 논문

孫作雲, 「洛陽西漢卜千秋墓壁畵考釋」, 『文物』 77-6, 1977.

徐旭生, 「我國古代部族三集團考」, 『中國上古史論文選集』(上), 華世出版社, 1979.

洪思俊, 「百濟砂宅智積碑에 對하여」, 『歷史學報』 第六輯, 歷史學會, 1954.

이병도, 「단군신화의 해석과 아사달」, 『한국고대사연구』, 박영사, 1976.

全虎兒, 「漢-唐代 고분의 日像·月像」, 『美術資料』제48호, 국립중앙박물관, 1991.6.
奇修延, 「東夷의 개념과 실체의 변천에 관한 연구」, 『白山學報』42집, 白山學會, 1992.
李亨求, 「고구려의 삼족오(三足烏) 신앙에 대하여 : 고고학적 측면에서 본 鳥類숭배사상의 기원 문제」, 『東方學志』86, 연세대학교국학연구원, 1994.12.
愼鏞廈, 「古朝鮮 '아사달' 文樣이 새겨진 山東 大汶口文化 유물」, 『韓國學報』제102집, 2001. 3.
金珠美, 「鳳凰紋과 韓 民族의 天神 思想-高句麗 古墳 壁畵를 中心으로」, 『文化史學』21號, 韓國文化史學會, 2004.6.

도판 및 표 목록

1. 도판

그림 1. 중국의 각 지역을 표시한 지도

그림 2. 하모도 문화에서 출토된 골제(骨制) 숟가락 자루 중앙에 새겨진 태양과 새가 연계된 도상, 신석기시대

그림 3. 앙소 문화에서 출토된 채도(彩陶) 잔편에 그려진 태양과 새가 결합된 도상, 신석기시대

그림 4. 홍산 문화에서 출토된 새를 형상화 한 다양한 옥기들, 신석기시대

그림 5. 산동 대문구 문화에서 출토된 팽이형 토기에 시문된 해·새·산 등이 결합된 문양

그림 6. 청동기에 부조로 표현된 다리 셋 달린 삼족조, 상대(商代)

그림 7. 청동기에 부조로 표현된 2족의 새, 서주

그림 8. 요녕성 객좌기마창구에서 출토된 다리 셋 달린 오리 모양의 술통[압준(鴨尊)], 서주

그림 9. 섬서성 여가장묘에서 출토된 청동 입상의 삼족조, 서주

그림 10. 청동 입상의 삼족조, 춘추 시대, 상해박물관 소장

그림 11. 와당에 나타난 삼족조, 전국시대

그림 12. 호남성 장사 마왕퇴 1호묘 출토의 비단 그림에 그려진 원 안에 까치를 닮은 2족의 새가 표현된 일상문, 전한(기원전 2세기 초), 호남성박물관 소장

그림 13. 산동성 임기 금작산 9호묘 출토의 비단 그림에 그려진 원 안에 참새를 닮은 2족의 새가 표현된 일상문, 전한, 산동성박물관 소장

그림 14. 하남성 낙양 복천추 묘 벽화에 원 안에 날아가는 새로 표현된 일상문, 전한(기원전 86~49년경)

그림 15. 평양 석암리 219호묘 출토의 칠전통에 장식된 은판 투조 안의 '해 속의 삼족오'로 표현된 일상문, 전한(기원전 2년경)

그림 16. 하남성 당하 침직창 화상석(畵像石) 묘실 천장의 '해 속의 삼족오'로 표현된 일상문, 후한 초

그림 17. 강소성 동산 묘산 출토 치수(治水) 화상(畵像)에 '해 속의 삼족오'로 표현된 일상문, 후한, 서주박물관 소장

그림 18. 와당에 하늘로 비상하는 모습의 새가 표현된 일상문, 후한, 동경대학박물관 소장

그림 19. 산동성 비성에 위치한 효당산 화상 석실 천장 중앙의 새가 지상으로 하강하는 모습이 그려진 일상문, 후한(129년경)

그림 20. 강소성 동산 강자(崗子) 1호묘 천장석에 그려진 원 안에 날아가는 새로 표현된 일상문, 후한 말

그림 21. 사천성 팽현 출토의 일신(日神) 우인(羽人) 화상에 원 안에 날아가는 새로 표현된 일상문, 후한

그림 22. 하남성 남양 영장한(英莊漢) 4호묘 출토의 태양을 등에 진 채 하늘을 나는 서조가 묘사된 화상, 후한

그림 23. 산동성 가상 무씨사 화상석의 복희·여와, 후한(147년경 추정)

그림 24. 사천성 숭경 출토의 복희·여와 화상에 원 안에 날아가는 서조로 표현된 일상문, 후한

그림 25. 사천성 신번 청백향 1호묘 출토의 서왕모 화상 : 일상(日象)에서 분리된 삼족오가 구미호 및 토끼[월상(月象)에서 분리]와 함께 서왕모의 사자(使者)로 등장, 후한

그림 26. 사천성 신도 신룡향 출토의 서왕모 화상 : 일상(日象)에서 분리하여 구미호와 함께 서왕모의 사자(使者)로 변신한 삼족오, 후한

그림 27. 산동성 가상 홍산 출토의 서왕모 화상 : 화상 상단에 일상(日象)에서 분리된 삼족오가 구미호 외에 월상(月象)에서 분리된 토끼·두꺼비와 함께 서왕모의 사자(使者)로 등장, 후한

그림 28. 산동성 임기 출토의 복희·일륜(日輪) 화상(일상 안에 삼족오, 구미호 함께 등장), 후한

그림 29. 요령성 조양 원태자(袁台子) 벽화 묘의 '해 속의 삼족오'로 표현된 일상문, 남북국시대 4세기경

그림 30. 돈황 석굴 벽화에 '해 속의 삼족오'로 표현된 일정마니인(日精摩尼印), 남북조시대

그림 31. 투르판 아스타나 지역 고분에서 출토된 복희·여와도, 당(唐) 7세기, 국립중앙박물관 소장

그림 32. 투르판 아스타나 지역 고분에서 출토된 복희·여와도, 당(唐) 8세기, 뉴델리박물관 소장

그림 33. 『대명집례(大明集禮)』 권43 의장(儀仗)에 도시된 명대(明代) 일기(日旗)

그림 34. 송대(宋代) 십이장복의 일상문

그림 35. 명대(明代) 십이장복의 일상문

그림 36. 청대(淸代) 십이장복의 일상문

그림 37. 각저총의 일상문(날개를 접은 채 서 있는 해 속의 삼족오), 삼국시대 5세기 초, 집안 지역 고분

그림 38. 오회분 4호묘의 일상문(날개를 반원형으로 편 채 서 있는 해 속의 삼족오), 삼국시대 6세기 중반, 집안 지역 고분

그림 39. 덕흥리 고분과 강서중묘의 일상문〔일상(日象) 안의 새가 날개를 펴고 날아가는 모습〕, 5세기 초, 평양 지역 고분

그림 40. 오회분 5호묘의 순수 성좌형(좌측)과 복희·여와형(우측)의 일상문, 삼국시대 6세기 중반, 집안 지역 고분

그림 41. 현실 천장석에 그려진 장천1호분의 일상문, 삼국시대 5세기 중반, 집안 지역 고분

그림 42. 현실 천장 고임부 동측에 그려진 쌍영총의 일상문, 삼국시대 5세기 말, 평양 지역 고분

그림 43. 현실 동벽 상부에 청룡·별자리와 함께 표현된 약수리고분의 일상문, 5세기 초, 평양 지역 고분

그림 44. 현실 천장 고임부에 원으로 표현된 성총의 일상문, 5세기 말, 평양 지역 고분

그림 45. 현실의 천장석 동서 측에 일월상이 위치하고 그 외에 연꽃과 인동 잎이 결합된 복합 무늬가 그려진 진파리1호분, 삼국시대 6세기 중반, 평양 지역 고분

그림 46. 현실의 천장석 동서측에 일월상이 위치하고 그 외에 연꽃과 서조가 그려진 강서중묘, 삼국시대 6세기 말~7세기 초, 평양 지역 고분

그림 47. 해신〔우측〕과 달신〔좌측〕의 머리 위에 있는 구체(球體) 안에 일상문과 월상문을 표현한 오회분5호묘, 삼국시대 6세기 중반, 집안 지역 고분

그림 48. 백제 사택지적비 우측면 상부에 위치한 원 안에 음각된 봉황문, 삼국시대 642년, 국립부여박물관 소장(좌 : 전면, 우 : 우측면 상부)

그림 49. 고구려 진파리7호분에서 출토된 일상문 금동 투조 장식 중앙의 '해 속의 삼족오', 삼국시대 6세기 초중반, 평양 지역 고분

그림 50. 부여 규암면 외리 절터에서 출토된 백제 봉황문전, 삼국시대 6세기 중후반, 국립중앙박물관 소장

그림 51. 백제의 삼족(三足) 토기, 삼국시대, 충남 보령군 웅천면 구룡리 출토, 공주사범대학박물관 소장

그림 52. 개성 양릉〔신종의 릉〕 천장의 천문 모사도 : 큰 원판의 중앙 우측에 검은 점으로 묘사된 일상문, 고려 1204년

그림 53. 태조 왕건상의 통천관 내관 상단에 둥근 해와 초승달을 결합시킨 원형 판, 고려 951년경

그림 54. 지광국사현묘탑비의 비신(碑身) 앞 상부 좌측의 일상문, 고려 1085년, 원주 소재

그림 55. 고려청자 상감진사 동자포도문 표형주자 상부의 일상문, 고려 12세기 말~13세기 초

그림 56. 관경16관변상도 중앙 상부 일몰관(日沒觀)에 그려진 일상문, 고려 1323년, 일본 인송사(隣松寺) 소장

그림 57. 일월오악도 우측에 붉은 원으로 표현된 일상문, 조선 19세기 초~20세기 초

그림 58. 임유겸 묘비 앞면 상부에 둥근 원으로 표현된 일상문, 조선 16세기 초

그림 59. 약사3존12신장도 중 일광(日光)보살〔우측〕의 보관(寶冠) 위에 그려진 일상문, 조선 1477년

그림 60. 이곤(李坤) 묘비 관석(冠石) 앞면의 일상문, 조선 1559년

그림 61. 문정왕후가 발원하여 제작한 회암사 약사3존도 중 일광보살(좌측)의 보관 위에 그려진 일상문, 조선 1565년

그림 62. 직지사 약사여래도 중 일광보살(우측)의 보관 위에 그려진 일상문, 조선 1744년

그림 63. 일월도자수(日月圖刺繡) 가사(袈裟)에 수놓아진 일상문, 조선 후기

그림 64. 대한제국 일기(日旗)에 그려진 일상문, 조선 1897~1905년

2. 표

표 1. 고구려 고분의 분포 지역과 고분에 일상문이 나타나는 위치

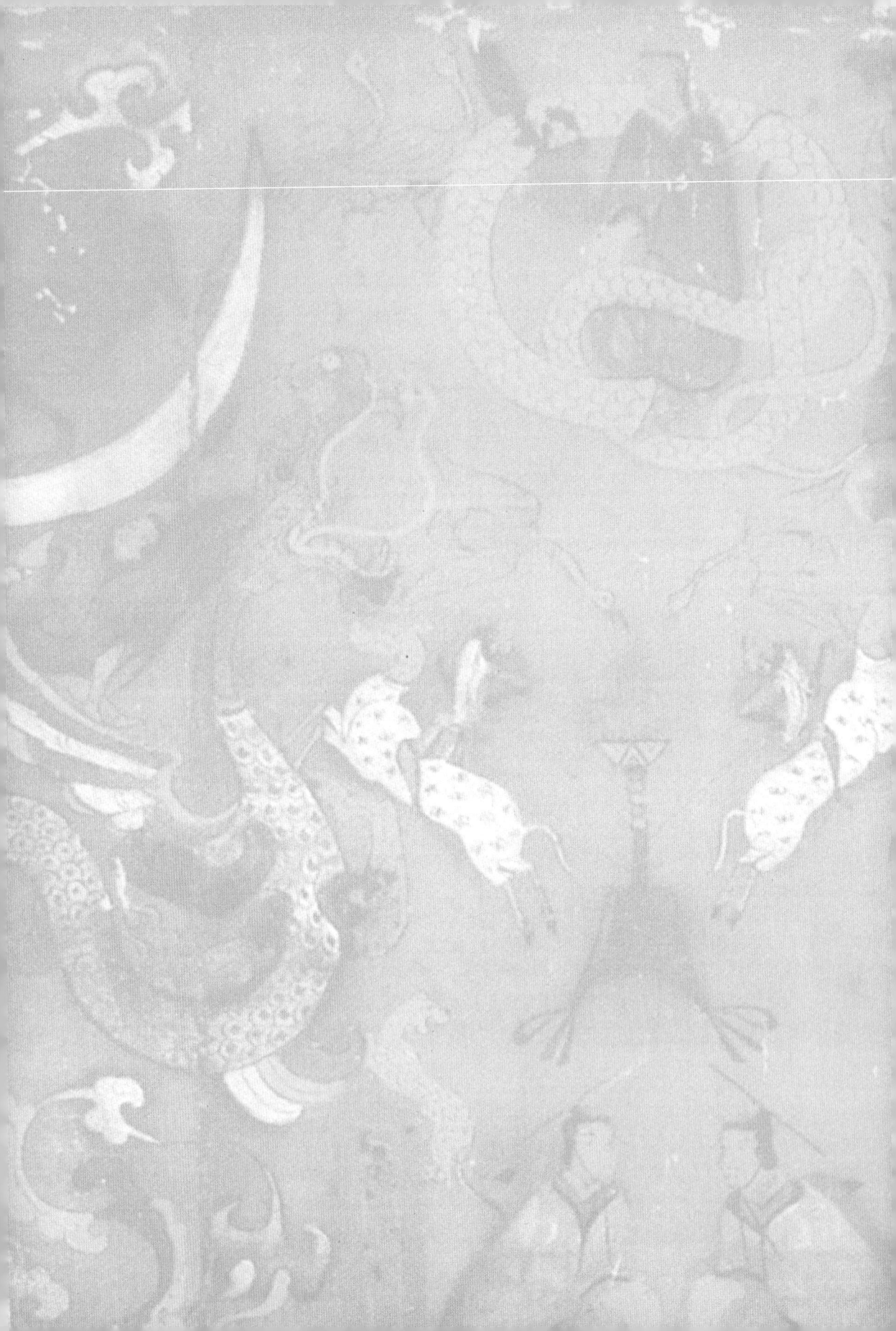

04

일상문의 도상학적 고찰과 문화권에 따른 특징

― 일상문의 구성 요소의 상징성과 동이족(東夷族)과 화하족(華夏族)의 일상문 비교 ―

　태양을 상징하고 이를 형상화 한 일상문日象文은 원圓 또는 원과 현조玄鳥가 결합된 모습으로 나타난다. 원과 현조가 결합된 형태로 일상문이 표현될 경우, 일상문에 그려지는 대표적인 현조로는 삼족오(三足烏 : 세발 달린 까마귀)가 있다. 그러나 삼족오만이 일상문의 현조로 등장하는 것은 아니다. 까마귀 외에 긴 부리와 가는 목을 특징으로 하는 물새 또는 주변에서 흔히 볼 수 있는 일반적인 새의 모습도 일상문에서 살필 수 있다. 또한 다리 셋이 아닌 2족=足의 현조도 나타나며, 서 있는 정지된 모습이 아닌 날아가는 모습으로 그려지기도 한다.

　그렇다면 일상문에서 원과 현조는 무엇을 표현한 것이고, 이때 현조는 어떤 새를 지칭하며 현조의 다리 수 및 동세動勢는 각각 어떤 상징성을 지닌 것인가? 또한 일상문의 이러한 표현적 차이는 어디에서 비롯된 것인가? 여기서는 이 같은 의문의 실마리를 풀어보고자 한다.

　이를 위해 원과 현조로 일상문의 구성 요소를 구분한 후, 현조는 다시 현조玄鳥의 개념과 현조의 일상문의 등장 배경, 다리 수, 동세 등으로 나누어 그 상징성을 살펴보고자 한다. 한편 원으로 구성된 일상문과 원과 현조가 결합된 일상문의 도상 해석과 함께 앞에서 고찰한 일상문의 구성 요소의 상징성을 토대로 하여 동이족東夷族과 화하족華夏族의 문화권에 따른 일상문의 특징도 비교해 보고자 한다.

이러한 연구 접근 방법은 고구려 고분 벽화에 그려진 한국 고대의 일상문을 한漢당대唐代 일상문의 영향 하에서 나름대로의 독자성을 가지고 변화 발전한 것으로 이해하거나,[1] 우리 고유의 기원을 갖는 형상물로 보는[2] 등 상반된 견해를 보이는 기존의 연구들을 재검토하는 데 있어서도 도움이 될 것으로 기대한다.

I. 일상문의 구성 요소의 상징성과 도상 해석

1. 구성 요소의 상징성

1) 원(圓)

일상문의 기본 구성 요소는 원이다. 원 안에 현조가 나타나기도 하고 원만으로

---

[1] 李泰浩,「日象·月象 – 東洋 古代美術에 있어서 해와 달의 表現과 思想」,『弘益大 大學院 論考』, 弘益大學校, 1976.
全虎兌,「漢-唐代 고분의 日像·月像」,『美術資料』제48호, 국립중앙박물관, 1991. 6.
「高句麗 古墳壁畵의 해와 달」,『美術資料』제50호, 국립중앙박물관, 1992. 12.
宋美花,「古墳壁畵에 나타난 高句麗人의 三足烏 認識 – 漢唐代의 三足烏 認識과의 關聯性을 中心으로」, 韓國敎員大學校 敎育大學院(歷史敎育科) 碩士學位論文, 2003. 2.

[2] 리준걸,「고구려 고분벽화의 해와 달 그림에 대하여」,『력사과학』 85-2집, 1985. 2.
李亨求,「고구려의 삼족오(三足烏) 신앙에 대하여-고고학적 측면에서 본 鳥類숭배사상의 기원 문제」,『東方學志』86, 연세대학교국학연구원, 1994. 12.
「고구려 고분벽화에 보이는 삼족오(三足烏) 신앙에 대하여-발해연안 조류숭배사상과 연관하여」,『三足烏』, 학연문화사, 2007. 3.
愼鏞廈,「古朝鮮文明圈의 三足烏太陽 상징과 朝陽 袁台子壁畵墓의 三足烏太陽」,『韓國學報』第105輯, 一志社, 2001. 12.
許興植,「三足烏의 동북아시아 기원과 사상의 계승」,『三足烏』, 학연문화사, 2007. 3.
손환일,「三足烏 문양의 시대별 변천」,『三足烏』, 학연문화사, 2007. 3.
우실하,「흐름과 교류의 산물 '三足烏'」,『동북공정 너머 요하문명론』, 소나무, 2007. 4.
김주미,「朱雀旗와 日旗에 나타난 日象文의 變容과 變遷」,『三足烏』, 학연문화사, 2007. 3.
「日旗를 통해 본 韓·中의 日象文 形成과 展開」,『文化史學』27호, 文化史學會, 2007. 6.
『韓國의 日象文 硏究-東夷系 韓 民族의 文化 系統을 中心으로』, 檀國大學校 大學院(史學科 考古美術史 專攻) 博士學位論文, 2007. 12.
「韓國 古代 日象文의 成立 背景」,『白山學報』第80號, 白山學會, 2007. 4.
柳銀奎,「高句麗 古墳壁畵 三足烏 圖像의 特徵과 起源」, 서울大學校 大學院(社會敎育科) 碩士學位論文, 2003. 2.

표현되기도 하나 어떤 경우든 원은 일상문에 있어 필수적인 요소이다. 그렇다면 왜 원으로 일상문을 나타낸 것일까? 다음에서 그 배경을 살펴보고자 한다.

원은 직선과 더불어 기하학을 구성하는 기본 도형으로 사람들에게 인식되기 쉬운 형태이다. 또한 원은 항상적恒常的 곡선으로 무한의 순환론을 반영하기 때문에 항상적 주기적 회귀성을 지닌 동양적인 시간 관념을 상징화하는데 적합하다. 저녁이면 지고 아침이면 어김없이 떠오르는 태양을 원으로 표현한 것은 바로 이런 이유 때문이다. 이처럼 원이 태양의 상징으로 사용되었다면 반원 또는 반원 판 모양의 기호는 반半태양을 표현한 것이며, 이때 반원은 떠오르는 태양으로 인식될 수 있는 도상이다.

후한後漢 때 허신(許愼: 30~124)이 편찬한 자전으로 한자의 본래 글자 모양과 뜻, 그리고 발음을 종합적으로 해설한 설문說文에는 원에 대해 '원회야 원환전야(圓回也 圓圜全也 : 원은 회전하며 또한 온전하게 둥글다)' 라 기록하고 있는데, 이 역시 원의 회귀성과 순환적 특성을 나타낸 것이다. 또한 노자老子는 '반자도지동〔反者道之動 : 돌아가는 것이 도(道)의 움직임이다〕' 이라 말한 바 있는데, 그 의미는 움직임은 언제나 멈추지 않는 것이며 모든 것이 움직임으로부터 변화하고 서로 반전하고 진보해 간다는 것이다.[3] 이러한 도교의 우주관은 끊임없는 변화가 대자연의 성격이며, 일체의 굴레의 작용은 같은 것의 영원한 회귀를 향해 나감을 말한다. 아울러 그것은 주기적인 반복과 변화의 규칙성 및 균일성에 의해 공급되는 불변의 항상성으로 이해된다.[4] 전술한 내용을 통해 원의 속성과 도교의 우주관이 대동소이하다는 것을 알 수 있다.

한편 일출에서 일몰에 이르게 되는 태양의 운행은 탄생하여 성장하고 죽음에 이르는 인간의 일생과 비견된다. 다만 양자의 차이는 태양은 무한하나 인간은 유한하

---

3 뤼징런·스리우라 고헤이, 박지현·변은숙 옮김, 「천원지방의 전통어법을 오늘에 살리다」, 『아시아의 책·디자인』, 한국출판마케팅연구소, 2006. 1, 217쪽.
4 루돌프 아른하임 著·김재은 譯, 『예술심리학(하)』, 이화여자대학교 출판부, 1984. 1, 321~322쪽.

그림 1 울주군 천전리 암각화의 태양을 상징하는 동심원, 청동기시대

다는 점이다. 따라서 날마다 소생하는 태양을 형상화 한 일상문은 불사不死의 상징이며, 이러한 의미를 지닌 일상문이 죽은 자와 관련된 유적과 유물에 등장하는 것은 태양처럼 저녁에 지더라도 아침에 다시 떠오르는 재생과 부활의 삶이 사후死後 인간에게도 영속되길 바라는 마음을 표현한 것이다.

태양을 원으로 나타낸 또 다른 이유 중의 하나는 '天圓地方(하늘은 둥글고 땅은 네모지다)'[5]이라는 동양의 오래된 인식 때문이다. 이런 까닭에 천상天象을 대표하는 해와 달은 둥근 원으로 표현되었다. 더욱이 국가 출현과 함께 최고 통치자를 신격화하고 천손天孫으로 관념화함으로써 천天을 대표하는 태양이 왕권을 상징하게 되었고, 그런 까닭에 일상문은 왕권의 상징물로 사용되었다. 이때 일상문의 원은 태양의 영속성과 함께 팽배하는 힘과 작열하는 역동성을 상징하며, 이는 왕조의 영속과 영위에

---

5 『淮南子』 卷三 「天文訓」. '天道曰圓 地道曰方.'

그림 2 고구려 내리1호분의 태양을 상징하는 환문(環紋), 삼국시대 6세기 중반, 평양 지역 고분

대한 희구를 뜻한다.

이 밖에 원은 세상의 중심을 기하학적으로 표현한 것으로 성지·영생의 땅·성스런 궁전·복된 자들의 땅, 선택된 자들이 사는 곳 등을 의미한다.[6] 영생의 공간으로 만들어진 고구려 고분의 천장부와 성스러운 부처님의 공간으로 조성된 석굴암의 지붕이 모두 둥근 궁륭형穹窿形: 활 처럼 둥글게 휘어진 모양으로 이루어진 것도 바로 그런 까닭이다.

태양은 여러 개의 원으로 이루어진 동심원으로 그려지기도 하는데, 이는 태양은 하늘을 대표하는 물상物象이며 아울러 하늘은 몇 개의 원 또는 층으로 구성되어 있다는 생각을 반영한 것이다. 그러므로 원과 동심원은 모두 '태양'과 '하늘'을 상징한다. 울주군 천전리 암각화의 동심원과 고구려 내리1호분의 환문環紋 역시 이러한

---

6 임영주, 『한국의 전통문양』, 대원사, 2004. 9, 30쪽.

맥락으로 이해될 수 있다(그림 1, 그림 2).

2) 현조(玄鳥)

일상문에 그려지는 삼족오는 '세발 달린 까마귀'로 인식되고 있다. 그러나 '세발 달린 검은 새(현조(玄鳥))'로도 풀이할 수 있다. 그 까닭은 삼족오의 '오鳥'는 까마귀 외에 검다는 뜻을 지니고 있기 때문이다. 『삼국사기三國史記』 권14「고구려본기高句麗本紀」제2 '대무신왕大武神王 2년조條' 기사記事에는 '오자흑야烏者黑也'라는 문구가 나오는데 이 역시 삼족오의 '오'가 검다를 뜻하고 있음을 말해준다. 따라서 여기서는 삼족오의 '오'를 까마귀라는 특정 새로 한정짓기보다는 '검은 새' 즉 '현조'로 이해하고자 한다. 아울러 현조의 개념과 현조의 일상문의 등장 배경도 살펴보고, 현조의 다리 수 및 동세에 대한 상징적 의미도 함께 고찰해 보고자 한다.

(1) 현조의 개념과 현조의 일상문의 등장 배경

① 현조의 개념

현조에 대한 직접적인 명시는 『시경詩經』[7]과 『사기史記』「은본기殷本紀」[8] 및 「진본기秦本紀」[9] 등에 언급된 상商과 진秦의 선조先祖와 관련한 탄란회임설화(呑卵懷妊說話 : 알을 삼키고 아이를 낳았다는 탄생 설화)에서 찾을 수 있다. 현조의 알을 삼키고 상나라와 진나라의 조상인 설契와 대업大業을 낳았다는 이들 설화에서 천신天神의 사자使者로 등장하는 현조는 일반적으로 제비(燕(연))로 해석되고 있다. 그런데 난생설화의 모습을 엿볼 수 있는 상과 진의 탄란회임설화는 한족漢族의 시조始祖 설화와는 판이하게 다르며 상의 문화를 동이족東夷族의 문화로 보는 견해도 제기된 바 있다.[10] 상과 진 모두

---

[7] 『詩經』「商頌玄鳥篇」. '天命玄鳥 降而生商 宇殷芒芒.'
[8] 『史記』「殷本紀」. '殷契母曰 簡狄有 氏之女 爲帝 次妃 三人行浴 見玄鳥墮其卵 簡狄取呑之 因孕生契.'
[9] 『史記』「秦本紀」. '女脩織 玄鳥隕卵 女脩呑之 生子大業.'

한족漢族에 의해 이족夷族으로 일컬어졌던 종족에 의해 세워졌던 나라라는 점을 제고해볼 때, 현조로 얘기되는 제비는 동이족과 밀접한 관련성을 지닌 삼족오의 변형된 모습으로 이해된다.

아울러 일상문에 그려지는 태양새의 속성을 지닌 서조는 '오鳥' 자가 포함된 '준오踆烏' '금오金烏' '삼족오三足烏' 등으로 불리었고, 한국·일본·몽골 등 동북아 여러 종족들의 신화 속에 까마귀뿐만 아니라 검은 색의 독수리·매·까치·제비 등이 중요한 매개로 등장하고 있는 점을 고려해 볼 때 일상문의 서조로 인식되는 준오·금오·삼족오의 '오'는 까마귀라는 특정 조류를 일컫기보다는 검은 새, 즉 현조의 범칭으로 이해된다. 이처럼 까마귀가 현조의 범칭임은 까마귀의 어원이 검은 새라는 뜻의 '가마고'였다는 것을 통해서도 확인할 수 있다.[11]

한편 독수리와 매는 천신의 사자로 묘사되는 까마귀와 같이 시베리아와 몽골에서 샤먼의 정령精靈으로 인식되었다. 까치는 까마귀 과에 속하는 새로 기쁜 소식을 알리는 길조吉鳥이며, 여름 철새인 제비는 까마귀 중 겨울 철새인 떼까마귀와 같이 계절이 바뀌는 것을 알려주는 새라는 점은 까마귀·독수리·매·까치·제비 등이 상호 친연성을 지닌 서조임을 말해준다. 또한 까치와 까마귀와의 상호 관련성을 살필 수 있다는 점에서 관심을 끄는 것은 일본 규슈 북서부에 위치한 사가佐賀 현이 '까치가라스'란 이명異名을 갖고 있다는 점이다. '까치'는 순수한 우리말이고 '가라스からす'는 일본어로 까마귀를 지칭하므로 '까치가라스'는 '까치까마귀'를 말한다. 이처럼 사가 현이 '까치가라스'란 이름을 갖게 된 것은 까마귀 과에 속하는 까치와 까마귀와의 친연성은 물론, 일본 고대 사회와 한반도와의 밀착 관계를 보여주는 것으로 이해된다. 사가 현은 동해를 두고 한반도와 마주 하고 있기 때문에 오래

---

10 傅斯年, 「夷夏東西說」, 『中國上古史論文選集』, 臺灣, 國風出版社, 56~80쪽 참조.
11 김종대, 『우리문화의 상징세계』, 다른세상, 2001.1, 102쪽 참조.

전부터 한반도와의 교류가 활발했으며 따라서 한반도의 문화적 영향을 많이 받아온 지역이다. 이를 반영하듯 일본 야요이彌生시대(청동기시대 : 기원전 4세기~기원후 3세기)의 문화 특성을 잘 살필 수 있는 사가 현에 위치한 요시노가리 유적에서는 한반도와의 교류를 증명하는 많은 유물이 출토되기도 했다.

이 밖에 까마귀 또는 오리 등이 천신의 메신저로서 솟대 위에 얹어졌음을 통해 양자 역시 유사한 속성을 지닌 서조임을 알 수 있다. 그런데『대한화사전大漢和辭典』[12]과 『한한대사전漢韓大辭典』[13] 중에는 오리와 같이 물새이며 철새인 학鶴을 현조로 풀이한 것이 있고,『상학경기相鶴經記』에는 "학은 양陽의 새이다. 금기金氣에 인因하여 화정火精에 의지하니 화火는 7이요, 금金은 9이다. …… 날개 달린 동물의 우두머리이며 선인仙人이 타고 다닌다."[14]라고 기록되어 있어 학을 양조陽鳥, 즉 태양새로 인식했음을 알 수 있다. 이 내용들을 정리해보면, 현조=학=양조(태양새)의 관계가 성립한다. 또한 학은 10월에 시베리아나 몽골에서 도래하여 다음해 봄에 되돌가는 겨울 철새이며 문과文科 급제를 기념하기 위해 세워진 솟대 위의 새이기도 하다. 이러한 급제솟대[15]는 마을 입구나 급제자의 문 앞 그리고 선산 등에 세워졌으며, 일반 솟대와 마찬가지로 마을 공동체의 제액초복이나 풍농 그리고 개인의 안녕을 위한 신앙의 대상이 되었다. 이처럼 학은 철새이며 물새라는 측면 외에 솟대 위에 올려졌던 새라는 점에서 오리와 같은 속성을 지니고 있다.

지금까지 살펴본 현조의 개념을 정리해 보면, 일상문에 그려지는 삼족오와 같은 현조의 부류에는 검은 색의 까마귀·독수리·매·까치·제비 외에 솟대 위에 얹어지는 물새이며 철새인 흰 색의 학과 오리 등이 포함되고 있음을 알 수 있다. 이는

---

12 中華書局이 출판한『大漢和辭典』의 '玄' 部 중 玄鳥 참조.
13 (株)敎學社가 출판한『敎學 大漢韓辭典』(1998년)의 '玄' 部 중 玄鳥 참조.
14 『相鶴經記』. '鶴陽鳥也 因金氣 依火精 火數七 金數九 …… 蓋羽族之宗長 仙人之騏驥也'
15 문과 급제자가 솟대를 세울 때는 솟대 위에 얹었던 새를 학이라 하고, 무과 급제자의 경우는 봉(鳳)이라 한다(孫晋泰,「蘇塗考」,『朝鮮民族文化의 研究』, 乙酉文化社, 1948, 192쪽).

'현조'가 단순히 검은 새만을 지칭하는 것이 아닌 샤먼의 정령이나 소식과 계절을 알리는 철새 등 일반적인 새들과는 다른 속성을 지닌 깊고 오묘한 '하늘새[천조(天鳥)]' 내지 '태양새'를 의미하며, 따라서 솟대신앙과도 밀접하게 연계되어 있음을 말해준다. 이처럼 검은 색의 까마귀·독수리·매·까치·제비와 흰색의 학과 오리를 현조, 즉 태양조로 인식한 것은 태양 빛의 흡수 및 반사에 의해 결정되는 검은 색과 흰 색의 특성과도 상호 관련성을 갖는 것으로 생각된다.

② 현조의 일상문의 등장 배경

중국의 신화 학자 손작운孫作雲은 태양 숭배와 새 토템을 결합하여 태양을 상징하는 원 안에 태양새인 삼족오를 표현한 것을 산동반도 일대의 동이족의 새 토템에서 기인한 것으로 보았다.[16] 그러나 일상문에 현조인 삼족오가 등장하는 것은 동이족의 현조 숭배(새 토템) 외에 태양·현조·동이와의 연관성을 살필 수 있는 신화 전승, 태양의 흑점 활동, 천天을 대표하는 태양에 대한 인식 등이 복합적으로 작용되었기 때문으로 풀이된다.

첫째, 일상문 안의 현조 표현은 동이족의 현조 숭배를 반영하는 것으로 이는 북아시아의 조장鳥葬 풍습, 다른 새와 차별화되는 까마귀의 속성, 한국·일본·청淸 등의 동이계 설화에서 까마귀가 태양과 왕권을 상징하거나 왕과 왕재王才를 보필 내지 위험에서 구하는 존재로 등장하는 것과 상호 밀접한 관련이 있다.

북아시아의 조장 풍습은 이 지역에서 최초의 샤먼을 독수리와 같은 맹금류의 현조로 인식한 데서 비롯되었다 그 이유는 천계天界와 인간계人間界를 연결하는 샤먼과 같이 인육人肉을 먹는 독수리·매·까마귀 등이 지상에서 천상으로 영혼을 운반하

---

[16] 李亨求,「고구려의 삼족오(三足烏) 신앙에 대하여-고고학적 측면에서 본 鳥類숭배사상의 기원 문제」,『東方學志』86, 연세대학교국학연구원, 1994. 12. 4~5쪽.

는 메신저 역할을 한다고 생각했기 때문이다. 아울러 이들의 용맹성과 위엄, 날쌘 동작 등이 천신天神의 메신저 및 실행자로서의 역할을 수행하는 데 적합하다고 여겼기 때문이다.

특히 현조 중 까마귀는 시베리아의 여러 종족과 북아메리카의 토착민들이 세상의 창조주 내지 종족의 조상으로 여겼고, 북아메리카 인디언들 사이에서는 까마귀가 처음으로 인류에게 곡식을 전해주었다는 신화가 전승되고 있다. 이 같은 북아메리카 인디언의 신화 전승은 「동명왕편東明王篇」에서 주몽이 뒤쫓아 오는 동부여의 병사들을 피한 다음 나무 아래에서 쉬고 있을 때 주몽의 어머니인 유화부인이 비둘기를 통해 주몽에게 맥종(麥種(보리씨))을 보내온 것을 연상케 한다. 까마귀가 신조神鳥로서 숭배의 대상이 된 것은 북방의 혹독한 기후 조건 속에서 썩은 고기를 먹어가며 생존하는 까마귀의 능력이 두려움과 존경심을 함께 불러일으켰기 때문으로 생각된다.[17]

망자亡者 및 왕권에 관계된 유적과 유물에 나타나는 일상문에 삼족오와 같은 현조인 까마귀가 등장하는 것은 까마귀의 검은색이 밤의 빛깔(어둠, 죽음)과 권위(엄숙)를 상징하고, 조류 중 가장 영특한 새가 까마귀이므로 영혼과 천명天命의 전달자로서 손색이 없다고 판단되었기 때문이다. 또한 까마귀는 천공天空 가까이 높게, 그리고 멀리 날 수 있는 에너지 넘치는 양조陽鳥로 인식되어 양陽의 대표적 물상物象인 태양과 함께 묘사되었기 때문이다. 이를 입증하듯 한방에서는 지상의 인삼, 바다의 해삼과 더불어 까마귀를 양陽의 기운을 보충해주는 천상의 비삼飛蔘으로 일컫고 있다.

이 밖에 까마귀를 일상문에 표현한 것은 까마귀의 뛰어난 영역 확보력이 큰 몫을 했을 것으로 본다. 얼마 전 캐나다 밴쿠버 동물원에서 독수리가 까마귀 영역을 침범하자 자신의 영역을 침범당한 까마귀들이 떼를 지어 독수리에게 달려들었고, 이

---

[17] 보리아 섹스, 『까마귀』, 가람기획, 2005, 95~97쪽. 117쪽 참조.

에 독수리가 재빨리 까마귀의 공격을 피하다 그만 사자 우리로 잘못 들어가 사자의 공격을 받고 비명횡사한 사건이 벌어졌다. 이처럼 조류의 제왕으로 알려진 독수리에게조차도 자신의 영역 침범에 대해 일격을 가하는 까마귀의 철저한 영역 확보력은 자신의 통치 영역을 확고히 사수해야 하는 왕의 입장 및 역할에 비견된다. 따라서 왕권의 상징물로 표현되는 일상문에 까마귀가 표현되었을 것으로 이해된다.

한편 동이계 설화에서 까마귀는 태양과 왕을 상징하거나 왕과 왕재王才를 보필 내지 위험에서 구하는 존재로 등장한다. 이에 관한 내용을 동이계인 한韓 민족의 설화와 고문헌에서 찾아보면, 먼저 까마귀가 태양 또는 왕을 상징하는 경우는 태양신의 성격을 지닌 북부여의 해모수解慕漱가 머리에 쓴 오우관(烏羽冠 : 까마귀 깃털로 만든 관),[18] 일본으로 건너가 왕과 왕비가 된 일월지정(日月之精 : 해와 달의 정기)의 상징인 연오랑延烏郎과 세오녀細烏女 이름의 '오烏',[19] 후고구려를 세운 궁예弓裔에게 '왕王' 자가 새겨진 상아 조각을 전한 까마귀[20] 등이 있다. 왕과 왕재를 보필하거나 구하는 경우는 고구려의 동명성왕(東明聖王. 일명 朱蒙)이 동부여의 추병追兵을 피할 때 주몽을 모셨던 오이烏伊[21]와 백제 온조왕溫祚王의 남하 시 동행했던 오간烏干[22]의 이름에 각각 까마귀의 한자어인 '오烏'가 들어 있고, 동부여의 대소왕帶素王이 고구려의 대무신왕大武神王에게 보낸 적오(赤烏 : 붉은 까마귀) 관련 기사記事,[23] 사금갑射琴匣 설화에서 신라의 소지왕

---

18 李奎報, 「東國李相國集」, 「東明王篇」 幷序. '天帝遣太子 降遊夫余王古都 號解慕漱 從天而下 乘五龍車 從者百餘人 皆騎白鵠 彩雲浮於上 音樂動雲中 止熊心山 經十餘日始下 首戴烏羽之冠 腰帶龍光之劒 朝則聽事 暮卽升天 世謂之天王郞.'

19 『三國遺事』 卷一 第二 紀異篇 燕烏郞 細烏女. '第八 阿達羅王卽位四年丁酉 東海濱 有燕烏郞 細烏女 夫婦而居 一日燕烏歸海採藻 忽有一巖 負歸日本 國人見之曰 此非常人也 乃立爲王 細烏怪不來 歸尋之 見夫脫鞋 亦上其巖 巖亦負歸如前 其國人驚訝 奏獻於王 夫婦相會 立爲貴妃 是時新羅日月無光 日者奏云 日月之精 降在我國 今去日本 故 致斯怪.'

20 『三國史記』 卷第五十 列傳 第十 弓裔條 '嘗赴齋 行次有烏鳥銜物 落所持鉢中 視之 牙籤書王字 則秘而 不言 頗自負.'

21 『三國史記』 卷第十三 高句麗本紀 第一. '朱蒙乃與烏伊摩離陜父等三人爲友 行至淹水.'

22 『三國史記』 卷第二十三 百濟本紀 第一. '及朱蒙在北夫餘所生子來爲太子 沸流溫祚恐爲太子所不容 遂與烏干馬黎等十臣南行 百姓從之多.'

炤知王을 위급하고 어려운 상황에서 구한 까마귀[24] 등을 통해 확인할 수 있다. 또한 왕을 보필하는 관직명에서도 '오烏'를 살필 수 있는데, 신라 유리왕儒理王 9년(32년)에 설치된 17관등 중 15관등인 대오大烏, 16관등인 소오小烏가 이에 해당한다.[25]

까마귀의 이러한 역할은 동이계인 일본인과 만주족의 설화에서도 볼 수 있다. 일본 최초의 천황으로 얘기되는 신무천왕神武天王이 야마토국(大和國)을 침공하러 갈 때 이를 안내한 태양신(日神) 아마데라스 오오미카미(天照大神(천조대신))가 보낸 까마귀, 청淸을 세운 누루하치를 죽음의 고비에서 구한 까마귀 관련 기사記事[26]를 통해 살필 수

그림 3 뱃머리에서 신무천왕의 길을 안내하는 까마귀, 일본 규슈 후쿠오카 현의 고분 벽화

---

23 『三國史記』卷第十四 高句麗本紀 第二 大武神王 三年條. '冬十月, 扶餘王帶素 遣使送赤烏 一頭二身 初 扶餘人得此烏獻之王 或曰 [烏者黑也 今變而爲赤 又一頭二身 幷二國之徵也 王其兼高句麗乎] 帶素喜送之 兼示或者之言 王與羣臣議 答曰 [黑者北方之色 今變而爲南方之色 又赤烏瑞物也 君得而不有之 以送於我 兩國存亡 未可知也] 帶素聞之 驚悔.'

24 『三國遺事』卷一 第二 紀異篇 射琴匣條. '第二十一毗處王(一作炤智王.) 卽位十年戊辰. 幸於天泉亭. 時有烏與鼠來鳴. 鼠作人語云. 此烏去處尋之.(或云. 神德王欲行香興輪寺. 路見衆鼠含尾. 怪之而還占之. 明日先鳴烏尋之云云. 此說非也.) 王命騎士追之. 南至避村.(今壤避寺村在南山東麓). 兩猪相鬪. 留連見之. 忽失烏所在. 徘徊路傍. 時有老翁自池中出奉書. 外面題云. 開見二人死, 不開一人死. 使來獻之. 王曰. 與其二人死. 莫若不開. 但一人死耳. 日官奏云. 二人者庶民也. 一人者王也. 王然之開見. 書中云射琴匣. 王入宮見琴匣射之. 乃內殿焚修僧與宮主潛通而所奸也. 二人伏誅. 自爾國俗每正月上亥上子上午等日. 忌慎百事. 不敢動作. 以十五日爲烏忌之日. 以糯飯祭之. 至今行之. 俚言怛忉. 言悲愁而禁忌百事也. 命其池曰書出池.'

25 『三國史記』卷第三十八 雜志 第七 職官 上. '(中略)十五日大烏(或云大烏知) 十六日小烏(或云小烏知).'

26 『日本書紀』卷第三 第一 神武天皇條. '時夜夢 天照大神訓于 天皇曰 朕今遣頭八咫烏 宣以爲鄕導者 果有頭八咫烏 自空翔降 天皇曰 此烏之來 自叶祥夢 大哉 赫矣 我皇祖天照大神 欲以助成基業乎 是時 大伴氏之遠祖日臣

있다. 일본 규슈 후쿠오카 현에 있는 고분 벽화에는 뱃머리에 새가 앉아 있는 그림이 있는데, 이는 신무천왕에게 길을 안내한 까마귀를 묘사한 것이다(그림 3). 또한 청을 세운 누루하치는 자신을 구해준 까마귀 은혜에 보답하고자 청나라의 첫 도읍지인 심양의 고궁 안에 신간(神竿 : 솟대)을 세워 까마귀에게 먹이를 주었다 하는데, 그 신간은 고궁 안쪽에 자리한 청우궁 앞뜰에 남아 있다(그림 4).

이 밖에 백제의 별칭인 '응준鷹準'[27]과 충남 보령에 위치한 성주사지聖住寺址의 옛 사명寺名인 백제의 호국 원찰願刹 오합사烏合寺,[28] 발해 멸망 이후 발해의 부흥을 위해 성립된 후발해의 다른 이름인 '오사성발해烏舍城渤海'[29] 등에 '鷹(매)'과 '烏(까마귀)'가 들어 있음은 동이계인 한韓 민족의 현조

그림 4 중국 심양 고궁 안쪽에 자리한 청우궁 앞뜰의 까마귀를 위해 마련된 신간(神竿), 청대(淸代)

命 帥大來目 督將元戎 蹈山啓行 乃尋烏所向 仰視而追之 遂達于莵田下縣 因號其所至之處 曰莵田穿邑 于時 勅譽日臣命曰 汝忠而且勇 加有能導之功 是以 改汝名爲道臣.'

27 李承休, 『帝王韻紀』 下卷, 「百濟紀」. '後王或號南夫餘 或稱鷹準與新羅.'
    趙法鐘, 「百濟 別稱 鷹準考」, 『韓國史研究』 66, 1989. 9, 9~26쪽 참조.
28 오합사(烏合寺)는 백제의 법왕(法王)이 전쟁터에서 전사한 병사들의 원통한 넋을 달래기 위해 창건한 호국 원찰(願刹)이다. 이를 반영하듯, 백제 멸망과 관련한 일련의 예언 조짐 기사(記事) 속에 오합사가 등장하고 있어 사찰의 성격을 짐작할 수 있다.
29 『송사(宋史)』를 보면 송(宋)이 발해(渤海)를 오사성발해(烏舍城渤海)로 지칭한 적이 있으므로 북한 학자 박시형이 후발해를 오사성발해로 불렀고, 남한에서는 멸망 전의 발해와 구분하기 위해 후발해라는 명칭을 사용하고 있다. 후발해라는 명칭은 일본 학자 和田淸이 처음 언급했고 日野開三郎에 의해 다시 사용되었다(韓圭哲, 「渤海復興國 '後渤海' 硏究」, 『韓國史硏究論選 9-考古·古代史 IX』, 백두문화, 1997.4, 381~382쪽).

숭배 사상을 보여주는 좋은 예이다.

현조인 까마귀와 매 등을 태양과 동일시하거나 최고 신神의 상징으로 여긴 경우는 이집트와 바이킹족에서도 찾을 수 있다.『피라미드 서書』에서 이집트의 태양신 라Ra는 매로 표현된 호루스와 동일시되고 있는데, 호루스의 머리에는 천天을 의미하는 타원이 그려져 있다(그림 5). 한편 큰 까마귀의 제왕으로 알려져 있는 바이킹족의 최고 신인 오딘은 마법과 전쟁의 신으로 까마귀가 오딘을 수행하는 것으로 알려져 있다.

그림 5 이집트의 태양신 라(Ra)와 동일시되는 매로 표현된 호루스

둘째, 다음에 제시된 '10개의 태양[30]과 예羿 장군' 과 같은 신화 전승을 통해 태양·현조·동이족과의 연관성을 살필 수 있다(그림 6).

"요(堯) 임금 때 천제(天帝)의 아들인 10개의 태양이 한꺼번에 떠올라 곡식을 타 죽게 하는 등 세상을 어지럽게 하자 천제가 이를 수습하기 위해 활의 명수인 예(羿)를 지상으로 보냈다. 예가 아홉 개의 태양을 활로 쏘자 태양은 까마귀로 변해 떨어졌고 이로써 세상은 편안해졌다. 그러나 천제는 자신의 아들들을 죽인 예를 신적(神籍)에서 제명했다. 이에 예는 곤륜산(崑崙山)의 서왕모(西王母)로부터 불사(不死)의 약을 청해 얻어 오나 그의 아내 항아(姮娥)가 그 약을 훔쳐 먹고 그 벌이 두려워 달로 도망쳤다. 달로 간 항아는 월신(月神)의 노여움을 받아 두꺼비로 변해 월정(月精)이 되었다."[31]

30 「좌전(左傳)」에는 '天에 十日이 있다'고 기록되었는데 이는 十干(甲乙丙丁戊己庚辛壬癸)을 가리킨 것이다(森三樹三郞,「中國古代神話」, 淸水弘文堂書房(東京), 1969, 184쪽).
31 張基槿,「中國의 神話」, 을유문화사, 1974, 118~120쪽.

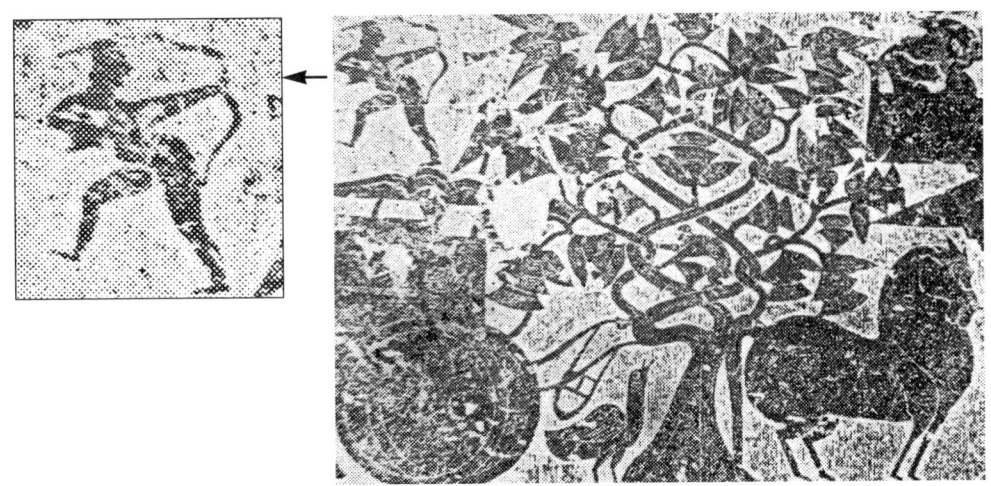

그림 6 무량사(武梁祠) 화상석실(畵像石室)에 그려진 '부상도(扶桑圖)' 중 태양을 향해 활을 쏘는 예(羿) 장군, 후한(147년경), 산동성 가상현 출토

    여기서 예가 활을 쏘아 태양을 떨어뜨린 행위는 우주 운행의 전환점 또는 주기적 회귀와 밀접한 관련이 있다. 또한 집권 세력의 변화, 왕조의 교체, 안정된 정치 기반에의 도전이 발생하는 시점과도 연계성을 갖는 것으로 해석된다.[32] 한편 예가 태양을 향해 활을 쏘자 태양이 까마귀로 변해 떨어졌고, 불사의 약을 몰래 훔쳐 먹은 예의 아내 항아가 월신의 노여움을 받아 두꺼비로 변했다는 위의 신화 전승을 뒷받침해주듯, 해와 달을 상징하는 일상문과 월상문에서 해와 달 안에는 까마귀와 두꺼비가 등장한다.

    일상문 가운데 매서운 눈매와 날카로운 부리 등 까마귀의 특징적 모습과 다리 셋이 잘 표현된 예는 요령성 지역의 벽화 묘, 만주(집안)와 한반도(평양·안악) 지역의 고구려 고분 벽화, 일본 고대 왕실의 대표적 미술품인 옥충주자玉蟲廚子 등에서 엿볼 수 있다(그림 7, 그림 8, 그림 9). 그런데 이들 지역 모두 동이족의 생활 영역이라는 점에서 앞서 언급한 태양 및 까마귀와 연계된 신화가 동이족과 밀접한 관련성을 지니고

---

32 Giradot, Myth and Meaning in Early Taoism, 188쪽.

그림 7 요령성 조양 원태자(袁台子) 벽화묘의 일상문, 남북국시대 4세기경

그림 8 고구려 오회분4호묘의 일상문, 삼국시대 6세기 중반, 집안 지역 고분

그림 9 옥충주자(玉蟲廚子) 뒷면 수미좌 상부의 일상문, 일본 7세기, 법륭사 소장

그림 10 산동성 임기현 금작산 9호묘 출토 비단 그림 상부 우측의 일상문, 전한

있음을 다시금 확인할 수 있다.

　그러나 일상문과 월상문이 짝을 이루어 표현되고 일상문에 태양과 현조가 결합된 도상이 등장하는 전한(前漢 : 기원전 206년~기원후 8년) 때에는 상고上古 시대 동이족의 또 다른 이동 경로로 얘기되는 산동반도 일대의 일상문에서조차도 까마귀의 특징적 모습과 다리 셋은 살필 수 없다(그림 10). 그 이유는 진한秦漢 교체기 때 한족漢族으로 흡수 통합된 산동반도 일대에 분포해 있던 동이족의 현조 숭배가 일상문 형성에 반영되기는 했지만, 동이족의 '해 속의 삼조오〔日中三足烏〕'에 대한 인식은 일정 기간

을 거친 후 수용된 것임을 말해준다. 이러한 사실은 다음의 한대漢代 문헌을 통해서도 확인할 수 있다.

전한 초에 회남왕淮南王 유안劉安이 저술한 『회남자淮南子』 권7 「정신훈精神訓」에는 "태양 안에는 준오踆烏가 있고 달 안에는 두꺼비가 있다"[33]고 기록하고 있다. 그러나 후한(後漢 : 기원 후 25~220) 때 고유高誘가 『회남자』를 정리하면서 주注를 단 것에는 "준踆은 꿇어앉은 것이며 발꿈치다. 이는 곧 삼족오를 말한다"[34]고 하여 준오와 삼족오를 동일한 것으로 보았다. 이처럼 전한 때 문헌인 『회남자』 「정신훈」에서 삼족오로 인식되는 '준오踆烏'를 살필 수 있음은 전한 이전에 삼족오에 대한 신화 전승이 있었음을 보여준다. 그러나 삼족오란 표현이 전한이 아닌 후한 때 고유의 『회남자』 「정신훈」 주注에 보이고 있음은 외부로부터 전파된 삼족오에 대한 인식이 어느 정도의 시간이 경과한 후 받아들여졌음을 시사한다.

또한 전술한 '10개의 태양과 예 장군' 신화에서 활의 명수로 등장하는 예는 동이족으로 알려져 있다. 예가 동이족의 군장君長일 가능성은 중국의 신화 연구자들에 의해 이미 제기된 바 있는데,[35] 문헌에 나오는 예의 명칭과 그 활동 지역, 활과 관련한 예의 고사古事 등이 이를 뒷받침한다.

우선 문헌에 나타난 예의 명칭을 보면, 전한 때 유향劉向이 초楚나라 시인들의 시가를 모아 엮은 『초사楚辭』 「천간天問」과 진秦나라의 재상 여불위呂不韋가 선진先秦 시대의 여러 학설과 역사적 기록 및 설화 등을 모아 편찬한 『여씨춘추呂氏春秋』 「물궁勿窮」에서는 예를 '이예夷羿'라 하고, 『산해경山海經』 「해내서경海內西經」에는 예를 '인예仁羿'라 하고 있어 夷와 仁이 상통하고 있음을 알 수 있다. 그런데 후한 때 왕충王充이

---

33 『淮南子』 卷7 「精神訓」. '日中有踆烏 而月中有蟾蜍.'
34 『淮南子』 卷7 「精神訓」 高誘 注. '日中有踆烏 踆猶蹲也 謂三足烏.'
35 楊寬, 「中國上古史導論」, 『上史辨』 第7冊, 景文社(서울), 1970, 365~366쪽.
孫作雲, 「后羿傳說叢考-夏時蛇鳥豬黿四部族之鬪爭」, 『中國上古史論文選集』, 華世出版社, 1980, 465~470쪽.

지은 『논형論衡』 「험부驗符」에는 "동방東方은 인仁을 말한다"[36]고 기록하고 있어 夷=仁=東方의 관계가 성립됨으로써 이예夷羿 혹은 인예仁羿라는 예의 명칭은 예가 동이족임을 시사한다.[37]

이 밖에 북위北魏의 역도원酈道元이 편찬한 종합 지리서의 성격을 지닌 『수경주水經注』[38] 「하수河水」에 "격진鬲津은 후예后羿의 나라다"[39]고 한 것을 통해 격진이 동이족인 예가 다스렸던 지역임을 확인할 수 있다. 격진은 상고시대 동이족의 활동 영역이었던 지금의 산동성 제남齊南 지역을 말하며, 격진鬲津의 '鬲격'이 세발 달린 솥을 의미한다는 점에서 앞서 언급한 동이족의 현조 숭배 사상을 반영하는 삼족오의 '다리 셋'과도 깊은 연관성을 지닌 것으로 생각된다. 그런데 맥족貊族과의 관련성으로 인해 주목되는 치우蚩尤의 지역적 연고도 산동성 거야현鉅野縣 혹은 수장현壽張縣으로 전해지고 있으며,[40] 이곳은 예가 다스렸다는 격진과 인접한 곳이라는 점에서 주목된다.

다음은 예와 관련된 모든 고사古事가 활을 잘 쏘는 선사善射와 관련되어 있고, 선사善射는 고구려, 여진, 만주족 등 동이족의 영웅 신화에 공통으로 나타나는 요소라는 점이다. 또한 『여씨춘추』 「물궁」에는 예가 활을 만든 것으로 기록하고 있고,[41] 고구려의 시조인 주몽은 스스로 활을 만들어 쏘았을 뿐 아니라 백발백중의 명사수였으며 주몽이라는 이름도 활을 잘 쏘는 선사자善射者에게 주는 칭호이었다는 것이다.[42] 이 밖에 큰 대大에 활 궁弓이 합쳐진 '이夷'[43]의 어원이 큰 활을 잘 만들고 활을

---

36 『論衡』 「驗符」. '東方曰仁.'
37 柳銀奎, 「高句麗 古墳壁畵 三足烏 圖像의 特徵과 起源」, 서울大學校 大學院(社會敎育科) 碩士學位論文, 2003. 2. 20쪽.
38 『水經注』는 원래 한(漢) 나라의 상흠(桑欽) 또는 진(晋)의 곽박(郭璞)이 지었다고 하는 『水經』에 주석을 단 것을 말한다.
39 『水經注』 「河水」. '大河故瀆 西流平原鬲縣故城西 地理志曰 鬲津 故有窮后羿國也.'
40 金光洙, 「蚩尤와 貊族」, 『孫寶基博士 停年記念 韓國史學論叢』, 1988, 17쪽.
41 『呂氏春秋』 「勿窮」. '夷羿作弓.'

잘 쏘는 동이족의 특성을 강조한 데서 연유했음을 생각해 볼 때 예는 주몽과 같이 동이족의 군장이었음을 확인할 수 있다.

셋째, 현조가 일상문에 등장하는 것은 태양의 흑점 활동을 관측한 결과로 이해되고 있다. 이와 관련하여 중국의 주도周到는 후한 때 과학자 겸 문인이었던 장형張衡이 『영헌靈憲』에서 말한 "해 가운데 까마귀와 같은 것은 태양의 흑점이 아닌지 의심된다. …… 전한 시기에 이미 태양 흑점이 발견되었다"는 내용을 언급하며 태양 속의 삼족오를 태양의 흑점을 나타낸 것으로 보았다.[44] 북한의 리준걸 역시 일상문 안의 현조 표현을 태양의 흑점을 관측한 고구려 당대當代의 과학적 결과의 산물로 해석했다.[45] 그러나 이러한 해석은 신화 상에 나타나는 삼족오 관념에 태양 흑점에 대한 인식이 추후 첨가되었기 때문으로 풀이된다. 왜냐하면 과학과 천문학의 발달로 삼족오가 태양의 흑점으로 인식된 것은 고대인들의 삼족오에 대한 인식의 지평을 확대해 놓은 것이지 처음부터 고대인들이 삼족오를 태양의 흑점으로 인식한 것은 아닌 것으로 생각되기 때문이다.

넷째, 일상문 안의 현조 표현은 오묘하고 신비한 천天을 대표하는 태양에 대한 인식이 반영된 것으로 해석한다. 이는 양梁의 주흥사周興嗣가 글자를 모아 문장을 엮은 『천자문千字文』에서 '하늘 천天, 땅 地, 검을 현玄, 누를 황黃'이라 한 것과 같이, 하늘[天]이 검다는 것을 현조로 표현한 것이며, 이때 현玄은 단순히 검다는 의미가 아닌 오묘하고 깊다는 뜻으로 해석된다. 이는 전술한 '현조의 개념'에서 현조가 단순히 검은 새만을 지칭하는 것이 아닌 샤먼의 정령이나 소식과 계절을 알리는 철새 등

---

42 『三國史記』 高句麗本紀 始祖東明聖王條. '自作弓矢射之 百發百中 夫餘俗語善射爲朱蒙 故以名云.'
43 『說文』에는 夷를 '東方之人也 從大從弓'이라 설명하고 있다. 여기서 '大'는 사람으로 해석하고 있으므로 東方의 각 민족은 활을 잘 쏘았다는 의미이다.
44 周到, 「南陽漢畵像石中的其幅天象圖」, 『考古』 75-1, 1975. 1, 59쪽.
張衡 『靈憲』云 '像烏'的東西我頗疑爲太陽黑子(中略)西漢時就已經發見太陽黑子.
45 리준걸, 「고구려 고분벽화의 해와 달 그림에 대하여」, 『력사과학』 85-2집, 1985. 2. 43~44쪽.

일반적인 새들과는 다른 속성을 지닌 '하늘새'와 '태양새'를 의미한다는 것과 같은 맥락으로 볼 수 있다.

(2) 현조의 다리 수

일상문에 등장하는 현조의 다리는 3족三足 또는 2족二足이며, 현조가 날아가는 모습일 때는 다리 표현이 생략된 경우가 많다. 여기서는 현조의 다리 수(3족 및 2족)가 지닌 상징적 의미를 고찰해 보고자 한다.

① 3족(三足)

일상문에 표현된 현조의 다리가 3족일 때는 통상 삼족오로 지칭된다. 이에 대해 지상의 일반적인 새가 아닌 천상의 새임을 나타내기 위해 다리 둘이 아닌 다리 셋으로 표현한 것으로 보기도 한다. 그러나 중국의 정사正史를 다룬 『이십오사二十五史』에는 삼족오를 헌상했다는 내용[46]이 여러 번 나오고 있어 삼족오가 실재實在했을 가능성을 배제할 수 없다. 이는 돌연변이로 볼 수 있는 다리 셋 달린 까마귀를 불길한 징조가 아닌 길상吉祥으로 여겨 헌상했던 것으로 풀이된다.

삼족오의 다리 셋의 상징성에 대해서는 천지인天地人 사상, 8괘 중 긴 선 3개로 천天을 나타낸 건(乾(☰))의 상징, 양陽과 남성의 성기(3足 중 가운데 다리) 표현, 일출·충천冲天·일몰, 홀수가 양수陽數 및 길수吉數를 나타내기 때문 등 다양하게 해석되고 있다.

첫째, 삼족오의 다리 셋은 천지인 사상을 나타낸 것으로 본다. 천지인 사상은 3수數 분화의 세계관, 삼재론三才論, 삼신三神 사상과 밀접한 연계성을 갖는다. 북방 수렵 문화의 3수 분화의 세계관은 무속의 삼신 사상과 연결되며 이를 한자 문화권에서 정리한 것이 천지인 삼재론이다. 3수 분화의 세계관 내지 삼신 사상은 영靈의 세계

---

[46] 『二十五史』 新校本魏書 志 卷112下 志第80 靈徵志下 '十三年十一月 榮陽獻三足烏.'

인 하늘 세계와 죽음의 세계인 지하 세계를 샤먼을 매개로 하여 인간 세계와 연결하는 무巫의 세계관을 말한다. 이것은 '영의 세계'로서의 하늘天과 '육체의 세계'이자 '죽음의 세계'인 땅地, 그리고 하늘과 땅을 매개하고 이어주는 영적 능력자인 무巫 또는 샤먼으로 대표되는 '인간 세계'라는 천지인 삼재론으로 정리된다. 천지인 삼재론은 북방 수렵 문화의 신神 중심적이고 초월적인 세계관을 반영하는 것으로 인人 속에서 천지의 조화를 추구하는 것을 의미한다.[47]

그림 11 삼재(三災) 부적에 그려진 3두2족(三頭二足)의 매(鷹), 조선

이를 반영하듯, 무속과 관련된 삼재三災 부적에서도 다리 셋은 아니지만 현조의 일종인 3두1족三頭一足 또는 3두2족三頭二足의 매가 그려진다(그림 11). 삼재 부적에 매를 그린 것은 날쌘 동작으로 공중에서 먹이를 낚아채는 매의 사나운 습성이 우리의 일상생활에서 나쁜 것을 막아주는 벽사辟邪의 의미로 받아들여져 삼재를 막을 수 있는 상서로운 새로 생각되었기 때문이다. 부적은 아니지만 조선시대 회화 중 '욱해창응도旭海搶鷹圖'에도 붉은 해와 함께 매가 등장한다. 이는 솟아오르는 해처럼 모든 일들이 상승 내지 잘 이루어지기를 바라는 마음과 위풍당당하게 해돋이를 맞이하는 매가 주변의 나쁜 것을 물리쳐 주리라는 기원을 나타낸 것이다(그림 12).

---

47 우실하, 『전통 문화의 구성 원리』, 소나무, 1998, 12~13쪽. 123쪽. 128쪽.

둘째, 삼족오의 다리 셋을 8괘 중 긴 선 3개로 하늘을 표현한 건(乾(≡))의 상징으로 해석하는데, 그 이유는 일상문에서 하늘을 대표하는 태양과 함께 표현된 현조를 천天 내지 천天의 대리자로 인식했기 때문이다. 이는 앞서 살펴본 '현조의 개념'에서 현조는 『천자문』의 '하늘 天 땅 地 검을 玄 누를 黃'에서 하늘(天)이 검다는 것을 표현한 것이며, 따라서 '天鳥(하늘새)'를 의미한다는 것과 상통하다.

셋째, 삼족오의 다리 셋을 양의 상징과 남성의 성기(陽物(양물))를 표현한 것으로 보기도 한다. 남송南宋 때의 홍여조洪與祖는 『초사보주楚辭補注』 「인춘추원명포引春秋元命苞」에서 "양陽은 3으로 이루어졌기에 양을 상징하는 해 안에 삼족오가 있으며 이것을 양정陽精이라 한다"[48]고 하여 까마귀의 다리 셋을 양의 상징으로 보았다. 그러나 달 속의 두꺼비와 같이 음陰을 상징하는 자라와 거북이의 경우도 '세발 달린 자라鼈三足'[49]가

그림 12 '욱해창응도(旭海滄鷹圖)'에 붉은 해와 함께 등장하는 매, 조선 후기

『이아爾雅』[50]에, '세 발 달린 거북이三足龜'가 『산해경』 「중산경中山經」[51]에 각각 언급

---

48 『楚辭補注』 「引春秋元命苞」. '陽成於三 故日中有三足烏者 陽精也.'
49 李垠尚, 「穆天子傳 연구」, 檀國大學校 大學院 博士學位論文(中語中文學科), 2002, 168쪽.

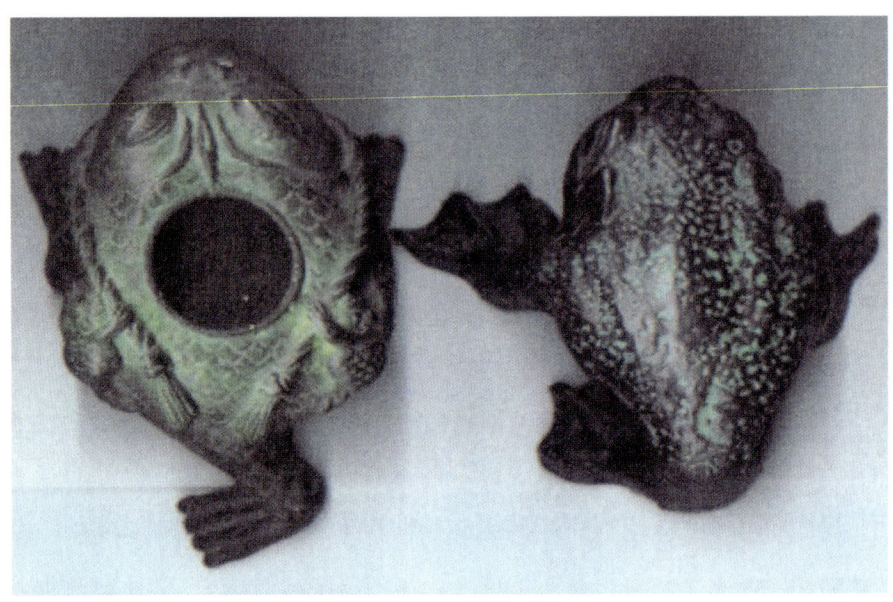

그림 13 중국의 현존 유물 가운데 세발 달린 두꺼비

되고 있다. 또한 중국의 현존 유물에서도 세 발 달린 자라를 확인할 수 있어(그림 13) 태양이 양이고 3이 양수이므로 까마귀의 다리가 3개로 표현되었다는 홍여조의 견해는 설득력이 약하다.

하지만 일상문에 표현된 삼족오의 다리 셋을 남성의 성기를 표현한 것으로 보는 것은 타당하다고 본다. 왜냐하면 '현조의 일상문의 등장 배경'에서 언급한 바와 같이, 까마귀는 높고 멀리 날 수 있는 에너지 넘치는 새이며, 그런 까닭에 한방에서는 까마귀를 양의 기운을 보충해주는 양조陽鳥로 인식하여 천상의 비삼飛蔘으로 일컫고 있고, 아울러 양을 대표하는 태양과 남성의 성기(양물) 모두 신생新生을 상징하기 때문이다. 더욱이 '해 속의 삼족오'를 고구려의 시조인 주몽이 햇빛을 받은 알에서 태어

---

50 『爾雅』는 공자 이전에 지어져 한대(漢代)에 보완된 것으로 알려진 고서의 자구(字句)를 해석한 사전의 일종이다.
51 『山海經』「中山經」. '其陽狂水出焉 西南流注于伊水 其中多三足龜 食者無大疾 可以已腫.'

그림 14 울주군 반구대 암각화 중의 제사장으로 추정되는 인물, 신석기시대 말~청동기시대 초

그림 15 농경문 청동기 뒷면의 새 깃털을 머리에 꽂고 밭을 가는 남자, 청동기시대~철기시대, 폭 12.8cm, 대전 괴정동 출토, 국립중앙박물관 소장

난 것과 같이 해(日)와 알(鳥)의 합일을 의미한다고 볼 때,[52] 삼족오는 주몽과 같이 태양의 아들(日子)로 인식되는 최고 통치자를 상징한다.

이 같은 해석과 관련하여 주목되는 것은 울주군 반구대 암각화의 두 손을 모으고 무언가를 기도하는 모습의 인물과 대전 괴정동 출토의 농경문 청동기 뒷면 좌측에 새의 깃털을 머리에 꽂고 밭갈이 하는 인물이다(그림 14, 그림 15). 어로 및 수렵의 성공과 농경의 풍요를 기원하고자 남성의 성기를 드러낸 채 표현된 이들은 제사장으로 추정된다. 그런데 태양의 아들로 인식되었던 고구려의 주몽과 같은 고대 국가의 왕들은 반구대 암각화와 농경문 청동기에 그려진 제사장과 같이 사제자적司祭者的 측면이 강했다는 점을 고려해볼 때, 일상문에 그려진 삼족오의 다리 셋 중 가운데 다리를 남성의 성기 표현으로 보는 것은 설득력을 갖는다.

넷째, 태양과 함께 표현되는 삼족오의 다리 셋을 태양의 운행과 관련지어 일출·

---

[52] 李亨求, 주)16의 논문, 4~5쪽, 28쪽.

충천沖天·일몰 등의 세 가지 현상을 나타낸 것으로 풀이한다. 먼저 까마귀가 태양을 운행한다는 생각은 『산해경』 권14 「대황동경大荒東經」에서 살필 수 있다.

"양곡(湯谷) 위에 부목(扶木)이 있다. 한 개의 태양이 거기에 이르게 되면 다른 한 개의 태양이 떠오르며 모든 태양은 까마귀가 실어 나른다." [53]

또한 인도의 리그베다의 태양신 찬가 중에는 비슈뉴가 세 걸음(三足步)으로 우주를 건너뛴다, 세 걸음으로 이 세상을 헤아린다고 내용이 나오는데 여기서 세 걸음이란 일출·충천·일몰의 세 현상을 의미한다. 비슈뉴의 세 걸음을 하루의 해라고도 하고, 또는 천天·공空·지地의 삼계三界를 일시에 건너서 측량하는 뜻이라고도 한다. 그렇다면 태양과 함께 표현되는 삼족오의 다리 셋은 태양의 운행 내지 삼계三界와 관련이 있고, 이를 상징화한 것이 바로 삼족오로 볼 수 있다.[54]

다섯째, 삼족오의 다리 셋에 대한 또 다른 해석으로는 3과 같은 홀수가 양수 및 길수(좋은 숫자)를 나타내고, 홀수는 짝수처럼 나누어지지 않으므로 무한을 상징한다고 보았다.[55] 숫자 '3'에 대한 이와 유사한 시각은 노자老子의 『도덕경道德經』을 통해서도 살필 수 있다.

"유(有)는 무(無)에서 생겼다. 도(道)는 하나(一)을 낳고, 하나는 둘(二)을 낳고 둘은 셋(三)을 낳고, 셋은 만물을 낳는다"[56]

---

53 『山海經』 卷十四 「大荒東經」. '湯谷上有扶木 一日方至 一日方出 皆載于烏.'
54 허균, 『전통미술의 소재와 상징』, (주)교보문고, 1991. 5, 121~122쪽.
55 渡邊素舟, 『東洋文樣史』, 富山房, 昭和 46年, 207쪽 참조.
56 老子, 『道德經』. '有生於無 道一生 一生二 二生三 三生萬物.'

여기서 무無와 도道는 같은 개념으로 이해되며, 무와 도는 기氣가 충만한 공간 같은 것을 의미한다. 또한 만물의 탄생을 숫자 3三으로 본 것은 3이 홀수의 최초의 변화수이며 숫자 2가 둘로 갈라져 버리는데 비해 3은 원수元數를 변하지 않고 변화를 나타낼 수 있는 숫자이기 때문이다. 즉 3이라는 숫자는 신성을 파괴하지 않고 변화의 전개를 한 숫자로 파악되며 조화造化 교화敎化, 치화治化 등의 의미를 지닌다.[57]

② 2족(二足)

일상문에 등장하는 현조의 다리는 전한 때의 호남성 장사현 마왕퇴 1호묘에서 출토된 비단그림(帛畵(백화))에서 보는 바와 같이 다리 셋이 아닌 둘로 그려지기도 한다(그림 16). 일상문 안에 표현된 현조의 2족은 자연계의 일반적인 조류의 두 다리를 표현한 것으로 볼 수 있지만, 전국戰國시대에 형성된 음양설陰陽說의 영향이 반영된 것으로도 풀이된다. 그렇다면 현조의 2족=足은 우주 만물의 본체를 이루는 양과 음

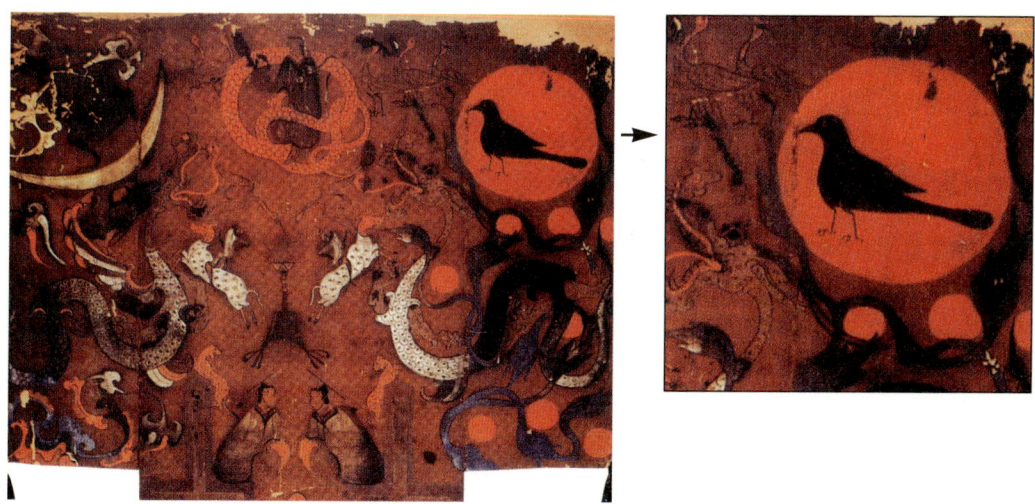

그림 16 호남성 장사현 마왕퇴 1호묘 출토 백화(帛畵 : 비단 그림)에 그려진 2족(二足)의 현조가 표현된 일상문, 전한(기원전 2세기 초)

---

57 이은봉, 『증보 한국고대종교사상』, 집문당, 1999, 91~92쪽.

을 각각 상징하며, 일월상日月象이 함께 표현되는 것 역시 음양설에 입각한 것이다.

(3) 현조의 동세(動勢)

일상문에 표현된 현조의 동세는 서 있는 정지된 모습과 수평 또는 사선으로 날아가는 모습으로 대별된다. 특히 후한(25~220년) 때의 일상문은 원으로 표현된 태양 안에 날아가는 현조의 모습이 표현된 것이 많다. 여기서는 현조의 동세에 함축된 상징적 의미를 고찰해 보고자 한다.

① 서 있는 정지된 모습

새는 하늘을 날 수 있다는 특성으로 인해 오래 전부터 인류의 동경의 대상이 되었다. 특히 고대 동북아 사람들은 새를 영혼 승천의 사자使者, 곡령穀靈과 신생新生의 상징, 태양과 천자天子 등으로 인식했고 새는 제의祭儀, 농경, 시조 숭배 등의 분야를 연결시키는 공통분모의 역할을 해왔다.[58] 한편 새에 대한 이 같은 인식은 솟대신앙과 시조 난생설화, 해를 상징하는 원 안에 현조가 표현되는 일상문으로 이어졌다.

일상문의 경우, 그 사용 용도가 죽은 자와 관련한 유물과 유적, 왕권의 상징물인 점을 감안할 때 일상문에 등장하는 현조는 영혼 승천의 사자 내지 천명의 대리자를 상징한다. 이 같은 맥락에서 보면 일상(日象:태양) 안에 서 있는 정지된 모습의 현조는 죽은 이의 영혼을 지상에서 천상으로 실어 나르는 소임을 마쳤거나 왕과 왕재에게 천명天命을 전달한 후 태양으로 돌아와 안착한 상태를 나타낸 것이다. 특히 일상문 안의 현조 표현을 왕권과 연계시켜 볼 때, 정치적으로 안정되었던 전한 때 제작된 호남성 장사현 마왕퇴 1호묘와 3호묘 비단그림에 그려진 일상문에서 서 있는 정지된 모습의 현조를 살필 수 있음은 이 같은 해석의 타당성을 뒷받침한다(그림 16 참조).

---

58 金珠美,「鳳凰紋과 韓 民族의 天神 思想 - 高句麗 古墳 壁畵를 중심으로」,『文化史學』21號, 2004. 6, 137쪽.

② 수평 또는 사선으로 날아가는 모습

태양을 나타낸 원 안에 수평 또는 사선으로 날아가는 모습의 현조는 정치적 혼란기였던 후한 때 일상문에 많이 나타난다. 날아가는 모습의 현조는 다리 표현도 분명하지 않고, 매서운 눈매와 날카로운 부리 등을 특징으로 하는 까마귀와 같은 현조의 특징적 모습도 보이지 않는다(그림 17).

일상문에 표현된 현조의 이러한 모습은 천명 사상과 천인감응설天人感應說을 반영하는데, 천명 사상과 천인감응설에 대한 개념 및 그 출현 과정은 다음과 같다.

상商을 정벌한 주周는 이에 대한 정당성을 확보하기 위해 "하늘로부터 부여된 명命이 떠났기 때문에 왕조를 바꾼다"는 천명 사상의 제시와 함께 천명을 받은 주周의 군주를 천자로 자임했다.59 따라서 주대周代에 최고 신으로 숭상되었던 천天은 조물주이자 인간사를 제어하는 불가항력적인 존재이며 유덕자有德者에게 천명을 내리는

그림 17 우인형(羽人形) 일신(日神)의 화상전(畵像塼)에 원 안에 날아가는 현조로 표현된 일상문, 후한, 사천성 팽현 출토

---

59 李瑾明 編譯, 『中國歷史』, 신서원, 2003. 4, 93~95쪽.

절대적인 신이었다. 이러한 주 나라의 천명 사상은 이후 천인합일론天人合一論으로 발전하는데, 여기에 중요한 역할을 한 것은 전한 때의 동중서(董仲舒 : 기원전 179~기원전 104)이다. 동중서는 전한 무제武帝 때 국상國相을 지낸 인물로 유교의 국교화를 이룩했고, 막대한 군주의 정치 권력을 효과적으로 통제하기 위해 천天과 인人의 관계를 강조했으며, 은殷·주周 이래 내려오던 절대적인 천天의 개념에 음양오행론을 결합한 천인감응설을 제시했다. 그는 천인 감응의 우주 질서 속에서 하늘과 인간은 서로 교감과 영향을 받기 때문에 군주가 잘못된 정치를 행했을 경우 하늘이 재이災異를 내려 경고하며, 그래도 깨닫지 못한다면 덕德이 있고 인자한 사람에게 권력을 승계하도록 하므로, 천명을 받은 군주는 천도天道를 본받아 인정을 베풀어야 한다고 했다. 즉 한편으로는 천명에 의한 강력한 군주권을 인정하면서도, 다른 한편으로는 군주의 횡포와 전제를 막기 위한 현실적 수단으로 재이설災異說을 마련한 것이다. 이처럼 하늘과 사람과의 관계를 중시하고 음양陰陽과 오행五行의 운행을 인사人事와 연결시킨 동중서의 천인감응설은 이후 유교사회의 중요한 통치철학으로 자리잡는다.[60]

이러한 천명 사상과 천인감응설은 일상문 안에 수평 또는 사선으로 날아가는 현조를 통해 표현되고 있다. 물론 일상문 안의 날아가는 현조의 표현을 태양의 운행, 즉 현조가 태양을 실어 나른다고도 해석할 수 있다. 그러나 태양이 천자(天子 : 군왕)를, 현조가 천명의 전달자를 각각 상징한다고 볼 때 일상문 안의 수평 또는 사선으로 날아가는 현조는 군주가 잘못된 정치를 행했을 경우 천명이 덕 있고 인자한 사람에게 옮겨간다는 천인감응설을 표현한 것으로 이해된다.

---

[60] 李熙德, 「董仲舒의 災異說과 高麗時代의 政治」, 『高麗時代 天文思想과 五行說 硏究』, 一潮閣, 2000. 5, 165~176쪽 참조.

2. 일상문의 도상 해석

1) 원(圓)으로 구성된 일상문

일상문은 원만으로 구성된 것과 원과 현조가 결합된 것으로 대별할 수 있다. 이 같은 일상문의 도상적 상징성을 고찰해 보면, 먼저 원으로 구성된 일상문은 태양을 양陽의 상징으로만 보았기 때문이다. 여기서 원은 태양의 속성인 무한의 순환과 불변의 항상성恒常性, 천원지방天圓地方 등을 나타낸다. 또한 원에 색이 가해질 경우 붉은 색으로 묘사되는데, 이때 붉은 색은 양의 대표적 상징인 태양과 함께 신생(新生:생명)을 의미한다.

한대漢代에 원과 현조가 결합된 일상문이 처음 등장하지만, 한대 이후에는 중원中原 문화권의 일상문에서 현조의 모습은 잘 살필 수 없다. 이는 한대에 천인天人 관계를 중시하고 음양과 오행의 운행을 인간사와 연결시킨 천인감응설이 유교사회의 중요한 통치철학으로 자리매김한 것과 밀접한 관련이 있다. 특히 음양론과 관련하여 하늘의 현상 중 일식日蝕을 가장 경계했는데, 그 이유는 음陰과 신하를 상징하는 달이 양陽과 군왕의 상징인 태양을 가리는 일식을 정변政變이 일어날 조짐으로 보았기 때문이다. 아울러 일상문의 현조 표현을 태양의 흑점을 나타낸 것으로 인식했고, 태양의 흑점 역시 태양을 가리는 것으로 여겨 태양 안에 현조를 표현한 일상문은 점차 중원 문화권에서 사라지고, 그 대신 원만으로 태양을 표현한 일상문이 보편화 되었기 때문이다.

2) 원과 현조가 결합한 일상문

원과 현조가 결합된 '해 속의 삼족오〔日中三足烏〕'와 같은 일상문은 앞서 살펴본 바와 같이, 동이족의 태양 숭배와 현조 숭배(새 토템)가 결합된 것이다. 그렇다면 태양 및 현조 숭배를 결합하여 일상문을 도상화 한 까닭은 무엇일까?

그 이유는 생生을 의미하는 붉은 태양과 죽음을 의미하는 까마귀와 같은 현조를 함께 표현함으로써 태양이 양의 상징만이 아닌 삶(生)과 죽음(死)이 반복되는 영원성을 지닌 대상으로 이해했기 때문이다. 물론 태양 자체가 소생하는 속성을 지니고 있으므로 태양을 형상화한 원(圓)만으로도 생사(生死)의 순환과 신생을 거듭하는 태양의 특성을 나타낼 수 있다. 그러나 생명과 아침을 상징하는 붉은 태양 안에 죽음과 밤을 의미하는 까마귀와 같은 현조를 함께 표현한 것은 밤이 지나면 아침이 오듯이 죽음과 어둠은 끝이 아닌 새로운 시작임을 보여주는 우주론을 반영한 것이다. 즉 삶에서 죽음은 삶의 정점인 동시에 엄숙함을 갖춘 인상적인 것이며 그 자체에 내일이 함축되어 있음을 시사한다.

아울러 현조의 검은 색을 오행사상과 연계시켜 보면, 현조의 검은 색은 현무玄武[61]의 검은 색과 마찬가지로 북방과 물(水)에 해당한다. 이 때 북방은 북아시아에서 근원하여 해가 뜨는 동쪽을 향해 이동해 온 동이족의 현조 숭배를, 물과 검은 색은 물이 생명의 근원인 것과 같이 죽음 안에 삶이 잉태되어 있음을 함축하고 있는 것으로 이해된다.

Ⅲ. 문화권에 따른 동이족(東夷族)과 화하족(華夏族)의 일상문(표 1)

태양 숭배의 양상과 이의 형상화는 종족과 지역, 시기에 따라 다르게 전개된다. 여기서는 동이족과 한족漢族의 전신前身인 화하족華夏族의 문화권으로 나누어 일상문의 특징을 살펴보고자 한다.

1. 동이족 문화권의 일상문

동이東夷는 『삼국지三國志』, 『후한서後漢書』에 보이는 명칭으로, 동이라는 용어가

---

[61] 현무(玄武)는 사신(四神)의 하나로 북쪽의 수호를 담당하는 방위신이다. 그밖에 청룡(靑龍), 백호(白虎), 주작(朱雀) 등이 사신에 포함되며 청룡은 동쪽, 백호는 서쪽, 주작은 남쪽의 수호를 각각 담당한다.

〈표 1〉 동이족과 화하족 문화권의 일상문 비교

구성 요소	동이족	화하족
현조(玄鳥)	* 현조 표현 - 동이족의 새 토템(현조 숭배) 반영 - 현조는 '하늘새'와 '태양새'로 천(天)의 대리자 상징	* 현조 표현 - 동이족의 현조 숭배 영향 반영 - 현조의 특징적 모습 약화 * 현조 표현 생략 - 일상문이 양(陽)으로만 기능
다리 수	* 다리 셋(三足) - 천지인(天地人) 사상 - 8괘 중 天을 표현한 건(乾(☰))의 상징 - 남성의 성기(陽物) 상징(日子로 인식되는 최고 통치자 상징)	* 다리 둘(二足) - 음양설 또는 자연계의 일반적인 조류(鳥類)의 형상 반영 * 다리 표현 생략 - 현조가 날아가는 모습일 때
동세(動勢)	* 서 있는 모습의 현조 - 신권(神權)정치적 측면 반영(天의 대리자인 지배자의 확고한 지위 상징)	* 날아가는 모습의 현조 - 유학의 중요 정치철학인 천명(天命) 사상과 천인감응설(天人感應說) 반영

정립된 것은 진한秦漢 이후다.

먼저 동이의 어원語源을 살펴보면, '동東'은 '날 일日'과 '나무 목木'이 결합된 글자로 이는 동이족이 태양과 나무를 숭배했던 종족임을 시사하며, '夷'는 '큰 대大'와 '활 궁弓'이 합쳐진 글자로 큰 활을 잘 만들고 활을 잘 쏘는 동이족의 특성을 강조한 것이다. 이런 맥락에서 볼 때 동이東夷에서 '東'은 우리 민족의 시조始祖인 단군檀君과도 밀접한 연계성을 갖는 것으로 이해된다. 왜냐하면 단군檀君의 한자어를 우리말로 풀이하면 박달나무 임금이며, 여기서 '박달'을 '밝다'가 변화한 소리로 볼 때, 단군은 태양과 나무를 숭배했던 임금을 지칭하기 때문이다. 이 밖에 동이족의 일파인 고구려의 주몽이 활 잘 쏘는 사람을 지칭하는 것은 동이東夷의 '夷'와 무관하지 않음을 알 수 있다.

또한 동이란 중원中原 동쪽의 오랑캐라는 의미로 고대에 화하계華夏系인 한족漢族이 스스로가 세계의 중심에 위치해 있다는 중화中華 사상에 기초한 화이관華夷觀에 따라 중원의 동방에 있는 비화하계非華夏系 사람들을 지칭한 말이다. 특히 발해 연안에 널리 퍼져 살았고, 그 분포가 강회江淮지역(양자강 유역)에까지 이르렀던 동이족은 중국 역사에서 화하계인 한족漢族과 늘 대치되고 있으며, 주로 산동반도 일대와 만주·한반도·일본 등의 고대 종족을 일컫는다. 동이족은 산동반도 일대의 동이와 만주·한반도·일본 등 동북의 동이로 대별되는데, 산동반도 일대의 동이는 진秦·한漢 교체기 때 한족漢族에 흡수 통합된다. 따라서 문헌에 보이는 동이는 만주, 한반도, 일본 등 동북 지역의 동이를 말한다.[62]

'해 속의 삼족오〔日中三足烏〕'를 도상화圖像化하여 태양을 상징하는 원 안에 삼족오를 표현한 동이족의 일상문은 애니미즘, 토테미즘, 천신天神 사상, 샤머니즘 등과 같은 다양한 원시 신앙이 결합된 형태를 보인다. 이때 원은 태양 숭배와 같은 애니미즘을, 현조 표현은 동이족의 새 토템(현조 숭배)과 천신사상을, 다리 셋은 샤머니즘과 연계된 천지인 사상을 각각 반영한다.

위에서 언급한 다양한 원시 신앙 중 현조 숭배와 천지인 사상은 상商: 기원전 1600년경~기원전 1050년경)에서도 살필 수 있다. 먼저 상 왕조의 현조 숭배는 전술한 '현조의 개념'에서 언급한 바 있는 『사기史記』 「은본기殷[63]本紀」[64]에 기록된 제곡帝嚳의 둘째 부인인 간적簡狄이 현조의 알을 삼키고 상의 조상인 설契를 잉태했다는 설화를 통해 확인할 수 있다. 그런데 상의 선조先祖 설화가 동이족의 새 토템을 반영하는 난생설화의 틀을 갖추고 있다는 점에서 상족商族을 동이족으로 보는 견해가 제시된 바 있다. 하지만 이에 대해 부정적인 입장을 보이는 학자들도 많다. 그 이유는 알을 삼키고 인간을 낳았다는 상의 '탄란회임설화呑卵懷妊說話'가 알에서 인간이 태어나는 일반적인 난생설화와는 다른 형태를 하고 있기 때문이다.

---

62 奇修延, 「東夷의 개념과 실체의 변천에 관한 연구」, 『白山學報』 42집, 白山學會, 1992, 5~15쪽 참조. 李亨求, 『韓國 古代文化의 起源』, 도서출판 까치, 1991, 84쪽. 『中國大百科全書』.
63 상(商)이라는 국호와 함께 은(殷)이라는 명칭도 사용되었다. 은(殷)이란 명칭에 대해서는 상 왕조 멸망 후 상나라 주민들을 경멸하기 위해 사용했던 호칭으로 보기도 하고, 또는 상 왕조의 마지막 수도가 은이었기 때문에 연유했다고도 한다. 그러나 그 명칭의 기원은 잘 알려져 있지 않다.
64 주)8의 원문 참조.

또한 상의 건국 이전인 선상先商 때 상족이 하남성 동부 및 산동성 경내에서 활동했는지, 아니면 하남성 북부와 하남성 남부에서 활동했는지에 따라 상족과 동이족과의 관련성이 달라질 수 있다.[65] 그 이유는 하남성 동부 및 산동성 경내는 동이족의 경로 및 활동 영역에 해당하므로 상족이 동이족이라는 견해를 뒷받침해주기 때문이다.[66] 그러나 상족이 동이족이 아니라 해도 상의 선조 설화가 동이족의 새 토템을 반영하는 난생설화의 틀을 갖추고 있고, 중국의 여러 학자가 상족을 동이족으로 보는 견해를 제시하고 있음은 적어도 상 문화 발전에 동이족의 영향이 크게 작용했음을 말해준다.

그림 18 천지인 사상을 반영하는 청동 예기(禮器) 정(鼎), 상(商) 중기, 요령성 객좌현 출토

아울러 무巫의 세계관을 반영하는 천지인 사상은 신정神政이 행해졌던 상 왕조에서도 엿볼 수 있다. 상에서 최고의 신인 상제上帝와 소통할 수 있는 이는 왕실의 조

---

65 중국학자 부사년(傅斯年)은 하남성을 경계로 동, 서에 독립적으로 병존 발전한 앙소문화를 '화하족(華夏族)'이, 용산문화를 '동이족(東夷族)'이 세운 것으로 비정하는 '이하동서설(夷夏東西說)'을 제기했다. 또한 하왕조에 이어 상왕조가 세워졌다는 주장을 뒤엎고 앙소문화를 계승한 하왕조와 용산문화를 계승한 상왕조가 같은 시대에 동, 서에 병존했다는 결론으로까지 발전했다(傅斯年, 「夷夏東西說」, 『中國上古史論文選集』(上), 華世出版社, 1979, 519~576쪽 참조. 이근역 편역, 『中國歷史』, 신서원, 2003. 4, 33쪽의 (주)10 참조).
66 張光直 지음·尹乃鉉 옮김, 『商文明』, 民音社, 1989, 423~447쪽 참조.

상인 선왕先王이고, 왕은 선왕과 소통할 수 있는 유일한 사람으로 믿었다. 따라서 상의 왕은 정치적으로는 절대 권력을 가진 왕인 동시에 종교적으로는 신계神界와 인간계人間界를 소통시켜 주는 제일의 무당[司祭者(사제자)]이었다. 이러한 무의 세계관, 즉 삼재三才 사상은 다리 셋 달린 상 왕조의 대표적 청동 예기禮器인 정(鼎 : 다리 셋 달린 솥)과 술을 담는 가斝와 작爵 등을 통해 살필 수 있다(그림 18).

그림 19 복희·일륜(日輪) 화상석(畵像石) : 일상문에 삼족오와 구미호 함께 표현, 후한, 산동성 임기 출토

상은 왕조의 건국 이전인 설契부터 탕湯에 이르기까지 14대 약 400년간 8번 근거지를 옮겼고, 왕조가 건국된 이후에도 5번 도읍을 옮겼던 것으로 나타나 샤머니즘을 믿는 북아시아 유목 민족과 같이 거주지를 자주 옮기는 습속을 지니고 있었던 것으로 파악된다.

더욱이 동이족과 현조인 삼족오와의 밀접한 관계를 보여주듯, 한대漢代 일상문에 삼족오가 표현된 예는 상고시대 동이족의 생활 영역으로 중원의 문화와는 묘제, 신화, 출토 유물 면에서 뚜렷이

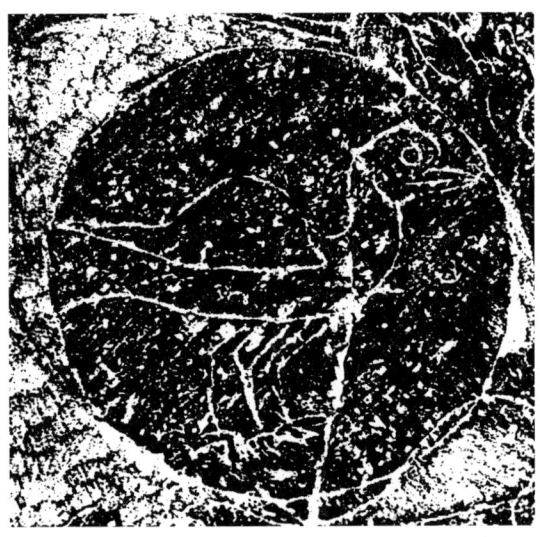

그림 20 치수(治水) 화상석 중의 '해 속의 삼족오, 후한, 강소성 동산 출토, 서주박물관 소장

구분되는 문화권을 이루고 있는 산동성 임기의 복희 및 일륜日輪 화상석(그림 19)·강소성 동산 출토의 치수治水 화상석(그림 20)·하남성 당하현 침직창 화상석 묘실

천장(그림 21) 등에서 살필 수 있다(그림 22).[67]

특히 한대 이후 중원에서 소멸된 '해 속의 삼족오'로 표현된 일상문은 중원 문화권에서 멀리 떨어진 투르판 지역의 고분과(그림 23) 고구려와 인접한 요령성 조양 원태자袁台子 벽화묘(그림 7 참조) 및 대릉하 지류인 서관영자하 동쪽 장군산에서 발견되며, 요령성과 대릉하 유역의 벽화묘는 모두 고구려 고분과 같은 석실石室 묘제로 되어 있다.

이상의 내용을 토대로 하여 동이족

그림 21 침직창 화상석 묘실 천장의 '해 속의 삼족오', 후한, 하남성 당하현 출토

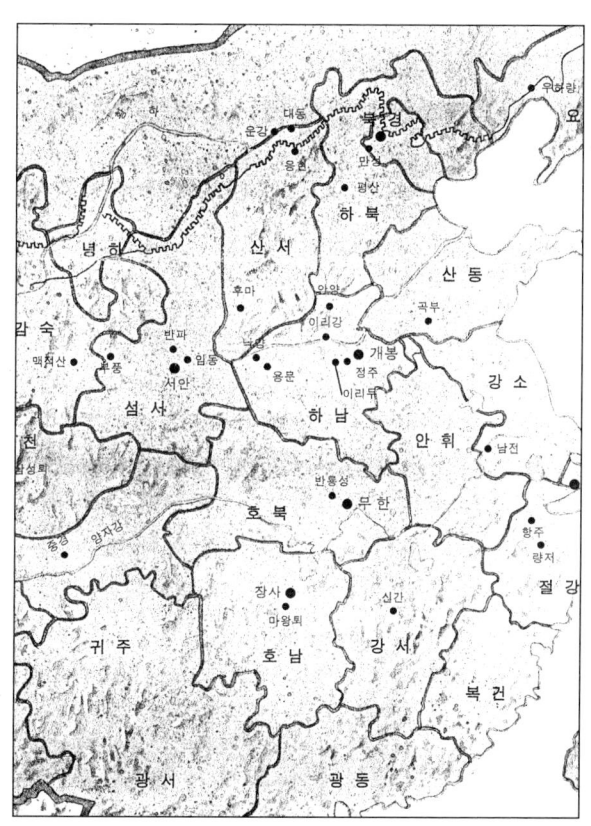

그림 22 중국의 각 지역을 나타낸 지도

[67] 이에 관한 先行 연구는 아래와 같다.
金庠基, 「東夷와 淮夷 徐戎에 대하여」, 『동방학지』 12, 1954.
姜仁求, 「中國 東北地方의 古墳」, 『韓國 上古史의 諸問題』, 한국정신문화연구원, 1987.
金光洙, 「蚩尤와 貊族」, 『孫寶基博士 停年記念 韓國史學論叢』, 1988.
吳江原, 「西遼河流域 靑銅短劍과 그 文化에 관한 硏究-銅劍의 系統과 使用集團 문제를 중심으로」, 『韓國古代史硏究』 12, 1997.
宋鎬晸, 「古朝鮮 國家形成 過程 硏究」, 서울大學校 大學院 博士學位論文, 1999.
柳銀奎, 「高句麗 古墳壁畵 三足烏 圖像의 特徵과 起源」, 서울大學校 大學院(社會教育科) 碩士學位論文, 2003. 2.

그림 23 복희·여와도, 당(唐) 7세기, 투르판 아스타나 고분 출토, 국립중앙박물관 소장

문화권의 일상문 특징을 정리해 보면 태양을 상징하는 원 안에 현조가 표현되고, 현조는 동이족의 새 토템을 반영하는 까마귀·독수리·매 등과 같은 맹금류의 특징을 잘 보여준다. 또한 현조의 다리는 셋이고, 동세는 서 있는 정지된 모습으로 그려진다.

일상문에서 맹금류의 특징적 모습을 갖춘 현조(하늘새·태양새)는 하늘[天]의 대리자 내지 실행자를 의미한다. 현조를 그렇게 인식하는 것은 북아시아에서 최초의 샤먼을 독수리와 같은 현조로 보았고, 동이계인 고구려의 시조 주몽이 햇빛을 받은 알에서 태어난 난생卵生인 점을 그 후손인 고구려 왕과 연계하여 왕을 '천제지자天帝之子', '일월지자日月之子'로 지칭함으로써 최고 지배자를 하늘의 대리자 내지 실행자로 인식했기 때문이다. 한편 천지인 사상, 남성의 성기, 건[乾(☰)] 등을 상징하는 삼족오의 다리 셋은 천손으로서 신이神異한 능력을 지닌 최고의 수장(首長 : 우두머리)을 의미한다. 그 외에 서 있는 정지된 모습의 현조는 하늘의 대리자인 지배자의 확고한 지위와 왕실 및 왕권의 신성함과 함께 고대 국가의 신권神權 정치적 측면을 나타낸다.

이처럼 동이족 문화권의 일상문은 샤머니즘과 밀접한 관련성을 지니고 있음을 알 수 있다.

2. 화하족 문화권의 일상문

화하족은 한족漢族의 전신으로 최초의 선조는 전설 속에 나오는 황제黃帝이다. 지금으로부터 4,000~5,000년 전 서북쪽의 황제가 구려九黎와 염제炎帝를 재패한 후 중원을 차지했다. 황제와 그의 후손은 중원을 중심으로 활동하면서 그 세력을 확장했으며, 황하강·양자강·주강珠江 유역과 송료松遼 평원 등에서 농경 위주의 생활을 했다. 춘추전국시대에는 제후국들 사이의 빈번한 전쟁으로 인해 잦은 영토 변경이 있었고, 그 과정에서 화하족과 여러 종족 사이의 접촉이 이루어졌다. 한편 진·한 교체기에 형성된 화하족의 후예인 한족漢族은 다른 종족의 문화적 요소들을 흡수·통합하면서 화하華夏라는 명칭 대신 한족이라는 명칭을 사용하게 되었고, 한대漢代에 큰 영향력을 미친 유가儒家 사상을 체계화시켜 나갔다. 또한 한족은 민족적 우월주의에 입각하여 화하족과 이족夷族을 대칭시킴으로써 문화와 민족을 구분하는 기준으로 삼았다.[68]

음양설, 천명 사상과 천인감응설, 동이족의 새 토템의 영향 등이 연계된 화하족의 일상문은 원 안에 서 있는 정지된 모습의 다리 셋 달린 현조(독수리·매·까마귀 등과 같은 맹금류)가 등장하는 동이족의 일상문과는 달리 다양한 형태로 묘사되고 있다. 태양이 양陽으로만 기능할 때는 일상문은 원으로 표현된다. 여기에 동이족의 새 토템(현조 숭배)의 영향이 반영되어 일상문에 현조가 등장하나 이때 현조는 다리 셋이 아닌 다리 둘로 표현되거나(그림 16 참조), 정지된 모습이 아닌 수평 또는 사선의 날아가는 새로 묘사된다(그림 17 참조). 여기서 다리 둘은 음양설을, 날아가는 새는 천인감응설을 각각 반영한다.

더욱이 남북조시대를 지나 수당隋唐시대가 되면 중원 문화권의 일상문에서는 현

---

[68] E. O. Reischaur · J. K. Fairbank 지음, 全海宗·高柄翊 共譯, 『東洋文化史』 上卷, 乙酉文化社, 1971, 126~138쪽 참조. 『中國大百科全書』.

그림 24　서왕모(西王母) 화상석 중 일상(日象)에서 분리하여 서왕모의 사자(使者)로 변신한 삼족오, 후한, 사천성 신룡향 출토

조의 모습은 거의 사라진다. 이는 진한 교체기 때 한족漢族에 흡수 통합된 산동반도 일대의 동이족의 현조 숭배의 영향을 받아 화하족의 후예인 한족이 일상문에 현조를 일시적으로 채용한 것이며, 현조 숭배는 원래 한족의 문화가 아님을 말해준다[69]. 한편 음양론에 입각하여 태양을 음양 중 양의 상징으로만 보았고, 일상문에서의 현조 표현을 일식과 같이 태양을 가리는 것으로 여겨 원으로만 구성된 일상문이 보편화 되었기 때문이다.

또한 화하족의 일상문은 원으로 표현된 태양 안에 검은 색의 현조가 그려지고 있으나 까마귀·매·독수리와 같은 맹금류의 모습보다는 비둘기, 참새와 같은 조류鳥類의 형상을 하고 있다(그림 10 참조). 또한 현조인 삼족오가 태양에서 분리하여 서왕모西王母의 사자使者로 등장하기도 한다(그림 24). 이는 중원에서의 동이족의 영향력이 약화됨에 따라 서왕모와 같은 한족의 전통 신앙 속에 동이족의 삼족오 신앙(현조 숭배)이 편입되었기 때문이다. 특히 후한대 일상문 중의 현조는 서 있는 정지된 모습

69　손환일, 「三足烏 문양의 시대별 변천」, 『三足烏』, 학연문화사, 2007. 3. 86쪽.

보다는 날아가는 새로 묘사될 때가 많다. 전술한 바와 같이 날아가는 새를 천인감응설을 표현한 것으로 볼 때 이것은 후한시대의 어지러운 사회상을 반영하는 것으로 이해된다.

다리 둘二足과 날아가는 새 등 음양설과 천인감응설이 반영된 화하족의 일상문은 유교 문화의 특성을 잘 보여준다. 왜냐하면 음양설은 오행론과 결합하여 오행의 운행을 인간사와 연결시키는 단계로 발전하고, 이는 유교 사회에서 정치적·사회적 질서의 정당성을 부여해 주는 주효한 장치로 작용했기 때문이다. 아울러 하늘과 사람과의 관계를 중시하고 음양과 오행의 운행을 인간사와 연결시킨 동중서의 천인감응설 역시 유교 정치의 중요한 통치철학으로 자리잡았기 때문이다.

이처럼 유교 문화의 정치적 상징성을 반영하는 화하족의 일상문은 현조의 다리 셋이 천天·지地·인人 사상을 반영하는 무巫의 세계관을, 지상과 천상을 연계하는 샤먼처럼 현조가 하늘의 대리자로 상징되는 등 북아시아의 샤머니즘과 밀접한 관련성을 갖는 동이족의 일상문과는 성격상 분명한 차이가 있다.

지금까지 일상문의 구성 요소의 상징성, 원으로 구성된 일상문과 원과 현조가 결합된 일상문의 도상 해석, 동이족과 화하족의 문화권에 따른 일상문의 특징 등을 살펴보았다. 이상에서 고찰한 내용을 종합해 볼 때 '해 속의 삼족오'와 같은 일상문은 동이족과 밀접한 관련성을 지니고 있음을 알 수 있다. 따라서 동이족의 일파인 고구려인에 의해 그려졌던 '해 속의 삼족오'로 표현된 고구려 고분 벽화의 일상문을 한漢-당대唐代 일상문의 영향 하에서 나름대로의 독자성을 가지고 변화 발전한 것으로 본 것은 제고의 여지가 있다. 이 같은 견해가 제시된 것은 일상문의 성립 배경, 일상문의 구성 요소의 상징성과 도상 해석에 대한 심도 있는 고찰 없이, 한 나라 때 일상문이 처음 선보이고 고구려 고분 벽화의 일상문이 그보다 후대後代에 나타난다는 물리적인 잣대를 기준으로 삼았기 때문으로 풀이된다.

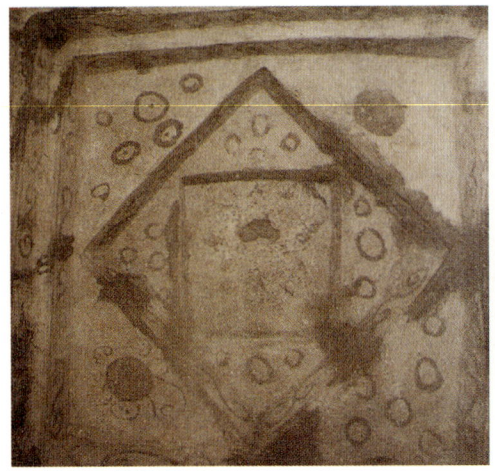 

그림 25 고구려 성총 천장석에 원으로 표현된 일상문, 삼국시대 5세기 말, 평양 지역 고분   **그림 26** 원으로 표현된 태양 안에 수평으로 날아가는 현조의 모습을 표현한 고구려 덕흥리고분의 일상문, 삼국시대 5세기 초, 평양 지역 고분

  그러나 화하족의 일상문이 동이족의 현조 숭배의 영향을 받아 일상문에 현조를 일시적으로 수용한 것과 같이, 고구려 고분 벽화 중에는 화하족의 일상문 특징인 원만으로 표현된 일상문과 원 안에 날아가는 모습의 현조가 표현된 일상문을 성총과 덕흥리고분, 강서중묘를 통해 각각 살필 수 있다(그림 25, 그림 26).

  아울러 고구려 고분 벽화에 그려진 한국 고대 일상문과 관련하여 주목해야 할 것은 태양 숭배와 현조 숭배가 결합한 '해 속의 삼족오'로 묘사된 일상문은 안악3호분과 같은 4세기 고구려 고분 벽화를 통해 처음 확인되지만, 한국의 신화·설화·민속 및 고대 유물을 통해 태양 숭배와 새 토템의 다양한 양상을 살필 수 있다는 점이다.

  특히 '해 속의 삼족오'에서 해(日)과 다리 셋(三足) 등 태양과 천지인이 결합된 모습은 『삼국유사三國遺事』「기이편紀異篇」 고조선조古朝鮮條에 언급된 단군신화檀君神話를 통해 엿볼 수 있다. 단군신화에 등장하는 천제天帝인 환인桓因과 천자天子인 환웅桓雄의 '환桓'은 환하다는 의미로 태양을 상징하고, 전술한 바와 같이 단군의 한자어를 우리말로 풀이하면 박달나무임금으로 박달을 밝다가 변화한 소리로 볼 때, 단군은 태양과 성수聖樹를 숭배했던 임금을 뜻한다. 따라서 환인, 환웅, 단군 모두 태양과 밀접한 관련이 있다. 한편 천제인 환인·천제의 아들인 환웅·천자인 환웅과 지모신地母神인 웅녀熊女와의 사이에서 탄생한 단군 등 천신의 직계인 삼신三神은 바로 천지인을 의미한다. 이 밖에 단군신화에 나타난 천지인 사상은 천부인天符印 3개, 풍백風伯·우사雨師·운사雲師 등의 세 하급신 등을 통해 살필 수 있고, 이러한 천지인 사상은 이후 고구려 고분 벽화의 '해 속의 삼족오'로 전승된 것으로 이해된다.

또한 '해 속의 삼족오'와 같이 해〔日〕와 까마귀〔烏〕가 결합된 모습은 이규보가 쓴 『동국이상국집東國李相國集』「동명왕편東明王篇」병서幷序에 북부여를 세운 해모수 관련 내용을 통해 파악할 수 있다. 「동명왕편」에는 일시자(日侍者: 해를 모시는 사람)인 해모수를 천왕랑天王郞이라 일컫고 있어 해모수가 천天의 대표적 물상物象인 태양을 상징하고 있음을 보여준다. 한편 태양의 화신인 해모수가 머리에 까마귀 깃털로 만든 오우관烏羽冠을 쓴 것으로 기록하고 있어 해와 까마귀가 결합된 모습을 엿볼 수 있다.

이러한 문헌 기록은 우리나라에서 태양과 천지인 사상, 태양과 까마귀와의 연계성을 인식한 것은 그 연원이 오래되었고, '해 속의 삼족오'와 같은 일상문의 도상으로 구체화된 것은 4세기 고구려 고분 벽화에 이르러서임을 보여주는 좋은 예라 하겠다.

참고문헌

1. 사료(史料)

『三國史記』

『三國遺事』

『東國李相國集』

『帝王韻紀』下卷

『日本書紀』

『史記』

『二十五史』

『淮南子』

『詩經』

『左傳』

『相鶴經記』

『論衡』

『水經注』

『呂氏春秋』

『說文』

『靈憲』

『楚辭補注』

『爾雅』

『山海經』

『道德經』

2. 단행본

E. O. Reischaur · J. K. Fairbank 지음, 全海宗 · 高柄翊 共譯, 『東洋文化史』上卷, 乙酉文化社, 1971.

루돌프 아른하임 著 · 김재은 譯, 『예술심리학(하)』, 이화여자대학교 출판부, 1984.

張光直 지음・尹乃鉉 옮김, 『商文明』, 民音社, 1989.

李瑾明 編譯, 『中國歷史』, 신서원, 2003.

보리아 섹스, 『까마귀』, 가람기획, 2005.

뤼징런・스리우라 고헤이, 박지현・변은숙 옮김, 「천원지방의 전통어법을 오늘에 살리다」, 『아시아의 책・디자인』, 한국출판마케팅연구소, 2006.

張基槿, 『中國의 神話』, 을유문화사, 1974.

허균, 『전통미술의 소재와 상징』, (주)교보문고, 1991.

李亨求, 『韓國 古代文化의 起源』, 도서출판 까치, 1991.

우실하, 『전통 문화의 구성 원리』, 소나무, 1998.

이은봉, 『증보 한국고대종교사상』, 집문당, 1999.

李熙德, 『高麗時代 天文思想과 五行說 硏究』, 一潮閣, 2000.

김종대, 『우리문화의 상징세계』, 다른세상, 2001.

임영주, 『한국의 전통문양』, 대원사, 2004.

渡邊素舟, 『東洋文樣史』, 富山房, 昭和 46年

Giradot, Myth and Meaning in Early Taoism.

3. 논문

金珠美, 『韓國의 日象文 硏究-東夷系 韓 民族의 文化 系統을 中心으로』, 檀國大學校 大學院(史學科 考古美術史 專攻) 博士學位論文, 2007. 12.

柳銀奎, 『高句麗 古墳壁畵 三足烏 圖像의 特徵과 起源』, 서울大學校 大學院(社會敎育科) 碩士學位論文, 2003. 2.

宋美花, 『古墳壁畵에 나타난 高句麗人의 三足烏 認識 - 漢唐代의 三足烏 認識과의 關聯性을 中心으로』, 韓國敎員大學校 敎育大學院(歷史敎育科) 碩士學位論文, 2003. 2.

孫晋泰, 孫晋泰, 「蘇塗考」, 『朝鮮民族文化의 硏究』, 乙酉文化社, 1948.

金庠基, 「東夷와 淮夷 徐戎에 대하여」, 『동방학지』 12, 1954.

李泰浩, 「日象・月象 - 東洋 古代美術에 있어서 해와 달의 表現과 思想」, 『弘益大 大學院 論考』,

弘益大學校, 1976.

리준걸, 「고구려 고분벽화의 해와 달 그림에 대하여」, 『력사과학』 85-2집, 1985. 2.

姜仁求, 「中國 東北地方의 古墳」, 『韓國 上古史의 諸問題』, 한국정신문화연구원, 1987.

金光洙, 「蚩尤와 貊族」, 『孫寶基博士 停年記念 韓國史學論叢』, 1988.

趙法鐘, 「百濟 別稱 鷹準考」, 『韓國史研究』 66, 1989. 9.

全虎兒, 「漢-唐代 고분의 日像·月像」, 『美術資料』 제48호, 국립중앙박물관, 1991. 6.

_____, 「高句麗 古墳壁畵의 해와 달」, 『美術資料』 제50호, 국립중앙박물관, 1992. 12.

奇修延, 「東夷의 개념과 실체의 변천에 관한 연구」, 『白山學報』 42집, 白山學會, 1992.

李亨求, 「고구려의 삼족오(三足烏) 신앙에 대하여-고고학적 측면에서 본 鳥類숭배사상의 기원 문제」, 『東方學志』 86, 연세대학교국학연구원, 1994. 12.

_____, 「고구려 고분벽화에 보이는 삼족오(三足烏) 신앙에 대하여-발해연안 조류숭배사상과 연관하여」, 『三足烏』, 학연문화사, 2007. 3.

吳江原, 「西遼河流域 靑銅短劍과 그 文化에 관한 研究-銅劍의 系統과 使用集團 문제를 중심으로」, 『韓國古代史研究』 12, 1997.

韓圭哲, 「渤海復興國 '後渤海' 研究」, 『韓國史研究論選 9 - 考古·古代史 Ⅸ』, 백두문화, 1997. 4.

愼鏞廈, 「古朝鮮文明圈의 三足烏太陽 상징과 朝陽 袁台子壁畵墓의 三足烏太陽」, 『韓國學報』 第105輯, 一志社, 2001. 12.

拙　稿, 「鳳凰紋과 韓民族의 天神 思想」, 『文化史學』 21號, 文化史學會, 2004. 6.

_____, 「朱雀旗와 日旗에 나타난 日象文의 變容과 變遷」, 『三足烏』, 학연문화사, 2007. 3.

_____, 「日旗를 통해 본 韓　中의 日象文 形成과 展開」, 『文化史學』 27호, 文化史學會, 2007. 6.

_____, 「韓國 古代 日象文의 成立 背景」, 『白山學報』 第80號, 白山學會, 2008. 4.

許興植, 「三足烏의 동북아시아 기원과 사상의 계승」, 『三足烏』, 학연문화사, 2007. 3.

손환일, 「三足烏 문양의 시대별 변천」, 『三足烏』, 학연문화사, 2007. 3.

우실하, 「흐름과 교류의 산물 '三足烏'」, 『동북공정 너머 요하문명론』, 소나무, 2007. 4.

楊寬, 「中國上古史導論」, 『上史辨』 第7冊, 景文社(서울), 1970.

周到, 「南陽漢畵像石中的其幅天象圖」, 『考古』 75-1, 1975.

傅斯年, 「夷夏東西說」, 『中國上古史論文選集』, 臺灣, 國風出版社, 1979.

孫作雲, 「后羿傳說叢考-夏時蛇鳥豬鼈四部族之鬪爭」, 『中國上古史論文選集』, 華世出版社, 1980.

도판 및 표 목록

1. 도판

그림 1. 울주군 천전리 암각화의 태양을 상징하는 동심원, 청동기시대

그림 2. 고구려 내리1호분의 태양을 상징하는 환문(環紋), 삼국시대 6세기 중반, 평양 지역 고분

그림 3. 뱃머리에서 신무천왕의 길을 안내하는 까마귀, 일본 규슈 후쿠오카 현의 고분 벽화

그림 4. 중국 심양 고궁 안쪽에 자리한 청우궁 앞뜰의 까마귀를 위해 마련된 신간(神竿), 청대(淸代)

그림 5. 이집트의 태양신 라(Ra)와 동일시되는 매로 표현된 호루스

그림 6. 무량사(武梁祠) 화상석실(畵像石室)에 그려진 '부상도(扶桑圖)' 중 태양을 향해 활을 쏘는 예(羿) 장군, 후한(147년경), 산동성 가상현 출토

그림 7. 요녕성 조양 원태자(袁台子) 벽화묘의 일상문, 남북조시대 4세기경

그림 8. 고구려 오회분4호묘의 일상문, 삼국시대 6세기 중반, 집안 지역 고분

그림 9. 옥충주자(玉蟲廚子) 뒷면 수미좌 상부의 일상문, 일본 7세기, 법륭사 소장

그림 10. 산동성 임기현 금작산9호묘 출토 비단 그림에 그려진 우측의 일상문, 전한

그림 11. 삼재(三災) 부적에 그려진 3두2족(三頭二足)의 매(鷹), 조선

그림 12. '욱해창응도(旭海滄鷹圖)'에 붉은 해와 함께 등장하는 매, 조선 후기

그림 13. 중국의 현존 유물 가운데 '세발 달린 두꺼비'

그림 14. 울주군 반구대 암각화 중의 제사장으로 추정되는 인물, 신석기시대 말~청동기시대 초

그림 15. 농경문 청동기 뒷면의 새 깃털을 머리에 꽂고 밭을 가는 남자, 청동기시대~철기시대, 폭 12.8cm, 대전 괴정동 출토, 국립중앙박물관 소장

그림 16. 호남성 장사현 마왕퇴 1호묘 출토 백화(帛畵 : 비단 그림)에 그려진 2족(二足)의 현조가 표현된 일상문, 전한(기원전 2세기 초)

그림 17. 우인형(羽人形) 일신(日神)의 화상전(畵像塼)에 원 안에 날아가는 현조로 표현된 일상문, 후한, 사천성 팽현 출토

그림 18. 천지인 사상을 반영하는 청동 예기(禮器) 정(鼎), 상(商) 중기, 요녕성 객좌현 출토

그림 19. 복희·일륜(日輪) 화상석(畵像石) : 일상문에 삼족오와 구미호 함께 표현, 후한, 산동성 임기 출토

그림 20. 치수(治水) 화상석 중의 '해 속의 삼족오, 후한, 강소성 동산 출토, 서주박물관 소장

그림 21. 침직창 화상석 묘실 천장의 '해 속의 삼족오', 후한, 하남성 당하현 출토

그림 22. 중국의 각 지역을 나타낸 지도

그림 23. 복희·여와도, 당(唐) 7세기, 투르판 아스타나 고분 출토, 국립중앙박물관 소장

그림 24. 서왕모(西王母) 화상석 중 일상(日象)에서 분리하여 서왕모의 사자(使者)로 변신한 삼족오, 후한, 사천성 신룡향 출토

그림 25. 고구려 성총 천장석에 원으로 표현된 일상문, 삼국시대 5세기 말, 평양 지역 고분

그림 26. 원으로 표현된 태양 안에 수평으로 날아가는 현조의 모습을 표현한 고구려 덕흥리고분의 일상문, 삼국시대 5세기 초, 평양 지역 고분

2. 표

표 1. 동이족과 화하족 문화권의 일상문 비교

05

일상문에 나타난 삼족오의 변이(變移)

삼족오 · 주작 · 봉황 도상의 성립 배경과 천연성 고찰

　고구려 고분 벽화에 그려졌던 태양과 현조玄鳥를 결합시킨 '해 속의 삼족오' 와 같은 일상문은 삼국시대 이후 고려와 조선시대에 이르기까지 계승되었다. 또한 우리나라는 '봉鳳의 나라' 라 할 만큼 문헌과 유물에 새가 많이 등장한다. 그렇다면 일상문에 그려지는 현조와 문헌과 유물에 보이는 새와는 상호 어떠한 관련성을 지닌 것일까?

　이에 대한 의문의 실마리를 풀어가기 위해 5장에서는 일상문에 표현되는 현조인 삼족오와 문헌과 유물에 많이 나타나는 주작 및 봉황과의 관련성을 고찰하고자 한다. 이를 위해 삼족오·주작·봉황의 성립 배경과 도상의 특징 및 변천 과정을 알아본 후, 상호간의 친연 관계를 살펴보고자 한다. 이러한 연구 접근 방법과 이에 따른 연구 성과는 우리 민족의 정체성 확립과 문화 계통성을 고찰한다는 측면 외에 중국의 동북공정에 대한 대응 논리를 마련하는 데에도 긍정적 역할을 할 것으로 본다.

I. 삼족오·주작·봉황의 성립 배경

1. 삼족오(三足烏)

　삼족오와 같은 현조의 성립 배경은 4장. 일상문의 도상학적 고찰과 문화권에 따른 특징 중 Ⅰ장 1절 2)항 (1)의 '현조의 개념과 현조의 일상문의 등장 배경'에서 언급한 바 있으므로 여기서는 다루지 않는다(4장. 「일상문의 도상학적 고찰과 문화권에 따른 특징」의 Ⅰ장 1절 2)항 (1) 참조).

2. 주작(朱雀)

1) 사신(四神)의 성립 배경

사신의 형성 과정을 간략히 살펴본 후, 사신의 하나인 주작의 성립 배경을 고찰하고자 한다.

청룡(동)·백호(서)·주작(남)·현무(북) 등 4방위를 수호하는 사신은 용·기린·봉鳳[1]·거북과 같은 사령四靈에 대응시킨 것으로 시대 변천에 따른 색色과 형形 등에 대한 감각 차이로 기린은 호랑이로, 거북은 현무로, 봉은 주작으로 대체되었다.[2] 성인이 태어나거나 나라 안에 길조가 있을 때 나타난다는 사령은 오행五行과 결부되어 계절과 방위를 나타내는 사신과 유사한 성격을 지닌다. 다만 양자의 차이는 사신이 지상의 수호신(방위신)인데 반해, 사령은 천상에서 나라의 길흉을 미리 알려주기 위해 출현하는 서수瑞獸라는 점이다.

사신이 표현된 가장 빠른 시기의 것은 신석기시대의 앙소 문화 유적지인 하남성 복양 M45묘에서 확인된 용과 호랑이의 형상이다. 묘주의 시신 좌우에 조개껍질로 용과 호랑이의 형상을 나타냈는데 이는 좌청룡, 우백호의 개념이 반영된 것으로 이해된다. 이 같은 사례를 통해 초보적인 형태의 사신 개념이 기원전 4000년경에 출

---

[1] 여기서 봉(鳳)은 봉황만을 뜻하는 것이 아닌 현조[삼족오], 주작 등을 총칭하는 봉조(鳳鳥)로 보아야 할 것이다. 왜냐하면 문헌에 봉황이 등장하는 것은 한대(漢代)이지만, 정형화·규범화 된 암수 한 쌍의 봉황 도상은 요(遼), 금(金), 원대(元代)에 형성되었기 때문이다(王大有 지음·林東錫 옮김, 『龍鳳文化原流』, 東文選, 1994. 5, 269쪽 참조).

[2] 渡邊素舟, 『東洋文樣史』, 富山房, 昭和 46, 197쪽.

현했음을 알 수 있다(그림 1).[3]

사신 개념이 체계화 된 것은 오행 사상이 발달한 전국戰國시대 말이며, 한대漢代부터 왕실 및 묘주의 사후死後 안녕을 위해 사신을 궁전과 묘실 사방四方에 배치함으로써 4방위를 수호하는 역할과 삿된 기운을 막는 벽사辟邪의 역할이 사신에 함께 부여되었다.

궁전과 묘실 외에 군대 행진 시 사용되는 깃발에도 사신이 표현되었는데, 이에 관한 내용은 기원전 2세기경 대대大戴와 그의 사촌 소대小戴가 『예경禮經』에 손질을 가해 만든 『예기禮記』「곡례曲禮」를 통해 살필 수 있다.

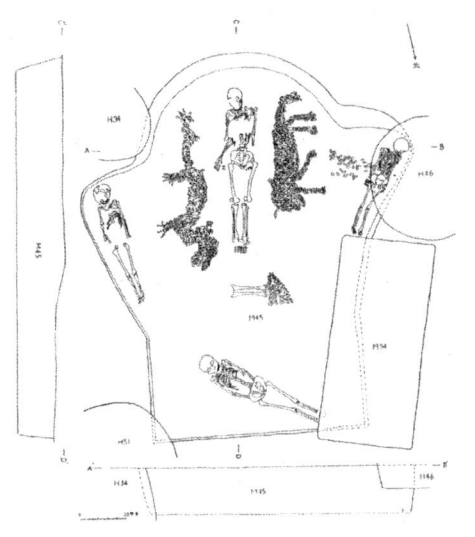

그림 1 하남성 복양 M45 묘에서 확인된 용과 호랑이 형상, 신석기시대의 앙소 문화

"행진 시 앞에는 주조(朱鳥), 뒤에는 현무, 왼쪽에는 청룡, 오른쪽에는 백호를 세운다."[4]

사신에 청룡·백호·주작·현무와 같은 동물이 왜 선택되었는지는 분명하지 않지만 사신을 4개의 동물로 설정한 것은 오행천문사상의 점성술과 연관된 종교적 관념 때문으로 풀이된다. 왜냐하면 고대인들은 천체의 움직임을 인간의 길흉화복을 결정하는 주요한 요인으로 인식했고, 이것을 그들의 토테미즘과 결부시켜 하늘에 있는 성좌 중 28수를 일곱 개씩 동서남북으로 4분하고 그 일곱 개 별들의 나열된 모

---

3 林巳奈夫, 『中國古代の神がみ』, 吉川弘文館, 2002. 3, 62쪽.
4 『禮記』「曲禮」. '行 前朱鳥而後玄武, 左靑龍而右白虎.'

양을 청룡, 백호, 주작, 현무와 같은 네 개의 신수神獸로 상징화했다고 생각되기 때문이다.[5] 이와 관련된 내용은 옛 책의 글자와 문장을 해석한 『이아爾雅』「석천釋天」의 '형호소邢昊疏'에서 살필 수 있는데, 여기서는 일곱 개의 별들로 구성된 4방위의 별자리 모습이 동물형이라는 점과 각 방위에 따른 동물의 위치를 언급하고 있다.

"4방에는 일곱 개의 별들이 있고, 각각 하나의 형상을 이룬다. 동방은 용형(龍形)이고, 서방은 호형(虎形)이다. 대개 남쪽이 머리이고 북쪽이 꼬리이다. 남방은 조형(鳥形)이고, 북방은 구형(龜形)이다. 대개 서쪽이 머리이고 동쪽이 꼬리이다."[6]

사신의 이름, 사신의 빛깔, 사신에 해당하는 동물은 『사기史記』「천관서天官書」, 『이아』「석천」, 『예기』「월령月令」 등에 나타나 있다.

먼저 기원전 1세기경 전한前漢의 사마천司馬遷이 지은 『사기』「천관서」에는 4방위를 수호하는 사신의 이름을 다음과 같이 밝히고 있다.

"동궁은 창룡(蒼龍)이고, 서궁은 함지(咸池)이고, 남궁은 주작이고, 북궁은 현무이다."[7]

또한 『이아』「석천」에서는 사신(동-청룡, 서-백호, 남-주작, 북-현무)의 각각에 해당하는 계절과 빛깔을 다음과 같이 규정하고 있다.

"봄은 창천(蒼天)이고 여름은 주명(朱明)이고 가을은 백장(白藏)이고 겨울은 현영(玄英)이다."[8]

---

5 金瑢俊, 『高句麗 古墳壁畵 硏究』, 열화당, 2001, 77쪽.
6 『爾雅』「釋天」 邢昊疏. '四方皆有七宿 各成一形 東方成龍形 西方成虎形 皆南首而北 尾 南方成鳥形 北方成龜形 皆西首而東尾.'
7 『史記』「天官書」. '東宮蒼龍 西宮咸池 南宮朱鳥 北宮玄武.'
8 『爾雅』. '春爲蒼天 夏爲朱明 秋爲白藏 冬爲玄英.'

이 밖에 『예기』「월령」에서는 사신에 해당하는 동물 종류를 아래와 같이 설명하고 있다.

> "첫 봄에 나오는 동물은 물고기이고 첫 여름에 나오는 동물은 새이며 첫 가을에 나오는 동물은 털 짐승이며 첫 겨울에 나오는 동물은 갑각류이다."[9]

위의 내용을 정리해 보면, 사신에 해당하는 서수는 동방의 청룡·서방의 백호·남방의 주작·북방의 현무이고, 동방은 청색·서방은 백색·남방은 붉은색·북방은 검은색으로 표시되며, 다시 동방은 비늘이 붙은 용, 서방은 털이 돋은 범, 남방은 깃이 있는 새, 북방은 두텁고 굳은 껍질을 가진 거북으로 그 형태가 규정되고 있다.

2) 주작의 성립 배경

별자리 중 28수를 일곱 개씩 동서남북으로 4분하고 그 일곱 별들의 나열된 모습을 네 개의 상서로운 동물로 상징화 한 사신 중 남방의 수호신인 주작은 남방성수 또는 남방7수로 일컬어지며, 주작이 거느리는 남방의 7개 별자리에는 정井, 귀鬼, 류柳, 성星, 장張, 익翼, 진軫 등이 포함된다. 주작은 주조朱鳥 또는 적조赤鳥라고도 하는데, 이처럼 주작 명칭에서 불을 상징하는 붉은 색이 강조되는 것을 『설문의증說文義證』은 다음과 같이 설명하고 있다.

> "주작이란 명칭은 불을 보면 곧바로 하늘로 날아오르는 새의 특성 때문에 붙여진 이름이다."[10]

한편 후한後漢 시기의 방격규구사신경方格規矩四神鏡에 새겨진 "좌청룡과 우백호는

---

[9] 『禮記』「月令」. '孟春之月 其虫鱗 孟夏之月 其虫羽 孟秋之月 其虫毛 孟冬之月 其虫 介.'
[10] 『說文義證』. '見火卽飛 故得朱雀稱也.'

상서롭지 못한 것을 물리치고 주작과 현무는 음양을 조화한다"[11]는 명문은 음양의 조화에 관계되는 북방의 현무와 남방의 주작이 각각 음陰과 양陽을 상징하는 서수임을 시사한다.

위의 내용을 종합해 보면 상스러운 동물로 음양 중 양과 불을 상징하는 주작은 4방위 중 남방에 위치하며 계절로는 여름에, 색은 붉은색에 해당하며, 주작이 음양 중 양과 불을 상징한다는 점은 양의 대표적 물상物象으로 광명과 뜨거운 열기를 지닌 태양의 속성과도 일맥상통하다. 그렇다면 태양과 불을 상징하는 삼족오와 주작 모두 양조陽鳥이며 태양새인 삼족오는 낮을, 불새로서 별자리와 결합된 주작은 밤을 밝히는 서조瑞鳥로 인식할 수 있다.

이 같은 특성을 지닌 주작 성립과 관련하여 주목되는 인물은 3황三皇[12]의 하나인 염제炎帝이다. 주작이 불을 상징하는 것처럼 염제 역시 불과 밀접한 관련성을 갖는다. 이러한 관련성은 『설문해자說文解字』에서 '화火' 자字가 상하로 겹쳐진 염제의 '염炎'이 불꽃이 치솟는 모양을 형상화 했다고 풀이한 것을 통해 살필 수 있다. 또한 전국戰國시대 초에 편찬된 공자의 『춘추春秋』를 해석한 주석서 『좌전左傳』「소공昭公」과 700년경 편찬된 일종의 백과사전인 『초학기初學記』 권9 「제왕부帝王部」에 언급된 아래의 내용을 통해서도 염제와 불과의 연계성을 엿볼 수 있다.

"염제씨(炎帝氏)는 화(火)로 기(紀)하였다. 이로써 화사(火師)가 되어 화(火)로 이름하였다."[13]

"사람의 몸에 소의 머리를 한 우두머리로 강수(姜水)에서 왔다. 덕이 있으며 불〔火〕로써 나무

---

11   '左龍右虎辟不詳 朱鳥玄武順陰陽.'
12   사마정(司馬貞)의 『사기색은(史記索隱)』 「삼황본기(三皇本紀)」에서는 삼황을 복희(伏犧)·여와(女媧)·신농(神農)으로 보았다. 그러나 『상서(尙書)』에서는 삼황을 복희·수인(燧人)·신농으로, 사마천의 『사기』 「진본기(秦本紀)」에서는 천황(天皇)·인황(人皇)·지황(地皇)으로 각각 기록하고 있다.
13   『左傳』「昭公」 17年, '炎帝氏以火紀 故爲火師而火名.'

〔木〕이어 남방에 자리하며 여름을 주관하므로 염제라 한다"[14]

이 밖에 염제와 불과의 관련성은 고유高誘의 『여씨춘추呂氏春秋』「맹하기孟夏紀」, 『회남자淮南子』「천문훈天文訓」, 『제왕세기帝王世紀』 등에 나타나 있다. 고유는 『여씨춘추』「맹하기」 주註에서 "화덕火德으로 천하의 임금이 되었으므로 염제라 한다"라고 했고, 『회남자』「천문훈」에서는 "남쪽은 불〔火〕에 속한다. 그러므로 그 임금은 염제이다"라고 했다. 한편 『제왕세기』에는 "불로써 나무를 이기니 방위는 남쪽이다. 여름을 주관하므로 염제라 부른다"라고 기록하고 있다.[15]

전술한 『초학기』 권9 「제왕부」에서 염제는 사람의 몸에 소의 머리를 한 우두머리로 얘기되고 있어 염제가 우두대신牛頭大神인 농업신 신농神農으로도 일컬어졌음을 알 수 있다. 또한 『백호통白虎通』「오행五行」에서는 "그 임금 염제는 곧 태양을 의미한다"라고 밝히고 있어 농업신인 염제가 농경에 큰 영향력을 미치는 태양신으로도 추앙되었음을 살필 수 있다. 위에서 언급한 사항들을 고려해 볼 때, 염제는 불은 물론 태양과도 밀접한 관련이 있고[16] 양陽과 불을 상징하는 주작 성립에 염제의 영향이 컸음을 시사한다. 한 손에는 이삭을, 다른 한 손에는 불을 쥐고 있는 우두대신인 염제 신농을 집안에 위치한 고구려 오회분 5호묘에서 볼 수 있는데 손에 쥔 불은 불과 염제와의 관련성을, 사람 몸에 소의 얼굴을 한 모습과 손에 쥔 이삭은 농경신인 염제 신농의 성격을 잘 표현해 주고 있다(그림 2).

이처럼 염제가 불과 남방을 관장하며 태양신과 농업신으로 인식된 것은 염제와 관련된 신화 전승에 추가 요소가 많았고, 음양오행설의 영향으로 사신의 개념이 성립되고 불을 상징하는 주작이 남방의 수호신으로 자리매김한 것과 그 궤를 같이 하

---

14 『初學記』 卷9 「帝王部」. '人神牛頭長於姜水 有聖德以火承木 位在南方主夏 故謂之炎帝'
15 高强, 「염황문화 연구 백년사 회고와 새로운 방향 모색」, 『고조선연구』 제1호, 고조선학회, 2008. 12, 237쪽.
16 袁珂 著·鄭錫元 譯, 『中國의 古代神話』, 文藝出版社, 1987.11, 72쪽. 李瑾明, 『中國歷史』, 圖書出版 新書苑,, 2002 .6, 52쪽.

그림 2 고구려 오회분 5호묘에 등장하는 우두대신 염제 신농, 삼국시대 6세기 중후반, 집안 지역 고분

여 화덕을 갖춘 염제가 남방을 관장한다는 인식이 생겨났기 때문이다.[17]

이와 관련하여 중국 학자 왕대유王大有의 견해가 눈길을 끈다. 그는 "옛 중화 땅의 서방 염제족은 삼족오(불, 태양)로 주 토템을 삼았고, 동방의 태호족·소호족 등은 봉조(태양)를 주 토템으로 삼았다. 그런데 동방의 동이계 봉조와 서방의 염제계 봉조의 다른 점은 동이계 봉조가 태양과 새(맹금류)의 복합으로 불이 없는 반면, 염제계 봉조는 불과 새의 결합으로 태양을 불의 연장선상으로 처리한 점이다"라고 말하고 있다. 그는 주작 성립에 대해 "까마귀를 숭배하는 염제족이 불을 발명한 후, 불·태양·까마귀가 합일되었고 태양 속에 까마귀가 있게 되었다"라고 보았다.[18]

왕대유의 이 같은 견해는 염제족이 동이족의 일파임을 시사한다. 왜냐하면 그는 동방의 동이족과 서방의 염제족으로 구분하여 양자를 다른 종족으로 인식하고 있

17 高强, 주15)의 논문, 241쪽 참조.
18 王大有 지음·林東錫 옮김, 『龍鳳文化原流』, 東文選, 1994. 5, 110쪽.

지만, 동이족의 주 토템인 봉조鳳鳥에는 삼족오와 주작 등이 포함되며, 삼족오와 봉조 모두 태양 숭배와 밀접한 관련성을 지니므로 동방의 동이족과 서방의 염제족은 근원이 같은 종족으로 이해되기 때문이다.

태양신・불신(화신(火神))・농경신의 성격을 지닌 염제 신농에 비견되는 인물로는 북부여를 세운 해모수의 아들 해부루가 있다. 해부루는 '해'와 '부루'가 결합된 말로 해모수가 일시자(日侍者 : 해를 모시는 분)를 지칭하듯이, 해부루의 '해'는 태양을 상징하고, '부루'는 불과 관계된 광명과 신성의 개념을 표시하는 고어古語의 밝음이라는 뜻 외에 곡신穀神과 생식生殖의 의미를 함축하고 있다. 왜냐하면 햇벼를 질그릇 단지에 넣어서 안방의 시렁 위에 모시는 신주단지의 원명原名이 부루단지 또는 불단지였고, 이런 맥락에서 볼 때 부루는 곡식 또는 농경을 주관하는 농경신의 성격을 지니고 있기 때문이다. 한편 '부루'라는 말은 생식의 기능을 나타내는 의미로도 사용되어 불알, 불거웃, 불두덩이라는 말이 생겨났고[19] 인간이 모여 사는 농경지와 같은 곳을 우리말로 '불'(부리, 예 : 소부리) 또는 '벌'(예 : 서라벌)로 지칭한 것을 통해 '부루'가 곡신을 상징하고 있음을 알 수 있다. 이처럼 인간을 이끌고 통치하는 우두머리 이름에 태양・불・곡신의 상징성을 부여한 것은 이들 모두 인간 생활에 없어서는 안 되는 필수불가결한 요소이기 때문이다. 이를 반영하듯 염제 신농은 소머리대신 내지 우두대신으로 일컬어지고 있는데, 그 이유는 농경사회를 상징하는 소머리대신의 '소머리'가 우두머리의 '우두牛頭'와 상통하기 때문이다. 이처럼 동이족인 부여의 왕 해부루에게서 염제 신농이 지닌 신격神格을 엿볼 수 있고, 오회분 5호묘와 같은 고구려 고분에 염제 신농이 벽화로 그려진 것은 염제 신농 역시 동이족의 일파임을 반증해 주는 좋은 예라 할 것이다.

염제를 신농이라 칭하고, 신농을 5제五帝의 하나로 보는 견해도 있지만[20] 염제 신

---

19 이필영, 「단군신화의 기본 구조-천신신앙을 중심으로」, 『백산학보』 제26호, 백산학회, 1996.6, 19쪽.

농을 3황皇에 포함시키는 것이 일반적이다. 그런데 3황과 같은 3제帝의 신들은 후세에 천·지·인의 삼재三才 사상에 의해 구성된 것이기 때문에 3황은 삼족오의 다리 셋이 천·지·인을 상징하는 것과 같은 맥락에서 이해될 수 있다. 사마천의 『사기』 「진본기秦本紀」에서 3황을 천황·인황·지황으로 기록한 것도 이를 뒷받침해준다. 천·지·인의 삼재 사상은 북아시아 수렵 문화권의 샤먼을 매개로 하여 인간계와 천상계를 연결하는 신神 중심적이고 초월적인 무巫의 세계관을 나타낸다.[21] 그런데 화하족[華夏族: 한족(漢族)] 중심의 역사를 기술한 사마천이 『사기』에서 3황 시대는 다루지 않고 5제부터 기록한 것은 3황이 화하족이 아닌 이족夷族이므로 이족의 역사인 3황 시대를 중국 역사의 시작으로 보지 않고자 했던 의도가 컸던 것이 아닌가 생각된다.

3. 봉황(鳳凰)

봉황의 성립을 새 토템이 발전한 것으로 보는 시각과 바람·태양 등과 같은 자연적인 의상意象이 새[鳥]로 생물화 된 것으로 보는 견해가 있다. 전자는 신석기 시대 이후로 태양·불·새 등을 숭배하는 부족 간의 투쟁과 융합 등이 동북아시아에서 끊임없이 진행되면서 새 토템을 반영하는 자연계의 새들이 점차 확대되었고, 이후 이러한 새들이 복합·이상화됨으로써 봉황이 성립되었다고 본다.[22] 후자는 바람이나 태양 등과 같은 자연적인 의상에 의해 봉황의 개념이 생긴 후, 이러한 봉황을 현실 속의 조류 형상에 대입함으로써 봉황이 형성되었다고 풀이한다.[23]

---

[20] 『역(易)』 「계사전(繫辭傳)」은 5제를 포희(庖犧)·신농·황제·요(堯)·순(舜)으로 인식했다. 그러나 사마천의 『사기』 「오제기(五帝紀)」에서는 5제를 황제, 전욱(顓頊), 제곡(帝嚳), 제요(帝堯), 제순(帝舜)으로 보았다. 3황과 5제에 관해서는 여러 계통의 전승이 있지만 사마정의 『사기색은』 「삼황본기」와 사마천의 『사기』 「오제기」에 따르는 것이 일반적이다.
[21] 우실하, 『전통 문화의 구성 원리』, 소나무, 1998, 128쪽.
[22] 王大有 지음, 林東錫 옮김, 주18)의 책, 56~61쪽.
[23] 何新 著·洪熹 譯, 『神의 起源』, 東文選, 1990. 7, 98~105쪽 참조.

앞서 언급한 바와 같이 사령四靈에 대응시킨 것이 사신四神이고 이에 따라 봉鳳이 주작으로 대체되었음을 고려할 때 봉에 대한 개념 성립은 주작보다 앞서며, 시대 흐름에 따라 봉에 여러 가지 속성이 부가되고 다양한 윤색을 거치면서 봉황으로 발전하였음을 알 수 있다.

봉황은 오채五彩를 가진 새로 인식되고 있는데, 다섯 가지 색채의 각각을 대표하는 자연계의 새들에는 붉은 벼슬이 달린 장닭류, 청록색의 깃털을 지닌 공작류, 검은색의 맹금류(까마귀·매·독수리), 흰색의 곡류(鵠類: 고니·두루미·학), 황색의 원추류(鵷雛類: 노란병아리과에 속하는 큰 새) 등이 포함된다.

또한 봉황은 수컷인 봉과 암컷인 황을 함께 지칭하는 것으로 알려져 있으나 봉과 황은 원래 서로 다른 두 종류의 신조神鳥를 의미했다. 한대漢代와 남북조 시대에 이르러 볏이 있는 수컷을 '봉'으로, 볏이 없는 암컷을 '황'으로 지칭하게 되었고, 이러한 개념은 이후 발전하여 봉이 왕을, 황이 왕비를 상징하게 되었다. 이처럼 봉황이 오채를 가진 새로 인식되고, 봉과 황이 수컷과 암컷 또는 왕과 왕비를 상징하게 된 것은 봉황 성립에 오행설과 음양론의 영향이 반영되었기 때문이다.

'봉'과 '황'에 대해서는 봉이 큰 새를, 황이 새 중의 왕을 의미하는 것으로 보는 견해가 있고 봉이 바람을, 황이 태양을 의미하는 것으로 해석하기도 한다. 전자의 견해는 큰 새가 날 때 바람을 일으킨다 하여 '봉鳳'과 '풍風'이 같아졌고, '황'이 새 중의 왕을 의미하게 된 것은 '황(凰: huáng)'과 '황(皇: huáng)'이 고음古音에서 서로 통용된 데 근거한다.[24] 후자의 견해는 갑골문에서 봉(鳳: fēng)과 풍(風: feng)이 같은 음과 같은 글자로 통용되어 봉이 풍조風鳥와 풍백風伯으로 이해되었고, 황皇으로 통용된 황凰이 태양을 의미하게 된 것은 옛 음에서 '황(皇: huáng)과 광(光: guang)'이 서로 통해 황조〔皇(凰)鳥〕가 광조(光鳥 또는 太陽鳥)로 인식되었기 때문이다.[25]

---

[24] 王大有 지음, 林東錫 옮김, 주18)의 책, 58–59쪽, 142쪽.

이처럼 봉황의 어원에는 태양과 천자(皇), 신생新生과 풍요, 영혼의 전달자 등과 같은 새의 상징성이 그대로 반영되어 있다. 전술한 바와 같이 황凰은 태양과 천자를 의미하며, 생산(가임(可姙)) 능력이 있는 왕비와 암컷의 신조를 황凰으로 지칭한 것은 신생과 풍요라는 새의 상징성을 연계시켰기 때문이다. 한편 큰 새와 바람을 의미하는 봉鳳은 영혼의 전달자로 이해될 수 있는데 이는 『삼국지三國志』 위지魏志 동이전東夷傳 진한조辰韓條[26]에 장례 시 큰 새의 깃털을 넣어 죽은 이의 영혼이 날아가게 한다는 기록을 통해 엿볼 수 있다.

이와 같은 특성을 지닌 봉황은 잘 다스려지는 나라에 나타난다고 하여 성천자聖天子의 상징으로도 인식되었다. 또한 봉황은 수컷과 암컷이 서로 금실이 좋은 것으로 알려져 화목한 남녀의 상징이 되었고, 죽실竹實을 먹고 살며 오동나무에 깃든다는 봉황의 생태와 관련하여 청렴한 선비를 지칭하게 되었으며, 봉황이 새 중의 으뜸이라 하여 뛰어난 사람을 일컫는 데에도 사용되었다.

II. 삼족오 · 주작 · 봉황 도상의 특징 및 변천

1. 삼족오

'해 속의 삼족오'와 같은 일상문이 성립되고 일상문이 '달 속의 두꺼비' 또는 '달 속의 옥토끼'로 그려진 월상문과 짝을 이루며 표현된 것은 한대漢代부터이다. 한대의 일상문 중 맹금류(독수리 · 매 · 까마귀)의 특징적 모습(날카로운 부리와 매서운 눈매)과 다리 셋이 잘 표현된 예는 산동, 하남, 강소, 낙랑에서 살필 수 있다(그림 3). 동이족과 현조인 삼족오와의 밀접한 관련성을 말해주듯, 산동 반도의 동부 연해와 발해 연안

---

[25] 何新 著, 洪熹 譯, 주23)의 책, 105~106쪽.
[26] 『三國志』 魏志 東夷傳 辰韓條 '辰韓以大鳥羽送死 其意欲死者飛揚.'

그림 3 하남성 당하 침직창 화상석 묘실 천장의 '해 속의 삼족오', 후한 초

에 위치해 있는 이들 지역은 상고上古 시대 동이족의 생활 영역으로 중원中原의 문화와는 묘제(석묘계 고분)와 출토 유물 면에서 뚜렷이 구분되는 문화권을 이루고 있다.[27] 특히 한대 이후 중원에서 소멸된 '해 속의 삼족오'로 표현된 일상문은 중원 문화권에서 멀리 떨어진 투르판 지역의 고분과 고구려와 인접한 요령성 조양 원태자 벽화묘(그림 4) 및 대릉하 지류인 서관영자하 동쪽의 장군산에 위치한 북연北燕의 벽화 석곽묘에서 발견되며, 4세기 이후 고구려에서 화려하게 부활한다(그림 5).

그러나 삼족오만이 일상문의 현조로 등장하는 것은 아니다. 까마귀 외에 긴 부리와 가는 목을 지닌 물새의 모습도 일상문에서 살필 수 있다. 그 예로는 12세기 말에서 13세기 초에 제작된 고려청자 상감진사象嵌辰砂 동자포도문童子葡萄文 표형주자瓢形酒子가 있다(그림 6). 이처럼 학 또는 오리와 같은 물새가 일상문에 등장하는 것은 4장 「일상문의 도상학적 고찰과 문화권에 따른 특징」 중 Ⅰ장 1절 2)항 (1)의 '현조의 개념'에서 살펴본 바와 같이 현조=학=양조[陽鳥 : 太陽鳥]의 관계가 성립하기 때문

---

[27] 이에 관한 선행 연구는 아래와 같다.
金庠基, 「東夷와 淮夷 徐戎에 대하여」, 『동방학지』 1·2, 1954.
姜仁求, 「中國 東北地方의 古墳」, 『韓國 上古史의 諸問題』, 한국정신문화연구원, 1987.
金光洙, 「蚩尤와 貊族」, 『孫寶基博士 停年記念 韓國史學論叢』, 1988.
吳江原, 「西遼河流域 靑銅短劍과 그 文化에 관한 硏究-銅劍의 系統과 使用集團 문제를 중심으로」, 『韓國古代史硏究』 12, 1997.
宋鎬晸, 「古朝鮮 國家形成 過程 硏究」, 서울大學校 大學院 博士學位論文, 1999.
柳銀奎, 「高句麗 古墳壁畵 三足烏 圖像의 特徵과 起源」, 서울大學校 大學院(社會敎育科) 碩士學位論文, 2003. 2.

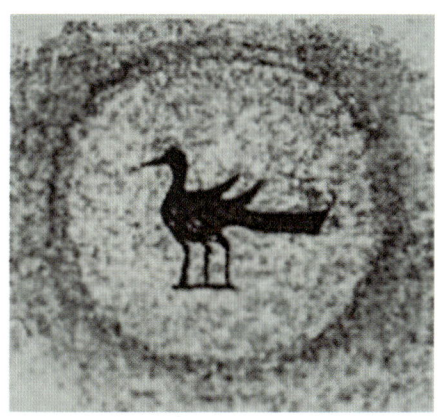

그림 4 요령성 조양 원태자 벽화 묘의 '해 속의 삼족오', 남북조시대 4세기경

그림 5 고구려 쌍영총의 '해 속의 삼족오', 삼국시대 5세기 말, 평양 지역 고분

그림 6 고려청자 상감진사 동자포도문 표형주자 상부에 표현된 '해 속의 삼족오', 고려 12세기 말 ~13세기 초

그림 7 원주 법천사지 지광국사현묘탑비의 '해 속의 삼족오', 고려 1085년

그림 8 대둔사 대양문 대범왕도에 그려진 '해 속의 삼족오', 조선 1847년

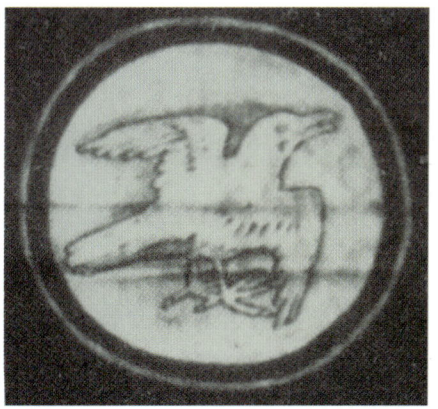

그림 9 대한제국 일기(日旗)에 표현된 '해 속의 현조(玄鳥)', 조선 1897~1905년

이다. 일상문에는 고려 11세기에 건립된 지광국사현묘탑비와 같이 닭을 연상시키는 벼슬 달린 현조의 모습도 나타나는데(그림 7), 이는 어둠을 물리치고 여명을 여는 개벽의 상징인 닭을 태양 숭배와 연계시켰기 때문이다. 이 밖에 조선시대의 불교회화 및 일월도자수日月圖刺繡 가사袈裟에서 볼 수 있듯이, 일상문에는 주변에서 흔히 볼 수 있는 참새 내지 까치와 흡사한 모습의 새도 그려졌다(그림 8). 삼족오가 동이족의 새 토템(맹금류)을 반영하고 있음을 고려할 때, 조선시대 일상문에서 까마귀와 같은 맹금류의 특징적 모습이 약화된 것은 한족漢族의 부흥과 함께 유교 정통주의를 바탕으로 중화中華 문화의 회복을 꾀하고자 했던 명明과 사대事大 관계를 맺었던 조선의 시대상과 일정 부분 관련성을 갖는 것으로 이해된다.

일상문에는 다리 셋이 아닌 2족足의 현조도 나타나며, 현조가 서 있는 정지된 모습이 아닌 날아가는 모습으로 그려지기도 한다. 이때 현조의 다리 셋은 천지인 사상을, 2족은 자연계의 일반적인 조류의 두 다리를 표현한 것으로 본다. 한편 일상문이 죽은 자 및 왕권와 관련된 유물과 유적에 주로 표현되고 있음을 감안할 때, 일상문에 그려지는 삼족오와 같은 현조는 영혼과 천명天命의 전달자를 상징한다. 이 같은 맥락에서 볼 때 일상문에 서 있는 정지된 모습의 현조는 죽은 이의 영혼을 지상에서 천상으로 실어 나르는 소임을 마쳤거나 왕과 왕재王才에게 천명을 전달한 후 태양으로 돌아와 안착한 상태이며, 이를 왕권과 연계시켜 보면 정치적 안정기를 뜻한다. 반면 일상문의 날아가는 모습의 현조는 군주가 잘못된 정치를 행했을 경우 천명이 덕 있고 인자한 자에게 옮겨간다는 천인감응설天人感應說을 표현한 것으로 정치적 변혁기와 통치자의 합법성이 절실히 요구되었던 시기에 주로 나타난다.[28] 이를 입증하듯 일상문의 날아가는 현조는 중국의 경우 정치적으로 혼란했던 후한 때

---

[28] 拙稿, 「日象文의 도상학적 고찰과 문화권에 따른 특징」, 『단군학연구』 제18호, 단군학회, 2008. 5, 104~113쪽 참조.
拙稿, 「고구려 고분 벽화에 나타난 日象文 연구」, 『高句麗渤海研究』 제34輯, 고구려발해학회, 2009. 7, 126쪽.

많이 표현되었고, 우리나라는 고려시대의 무신 집권기·조선시대의 중종 반정反正 이후·왕국의 종언을 고하고 제국을 등장시켰던 대한제국 시기에 볼 수 있다(그림 9).

2. 주작

사신의 하나인 주작은 묘실, 석곽石槨 및 석관石棺과 같은 매장 시설에 주로 등장하며 이 밖에 의장기儀仗旗와 궁궐 및 사찰 기와에서도 볼 수 있다. 주작은 대부분 벼슬 달린 붉은 수탉과 공작의 화려한 꼬리 깃털이 결합된 모습으로 표현되며, 삼족오와는 달리 암수 한 쌍이 그려지고 다리도 셋이 아닌 둘로 묘사된다. 또한 맹금류(독수리·매·까마귀)와 물새(학·오리)의 특징적 모습이 반영되기도 하며, 한 쌍이 아닌 한 마리만 등장하거나 다리가 셋으로 표현될 때도 있다. 주작은 대부분 날개를 접고 있거나 날개를 펼친 채 서 있는 모습으로 묘사되지만 날아가는 모습의 주작도 확인된다. 오방五方 중 남방의 수호신으로 불을 상징하는 주작은 그 속성상 고분의 현실 남벽 또는 석곽 및 석관의 측면 남측에 표현되고 채화彩畵일 경우 붉은 색의 주조朱鳥로 그려진다.

주작이 매장 시설에 표현되었던 시기는 중국은 한대漢代부터 당대唐代이며, 우리나라는 삼국시대와 고려시대이다. 중국은 당대부터 사신보다는 십이지의 표현이 많아지고, 우리나라는 매장 시설 외에 남북국시대(통일신라, 발해)의 기와와 조선시대의 의장기 중 주작기를 통해 주작의 모습을 살필 수 있다. 다음에서는 중국과 한국에서 전개된 주작 도상圖像의 시기별 특징과 그 변천 과정을 고찰하고자 한다.

1) 중국

(1) 한대(漢代)

한대의 주작은 생동감 있는 동적인 모습으로 그려졌다. 또한 물새인 고니류의 긴 다리와 가는 목, 맹금류의 날카롭게 굽은 부리, 공작의 화려한 깃털과 거대한 꽁지깃 등 물새·맹금류·공작의 특징적 모습을 함께 갖추고 있다.

전한(서한(西漢)) 시기에 하남성 낙양 복천추 묘의 현실 천장 고임부 남측에 그려진 주작은 암수 한 쌍이 아닌 한 마리만 묘사되었고, 긴 목과 날카롭게 굽은 부리 외에 공작의 꽁지깃에 보이는 반점 무늬가 크게 강조되었다(그림 10).

산동성 곡부 와요두촌 출토의 후한대 화상석畵像石에는 중앙을 향해 마주 보고 서 있는 한 쌍의 주작이 표현되었다. 주작의 다리는 3족足으로 그려졌고 긴 목, 날카롭게 굽은 부리, 머리에 길게 늘어뜨린 벼슬과 함께 반원형으로 펼쳐진 화려한 날개가 돋보인다(그림 11).

한편 사천성 영경에서 출토된 후한 시기의 영경 석관 비희도秘戲圖 화상석은 화면 좌우 상단에 각각 2개의 큰 두공을 배치했고, 화면 중앙에는 손으로 문을 잡고 서 있는 사람을, 문 좌우에는 문을 향해 서 있는 주작을 나타냈다. 또한 좌측의 주작 옆에는 마주 앉은 두 남녀가 손을 잡고 있고, 우측의 주작 옆에는 악기를 연주하는 남자가 앉아 있다. 중앙의 문 좌우에 대칭 구조를 이루며 마주 보고 서 있는 주작의 모습을 살펴보면, 긴 목에 종긋하게 솟은 짧은 벼슬이 머리에 나 있고 꽁지깃은 위로 높이 치켜 말아 올렸다(그림 12).

후한 시기의 하남성 방성 성관진 화상석묘 문짝에 묘사된 두 마리의 주작 역시 중앙을 향해 마주 보고 서 있는 대칭 구도를 하고 있다. 구슬을 물고 있는 입, 머리와 꽁지에 표현된 달팽이 모양의 3개의 긴 벼슬과 긴 꽁지깃, 한쪽 다리를 들고 있는 모습 등은 좌우의 주작 모두 동일하다. 그러나 좌측의 주작은 날개를 펼치고 있는 반면, 우측의 주작은 날개를 접고 있어 세부에 있어서는 다소 차이가 있다(그림 13의 上).

후한 시기의 하남성 남양 영장 화상석묘 문짝에 표현된 두 마리의 주작도 대칭 구도를 이루고 있다. 그러나 좌우측의 주작 모습은 많은 차이를 보인다. 좌측의 주漢작은 공작의 꽁지깃에 보이는 얼룩무늬가 꽁지깃과 벼슬에 보이지만, 우측의 주

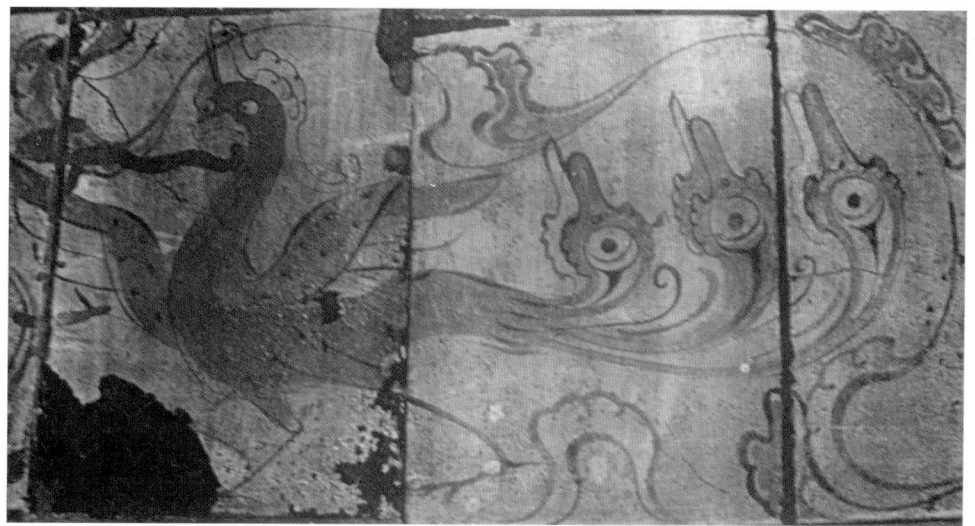

그림 10 하남성 낙양 복천추 묘의 현실 천장 고임부 남측에 그려진 주작, 전한

그림 11 산동성 곡부 와요두촌 출토 화상석에 표현된 주작, 후한

그림 12 사천성 영경에서 출토된 영경 석관 비희도(秘戲圖) 화상석에 묘사된 주작, 후한

그림 13 上 : 하남성 방성 성관진 화상석묘 문짝에 표현된 주작, 후한
下 : 하남성 남양 영장 화상석묘 문짝에 표현된 주작, 후한

작은 꽁지깃과 벼슬을 3엽의 나뭇잎처럼 나타냈다. 이밖에 날개와 얼굴 모습도 다르게 표현되었다(그림 13의 下).

(2) 수당대(隋唐代)

수대隋代의 주작은 하남성 낙양 이화李和 묘에서 출토된 석관 화상畵像에서 살필 수 있다. 긴 목과 위로 말아 올린 꽁지깃은 한대의 주작과 유사하나 머리의 벼슬은 닭을, 매서운 눈매와 날카로운 발톱은 맹금류를 연상시킨다. 그러나 한대漢代에 비해 생동감과 표현수법은 떨어진다(그림 14).

당대唐代의 주작은 산서성 태원 금승촌 7호묘의 묘실 남벽에서 볼 수 있다. 남쪽

그림 14 하남성 낙양 이화 묘에서 출토된 석관 화상에 표현된 주작, 수대(隋代)

그림 15 산서성 태원 금승촌 7호묘 묘실 남벽(앞벽)의 주작, 당대(唐代)

으로 나 있는 묘의 입구 위에 구획선을 두르고 그 구획선 위에 한 마리의 주작을 그렸다. 굽어진 부리와 날카로운 발톱, 긴 목과 위로 말아 올린 꽁지깃, 다리 한 쪽을 들고 있는 모습 등은 수대의 주작과 유사하다. 그러나 머리에는 벼슬이 그려져 있지 않고 얼굴 모습도 경직되어 있으며 동세의 표현도 잘 나타나 있지 않다(그림 15). 한편 9세기 이후에는 주작과 같은 사신을 고분 벽화의 제재로 사용하는 빈도는 매우 적어진다.

2) 한국

(1) 삼국시대

삼국시대에는 고구려 고분 벽화를 통해 주작의 모습을 살필 수 있다. 붉은 색의 주조朱鳥로 암수 한 쌍이 표현되는 주작은 머리에 붉은 벼슬이 달린 수탉과 화려한 꼬리 깃털을 지닌 공작의 모습이 결합되어 있으며 다리는 2족足으로 묘사된다. 닭과 유사한 모습의 주작은 5세기 고분인 무용총과 약수리고분에서(그림 16), 공작과 같은 화려한 꼬리 깃털이 잘 표현된 주작은 6세기 말에서 7세기 초의 고분으로 편년되

그림 16 고구려 무용총 현실 천장 고임부 앞쪽(남측)에 그려진 닭과 유사한 모습의 주작, 삼국시대 5세기 중반, 집안 지역 고분

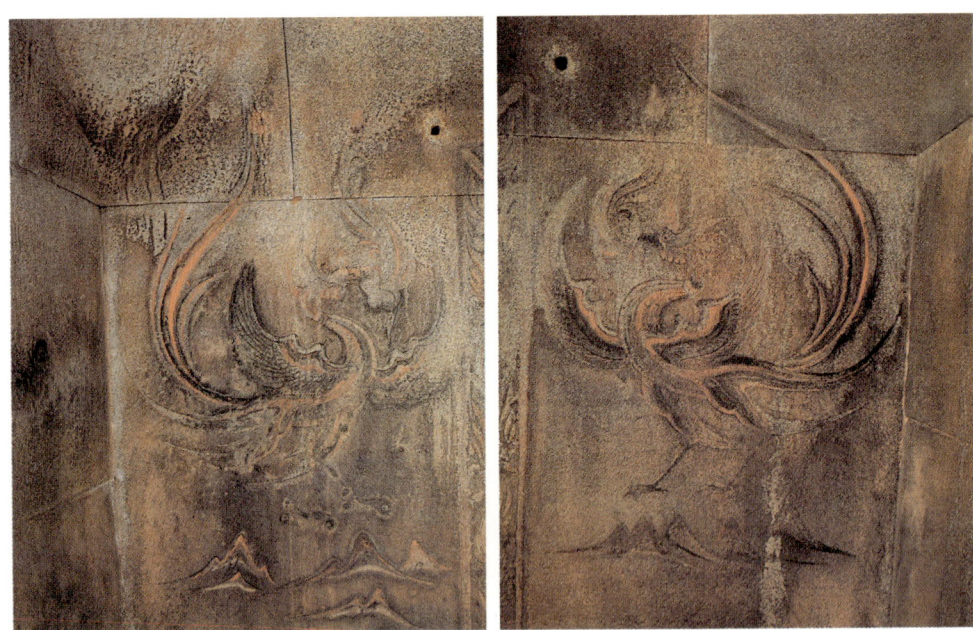

그림 17 고구려 강서대묘 현실 앞벽 전면에 그려진 공작과 같은 화려한 깃털을 갖춘 주작, 삼국시대 6세기 말 ~7세기 초, 평양 지역 고분

그림 18 고구려 호남리사신총 현실 앞벽 전면에 그려진 물새를 닮은 주작, 삼국시대 6세기 초, 평양 지역 고분

는 강서대묘에서 각각 볼 수 있다(그림 17). 이밖에 중국 한漢-당대唐代의 주작처럼 가늘고 긴 목이 물새를 연상시키는 주작 모습은 6세기 고분인 호남리사신총에서 확인할 수 있다(그림 18).

사신 중 남방의 수호신으로 무덤의 입구를 지키는 주작은 고구려 고분의 전실前室 또는 현실玄室의 천장 고임부 남측이나 현실 앞벽(남측)에 위치한다. 전실 또는 현실의 천장 고임부에 그려졌던 주작을 비롯한 사신은 고구려 사회에서 오행론五行論이 폭넓게 수용되고 그 영향력이 커짐에 따라 천장 고임부에서 점차 아래로 내려와 현실의 벽면을 차지하고 벽화 제재의 주된 내용을 이루게 된다.

평양 지역 고분은 주작을 비롯한 사신이 이른 시기에 등장하고 전숲 시기에 걸쳐 표현되지만, 집안 지역 고분은 무용총과 같은 5세기 고분에서 그 모습을 살필 수 있었던 사신이 한 동안 보이지 않다가 6세기 중반 이후의 후기 고분에 이르러서야 현실 벽 전면에 다시 등장한다. 다음에서는 고구려 고분에 주작이 그려진 위치와 그 비중에 대해 알아보고자 한다(표 1).

표 1 고구려 고분의 분포 지역과 고분 벽화에 주작이 나타나는 위치

분포지역/ 위치	천장 고임부 남측	현실 앞벽(남측) 상단에 생활풍속도와 같은 비중으로 등장	현실 앞벽에 생활풍속도보다 큰 비중으로 등장	현실 앞 벽 전면
평양 지역	· 감신총(5세기 초, 여러방 무덤)	· 약수리고분(5세기 초, 여러방 무덤) · 쌍영총(5세기 말, 여러방 무덤) · 성총(5세기 말, 외방 무덤)	· 수렵총(6세기 초, 외방무덤)	· 호남리사신총(6세기 초, 외방 무덤) · 개마총(6세기 초중반, 외방 무덤) · 진파리4호분(6세기 초, 외방 무덤) · 진파리1호분(6세기 중반, 외방 무덤) · 내리1호분(6세기 중후반, 외방 무덤) · 강서대묘(6세기 말, 외방 무덤) · 강서중묘(6세기 말~7세기 초, 외방 무덤)
집안 지역	· 무용총(5세기 중반, 여러방 무덤) · 장천1호분(5세기 중반, 여러방 무덤) · 삼실총(5세기 중후반, 외방 무덤)			· 통구사신총(6세기 중반, 외방 무덤) · 오회분5호묘(6세기 중반, 외방 무덤) · 오회분4호묘(6세기 중반, 외방 무덤)

※ 평양 지역의 감신총과 집안 지역의 장천1호분은 전실 천장 고임부 안쪽(북측)에 주작 묘사.
※ 집안 지역의 무용총 현실 천장 고임부에는 수탉을 닮은 주작이 그려짐.
※ 천장 고임부, 현실 앞벽 상단(생활풍속도와 같은 비중으로 등장), 현실 앞벽[생활풍속도보다 큰 비중으로 등장]에 주작이 위치할 경우, 날개를 접거나 반원형으로 펼친 모습으로 나타나고 제한된 공간에 좌우로 길게 그려져 균형된 몸체를 이루고 있지 못함.
※ 현실 앞 벽 전면에 주작이 위치할 경우, 날개를 활짝 펼친 모습으로 나타나고 공간적 제약을 받지 않기 때문에 적당한 포치와 균형된 몸체를 이루고 있음.

① 전실 또는 현실의 천장 고임부

주작이 전실 또는 현실의 천장 고임부에 등장하는 경우는 평양 지역의 감신총(5세기 초, 여러방 무덤)과 집안 지역의 무용총(5세기 중반, 여러방 무덤), 장천1호분(5세기 중반, 여러방 무덤), 삼실총(5세기 중후반, 외방 무덤) 등이다.

무용총과 삼실총은 현실 천장 고임부 앞쪽(남측)에 주작이 보이고, 감신총과 장천1호분은 전실 천장 고임부 안쪽(북측)에 주작이 그려져 있다. 무용총에는 날개를 접고

그림 19 고구려 감신총 전실 천장 고임부 안쪽(북측)에 그려진 날개를 펼치고 마주 보고 서 있는 주작, 삼국시대 5세기 초, 평양 지역 고분

마주 보고 서 있는 닭과 유사한 모습의 암수 주작을 그렸고(그림 16 참조), 삼실총·감신총·장천1호분은 날개를 펼치고 마주 보고 서 있는 암수의 주작이 묘사되었다(그림 19). 천장 고임부에 주작과 같은 사신이 그려질 때는 감신총이나 무용총과 같이 사신을 모두 구비하지 못한 경우도 있고, 천장 고임부의 공간적 제약으로 인해 옆으로 길게 묘사되기 때문에 몸체의 각 부분이 균형과 조화를 이루지 못하기도 하다. 한편 주작이 현실 천장 고임부에 나타날 때는 남방의 일곱 별자리를 상징하는 주작의 특성을 반영하여 남측에 나타나지만, 감신총과 장천1호분처럼 전실 천장 고임부에 그려질 때는 남측이 아닌 북측에 등장하기도 한다.

② 현실 앞벽(남측) 상단에 생활풍속도와 같은 비중으로 등장

현실 앞벽 상단에 생활풍속도와 같은 비중으로 주작을 비롯한 사신이 등장하는 경우는 천장 고임부에 좌우로 길게 묘사된다. 그러나 사신을 모두 구비하지 못한 천장 고임부와는 달리 현실 네 벽 상단에 사신이 모두 등장한다. 이에 해당하는 고

분으로는 평양 지역의 약수리고분(5세기 초, 여러방 무덤), 쌍영총(5세기 후반, 여러 방 무덤), 성총(5세기 후반, 외방 무덤)이 있다.

약수리고분은 현실 앞벽의 출입문 위에 한 마리의 주작을 표현했고 주작의 꼬리 깃털 뒤편에는 남방을 상징하는 별자리를 나타냈다. 전체적인 모습이 닭을 연상시키는 약수리고분의 주작은 날개를 반원형으로 펼친 채 서 있다. 입에는 붉은 구슬을 물고 있고, 세 갈래로 갈라진 주작의 꼬리 깃털이 뒤로 힘 있게 뻗어 있다(그림

그림 20 고구려 약수리고분의 현실 앞벽 상단에 별자리와 함께 표현된 주작, 삼국시대 5세기 초, 평양 지역 고분

그림 21 고구려 쌍영총 현실 앞벽의 두 기둥 위에 그려진 주작, 삼국시대 5세기 말, 평양 지역 고분

20). 한편 성총은 약수리고분과 같이 현실 앞벽의 출입문 위에 두 날개를 활짝 펴고 서 있는 한 마리의 주작을 그렸고, 쌍영총은 현실 앞벽의 두 기둥 위의 좁은 공간에 소슬을 나타내고 그 좌우에 암수의 주작을 묘사했다(그림 21).

③ 현실 앞벽(남측)에 생활풍속도보다 큰 비중으로 등장

주작을 비롯한 사신이 현실 앞벽에 생활풍속도보다 큰 비중으로 등장하는 고분으로는 평양 지역의 수렵총(일명 매산리사신총. 6세기 초, 외방 무덤)이 있다.

수렵총의 주작은 천장 고임부와 현실 앞벽 상단에 생활풍속도와 같은 비중으로 그려지는 주작처럼 가늘고 긴 몸통에 여러 갈래의 꽁지깃이 표현되었고 몸체의 각 부분도 균형을 이루고 있지 못하다. 하지만 주작의 유연하게 위로 뻗어 올라간 꼬리의 선線 등에서 고구려 후기 고분 벽화의 표현수법을 엿볼 수 있어 중기 고분에서 후기 고분으로 이행되는 과도기에 그려진 것으로 판단된다(그림 22).

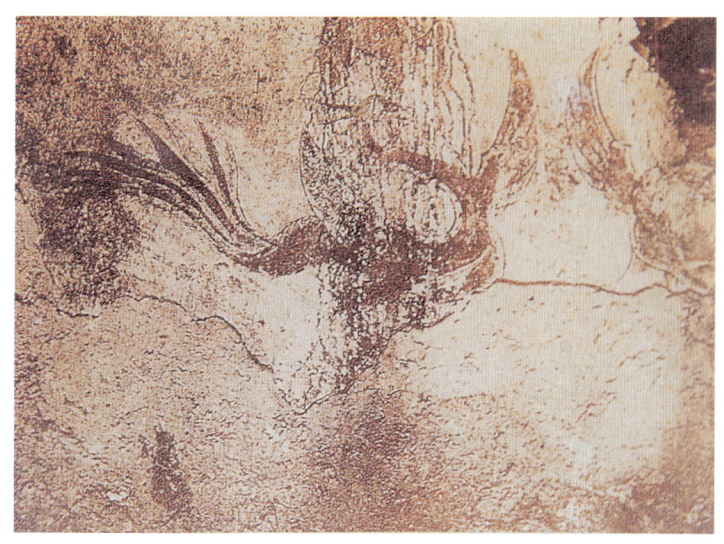

그림 22 고구려 수렵총 현실 앞벽에 생활풍속도보다 큰 비중으로 표현된 주작, 삼국시대 6세기 초, 평양 지역 고분

④ 현실 앞벽(남측) 전면

외방무덤으로 6세기 이후에 축조된 고구려 후기 고분에는 현실 앞 벽 전면全面에 주작이 등장한다. 이에 해당하는 평양 지역 고분은 호남리사신총(6세기 초, 외방 무덤), 개마총(6세기 초중반, 외방 무덤), 진파리4호분(6세기 초, 외방무덤), 진파리1호분(6세기 중반, 외방 무덤), 내리1호분(6세기 중후반, 외방 무덤), 강서대묘(6세기 후반, 외방 무덤), 강서중묘(6세기 말~7세기 초, 외방 무덤) 이고, 집안 지역 고분으로는 통구사신총(6세기 중반, 외방 무덤), 오회분4호묘(6세기 중반, 외방 무덤) 오회분5호묘(6세기 중반, 외방무덤), 가 있다.

평양 지역 고분을 살펴보면, 가늘고 긴 목을 지닌 호남리사신총의 주작은 물새인 오리 또는 타조를 닮았고 머리에는 벼슬이 달려 있지 않다. 날개를 펼친 주작이 두 갈래로 된 긴 꽁지깃을 위로 높이 치켜 올렸으나 필치는 세련되지 못하다(그림 18 참조). 한편 주작이 현실 앞벽 좌우에 유사한 모습으로 그려지는 6세기 중반 이후의 다른 고분과는 달리, 진파리1호분은 좌우측의 주작이 각각 다르게 그려졌다.

강서대묘의 주작은 화려한 인동 잎에 싸인 연봉오리를 부리에 물고 있고, 목에는 두 줄의 색 띠가 표현되었다. 원형에 가깝게 활짝 편 날개, 높게 치켜 말아 올린 꼬리, S자를 이룬 목과 몸통 등 힘차고 세련된 필치와 함께 화려한 색채가 돋보인다(그림 17 참조). 강서중묘의 주작은 반원 모양으로 펼친 날개에 꽁지깃이 유연하게 위로 뻗어 올라가 있고 부리에는 붉은 구슬을 물고 있는데, 주작의 선명한 주홍빛이 백미이다.

집안 지역 고분인 통구사신총의 주작은 원형으로 펼친 날개와 유연한 모습의 꼬리 깃, 목을 젖히며 몸을 내민 자세 등에서 강한 동세를 느낄 수 있다. 또한 오회분5호묘와 오회분4호묘의 주작은 원형으로 펼친 화려한 붉은 색의 두 날개와 우아한 자태가 돋보이며, 오회분4호묘은 다른 후기 고분과는 달리 암수가 아닌 한 마리의 주작만 그렸다.

이처럼 주작이 현실 앞벽 전면에 그려질 때는 적합한 구도를 이루면서 몸통도 균형 있게 표현되고, 날아 오를듯한 강한 동세動勢와 함께 주작의 선명한 주홍빛이 색채의 아름다움을 더하고 있다.

(2) 남북국시대

음양론과 오행사상을 반영하는 주작이 남북국시대에 표현된 것은 통일신라의 봉황문 기와와 발해의 봉황 연화문 기와를 통해 살필 수 있다(그림 23, 그림 24).

통일신라의 봉황문 기와는 수막새의 둥근 가장자리를 따라 원형의 화문대가 돌려져 있고, 정중앙에는 연꽃봉우리를 입에 문 한 쌍의 주작이 날개를 활짝 편 채 마주 보고 서 있다. 발해의 봉황 연화문 기와는 수막새 중앙에 반구형의 둥근 돌기를 배치한 다음, 4엽의 연꽃잎을 사방에 위치시키고 그 연꽃잎 사이에 봉황이 서로 마주 보도록 4마리의 봉황을 상하좌우에 표현했다. 양자 모두 좌우 대칭으로 암수 한 쌍을 위치시킨 것은 음양론을 반영하며, 발해의 봉황 연화문 기와처럼 중앙에 돌기를 배치하고 사방에 연꽃잎과 그 연꽃잎 사이에 4마리의 봉황을 나타낸 것은 오행사상이 반영된 것으로 풀이된다.

그림 23 통일신라의 봉황문 기와, 분황사 출토, 국립경주박물관 소장

그림 24 발해의 봉황 연화문 기와, 남북국시대

통일신라의 봉황문 기와의 경우, 암수 한 쌍의 구성과 마주 보고 서 있는 포치 등은 고구려 고분에 그려졌던 주작과 유사하나 세부에 있어서는 차이를 보인다. 고구려 고분의 주작은 원형에 가깝게 날개를 활짝 펴고 꼬리 깃털이 힘 있게 위로 말아 올라가는 등 강한 동세가 느껴지지만, 통일신라의 기와에 표현된 주작은 펼쳐진 날개가 부채 모양을 이루고 있어 다소 정적인 느낌을 준다. 발해의 봉황 연화문 기와 역시 고구려 고분의 주작과 비교해볼 때 사실성과 생동감은 떨어진다.

(3) 고려시대

통일신라 때에는 분묘墳墓 장식에서 사신의 하나인 주작의 모습은 거의 찾아 볼 수 없다. 그러나 고려시대에 이르러서는 무덤의 현실 벽면과 석관石棺 측면(남면(南面))에 주작이 다시 등장한다. 무덤의 현실 벽면과 석관 측면에 묘사된 날개를 활짝 편 주작 모습은 고구려 중후기 고분에 표현된 주작과 흡사하나 한 쌍이 아닌 한 마리만 표현되었고, 벼슬 달린 수탉과 화려한 꽁지깃의 공작 모습이 결합된 고구려 고분의 주작과는 달리 수탉 또는 물새를 연상시키는 모습으로 표현되었다.

11세기 중반에서 13세기 초로 추정되는 국립중앙박물관 소장의 석관 측면에는 맹금류(날카로운 부리와 발톱)를 닮은 주작을 묘사했다. 한편 12세기 중반에 제작된 낙랑군 부인 김씨 석관 측면에 새겨진 주작은 물새(가는 목과 긴 다리)를 연상시킨다(그림 25, 그림 26).

고려시대에는 고분 및 석관과 같은 분묘 장식 외에 의장기儀仗旗에도 주작이 등장한다. 고려 인종仁宗 1년 1123년 송宋의 서긍徐兢이 쓴 『선화봉사고려도경宣化奉使高麗圖經』 권제14 '기치旗幟'에 언급된 의장기에는 청룡·백호·주작·현무 등과 같은 사신의 이름으로 의장기가 명명되고 있지는 않지만, 4방위와 중앙의 색깔에 따라 신물神物을 그린 해마기(海馬旗:東)·태백기(太白旗:西)·응준기(鷹準旗:南)·상기(象旗:北)·봉기(鳳旗:中央) 등이 언급되고 있다. 이 가운데 응준기 관련 기사記事에는 "깃발의 몸

그림 25 석관 측면(남면)에 새겨진 주작, 고려 11세기 중반~13세기 초, 국립중앙박물관 소장

그림 26 낙랑군 부인 김씨 석관 측면에 새겨진 주작, 고려 의종 3년(1149년), 국립중앙박물관 소장

체와 수술이 모두 붉은데 이는 화수火數를 상징한 것이다"라고 되어 있어[29] 응준기가 오행 중 불(火)과 남방을 상징하는 주작기에 해당하는 깃발임을 알 수 있다. 또한 깃발 가운데 매가 날아오르는 모양을 그렸다고 한 것으로 보아 응준기에 그려진 새는 독수리 · 매 · 까마귀와 같은 맹금류의 모습으로 표현되었을 것으로 추정된다. 응준기에 관한 이 같은 도설圖說은『선화봉사고려도경』권제9 '의물儀物'에서 "고려의 의물이 송나라의 예법과 맞지 않다"는 서긍의 언급을 뒷받침한다.

"신이 듣기를 여러 남방(만(蠻))의 이(夷)민족 나라는 비록 군장은 있으나 출입할 때는 긴 장대 위에 용 모양과 깃털로 장식한 정기(旌旗 : 장목(裝木)을 단 깃발)와 붉은 천으로 작게 만든 전기(旜旗 : 자루 위가 굽은 깃발) 10여 개가 뒤따르는 것에 불과하여 신하들과 관속들을 거의 분별할 수가 없다. 단지 고려는 오래 전부터 조빙(朝聘)을 하면서 점차 중조(中朝)의 감화를 받아 왕과 신하, 상하(上下)가 거동할 때는 예법(禮法)의 명문(明文)이 있다. 왕의 순행(巡行) 시에는 각기 의물(儀物)과 신기(神旗 : 임금을 나타나는 깃발)가 있고 앞서 달리는 갑옷 입은 병사가 사람들이 오가지 못하도록 길을 막고 6위(衛 :호위군)의 군대가 각기 의물을 잡고 가는데 비록 모두 법전에 있는 예법에는 맞지 않으나 남방의 다른 여러 이민족(만(蠻))들에 비하면 찬란하여 볼 만하

---

[29] 『宣化奉使高麗圖經』卷第14 旗幟. '鷹準旗二 其制 身與旒皆赤 法火數也 中繪鷹準騰而上 有疾而速之意.'

다. 이것이 공자가 살고 싶다 하고 더럽다고 하지 않은 이유이다."[30]

현존하는 문헌 자료로 볼 때 우리나라 의장기에 주작기로 명명된 깃발이 등장하는 것은 고려 후기이다. 고려 의종(毅宗: 1146~1170년) 이후의 고려 예제禮制를 살필 수 있는 조선 초에 간행된 『고려사高麗史』에는 『선화봉사고려도경』에서 언급되지 않았던 청룡기 및 주작기와 같은 사신기四神旗의 일부가 의장기에 등장하고, 조선시대 의장기에 나타나는 각단기角端旗, 선인기仙人旗, 천하태평기天下泰平旗, 군왕기君王旗 등을 살필 수 있어 고려 후기의 의장기가 고려와 조선의 의장기를 잇는 가교 역할을 했음을 알 수 있다. 그러나 의장기에 사신기 모두가 등장하는 것은 조선시대부터이다.

(4) 조선시대

① 주작기

문종文宗 4년(1454년)에 완성된 『세종실록世宗實錄』 권132 가례嘉禮 서례序禮 '노부鹵簿'에 도시된 주작기를 보면, 가늘고 긴 목의 물새를 연상시키는 한 마리의 주작이 날개를 펼친 채 서 있고, 주작은 전대前代에는 볼 수 없는 3두頭3족足의 이례적인 모습을 하고 있다. 세 개의 머리 중 가운데 머리는 중앙을, 좌우의 머리는 각각 바깥쪽을 향해 있고, 머리에는 작은 벼슬이 달려 있다. 또한 3두 위로 잎사귀 모양의 3개 화염이 길게 치솟아 있고 활짝 편 새 날개의 깃털이 사실적으로 묘사되었다(그림 27).

성종成宗 5년(1474년)에 편찬된 『국조오례의國朝五禮儀』 중 의장기에 관한 내용은 서례序禮 권卷2 가례嘉禮 '노부도설鹵簿圖說'과 서례 권1 길례吉禮 '정대업지무의물도定大業之舞儀物圖'에서 살필 수 있다.

---

[30] 徐兢, 『宣化奉使高麗圖經』 卷第九 儀物. "臣聞 諸蠻之國 雖有君長 其出入 則不過以旄㨾十數自隨 與其臣屬略無分辨 惟高麗素通朝聘 久被漸摩 故其君臣上下 動有禮文 王之巡行 各有儀物 神旗前驅 甲士塞途 六衛之軍 各執其物 雖不盡合典禮 然而此之諸蠻 桀然可觀 此孔子所以欲居而不以爲陋也."

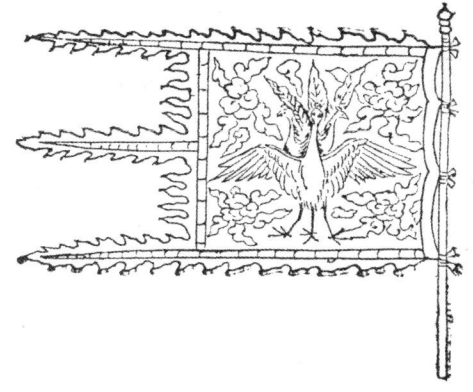
그림 27 『세종실록』 권132 가례 서례 '노부(鹵簿)'에 도시된 주작기, 조선 1454년

그림 28 『국조오례의』 서례 권2 가례 '노부도설(鹵簿圖說)'에 도시된 주작기, 조선 1474년

『국조오례의』 서례 권2 가례 '노부도설'에는 『세종실록』 권132 가례 서례 '노부'에서와 같이 주작기의 도시圖示와 함께 "적질화주작급운기赤質畵朱雀及雲氣 청적황백사채靑赤黃白四彩 화염각火炎脚"이라는 도설圖說이 있다. '노부도설'에 보이는 주작기는 『세종실록』 권132 가례 서례 '노부'에 도시된 주작기처럼 3두3족의 주작을 묘사했지만 세부 표현에 있어서는 다소 차이가 있다. 예를 들면 3두 중 가운데 머리가 중앙이 아닌 서쪽(좌측)을 향해 있고, 머리에서 목까지 짧은 세선細線이 나 있으며, 3두 위에는 화염이 치솟아 있지 않다. 이밖에 활짝 편 새 날개에 공작의 꽁지깃에 보이는 눈동자 같은 얼룩무늬(화안(火眼) 또는 주모(珠毛)라 함)가 표현되어 있어 공작의 모습을 연상시킨다(그림 28).

그러나 『국조오례의』 서례 권1 길례 '정대업지무의물도' 중의 주작기는 『세종실록』 권132 가례 서례 '노부' 및 『국조오례의』 서례 권2 가례 '노부도설'과는 달리 도설 없이 주작기만 나타냈고 운기雲氣도 표현하지 않았다. 주작은 3두3족으로 그려졌으나 머리 셋이 모두 서쪽(좌측)을 향해 있고 다리 셋에는 가는 세선이 더해졌으며, 머리에서 목으로 이어지는 부위가 다소 굵어졌다. 3두 위에 화염을 그리지 않은 것은 『국조오례의』 서례 권2 가례 '노부도설' 중의 주작기와 유사하나, 공작의 꽁지

그림 29 『국조오례의』 서례 권1 길례 '정대업지무의물도(定大業之舞儀物圖)' 중의 주작기, 조선 1474년

그림 30 『악학궤범』 권8 '정대업정재의물도설(定大業呈才儀物圖說)' 중의 주작기, 조선 1493년

그림 31 『속병장도설』에 도시된 주작기, 조선 1749년

깃에 보이는 얼룩무늬를 표현하지 않았고 활짝 편 새 날개를 여러 개의 가는 선으로 도식화하여 나타냄으로써 공작의 특징적 모습은 보이지 않는다(그림 29). 여기서 주지할 것은 동일한 예서禮書, 즉 『국조오례의』 안에서도 가례, 길례 등 의례의 성격에 따라 주작기에 그려진 주작 모습이 다소 차이가 있고, 『세종실록』과 『국조오례의』와 같이 다른 이름의 예서라 하더라도 '가례' 등 같은 항목에서 도시될 경우 이들의 형태적 친연성이 높다는 점이다.

성종 24년(1493년)에 왕명에 의해 성현·유자광·신말평 등이 간행한 『악학궤범樂學軌範』 중 의장기의 모습을 살필 수 있는 것은 권8 정대업정재의물도설定大業呈才儀物圖說이다. 이 가운데 주작기를 보면, 『국조오례의』 서례 권1 길례 '정대업지무의물도' 중의 주작기와 같이 도설 없이 머리가 모두 서쪽(좌측)을 향해 있는 3두3족의 주작만을 나타냈고 운기도 표현하지 않았다. 머리에서 목으로 이어지는 부위에 긴 세선이 나 있고 활짝 편 날개에 공작의 꽁지깃에 보이는 얼룩무늬가 표현되어 있는데, 이런 모습은 『국조오례의』서례 권2 가례 '노부도설'의 주작기와 흡사하다. 이처럼 『악학궤범』권8 '정대업정재의물도설'의 주작기는 세부에 따라 『국조오례의』길례 '정대업지무의물도' 또는 가례 '노부도설'에 표현된 주작기의 모습을 함께 엿볼 수 있지만 전체적인 형상은 『국조오례의』서례 권1 길례 '정대업지무의물도' 중의 주작기와 가깝다(그림 30).

그런데 문종文宗 때 간행된 『병장도설兵將圖說』의 속편으로 영조英祖 25년1749년에 편찬된 『속병장도설續兵將圖說』 중의 주작기를 보면, 이전에 편찬된 『세종실록』·『국조오례의』·『악학궤범』 등에 나타난 서 있는 정지된 모습의 3두3족의 주작 대신, 구름을 배경으로 머리는 하나이고 다리 표현이 생략된 새가 날아가는 모습으로 표현되었다. 또한 주작이 가는 목과 가는 다리를 지녔거나 활짝 편 날개에 공작의 꽁지깃에 보이는 얼룩무늬가 표현되었던 이전과는 달리, 날카롭게 아래로 굽어 있는 부리는 맹금류를 닮았다(그림 31).

새가 천명天命의 전달자를 상징하고 있음을 고려할 때, 『속병장도설』에 도시된 주작기에서 주작을 날아가는 모습으로 표현한 것은 병자호란 이후 팽배해진 숭명배청崇明排淸 사상과 함께 그간 중화中華 문화 질서의 핵심적 위치에서 민족 문화를 이룩해 온 조선이 명明·청淸 교체 후 중화 문화의 계승자를 조선으로 인식한 조선중화주의朝鮮中華主義의 영향이 반영된 것으로 본다. 한편 주작기에 그려진 주작의 부리가 갈고리 모양으로 날카롭게 아래로 굽어져 있는 것은 고구려 고분 벽화에서 까마귀(삼족오)와 같은 맹금류를 일상문에 등장시켰던 고래古來의 전통이 주작 도상에 투영되었기 때문으로 이해된다. 이 같은 해석을 뒷받침하듯 『속병장도설』의 간행 시기와 큰 차이가 나지 않는 영조 20년1744년에 제작된 직지사直指寺 약사여래도에 표현된 일상문에도 날아가는 새가 그려진 것을 살필 수 있는데(그림 32), 직지사는 배

그림 32 직지사 약사여래중 중 일광(日光)보살의 보관(寶冠) 안에 날개를 펴고 날아가는 새가 표현된 일상문, 조선 1744년

불배佛의 그늘 하에서도 조선 초부터 왕실의 후원을 받으며 사세寺勢를 유지했던 사찰이었다는 점에서 주목된다.

정조正祖 12년(1788년)에 완성된 『춘관통고春官通考』[31] 권49 가례嘉禮 '원의노부도설原儀鹵簿圖說' 및 같은 책 권12 길례吉禮 종묘宗廟 '원의속절악기도설原儀俗節樂器圖說' 에서도 3두3족의 주작이 그려진 주작기를 볼 수 있다.

『춘관통고』 권49 가례 '원의노부도설' 에 도시된 주작기에는 『세종실록』 권132 가례 서례 '노부' 및 『국조오례의』 서례 권2 가례 '노부도설' 과 같이 "적질화주작급운기赤質畵朱雀及雲氣 청적황백사채靑赤黃白四彩 화염각火焰脚"이란 도설이 있다. 한편 중앙에 위치한 3두3족을 지닌 주작의 좌우상하 4면에 운기雲氣가 있고, 가는 목과 가는 다리에 활짝 편 날개에 공작의 꽁지깃에 보이는 반점이 나타나 있어 『국조오례의』 서례 권2 가례 '노부도설' 의 주작기와 유사하다(그림 33).

『춘관통고』 권12 길례 종묘 '원의속절악기도설' 의 주작기는 『국조오례의』 서례 권1 길례 '정대업지무의물도', 『악학궤범』 권8 '정대업정재의물도설' 에서와 같이 도설 없이 주작만 나타냈고 운기도 표현되어 있지 않다. 그러나 『악학궤범』 권8 '정대업정재의물도설' 의 주작기와는 달리 주작의 활짝 편 날개에 공작의 꽁지깃에 보이는 반점은 나타나 있지 않고, 주작의 목 부위도 굵게 표현되어 있어 『국조오례의』

---

[31] 『춘관통고』는 원의(原儀)·속의(續儀)·보편(補編)·금의(今儀) 등으로 구분되며, 원의는 성종 5년(1474년)의 국조오례의를, 속의는 영조 20년(1744년)의 국조속오례의를, 보편은 국조상례(喪禮)보편을, 금의는 1788년까지 추가된 의주(儀註)를 각각 말한다.

그림 33 『춘관통고』 권49 가례 '원의(原儀)노부도설'에 보이는 주작기, 조선 1788년

그림 34 『춘관통고』 권12 길례 종묘 '원의속절악기도(原儀俗節樂器圖)'에 보이는 주작기, 조선 1788년

서례 권1 길례 '정대업지무의물도'의 주작기와 더 유사하다. 그러나『국조오례의』 서례 권1 길례 '정대업지무의물도' 및『악학궤범』 권8 '정대업정재의물도설'의 주작기에는 3두3족의 주작이 그려진데 반해, 『춘관통고』 권12 길례 종묘 '원의속절악기도'의 주작기에는 3두2족의 주작이 그려져 있고, 말을 연상케 하는 가는 선들이 목에 나 있는 등 양자의 차이를 살필 수 있다(그림 34).

이처럼『춘관통고』에 도시된 주작기가 이보다 약 40년 앞서 편찬된『속병장도설』의 주작기보다 시기가 훨씬 앞서는 성종 때 편찬된『국조오례의』와 유사한 것은『춘관통고』에 보이는 주작기가 '원의노부도설'과 '원의속절악기도' 등『국조오례의』를 다룬 원의原儀[32] 안에 포함되어 있기 때문으로 풀이된다. 아울러 시대 변화에 대응하기 위해 청조淸朝로부터 발달된 선진 문물과 문화를 도입·수용하자는 북학론이 18세 후반에 활기를 띠게 됨으로써 조선중화주의에 힘이 덜 실리게 되었던 당시의 시대상과도 일정 부분 관련성을 갖는 것으로 판단된다.

광무光武 8년(1904년)에 편찬된『진연의궤進宴儀軌』권3 의장儀仗 도식圖式 중의 주작기

---

[32] 주)31 참조.

그림 35 대한제국 시기의 주작기, 조선 1897~1905년

와 창덕궁 유물 중 대한제국 때의 주작기는 이전과는 달리 주작이 봉황에 가까운 모습을 하고 있다(그림 35). 이처럼 주작기에서 봉황의 모습을 살필 수 있음은 주작과 봉황과의 친연성을 말해준다. 또한 『진연의궤』 권3 의장 도식 및 대한제국의 주작기는 대한제국의 일기日旗에 그려진 새와 마찬가지로 주작이 날아가는 모습으로 표현되었는데(그림 9 참조), 이는 조선 왕국의 종언終焉을 고하며 대한제국을 성립시켰던 것을 상징화한 것으로 본다.

② 『산릉도감의궤(山陵都監儀軌)』에 그려진 사신도(四神圖) 중의 주작

조선시대의 『산릉도감의궤』는 국왕과 왕후의 장례 시 능소陵所의 토목공사와 이에 부수되는 각종 석물의 설치 등을 담당하는 임시 관소에 대한 준칙을 정한 것을 말하며, 산릉도감의궤에 그려진 사신도는 산릉도감에서 제작한 찬궁(欑宮 : 임시로 묻는 곳)의 내부에 붙이는 그림으로 피장被葬된 국왕이나 왕후를 수호하는 영험한 상징성을 갖는다. 『산릉도감의궤』의 사신도는 죽은 자의 공간에 들어가는 그림이라는 점에서 볼 때 삼국시대의 무덤 벽화와 고려시대의 석관石棺에 그려진 사신도의 연장선에 있다. 또한 찬궁의 제작과 사신도에 대한 기록이 『국조오례의』 「성빈成殯」 조條에 있는 것으로 보아 산릉도감에서 만든 찬궁에 사신도를 그려서 붙이는 전통은 15세기부터 정례화 되었음을 알 수 있다. 이후 그 전통이 이어져 왔음은 현존하는 17세기 이후의 『산릉도감의궤』를 통해 확인할 수 있는데, 여기서는 사신도 중 주작을 중심으로 도상의 특징 및 그 변천을 고찰해보기로 한다.[33]

『산릉도감의궤』 중 이른 시기의 것은 17세기 초의 『선조목릉宣祖穆陵 천봉遷奉산릉도감의궤』(1630년), 늦은 시기의 것은 20세기 초의 『순종효황제純宗孝皇帝 유릉裕陵산릉도감의궤』(1926년)이며, 주작 도상의 변화는 18세기 중엽에 제작된 『정성왕후貞聖王后 산릉도감의궤』(1757년)를 통해 엿볼 수 있다. 즉, 18세기 중엽 이전에는 서 있는 정지된 모습의 3두3족의 주작이 그려졌지만 그 이후에는 3두3족이 아닌 1두에 다리 표현이 생략된 채 날아가는 모습의 주작이 표현되었다. 이 같은 모습의 주작은 앞서 언급한 『속병장도설』(1749년)에 이미 보이고 있어 주작 도상의 변화가 주작기에서 먼저 나타나고 있음을 파악할 수 있다(그림 31 참조).

3두3족의 주작은 『선조목릉宣祖穆陵 천봉遷奉산릉도감의궤』(1630년), 『인목왕후仁穆王后 산릉도감의궤』(1632년), 『인조장릉仁祖長陵 산릉도감의궤』(1649년), 『효종영릉孝宗寧陵 천봉산릉도감의궤』(1673년), 『인선왕후仁宣王后 산릉도감의궤』(1674년), 『단종장릉端宗莊陵 천봉산릉도감의궤』(1698년), 『숙종명릉肅宗明陵 산릉도감의궤』(1720년), 『선의왕후宣懿王后 산릉도감의궤』(1730년) 등에서 살필 수 있다(그림 36~그림 43). 주작의 세부 표현에 있어 머리 방향, 목에 난 가는 선의 길이 및 두께, 날개 깃털의 사실적인 표현, 활짝 편 날개에 공작의 꽁지깃에 보이는 반점의 유무有無 등은 다소 차이가 있지만 전체적인 모습은 대동소이한데 주작기에서도 이러한 차이는 발견된다.

1두에 다리 표현이 생략된 채 날아가는 모습의 주작은 『정성왕후貞聖王后 산릉도감의궤』(1757년), 『정조건릉正祖健陵 산릉도감의궤』(1800년), 『철종예릉哲宗睿陵 산릉도감의궤』(1863년), 『순종효황제純宗孝皇帝 유릉裕陵산릉도감의궤』(1926년)에 도시되어 있다(그림 44~그림 47). 이 역시 주작 표현에 있어 눈매와 부리, 깃털, 몸통의 굵기 등은 차이가 있지만 전체적인 모습은 크게 다르지 않다. 주작기와 비교할 때 『춘관통고春官

---

33 윤진영, 「조선왕조 산릉도감의궤의 四獸圖」, 『仁祖長陵山陵都監儀軌』, 한국학중앙연구원, 2007.10, 478-479쪽, 482쪽 참조.

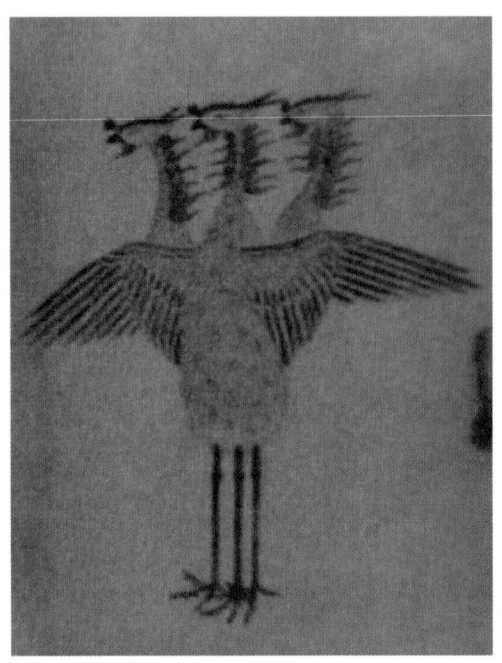

그림 36 『선조목릉 천봉산릉도감의궤』에 그려진 주작, 조선 1630년

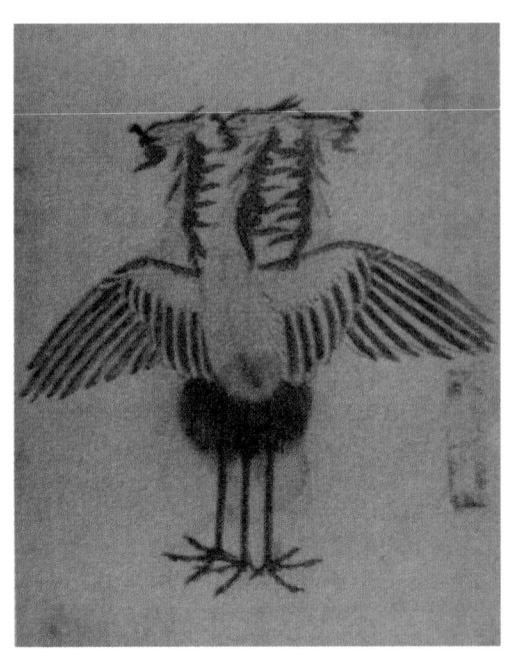

그림 37 『인목왕후 산릉도감의궤』에 그려진 주작, 조선 1632년

그림 38 『인조장릉 산릉도감의궤』에 그려진 주작, 조선 1649년

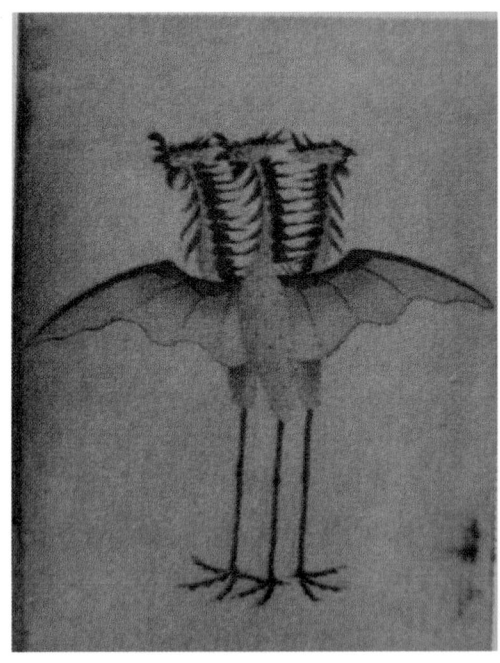

그림 39 『효종영릉 천봉산릉도감의궤』에 그려진 주작, 조선 1673년

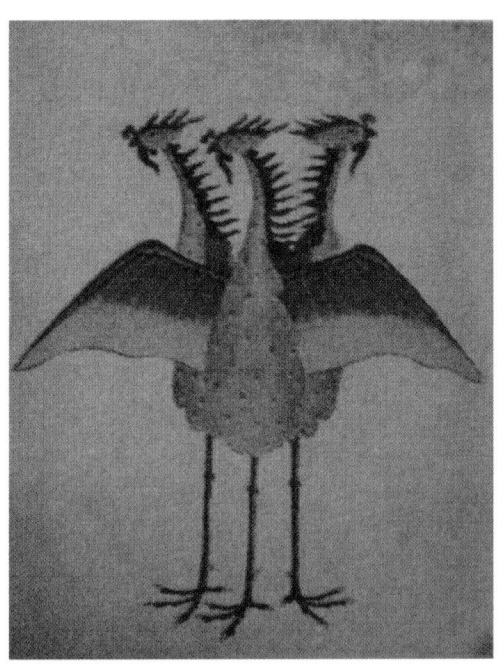

그림 40 『인선왕후 산릉도감의궤』에 그려진 주작, 조선 1674년

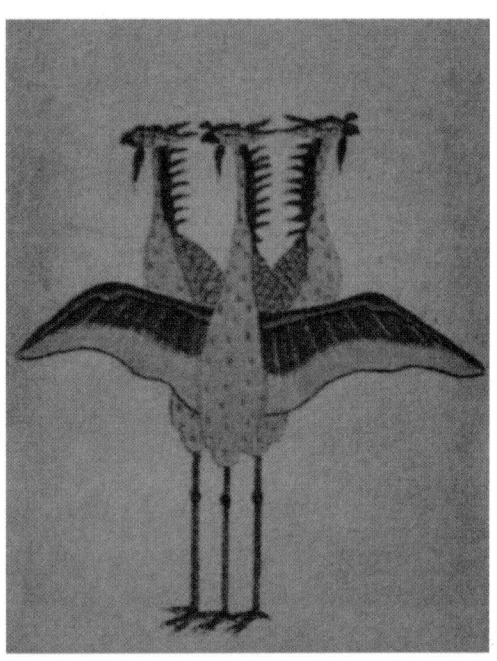

그림 41 『단종장릉 천봉산릉도감의궤』에 그려진 주작, 조선 1698년

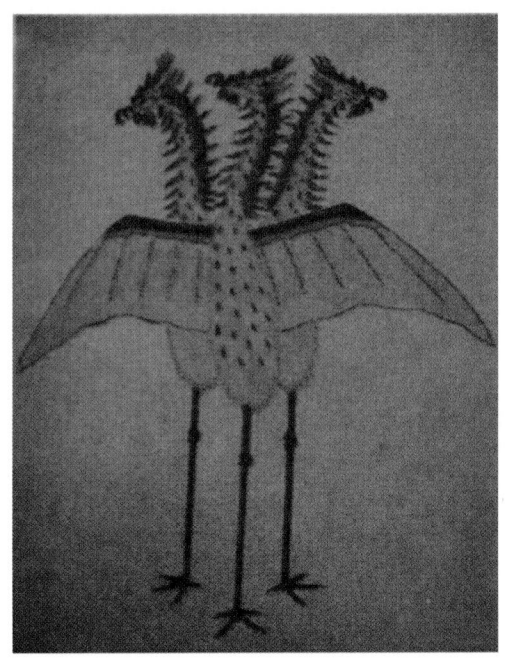

그림 42 『숙종명릉 산릉도감의궤』에 그려진 주작, 조선 1720년

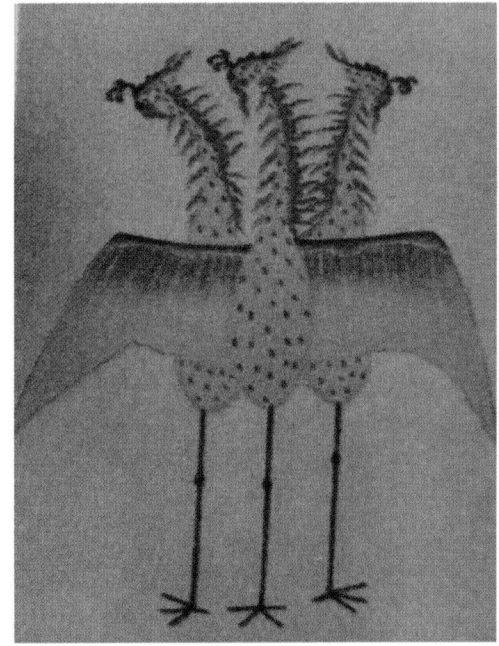

그림 43 『선의왕후 산릉도감의궤』에 그려진 주작, 조선 1730년

그림 44 『정성왕후 산릉도감의궤』에 그려진 주작, 조선 1757년

그림 45 『정조건릉 산릉도감의궤』에 그려진 주작, 조선 1800년

그림 46 『철종예릉 산릉도감의궤』에 그려진 주작, 조선 1863년

그림 47 『순종효황제 유릉산릉도감의궤』에 그려진 주작, 일제강점기 1926년

通考』(1788년)에 보이는 주작기에는 3두3족의 주작이 그려졌지만, 이 보다 12년 후에 제작된『정조건릉正祖健陵 산릉도감의궤』(1800년)에는 머리는 하나이고 다리 표현이 생략된 날아가는 모습의 주작이 그려져 있어 산릉도감의궤의 경우, 1757년 제작된『정성왕후貞聖王后 산릉도감의궤』이후 주작 도상의 변화가 없었음을 확인할 수 있다.

3. 봉황

봉황은 일상문에 그려지는 삼족오와 같이 망자亡者 및 왕권과 관계된 상징물에 표현되고, 불구佛具인 향완香埦과 불화佛畵에도 등장한다. 봉황은 삼족오처럼 맹금류(날카로운 부리와 발톱, 매서운 눈매)와 주작(닭의 붉은 벼슬, 공작의 화려한 꽁지 깃털)의 도상적 특징이 함께 나타나고, 대부분 암수 한 쌍이 좌우 대칭으로 그려진다. 또한 동세는 날개를 활짝 펴고 날아오르는 모습이며, 다리 표현은 잘 나타나 있지 않다.

'봉황의 성립 배경'에서 언급한 바와 같이 고음古音에서 '봉(鳳 : huáng)'과 '황(皇 : huáng)', '황(皇 : huéng)'과 '광(光 : guang)'이 상통하여 봉鳳=황皇=광光의 관계가 성립되고 봉鳳이 광조光鳥로 인식된 것을 고려할 때, 봉황은 '밝 사상'과 밀접한 관련성을 갖는다. 한편 봉황에 태양과 불을 상징하는 삼족오와 주작 도상이 함께 반영된 것은 태양은 천상에서 낮을 밝히고, 불은 지상에서 밤을 밝히므로 이 둘의 결합은 낮과 밤의 완전한 밝음을 뜻하기 때문으로 풀이된다.

이처럼 삼족오와 주작의 특징적 모습을 갖춘 봉황이 정형화·규범화 된 틀을 갖추게 되는 시기는 중국은 요遼·금金·원대元代이고 우리나라는 고려 때이다. 여기서는 중국과 한국에서의 봉황 전개를 통해 봉황의 도상적 특징을 살펴보고자 한다.

1) 중국

봉황의 모습은 다음의『설문해자說文解字』권4 '봉조鳳條'와『산해경山海經』「남산경南山經」'단혈지산조丹穴之山條'를 통해 살필 수 있다.

그림 48 북경 화자광 서부 성벽에서 출토된 원대(元代) 백옥석조에 새겨진 봉황

그림 49 북경 태묘 석조 망주에 표현된 명대(明代)의 봉황

그림 50 북경 고궁의 채화에 그려진 청대(淸代)의 봉황

"봉황은 신조(神鳥)로 5색을 띠며 앞모습은 기린이며 뒷모습은 사슴이다. 또한 뱀의 목에 물고기의 꼬리, 용의 비늘에 거북이의 등, 그리고 제비의 턱에 닭의 부리를 지니고 있다."[34]

"한 새가 있는데 닭과 같이 생겼으며 5색의 무늬가 있다. 이름 하여 봉황이다."[35]

이처럼 고대 문헌인 『설문해자』와 『산해경』 등에 언급된 봉황은 그 모습이 같지 않다. 그러나 숙신(肅愼)과 몽고족의 후예로서 현조 숭배의 전통을 가진 요·금·원이 중국을 집권하면서 맹금류의 주요 특징이 봉황 도상에 반영되면서 점차 정형화된

---

[34] 『說文解字』 卷4 鳳條. '鳳神鳥五色備 麟前鹿後 蛇頸魚尾 龍文龜背 燕頷雞啄.'
[35] 『山海經』 「南山經」 丹穴之山條. '有鳥焉 其狀如雞 五彩而文 名曰鳳凰.'

틀을 갖춘다.

요·금·원대元代의 봉황은 일상문에 그려지는 현조인 삼족오의 주 모델인 맹금류(독수리, 매, 까마귀)와 주작의 주 모델인 닭을 원형으로 하여 약간의 변화를 가하고 있다. 또한 몸체에 나타난 용 비늘과 몇 갈래로 된 긴 꽁지깃을 특징으로 하는데 북경 화자광樺子廣 서부 성벽에서 출토된 원대元代 백옥석조白玉石雕에 표현된 봉황을 통해 이를 살필 수 있다(그림 48).

한편 명대明代와 청대淸代의 봉황은 뒤로 길게 늘어진 꽁지깃에 장식적 효과를 가미했다. 그 예로는 북경 태묘太墓 석조 망주望柱에 표현된 명대의 봉황과 북경 고궁의 채화彩畵에 그려진 청대의 봉황이 있다(그림 49, 그림 50). 그러나 청대 후기에 이르면 용봉龍鳳 합일의 경향이 나타나 용봉이 함께 장식된다.[36]

2) 한국

(1) 고려

요·금·원대의 맹금류와 닭을 원형으로 하는 봉황은 고려 인종仁宗 2년(1124년)에 제작된 영통사 대각국사大覺國師 의천義天의 비碑, 12~13세기 작품으로 추정되는 봉황문 동경銅鏡과 고려청자 상감象嵌 봉황문 합盒, 13세기에 제작된 청동제 은입사銀入絲 '통도사通渡寺' 명명銘 봉황문 향완香埦 등에서 살필 수 있다.

개성에 위치한 영통사 대각국사 의천의 비신碑身 정면 상부 좌우에는 봉황문이 나타나 있는데, 요·금·원대의 봉황문처럼 날카로운 부리와 매서운 눈은 맹금류를, 머리에 달린 벼슬은 주작의 주 모델인 닭을 닮았다(그림 51).

봉황문 동경은 장방형의 가장자리에 좁은 테를 돌리고 그 안의 둥근 원에 두 마리의 봉황을 시계 방향으로 얕게 음각하여 표현했다. 봉황은 머리에 달린 닭 벼슬,

---

[36] 王大有 지음, 林東錫 옮김, 주)18의 책, 269~271쪽 참조.

몸통에 나 있는 비늘 모양, 힘 있게 뻗은 날개 등을 특징으로 하며 꼬리는 당초문처럼 길게 늘어뜨렸다(그림 52).

고려 상감청자 중 봉황이 시문된 것으로는 고려청자 상감 봉황문 합이 있다. 이 합은 상부 중앙에 능화형菱花形을 위치시키고 그 안에 둥근 원을 그려 쌍봉雙鳳을 표현했다. 또한 상부 사면四面의 가장자리에는 구름문 사이로 날고 있는 백상감白象嵌된 네 마리의 학들을 배치시켜 선경仙境을 방불케 한다. 원 안에 표현된 두 마리의 봉황은 전술한 고려 봉황문 동경과 같이 머리 위의 벼슬, 몸통의 비늘 모양, 길게 늘어뜨린 꼬리 등을 갖추고 있다(그림 53, 그림 53-1).

13세기 작품으로 알려져 있는 청동제 은입사 '통도사' 명 봉황문 향완에서도 봉황이 확인되는데, 이 향완에는 전형적인 고려 향완에서 볼 수 있는 원형 여의두곽 안에 범자문, 연화당초문, 당초문 등이 시문되어 있다. 향완의 네 면에는 범자 '옴'자가 은銀 입사된 별도의 동판銅版을 못으로 고정시켰고 범자 주변에는 여의두문을 돌렸으며 그 사이의 공간에는 연화당초문을 배치하되 바탕을 파고 은으로 입사하여 도자기의 역상감逆象嵌 효과를 냈다. 향완 받침의 윗부분에는 연판문이 돌려지고

그림 51 대각국사 의천의 비신(碑身)에 새겨진 봉황문, 고려 1124년, 개성 소재

그림 52 봉황문 동경(銅鏡), 고려 12~13세기, 국립중앙박물관 소장

그림 53 고려 청자상감 봉황문 합(盒), 고려 12세기 말~13세기 초

그림 53-1 고려 청자상감 봉황문 합(盒)의 상부 모사도

그림 54 청동제 은입사 '통도사' 명 봉황문 향완, 고려 13세기, 통도사성보박물관 소장

그림 54-1 모사도 : 향완의 굽 하단에 시문된 봉황문

그 밑에는 구름 사이에 긴 꼬리를 펼친 봉황 한 쌍이 날개를 활짝 펴고 있는 모습이 여러 굵기의 은선銀線으로 입사되어 미려함을 더해준다. 은 입사된 한 쌍의 봉황은 날카로운 부리와 매서운 눈, 머리에 달린 벼슬, 서너 개의 깃털로 된 길고 큰 꼬리 등을 특징으로 한다(그림 54).

이 밖에 석관의 측면 4면에는 사신을, 석관의 뚜껑부에는 한 쌍의 봉황을 배치한 고려시대의 석관石棺에서도 봉황문을 살필 수 있다(그림 55). 이처럼 봉황이 사신과

그림 55 석관 상부에 표현된 봉황, 고려 11세기 중엽~13세기 초, 국립중앙박물관 소장

함께 표현된 것으로는 『선화봉사고려도경』 권제卷第14 기치旗幟 중에 언급된 신기(神旗 : 상기(象旗) · 응준기(鷹準旗) · 해마기(海馬旗) · 봉기(鳳旗) · 태백기(太白旗))가 있다. 신기는 오행론에 입각하여 5방(五方 : 동서남북과 중앙)에 해당하는 색깔에 맞춰 깃발 안에 신물神物을 그렸고, 신기 중 봉기[37]는 중앙의 궁전자리에 해당한다고 기록하고 있다. 그런데 특이한 것은 석관과 신기 모두 황룡이 위치해야 할 곳에 봉황을 등장시키고 있다는 점이다.

(2) 조선

조선시대에는 궁궐 기와, 정전正殿 계단 중앙의 답도, 정전의 천장부, 의장기, 옥책함 등에 봉황문이 나타난다. 이처럼 임금이 정무를 살피거나 거처하는 공간과 왕권의 상징물에 봉황문이 사용된 것은 어진 임금이 나라를 다스리면 봉황이 출현한다는 고전에 근거하여 성군聖君과 성천자聖天子의 강림을 상징화 하기 위한 것으로 풀이된다.

여기 소개하는 회암사檜巖寺 출토의 '천순오년天順五年' 명銘 봉황문 기와는 왕실이 아닌 사찰에서 사용된 것이기는 하나 회암사가 왕실과 밀접한 관계를 맺으며 사세寺勢를 유지했던 사찰이었다는 점을 감안할 때 궁궐의 봉황문 기와와 같은 선상線上의 기와로 볼 수 있다. 회암사 출토의 봉황문 기와에는 한 마리의 봉황이 날개를 활짝 펴고 날아오르는 모습을 하고 있고, 봉황의 날개깃이나 꼬리 털 등이 사실적으로

---

37 『宣化奉使高麗圖經』 卷第14 旗幟. '鳳旗二 其制 身與旐皆黃 法土數也 中繪飛鳳 鳳之爲物 身被五彩 位應中宮.'

그림 56 회암사에서 출토된 '천순(天順) 5년' 명(銘) 봉황문 기와, 조선 1461년

그림 57 경복궁 근정전 계단 중앙 답도에 표현된 봉황문, 조선 후기

표현되어 생동감을 준다. 한편 매서운 눈매와 날카로운 부리, 몸통에 나 있는 비늘 모양 등은 고려시대의 봉황문을 연상시킨다(그림 56).

국왕이 신하들과 정무를 보는 정전 앞 계단 중앙의 답도에서도 봉황문을

그림 58 창경궁 명정전 천장부에 장식된 봉황, 조선 후기

볼 수 있다. 경복궁景福宮 근정전勤政殿의 경우, 방형의 답도 중앙에 이중의 능화형을 안치한 후 그 안에 두 마리의 봉황을 위치시켰는데, 봉황은 물새인 오리를 닮았다(그림 57). 물새를 홍수가 나도 죽지 않는 불사不死의 새로 인식했음을 고려할 때, 봉황을 물새로 표현한 것은 조선 왕조의 영속을 바라는 마음이 투영된 것으로 생각된다.

정전의 천장에도 봉황이 장식되었는데 창경궁昌慶宮 명정전明政殿이 이에 해당한다(그림 58). 그러나 정전의 천장에는 용龍이 주로 장식된다. 이처럼 용 대신 봉황을 위치시킨 사례로는 앞서 언급한 『선화봉사고려도경』 권제14 기치旗幟 중에 언급된

그림 59 『세종실록』 권132 가례 서례 '노부(鹵簿)'에 그려진 벽봉기(碧鳳旗), 조선 1454년

그림 60 대한제국 시기의 의봉기(儀鳳旗), 조선 1897~1905년

고려시대의 신기神旗 중 봉기鳳旗와 측면의 사신四神과 함께 상부 중앙에 봉황을 묘사한 고려 석관이 있다.(그림 55 참조)

왕실의 의례와 왕의 행차 때 세워지는 벽봉기碧鳳旗 및 의봉기儀鳳旗와 같은 의장기에서도 봉황문을 확인할 수 있다. 벽봉기는 『세종실록』 권132 가례 서례 '노부鹵簿'에 그림 설명("황색 바탕에 벽봉과 운기雲氣를 그리고, 청색·적색·황색·백색 등의 네 가지 색으로 채색을 하고 화염각이 있다")[38]과 함께 도시圖示되어 있는데, 벽봉기에 그려진 봉황은 몸체를 세우고 비상하려는 자세를 취하고 있다(그림 59). 하지만 광무光武 8년(1904년)에 편찬된 『진연의궤進宴儀軌』 권3 의장儀仗 도식圖式 중의 의봉기儀鳳旗와 창덕궁 유물 중 대한제국 시기의 의봉기에 표현된 봉황은 사선 방향으로 날아가고 있다(그림 60). 벽봉기와 의봉기 모두 쌍봉雙鳳이 아닌 단봉單鳳을 나타내고 있지만 이처럼 봉황의 동세와 모습에 있어서는 차이를 보인다.

봉황문은 왕이나 왕비의 존호를 올릴 때 송덕문을 새겨 옥책玉冊을 보관하던 함

---

38 『世宗實錄』 卷132 嘉禮 序禮 '鹵簿'. '黃質畵碧鳳及雲氣 靑赤黃白四彩 火焰脚.'

그림 61 정조 왕비 헌경왕후의 옥책함, 조선 1795년, 국립고궁박물관 소장

에도 나타나 있다. 〈그림 61〉은 정조正祖의 비妃였던 헌경왕후의 옥책함인데 표면에는 붉은 칠을 하고 금물로 무늬를 그려 넣었다. 측면에는 매화·대나무·난초를 그렸고 윗면에는 능화형 안에 두 마리의 봉황을 그렸는데 날카로운 부리와 매서운 눈매, 몸통에 나 있는 비늘 등이 맹금류의 특징적 모습을 반영한다.

금당사金堂寺 및 청곡사靑谷寺 괘불掛佛과 같은 조선시대의 불교회화에서도 봉황을 살필 수 있다.

금당사 괘불은 주존主尊의 머리 위 보관寶冠 상하 좌우에 2마리씩 총 4마리의 봉황을 그렸다. 봉황은 모두 바깥을 향해 있는데 봉황의 도상적 특징(머리에 달린 닭 벼슬, 몸통에 나 있는 비늘 표현)이 잘 반영되었다(그림 62).

석가모니 3존상을 묘사한 청곡사 괘불은 중앙의 석가모니 좌우측에 위치한 협시보살(문수보살, 보현보살)의 보관에 봉황을 표현했다. 좌측의 문수보살 보관 위에

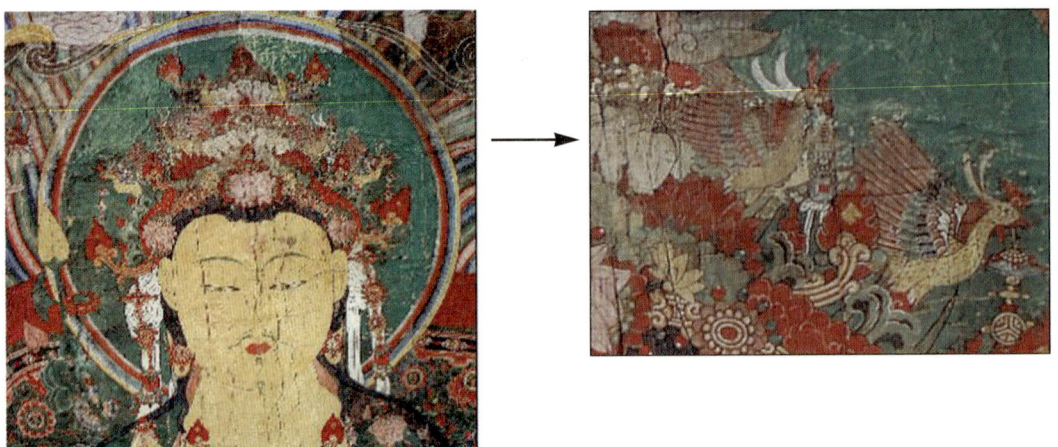

그림 62 금당사 괘불 주존의 보관(寶冠) 위에 장식된 봉황, 조선 1692년

그림 63 석가3존상을 그린 청곡사 괘불 좌우 협시보살의 보관 위에 장식된 봉황, 조선 1722년

그림 64 민화에 표현된 봉황, 조선 후기

그려진 봉황은 바깥을 향해 있고, 우측의 보현보살 보관 위에 그려진 봉황은 안쪽을 향해 있다(그림 63).

금당사와 청곡사 괘불에 그려진 봉황은 도상적 특징은 크게 다르지 않으나 봉황이 향해 있는 방향(안쪽 또는 바깥쪽)은 차이를 보인다. 괘불과 같은 불교회화의 주존 또는 협시보살의 보관 위에 장식된 봉황은 보관 아래로 길게 꼬리를 늘어뜨리고 있는데, 이러한 모습은 대한민국의 문장紋章에 표현된 봉황에서도 살필 수 있다.

이밖에 조선 후기 민화에서도 맹금류와 닭을 연상시키는 봉황이 그려졌다. 그런데 민화는 준수해야 할 규범에 큰 제약을 받지 않고 구매자의 요구에 따라 제작되었기 때문에 봉황이 갖추어야 할 도상적 특징이 십분 반영되었다고 보기는 어렵다(그림 64).

(3) 대한민국

맹금류와 닭을 주 모티브로 하는 봉황은 시대 흐름에 따른 변화 과정을 거친 후 오늘날에는 대통령의 문장紋章과 국쇄國璽에 사용되는 등 그 맥을 잇고 있다.

그림 65 대한민국 대통령 문장(紋章)에 표현된 봉황

대통령 문장의 봉황은 고려와 조선시대의 봉황과는 달리 날카로운 부리와 발톱, 힘 있게 쭉 뻗은 날개 등과 같은 맹금류의 모습은 많이 약화되었다. 그러나 머리에 달린 닭 벼슬과 꼬리를 당초문처럼 길게 늘어뜨린 것은 고려와 조선시대의 봉황 특징을 그대로 따르고 있다(그림 65).

Ⅲ. 삼족오·주작·봉황과의 친연성

1. 삼족오와 주작

1) 문헌

삼족오와 주작과의 친연성은 진晉의 최표崔豹가 지은 『고금주古今注』에서 살필 수 있다.

> "적오(赤烏)라는 새는 위[북방]에서 내려온 것이다. 그것은 높은 곳에서 사는데 태양 속에 사는 세 발 달린 삼족오의 정(精)이 아래로 내려와 삼족오를 낳았다."[39]

여기서 '적오(붉은 까마귀)'는 동북아시아에 분포해 있던 현조인 까마귀를 신조神鳥로 여겼던 동이족의 일파가 중국 서북부에서 동남부의 산동반도 지역으로 남하한 것을 의미한다. '적오'의 붉은색을 오행사상과 결부시켜 보면 남방에 해당하는 색이므로 이는 동이족의 남하에 따라 삼족오의 형상도 까마귀와 같은 현조에서 적오의 단계를 거쳐 붉은 색의 주작으로 변이變移되었음을 시사한다. 주작 도상에서 남방 지역에 서식하는 화려한 꼬리 깃털을 가진 공작의 모습이 반영된 것도 바로 이러한 연유에서 비롯된 것으로 이해된다.

---

[39] 『古今注』. '所謂 赤烏者 降而也 其所居高處 日中三足烏之精 降而生三足烏.'

우리나라에서도 『삼국사기』 권14 고구려본기 제2 '대무신왕大武神王' 3년조條에서 '적오' 관련 기사記事를 볼 수 있다.

"겨울 10월에 부여 왕 대소(帶素)가 사신을 보내어 붉은 까마귀를 보냈는데 머리는 하나 몸은 둘이었다. 처음에 부여 사람이 이 까마귀를 잡아 그것을 부여 왕에게 바치니 어떤 사람이 말했다. '까마귀란 검은 것인데 지금 변하여 붉은 빛으로 되었고 또 머리는 하나, 몸은 둘이니 이것은 두 나라를 합칠 징조입니다. 그러므로 왕께서 혹시 고구려를 합치게 되는지요.' 대소는 기뻐하여 그것을 고구려로 보냈고 그 어떤 사람의 말도 함께 전하였다. 왕[대무신왕]은 여러 신하들과 의논해서 대답했다. '검은 것은 북방의 색인데 지금 변하여 남방의 색이 되었고, 또 붉은 까마귀는 상스러운 것인데 군[君 : 여기서는 대소왕을 지칭함]이 이를 얻었으나 갖지 아니하고 내게 보냈으니 양국의 존망을 알 수 없다'고 했다. 대소는 이 말을 듣고 놀라며 후회했다."⁴⁰

위에서 언급되고 있는 '적오'를 오행사상과 연계시켜 보면 까마귀의 검은 색은 북방을, 적오의 붉은 색은 남방을 뜻하므로 적오는 오행 중 북방과 검은색에 해당하는 현조인 까마귀가 남방과 붉은 색에 해당하는 주작으로 변이되었음을 시사한다. 이 같은 변이의 주요한 요인에는 전쟁과 그에 따른 정치적 입지 등이 크게 작용한 것으로 해석되는데, 그 이유는 붉은 까마귀의 출현은 고구려 대무신왕의 동부여 정벌로 동부여 내부가 분열되고 이후 고구려의 입지가 강화되는 상황을 암시해 주고 있기 때문이다. 한편 지배 계층 스스로가 천왕天王 내지 천손임을 자처하는 등 천신天神 신앙의 영향력이 컸던 시기에 고구려와 부여의 지배자들이 까마귀를 매개로 하여 양국의 합병을 논하고 있는 것은 까마귀가 천신의 사자使者로 인식되고 있음을

---

40 『三國史記』 卷第十四 高句麗本紀 第二 大武神王 三年條. '冬十月, 扶餘王帶素 遣使送赤烏 一頭二身 初 扶餘人得此烏獻之王 或曰「烏者黑也 今變而爲赤 又一頭二身 幷二國之徵也 王其兼高句麗乎」 帶素喜送之 兼示或者之言 王與羣臣議 答曰「黑者北方之色 今變而爲南方之色 又赤烏瑞物也 君得而不有之 以送於我 兩國存亡 未可知也」 帶素聞之 驚悔.'

보여준다. 또한 위의 기사에서 검은 것은 북방의 색으로, 붉은 것은 남방의 색으로 얘기되고 있음은 고구려 대무신왕 이전에 중국의 오행사상이 우리나라에 전파·수용되었음을 말해준다.

또한 해를 상징하는 삼족오와 불을 상징하는 주작과의 친연성은 『회남자淮南子』 권3 「천문훈天文訓」과 『역사繹史』 권2 「상서대전尙書大傳」을 통해 확인할 수 있다.

"양기(陽氣)의 누적인 열기에 의해 불을 낳고 화기(火氣)의 정(精)은 해가 된다."[41]

"수인(燧人)씨는 불로써 다스린다. 불은 태양이다. 양(陽)은 존엄하기 때문에 수황(燧皇)에게 하늘을 기탁하였다."[42]

『회남자』 권3 「천문훈」에서 '양기의 누적인 열기에 의해 불을 낳는다'는 것은 양의 상징인 태양이 불로 화化했음을 말하며, 이는 태양새를 의미하는 현조인 삼족오와 불을 상징하는 주작과의 친연 관계를 보여준다. 한편 '화기의 정은 해가 된다' 함은 불새인 주작과 태양새인 삼족오가 유사한 성격을 지닌 서조임을 의미한다. 이를 뒷받침하듯, 『역사』 권2 「상서대전」에서는 불을 태양이라 했다.

그 외에 송宋의 서긍徐兢이 쓴 고려 견문록의 성격을 지닌 『선화봉사고려도경』 권제14 기치旗幟에 언급된 의장기 중 '응준기鷹準旗' 관련 내용을 통해서도 맹금류의 특징적 모습을 반영하는 삼족오가 불[火]·남방·붉은색을 상징하는 주작으로 변이되었음을 살필 수 있다. 『선화봉사고려도경』 권제14 기치에는 각 방위의 색깔에 따라 신물神物을 그린 신기神旗에 관해 언급하고 있는데[43], 여기서 신기란 상기象旗·응

---

41 『淮南子』 卷三 「天文訓」. '積陽之熱氣生火 火氣之精者爲日.'
42 『繹史』 卷二 「尙書大傳」. '燧人以火紀 火太陽也 陽尊 故托燧皇于天.'
43 『宣化奉使高麗圖經』 卷第14 旗幟. '高麗儀制 海薺祭祀天 則建大旗十面 各隨其方之色 錯繪神物號曰神旗.'
44 서긍 지음, 조동원·김대식·이경록·이상국·홍기표 공역, 『고려도경』, 황소자리, 2005. 3, 185쪽.

준기鷹準旗・해마기海馬旗・봉기鳳旗・태백기太白旗 등을 말한다.[44] 신기(상기・응준기・해마기・봉기・태백기)의 특징 및 그 상징성을 고찰하기 위해 관련 도설圖說을 정리하면 다음에 같다.

① "상기는 둘이며 몸체와 몸체에 달린 수술 모두 검은색인데, 검은색은 수수(水數)를 상징한 것이다. 깃발 가운데는 코끼리 한 마리를 그렸다."[45]

② "응준기는 둘이며 몸체와 몸체에 달린 수술 모두 붉은색인데, 붉은색은 화수(火數)를 상징한 것이다. 깃발 가운데 매가 날아오르는 모양을 그렸는데 이것은 빠르다는 뜻을 나타낸다."[46]

③ "해마기는 둘이며 몸체와 몸체에 달린 수술 모두 푸른색인데, 푸른색은 목수(木數)를 상징한 것이다. 깃발 가운데 말 한 마리를 그렸는데 앞 어깨에 갈기가 있어 불이 치솟는 형상이다."[47]

④ "봉기는 둘이며 몸체와 몸체에 달린 수술 모두 누런색인데, 누런색은 토수(土數)를 상징한 것이다. 깃발 가운데 나는 봉황을 그렸는데 봉황의 몸에 오채(五彩)를 입혔다. 위치는 중궁(中宮)에 해당한다."[48]

⑤ "태백기는 둘이며 몸체와 몸체에 달린 수술 모두 흰색인데 이는 금수(金數)를 상징한 것이다. 깃발 가운데 한 사람을 그렸는데 금관을 쓰고 옥(玉)으로 된 홀을 들었으며 누런 옷에 녹색 겉옷을 걸쳤다. 이는 태백신(太白神)을 상징한 것이다."[49]

위에서 살펴본 신기 관련 기사를 보면 신기가 각각 어느 방위에 세워졌는가는 구체적으로 언급되고 있지 않다. 그러나 깃발의 몸체와 몸체에 달린 수술이 누런색인

---

45 『宣化奉使高麗圖經』 卷第14 旗幟. '象旗二 其制 身與旒皆黑 法水數也 中繪一象.'
46 『宣化奉使高麗圖經』 卷第14 旗幟. '鷹準旗二 其制 身與旒皆赤 法火數也 中繪鷹準騰而 上 有疾而速之意.'
47 『宣化奉使高麗圖經』 卷第14 旗幟. '馬旗二 其制 身與旒皆靑 法木數也 中繪一馬 有髆有鬣 狀如火熾.'
48 『宣化奉使高麗圖經』 卷第14 旗幟. '鳳旗二 其制 身與旒皆黃 法土數也 中繪飛鳳 鳳之爲物 身被五彩 位應中宮.'
49 『宣化奉使高麗圖經』 卷第14 旗幟. '太白旗二 其制 身與旒皆白 法金水數也 中繪一人 金冠玉圭 黃衣綠帔 以象太白.'

봉기가 토土를 상징하는 중궁(중앙)에 세워졌다는 내용을 통해 상기는 북쪽에, 응준기는 남쪽에, 해마기는 동쪽에, 태백기는 서쪽에 세워졌음을 유추할 수 있다. 왜냐하면 상기는 깃발의 몸체와 수술이 검은색이며 검은색이 물(水)을 상징하는 것으로, 응준기는 깃발의 몸체와 수술이 붉은색이며 붉은색이 불(火)을 상징하는 것으로, 해마기는 깃발의 몸체와 수술이 푸른색이며 푸른색이 나무(木)를 상징하는 것으로, 태백기는 깃발의 몸체와 수술이 흰색이며 흰색이 금속(金)을 상징하는 것으로 기술되어 있기 때문이다. 이처럼 각 방위의 색깔에 따라 깃발에 신물을 그리고 수술을 단 신기 관련 기사를 『선화봉사고려도경』에서 볼 수 있음은 오행설에 의거하여 4방위와 중앙에 세워지는 사신기 四神旗 및 황룡기와 같은 개념의 신기가 고려 때 의장기로 사용되었음을 말해준다.

그렇다면 깃발의 몸체와 수술이 붉은색이며 붉은색이 불을 상징하는 것으로 기록된 응준기는 사신기 중 남방에 위치하는 주작기에 해당한다고 볼 수 있다. 도설만 있고 그림은 남아 있지 않아 응준기의 세부를 살필 수는 없지만, '매 응鷹' 자字가 포함된 응준기라 불렸고 깃발 가운데 매가 날아오르는 모양을 그렸다고 한 것으로 보아 맹금류의 특징적 모습을 반영하는 현조인 삼족오 도상과 유사한 모습의 새가 깃발에 표현되었을 것으로 본다. 이처럼 불과 남방을 상징하는 깃발에 주작 대신 까마귀와 같은 맹금류에 포함되는 매를 그렸고, 주작기를 응준기로 명명한 것은 현조인 일상문의 삼족오가 주작으로 변이되는 과도기적인 현상을 보여주는 것으로 이해된다. 또한 이는 중국의 전례典禮를 그대로 따른 것이 아니라 옛부터 계승되어 온 우리 민족의 현조 숭배의 전통이 의장기에 반영되었음을 보여준다.

위에서 살펴본 현조인 삼족오가 붉은 색인 주작으로 변이되는 배경을 정리해 보면, 첫째 동이족의 남하(*중국 서북부 → 중국 동남부의 산동반도 지역)와 같은 사회적 변화와 고구려의 동부여 정벌로 동부여의 내부가 분열되고 고구려의 입지가 강화되는 정치적 변동 등을 반영한다. 둘째 태양과 불 모두 광명과 열기라는 공통점을 갖고 있다는 점에서 일상문에 표현되는 현조인 삼족오와 불을 상징하는 주작은 유사한 속성을 지닌 서조이며, 현조인 삼족오가 사신 중 남방의 수호신인 붉은 색의 주작으로 변이되는 것은 오행사상의 영향이 투영된 것으로 판단된다.

2) 유물 자료

고구려 덕흥리 고분의 전실 천장 고임부 동측 중앙에 묘사된 서조를 통해 태양새인 삼족오와 불새인 주작과의 친연성을 살필 수 있다. 서조의 발밑에는 불꽃이 표현되었고, 서조의 좌측에는 '양광지조이화이행(陽光之鳥履火而行 : 陽光의 새가 불을 밟고 간다)'이란 글자가 적혀져 있다. 여기서 '양광지조陽光之鳥'란 삼족오와 같은 태양새를 의미하고, '이화이행履火而行'은 태양새가 불의 상징인 주작으로 변이되는 과정을 나타낸 것으로 풀이된다(그림 66).[50]

그림 66 고구려 덕흥리고분의 천장 고임부에 '양광지조이화이행(陽光之鳥履火而行)'이란 글자와 함께 그려진 서조, 삼국시대 5세기 초, 평양 지역 고분

50 拙稿, 「鳳凰文과 韓 民族의 天神 思想–高句麗 古墳 壁畵를 中心으로」, 『文化史學』 21號, 文化史學會, 2004. 6. 146쪽.

1. 박세영 묘비 앞면 상부의 주작　　　　2. 박세영 묘비 뒷면 상부의 월상문(月象文)

그림 67　묘비 앞면 상부의 '해 속의 삼족오'가 주작으로 대체된 사례 : 박세영 묘비 앞면의 주작과 뒷면의 월상문(月象文), 조선 1582년(묘비 건립 연대)

　　조선시대 주작기에서도 삼족오와 주작의 관련성을 살필 수 있다. 1454년 편찬된 『세종실록』 권132 가례 서례 '노부'에 도시된 주작기에는 날개를 활짝 편 채 서 있는 3두頭3족足의 주작이 그려져 있다. 이처럼 조선시대 주작기에 3두3족의 주작이 표현된 것은 일상문에 그려졌던 다리 셋 달린 삼족오의 영향이 반영된 것이며, 아울러 삼족오와 주작이 상호 밀접한 관련성을 지닌 서조임을 말해준다(그림 3~그림 8 참조, 그림 27 참조).[51]

　　또한 '해 속의 삼족오'와 주작과의 친연성은 조선시대의 묘비에서도 확인 할 수 있다. 묘비 상부에 해와 달이 표현될 경우 통상 앞면에는 일상日象이, 뒷면에는 월상月象이 표현된다. 그런데 뒷면에는 월상을 상징하는 원을 나타내고 있으나 앞면에는 일상을 상징하는 원 대신 서조만을 등장시킨 묘비가 있어 흥미롭다. 이는 일상문에 등장하는 삼족오를 주작으로 대체시킨 것으로 해석된다. 이 같은 해석이 가능한 것은 앞서 살펴본 『회남자』 권3 「천문훈」의 "양기陽氣의 누적인 열기熱氣에 의해 불을 낳고 화기火氣의 정精은 해가 된다"는 내용이 양기=열기=화기와의 관련성은 물론,

---

[51] 拙 稿, 「朱雀旗와 日旗에 나타난 日象文의 變容과 變遷」, 『三足烏』, 학연문화사, 2007. 3. 157~158쪽.

양陽을 대표하는 태양의 상징인 삼족오와
불의 상징인 주작과의 밀접한 관련성을 말
해주고 있기 때문이다. 따라서 묘비 앞면
상부에 해를 상징하는 둥근 원 대신 서조만
을 등장시킨 것은 삼족오와 주작과의 친연
성을 보여주는 또 다른 예로 해석된다. 이
러한 사례는 고양시에 위치한 영인군寧仁君
이순李楯 : 1448~1505과 박세영朴世榮 : 1480~1552
의 묘비에서 확인할 수 있다(그림 67).

이밖에 부엌의 등잔으로 사용되는 주등
廚燈에 장식된 새를 통해서도 태양새인 삼
족오와 불새인 주작과의 밀착된 관계를 엿
볼 수 있다(그림 68). 주등은 불씨를 다루는
부엌에서 사용되므로 주작처럼 불과 연계

그림 68 주등(廚燈)에 장식된 새, 조선 후기, 국립민속박물관 소장

되어 있다. 또한 주작 성립과 관련하여 주목되는 염제炎帝는 화신火神과 함께 부엌신인 조왕竈王[52]으로도 일컬어지고 있어 주작과 부엌등인 주등에 장식된 새 모두 불을 상징하고 있음을 알 수 있다. 한편 인류에게 불을 가져다 준 것이 천둥새인 오리와 까마귀였다는 설화가 시베리아의 여러 종족에 전해지고 있고,[53] 오리와 까마귀는 '삼족오의 성립 배경' 중 '현조의 개념'에서 살펴본 바와 같이 현조로서 일상문의 서조로 그려진다. 그렇다면 주등의 새는 주작은 물론 현조인 삼족오와도 관련성이

---

52 『淮南子』卷13 「氾論篇」에서는 "炎帝는 불로 인해 죽어 竈王이 되었다(炎帝干火死而爲竈)"고 했고, 이에 대해 高誘는 注에서 "炎帝는 神農으로 불의 덕으로 천하의 왕이 되었으며 죽어 竈王神으로 제사되었다(炎帝神農 以火德王天下 死托祀干竈神"고 했다.
53 맹인재, 「廚燈의 鳥飾에 대하여」, 『韓國의 美術文化史論考』, 학연문화사, 2004. 9, 309~310쪽, 402쪽 참조. 이필영, 『솟대』, 대원사, 1990. 8, 64쪽 참조.

있고, 아울러 불과 태양 모두 새와 연계되어 있음을 알 수 있다.

2. 삼족오와 봉황
1) 문헌

주작과 봉황은 형태적 친연성이 높고, 양자가 같은 신조神鳥임을 밝힌 문헌도 많다. 주작과 봉황의 이 같은 상호 관련성을 고려할 때, 삼족오와 봉황과의 친연성은 앞서 언급한 삼족오와 주작과의 친연성과 일맥상통한 측면이 많음을 주지할 필요가 있다. 문헌 중 삼족오와 봉황과의 친연성은 동진東晋 때 저술된 『습유기拾遺記』 권1에서 살필 수 있다.

> "황아가 소호를 낳으니 궁상씨(窮桑氏) 혹은 금천씨(金天氏)라 불렸다. 이 때 다섯 마리의 봉황이 나타나 다섯 방위의 빛깔에 맞춰 임금의 뜰에 모여들었다. 이로 인해 봉조씨(鳳鳥氏)라 이름하게 되었다."[54]

위의 문헌에서 언급되고 있는 소호족少昊族은 상고시대 중국 동부 연해 일대(산동반도)에 살았던 동이족의 일파로 태양 숭배와 함께 독수리·매·까마귀와 같은 맹금류를 토템으로 삼았다.[55] 그런데 『습유기』 권1에서 소호족이 자기 부족의 시조인 소호를 봉조씨라 불렀다 함은 동이족인 소호족이 맹금류 외에 봉조 토템을 가졌음을 의미한다. 토테미즘이 자기 부족의 기원을 특정한 동식물과 연결시켜 그것을 숭배하는 것임을 고려할 때, 소호족이 맹금류와 봉조 토템을 동시에 갖고 있었다는 것은 독수리·매·까마귀와 같은 맹금류와 봉조가 유사한 성격을 지닌 서조임을 시사한다. 한편 일상문에 그려지는 삼족오가 매서운 눈매와 날카로운 발톱 등 맹금류

---

54 『拾遺記』 卷1. '及皇娥生小昊 號曰窮桑氏 一號金天氏 時有五鳳 隨五方之色 集于帝庭 因曰鳳鳥氏'
55 王大有 지음·林東錫 옮김, 주24)의 책, 80쪽.

의 특성을 잘 반영하고, 맹금류를 토템으로 삼은 소호족이 그들의 시조를 봉조씨라 한 것은 삼족오와 봉조가 상호 밀접한 관련성을 지닌 서조임을 말해준다.

2) 유물 자료

봉황의 형상이 요·금·원대를 거치면서 점차 정형화·규범화 된 것을 고려할 때, 우리나라의 경우 고려 이전의 봉조를 봉황으로 인식하기 어려운 측면도 있다. 그러나 봉황문으로 지칭되고 있는 고려 이전의 유물 가운데 삼족오와 봉황과의 상호 관련성을 살필 수 있는 것에는 고구려 진파리7호분에서 출토된 일상문 금동 투조 장식과 부여 규암면에서 출토된 백제의 봉황문전 등이 있다.

고구려 진파리7호분에서 출토된 일상문 금동 투조 장식은 외곽 테두리와 내부 문양 사이에 원주문대를 배치했고, 중앙의 2겹의 둥근 테두리 안에는 태양을 상징하는 삼족오를, 그 위쪽에는 봉황을, 그 아래 양 옆에는 용을 각각 나타냈다. 그런데 중앙의 태양을 상징하는 삼족오나 그 위쪽의 봉황을 살펴보면 다리가 3개냐 2개냐의 차이만 있을 뿐 형태적 차이를 거의 발견할 수 없다. 이처럼 삼족오와 봉황을 같게 표현한 것은 삼족오와 봉황이 같은 부류의 서조임을 보여준다(그림 69, 그림 69-1).

그림 69 고구려 진파리7호분 출토 일상문 금동 투조 장식 중앙의 해 속의 삼족오, 삼국시대 6세기 초중반, 평양 지역 고분

그림 69-1 고구려 진파리7호분 출토 일상문 금동 투조 장식 중앙 위쪽의 봉황

그림 70 부여 규암면 외리 절터에서 출토된 백제의 봉황문전, 삼국시대 6~7세기

그림 71 고구려 진파리7호분 출토 일상문 금동 투조 장식에 표현된 삼족오

부여 규암면 외리 절터에서 출토된 백제의 봉황문전 역시 고구려 진파리 7호분에서 출토된 일상문 금동 투조 장식에 보이는 봉황처럼 삼족오와 봉황과의 친연성을 말해준다. 비록 삼족오와 같이 다리가 셋은 아니지만 갈고리처럼 구부러진 부리, 위로 말아져 올라간 꼬리 등이 전술한 고구려 진파리7호분에서 출토된 일상문 금동 투조 장식 중의 삼족오와 매우 유사한 것을 확인할 수 있다(그림 70, 그림 71).

3. 주작과 봉황

1) 문헌

다음의 문헌 내용을 통해 봉황이 주작에서 유래되었고 주작과 봉황은 같은 서조임을 살필 수 있다.

"화리(火離)가 곧 봉황이다."[56]

---

[56] 『春秋元命苞』, '火離卽鳳凰.'

"신작(神雀)을 봉(鳳)이라 한다."[57]

"봉순(鳳鶉)은 불새로서 양(陽)의 정(精)이다. …… 봉은 화조(火鳥)이다."[58]

『춘추원명포春秋元命苞』에 언급된 '화火' 자字가 포함된 화리火離는 오행 중 불과 남방을 상징하는 주작을 지칭하며 "화리가 곧 봉황이다"라 함은 주작과 봉황이 같은 서조임을 뜻한다. 『후한서後漢書』 열전列傳 권18 「마행전馮沂傳」 장회태자章懷太子 주注에 보이는 '작雀'이 포함된 신작神雀 역시 주작을 의미한다. 그 이유는 '작'은 참새를 지칭하기도 하지만, '신작'이라 함은 자연계의 일반적인 새가 아닌 상서로운 새를 말하는 것이므로 닭의 붉은 벼슬과 공작의 화려한 꼬리 깃털을 특징으로 하는 주작을 뜻하는 것으로 해석되기 때문이다. 따라서 "신작을 봉이라 한다"라는 것은 주작=봉황의 관계를 보여준다. 한편 『할관자鶡冠子』에서 불을 상징하는 화조火鳥를 봉이라 한 것도 주작=봉황임을 말하며, "봉순은 불새로서 양의 정이다"라 한 것은 봉황=주작=삼족오임을 시사한다. 왜냐하면 봉순은 봉황을, 불새는 주작을, 양정陽精은 일상문에 표현되는 삼족오를 각각 상징하기 때문이다.

또한 주조(朱鳥 : 주작을 말함)와 순鶉, 봉鳳과 순鶉의 관련성은 아래의 『비아埤雅』 권8 「순鶉·봉조鳳條」를 통해 확인할 수 있다.

"천문가(天文家)의 주조(朱鳥)는 그 상(象)을 순(鶉 : 메추라기)에서 취한다(적봉(赤鳳)을 순(鶉)이라 한다). 때문에 남방의 주조(朱鳥)로 한 것이다."[59]

---

[57] 『後漢書』 列傳 卷18 「馮沂傳」 章懷太子 注. '神雀謂鳳也.'
[58] 『鶡冠子』. '鳳鶉火禽 陽之精也. …… 鳳 火鳥.'
[59] 『埤雅』 卷8 「鶉 ·鳳條」. '天文家朱鳥乃取象於鶉(赤鳳謂之鶉) 故南方朱鳥.'

진쯥의 장화張華가 지은 날짐승과 짐승에 대해 언급한 『금경禽經』,[60] 『이아爾雅』를 증보한 것으로 일명 『박아博雅』로도 일컬어지는 위魏 나라의 장읍張揖이 찬술한 자전字典인 『광아廣雅』,[61] 편찬 시기와 저자는 알려져 있지 않으나 신수神獸에 대한 전설을 담고 있는 『서응도瑞應圖』[62]에서는 봉鳳과 황凰에 대해 봉은 수컷(雄), 황은 암컷(雌)을 지칭하는 것으로 기록하고 있다. 그런데 고구려와 한대漢代의 고분 벽화에 사신의 하나로 등장하는 주작 역시 봉과 황에 대해 기록하고 있는 전술한 문헌과 같이 대부분 암수가 함께 표현되고 있어 주작과 봉황과의 친연성을 엿볼 수 있다. 하지만 봉황과 주작 모두 한 마리만 묘사될 때도 있다.

2) 유물 자료

주작과 봉황과의 친연성은 명대明代 및 대한제국의 주작기와 대한제국의 의봉기儀鳳旗 등을 통해 엿볼 수 있다. 『대명집례大明集禮』 권43 의장儀仗 및 『삼재도회 1三才圖會 一』 권3 의제儀制 의장에 나타난 명대의 주작기를 보면 머리에는 닭 벼슬이, 몸에는 용 비늘이 표현된 서조의 모습이 주작보다는 봉황에 가깝다. 주작과 봉황 모두 머리에 벼슬 달린 수탉의 특징적 모습을 반영하고 있지만, 주작은 공작의 화려한 꽁지깃이 강조되는 반면 봉황은 여러 동물의 각 부분들을 합성한 형태로 묘사된다. 그런데 명대 주작기의 경우 공작의 화려한 꽁지깃 대신 날개와 깃이 용의 비늘처

그림 72 명대(明代)의 주작기

60 『禽經』. '鳳雄凰雌'
61 『廣雅』. '雌曰皇 雄曰鳳'
62 『瑞應圖』. '鳳凰 仁鳥也. 雄曰鳳 雌曰皇'

럼 표현되어 있어 봉황을 연상케 한다. 이처럼 주작기에 주작보다는 봉황에 가까운 서조를 그린 것은 주작과 봉황과의 친연성을 보여주는 일례이다(그림 72).

또한 대한제국의 의장기에서 관심을 끄는 것은 주작기와 의봉기 중의 주작과 봉황이 같은 모습으로 묘사되고 있어『춘추원명포』의 '화리(주작)가 곧 봉황이다'를 확인할 수 있다(그림 35 참조, 그림 60 참조).

지금까지 일상문에 동반되는 삼족오와 같은 서조와 문헌과 유물에 보이는 주작 및 봉황과의 관련성을 고찰하였다. 이를 위해 삼족오·주작·봉황의 성립 배경과 도상의 특성 및 변천 과정을 알아보고, 상호간의 친연 관계를 살펴보았다.

삼족오의 경우, 삼족오의 오鳥를 까마귀라는 특정 새가 아닌 검은 새, 즉 현조玄鳥의 범칭으로 이해하면서 현조의 개념과 현조의 일상문의 등장 배경을 고찰하였다. 그 결과 현조에는 까마귀·독수리·매·까치·제비 외에 학과 오리 등이 포함되며, 현조는 천신의 사자로서 일반적인 새들과는 다른 속성을 지닌 '태양새' 내지 '하늘새'를 의미한다는 것을 알 수 있었다. 이런 까닭에 일상문에는 까마귀와 같은 맹금류 외에 철새이며 물새인 학과 오리 등이 그려졌고, 일출을 알리는 닭을 태양 숭배와 연계시켜 닭을 닮은 서조를 표현하기도 했다. 한편 현조인 삼족오가 일상문에 표현된 것은 북아시아의 조장 풍습과 상호 관련 있는 동이족의 현조 숭배, 태양·현조·동이와의 연관성을 살필 수 있는 '10개의 태양과 예羿 장군'과 같은 신화 전승, 태양의 흑점 활동, 하늘세계를 대표하는 태양에 대한 인식(천자문에서 '하늘 천(天) 땅 지(地) 검을 현(玄) 누를 황(黃)이라 한 것과 같이 하늘이 검다는 것을 현조로 표현) 등이 복합적으로 작용했기 때문으로 풀이되었다.

사신 중 남방의 수호신으로 불을 상징하는 주작은 수탉의 머리 벼슬과 공작의 화려한 꼬리 깃털을 도상적 특징으로 하며, 일상문에 단독으로 등장하는 삼족오와는 달리 암수 한 쌍이 그려지거나 다리는 둘로 표현되었다. 하지만 태양과 불이 광명

그림 73 만주족이 건국한 청(淸)의 첫 수도였던 심양의 중심부에 세워진 태양새의 모습을 형상화 한 탑

과 열기라는 공통점을 지니고 있다는 점에서 불새인 주작과 태양새인 삼족오는 유사한 성격을 지닌 서조로 이해되었다. 이를 말해주듯 주작에서도 일상문에 등장하는 맹금류·물새·닭을 연상시키는 서조가 그려졌고, 다리가 셋으로 표현된 것들을 살필 수 있었다. 이처럼 삼족오와 주작 도상이 친연성을 지닌 것은 음양오행설의 영향으로 사신의 개념이 성립되면서 주작이 불을 상징하는 남방의 수호신으로 자리매김하는 과정에서 삼족오가 주작으로 변이된 것으로 보여진다.

풍조風鳥와 광조光鳥를 의미하는 봉황은 삼족오와 주작 도상에서 볼 수 있는 맹금류와 닭의 특징적 모습을 함께 하고 있다. 매서운 눈매와 날카로운 부리와 같은 맹금류의 특징을 봉황에서 살필 수 있음은 봉황이 태양새인 삼족오와 같은 속성을 지닌 서조이기 때문이다. 또한 봉황에 불을 상징하는 주작 모습이 반영된 것은 "봉鳳

은 화조火鳥이다" "화리火離가 봉황이다"라는 문헌 내용과 같이 주작과 봉황이 같은 서조임을 말해준다. 한편 봉황이 오채五彩를 지닌 새로 인식되었고 봉과 황이 왕과 왕비를 상징하게 된 것은 오행사상과 음양론의 영향이 반영된 결과이다.

이상의 내용을 종합해 볼 때 삼족오·주작·봉황은 유사한 속성을 지닌 서조이며, 삼족오가 주작과 봉황으로 변이되는 배경에는 사회 변화(동이족의 남하) 및 정치 변동(고구려의 동부여 정벌로 동부여 내부 분열) 외에 오행사상과 음양론 등이 주효하게 작용한 것으로 파악되었다. 또한 동이족과 밀접한 관련성을 지닌 삼족오가 주작과 봉황으로 변이된 것을 고려해 볼 때, 동이계인 한韓민족과 만주족이 대통령 문장으로 봉황을 사용하고, 만주족이 건국한 청淸의 첫 수도였던 심양의 중심부에 태양새를 형상화 한 거대한 탑이 세워져 있는 것은 우연의 일치로만 보기는 어렵다(그림 65 참조, 그림 73). 고구려사를 중국 역사에 편입시키고자 하는 중국의 동북공정이 행해지고 있는 오늘날 국가와 영토 범위는 시대에 따라 달라질 수 있으나 문화적 계통성과 전통성은 도도한 역사의 흐름 속에서도 면면히 유지되고 있음을 삼족오·주작·봉황의 친연성 고찰을 통해 확인할 수 있었다.

참고문헌

1. 사료(史料)

『三國史記』

『三國遺事』

『東國李相國集』

『帝王韻紀』

『史記』

『日本書紀』

『詩經』

『相鶴經記』

『左傳』

『淮南子』

『山海經』

『論衡』

『水經注』

『呂氏春秋』

『說文解字』

『說文義證』

『初學記』

『三國志』

『宣化奉使高麗圖經』

『春官通考』

『古今注』

『拾遺記』

『春秋元命苞』

『鶡冠子』

『坤雅』

『禽經』

『廣雅』

『瑞應圖』

2. 단행본

張基槿,『中國의 神話』, 을유문화사, 1974.

尹乃鉉,『商王朝史의 硏究』, 新陽社, 1978.4.

袁珂 著·鄭錫元 譯,『中國의 古代神話』, 文藝出版社, 1987.11.

이필영,『솟대』, 대원사, 1990.8.

李亨求,『韓國 古代文化의 起源』, 도서출판 까치, 1991.

우실하,『전통 문화의 구성 원리』, 소나무, 1998.

김종대,『우리문화의 상징세계』, 다른세상, 2001.1.

서긍 지음, 조동원·김대식·이경록·이상국·홍기표 공역,『고려도경』, 황소자리, 2005.3.

傅斯年,「夷夏東西說」,『中國上古史論文選集』, 臺灣, 國風出版社.

何新 著·洪熹 譯,『神의 起源』, 東文選, 1990.7.

王大有 지음, 林東錫 옮김,『龍鳳文化原流』, 東文選, 1994. 5.

사라 알란 지음, 오만종 옮김,『거북의 비밀, 중국인의 우주와 신화』, 예문서원, 2002.4.

3. 논문

柳銀奎,『高句麗 古墳壁畵 三足烏 圖像의 特徵과 起源』, 서울大學校 大學院(社會敎育科) 碩士學位論文, 2003. 2.

金庠基,「東夷와 淮夷 徐戎에 대하여」,『동방학지』1·2, 1954.

리준걸,「고구려 고분벽화의 해와 달 그림에 대하여」,『력사과학』85-2집, 1985. 2.

姜仁求,「中國 東北地方의 古墳」,『韓國 上古史의 諸問題』, 한국정신문화연구원, 1987.

金光洙,「蚩尤와 貊族」,『孫寶基博士 停年記念 韓國史學論叢』, 1988.

趙法鐘,「百濟 別稱 鷹準考」,『韓國史硏究』66, 1989.9.

奇修延,「東夷의 개념과 실체의 변천에 관한 연구」,『白山學報』42집, 白山學會, 1992.

李亨求,「고구려의 삼족오(三足烏) 신앙에 대하여-고고학적 측면에서 본 鳥類숭배사상의 기원

문제」,『東方學志』86, 연세대학교국학연구원, 1994. 12.

이필영,「단군신화의 기본 구조-천신신앙을 중심으로」,『백산학보』제26호, 백산학회, 1996. 6.

韓圭哲,「渤海復興國 '後渤海' 硏究」,『韓國史硏究論選 9-考古·古代史 IX』, 백두문화, 1997. 4.

吳江原,「西遼河流域 靑銅短劍과 그 文化에 관한 硏究-銅劍의 系統과 使用集團 문제를 중심으로」,『韓國古代史硏究』12, 1997.

宋鎬晸,「古朝鮮 國家形成 過程 硏究」, 서울大學校 大學院 博士學位論文, 1999.

高 强,「염황문화 연구 백년사 회고와 새로운 방향 모색」,『고조선연구』제1호, 고조선학회, 2008. 12.

김주미,「鳳凰文과 韓 民族의 天神 思想-高句麗 古墳 壁畵를 중심으로」,『文化史學』21號, 文化史學會, 2004. 6.

_____,「朱雀旗와 日旗에 나타난 日象文의 變容과 變遷」,『三足烏』, 학연문화사, 2007. 3.

_____,「日象文의 도상학적 고찰과 문화권에 따른 특징」,『단군학연구』제18호, 단군학회, 2008. 5.

_____,「고구려 고분 벽화에 나타난 日象文 연구」,『高句麗渤海硏究』第34輯, 고구려발해학회, 2009. 7.

맹인재,「廚燈의 鳥飾에 대하여」,『韓國의 美術文化史論考』, 학연문화사, 2004. 9.

周 到,「南陽漢畵像石中的其幅天象圖」,『考古』75-1, 1975. 1.

徐旭生,「我國古代部族三集團考」,『中國上古史論文選集』(上), 華世出版社, 1979.

孫作雲,「后羿傳說叢考-夏時蛇鳥?鼇四部族之鬪爭」,『中國上古史論文選集』, 華世出版社, 1980.

4. 기타

『中國大百科全書』

『敎學大漢韓辭典』(敎學社)

도판 및 표 목록

1. 도판

그림 1. 하남성 복양 M45 묘에서 확인된 용과 호랑이 형상, 신석기시대의 앙소 문화

그림 2. 고구려 오회분 5호묘에 등장하는 우두대신 염제 신농, 삼국시대 6세기 중후반, 집안 지역 고분

그림 3. 하남성 당하 침직창 화상석 묘실 천장의 '해 속의 삼족오', 후한 초

그림 4. 요령성 조양 원태자 벽화 묘의 '해 속의 삼족오', 남북조시대 4세기경

그림 5. 고구려 쌍영총의 '해 속의 삼족오', 삼국시대 5세기 말, 평양 지역 고분

그림 6. 고려청자 상감진사 동자포도문 표형주자 상부에 표현된 '해 속의 삼족오', 고려, 12세기 말~13세기 초

그림 7. 원주 법천사지 지광국사현묘탑비의 '해 속의 삼족오', 고려 1085년

그림 8. 대둔사 대양문 대범왕도에 그려진 '해 속의 삼족오', 조선 1847년

그림 9. 대한제국 일기(日旗)에 표현된 '해 속의 현조(玄鳥)', 조선 1897~1905년

그림 10. 하남성 낙양 복천추 묘의 현실 천장 고임부 남측에 그려진 주작, 전한

그림 11. 산동성 곡부 와요두촌 출토 화상석에 표현된 주작, 후한

그림 12. 사천성 영경에서 출토된 영경 석관 비희도(秘戱圖) 화상석에 묘사된 주작, 후한

그림 13. 上 : 하남성 방성 성관진 화상석묘 문짝에 표현된 주작, 후한

下 : 하남성 남양 영장 화상석묘 문짝에 표현된 주작, 후한

그림 14. 하남성 낙양 이화 묘에서 출토된 석관 화상에 표현된 주작, 수대(隋代)

그림 15. 산서성 태원 금승촌 7호묘 묘실 남벽(앞벽)의 주작, 당대(唐代)

그림 16. 고구려 무용총 현실 천장 고임부 앞쪽(남측)에 그려진 닭과 유사한 모습의 주작, 삼국시대 5세기 중반, 집안 지역 고분

그림 17. 고구려 강서대묘 현실 앞벽 전면에 그려진 공작과 같은 화려한 깃털을 갖춘 주작, 삼국시대 6세기 말~7세기 초, 평양 지역 고분

그림 18. 고구려 호남리사신총 현실 앞벽 전면에 그려진 물새를 닮은 주작, 삼국시대 6세기 초, 평양 지역 고분

그림 19. 고구려 감신총 전실 천장 고임부 안쪽(북측)에 그려진 날개를 펼치고 마주 보고 서 있는

주작, 삼국시대 5세기 초, 평양 지역 고분

그림 20. 고구려 약수리고분의 현실 앞벽 상단에 별자리와 함께 표현된 주작, 삼국시대 5세기 초, 평양 지역 고분

그림 21. 고구려 쌍영총 현실 앞벽의 두 기둥 위에 그려진 주작, 삼국시대 5세기 말, 평양 지역 고분

그림 22. 고구려 수렵총 현실 앞벽에 생활풍속도보다 큰 비중으로 표현된 주작, 삼국시대 6세기 초, 평양 지역 고분

그림 23. 통일신라의 봉황문 기와, 분황사 출토, 국립경주박물관 소장

그림 24. 발해의 봉황연화문 기와, 남북국시대

그림 25. 석관 측면(남면)에 새겨진 주작, 고려 11세기 중반~13세기 초, 국립중앙박물관 소장

그림 26. 낙랑군 부인 김씨 석관 측면에 새겨진 주작, 고려 의종 3년(1149년), 국립중앙박물관 소장

그림 27. 『세종실록』 권132 가례 서례 '노부(鹵簿)'에 도시된 주작기, 조선 1454년

그림 28. 『국조오례의』 서례 권2 가례 '노부도설(鹵簿圖說)'에 도시된 주작기, 조선 1474년

그림 29. 『국조오례의』 서례 권1 길례 '정대업지무의물도(定大業之舞儀物圖)' 중의 주작기, 조선 1474년

그림 30. 『악학궤범』 권8 정대업정재의물도설(定大業呈才儀物圖說) 중의 주작기, 조선 1493년

그림 31. 『속병장도설』에 도시된 주작기, 조선 1749년

그림 32. 직지사 약사여래중 중 일광(日光)보살의 보관(寶冠) 안에 날개를 펴고 날아가는 새가 표현된 일상문, 조선 1744년

그림 33. 『춘관통고』 권49 가례 '원의(原儀)노부도설'에 보이는 주작기, 조선 1788년

그림 34. 『춘관통고』 권12 길례 종묘 '원의속절악기도(原儀俗節樂器圖)'에 보이는 주작기, 조선 1788년

그림 35. 대한제국의 주작기, 조선 1897~1905년

그림 36. 『선조목릉 천봉산릉도감의궤』에 그려진 주작, 조선 1630년

그림 37. 『인목왕후 산릉도감의궤』에 그려진 주작, 조선 1632년

그림 38. 『인조장릉 산릉도감의궤』에 그려진 주작, 조선 1649년

그림 39. 『효종영릉 천봉산릉도감의궤』에 그려진 주작, 조선 1673년

그림 40. 『인선왕후 산릉도감의궤』에 그려진 주작, 조선 1674년

그림 41. 『단종장릉 천봉산릉도감의궤』에 그려진 주작, 조선 1698년

그림 42. 『숙종명릉 산릉도감의궤에 그려진 주작, 조선 1720년

그림 43. 『선의왕후 산릉도감의궤』에 그려진 주작, 조선 1730년

그림 44. 『정성왕후 산릉도감의궤』에 그려진 주작, 조선 1757년

그림 45. 『정조건릉 산릉도감의궤』에 그려진 주작, 조선 1800년

그림 46. 『철종예릉 산릉도감의궤』에 그려진 주작, 조선 1863년

그림 47. 『순종효황제 유릉산릉도감의궤』, 에 그려진 주작, 일제강점기 1926년

그림 48. 북경 화자광 서부 성벽에서 출토된 원대(元代) 백옥석조에 새겨진 봉황

그림 49. 북경 태묘 석조 망주에 표현된 명대(明代)의 봉황

그림 50. 북경 고궁의 채화에 그려진 청대(淸代)의 봉황

그림 51. 대각국사 의천의 비신(碑身)에 새겨진 봉황문, 고려 1124년, 개성 소재

그림 52. 봉황문 동경(銅鏡), 고려 12~13세기, 국립중앙박물관 소장

그림 53. 고려 청자상감 봉황문 합(盒), 고려 12세기 말~13세기 초

그림 53-1. 고려 청자상감 봉황문 합(盒)의 상부 모사도

그림 54. 청동제 은입사 '통도사' 명 봉황문 향완, 고려 13세기, 통도사성보박물관 소장

그림 54-1. 모사도 : 향완의 굽 하단에 시문된 봉황문

그림 55. 석관 상부에 표현된 봉황, 고려 11세기 중엽~13세기 초, 국립중앙박물관 소장

그림 56. 회암사에서 출토된 '천순(天順)5년' 명(銘) 봉황문 기와, 조선 1461년

그림 57. 경복궁 근정전 계단 중앙 답도에 표현된 봉황문, 조선 후기

그림 58. 창경궁 명정전 천장부에 장식된 봉황, 조선 후기

그림 59. 『세종실록』 권132 가례 서례 '노부(鹵簿)' 에 그려진 벽봉기(碧鳳旗), 조선 1454년

그림 60. 대한제국 시기의 의봉기(儀鳳旗), 조선 1897~1905년

그림 61. 정조 왕비 헌경왕후의 옥책함, 조선 1795년, 국립고궁박물관 소장

그림 62. 금당사 괘불 주존의 보관(寶冠) 위에 장식된 봉황, 조선 1692년

그림 63. 석가3존상을 그린 청곡사 괘불 좌우 협시보살의 보관 위에 장식된 봉황, 조선 1722년

그림 64. 민화에 표현된 봉황, 조선 후기

그림 65. 대한민국 대통령 문장(紋章)에 표현된 봉황

그림 66. 고구려 덕흥리고분의 천장 고임부에 '양광지조이화이행(陽光之鳥履火而行)'이란 글자와 함께 그려진 서조, 5세기 초, 평양 지역 고분

그림 67. 묘비 앞면 상부의 '해 속의 삼족오'가 주작으로 대체된 사례 : 박세영 묘비 앞면의 주작과 뒷면의 월상문(月象文), 조선 1582년(묘비 건립 연대)

그림 68. 주등(廚燈)에 장식된 새, 조선 후기, 국립민속박물관 소장

그림 69. 고구려 진파리7호분 출토 일상문 금동 투조 장식 중앙의 해 속의 삼족오, 삼국시대 6세기 초중반, 평양 지역 고분

그림 69-1. 고구려 진파리7호분 출토 일상문 금동 투조 장식 중앙 위쪽의 봉황

그림 70. 부여 규암면 외리 절터에서 출토된 백제의 봉황문전, 삼국시대 6~7세기

그림 71. 고구려 진파리7호분 출토 일상문 금동 투조 장식에 표현된 삼족오, 삼국시대 6세기 초

그림 72. 명대(明代)의 주작기

그림 73. 만주족이 건국한 청(淸)의 첫 수도였던 심양의 중심부에 세워진 태양새의 모습을 형상화 한 탑

2. 표

표 1. 고구려 고분의 분포 지역과 고분 벽화에 주작이 나타나는 위치

06

일상문의 시대별 전개와 천하관의 추이

6-1장
고구려 고분 벽화에 나타난 일상문

　지난 1907년 산연화총散蓮花塚이 처음 발견되어 조사 보고된 이래 현재까지 107기의 고구려 고분이 발굴 조사되었다. 그 가운데 31기는 집안·환인 지역에, 나머지 76기는 평양·안악 지역에 분포되어 있다. 벽화에는 묘주의 생전의 모습을 살필 수 있는 인물풍속도와 관념적인 상징성을 함축하고 있는 사신四神, 일월성진日月星辰, 연화문蓮花文 등이 그려져 있는데, 전자가 당시의 생활상을 보여준다면 후자는 고구려인의 사유 체계를 반영한다.

　107기의 고구려 고분 중 태양을 상징하고 이를 형상화 한 일상문이 표현된 곳은 집안 지역의 각저총, 무용총, 장천1호분, 삼실총, 하해방31호분, 오회분4호묘, 오회분5호묘, 통구사신총 등 8기 고분과 평양·안악 지역의 안악3호분, 덕흥리고분, 연화총, 약수리고분, 동암리벽화분, 대안리1호분, 천왕지신총, 쌍영총, 안악1호분, 복사리벽화분, 성총, 우산리1호분, 우산리2호분, 매산리사신총, 덕화리1호분, 덕화리2호분, 개마총, 진파리4호분, 진파리1호분, 내리1호분, 강서중묘 등 21기 고분을 합해 총 29기[1]에 달한다. 여기서는 일상문이 그려진 29기의 고구려 고분 중 일상문의

1　리준걸은 「고구려 벽화 무덤의 해와 달 그림에 대하여」(『력사과학』 85-2, 1985)에서 24기의 고구려 고분을 대상으로 일월상(日月象)을 분석했다. 또한 전호태는 「高句麗 古墳壁畵의 해와 달」(『美術資料』 제50호, 1992)에서 리준걸이 제시한 24기 외에 성총과 우산리1호분을 포함하여 26기의 일월상을 연구 대상으로 삼았다. 그

세부 형태를 살필 수 있는 집안 지역의 6기(각저총, 무용총, 장천1호분, 오회분4호묘, 오회분5호묘, 통구사신총) 고분과 평양 안악 지역의 11기(천왕지신총, 쌍영총, 덕화리1호분, 덕화리2호분, 매산리사신총, 개마총, 진파리1호분, 덕흥리고분, 강서중묘, 복사리벽화분, 성총) 고분 등 17기를 대상으로 고구려 고분 벽화에 나타난 일상문의 형식을 분류한 후, 이를 토대로 하여 일상문의 시기별(6세기 중반 이전, 6세기 중반 이후) 양식 특징과 천하관의 추이를 함께 고찰하고자 한다.

일상문의 형식을 분류하고 시기별 양식 특징을 고찰하기에 앞서 선행되어야 할 것은 학자들 사이에 다소 견해차를 보이고 있는 고구려 고분에 대한 편년 검토이다. 따라서 6-1장에서는 앞서 언급한 17기 고분에 대한 기존 편년 안을 살펴본 후, 명문銘文 자료, 묘실 구조, 벽화 내용(인물풍속도→인물풍속도 및 사신도四神圖→사신도)의 변천 등을 종합적으로 고려하여 이들 고분에 대한 편년을 제안하고자 한다.

I. 고구려 고분의 편년 검토 및 제안

1. 편년 검토

기존 편년 안(표 1)을 보면, 덕흥리고분은 영락永樂 18년이란 명문 자료로 인해 408년의 고분으로 편년되고 있다. 한편 묘실 구조에 있어 외방 무덤의 전통은 전全 시기 동안 유지되지만[2] 시대 흐름에 따라 여러방 무덤에서 외방 무덤으로 묘실 구조가 점차 단순화 되고 있다는 점도 편년 설정에 반영되었다. 그 결과 일상문의 연구 대상인 17기 고분 중 여러방 무덤에 해당하는 집안 지역의 각저총, 무용총, 장천

러나 김일권은 '고구려 일월벽화묘 목록'(『고구려 별자리와 신화』, 사계절출판사, 2008)에서 전호태가 언급한 26기 외에 하해방31호분, 동암리벽화분, 우산리2호분 등 3기를 추가하여 29기를 일상과 월상을 살필 수 있는 고분으로 제시했다. 여기서는 그 가운데 김일권이 제시한 29기를 일월상의 연구 대상으로 삼았다.

[2] 안휘준, 『한국 회화사 연구』, 시공사, 2000. 11, 21쪽.

표 1 기존의 고구려 고분 편년 안[3]

고분명	김원룡	김일권	강현숙	전호태	주영헌	조선유적 유물 도감	박진욱
각저총	5세기 말~ 6세기 초	5세기 초	5세기 초	5세기 초	4세기 말	4세기 말	4세기 말
무용총	5세기 말~ 6세기 초	5세기 중반	5세기 초	5세기 중반	4세기 말~ 5세기 초	4세기 말~ 5세기 초	4세기 말
장천1호분		5세기 중반	5세기 중반	5세기 중반		5세기 중반	5세기 후반
통구 사신총	6세기 말~ 7세기 초	6세기 초	6세기 초	6세기 초	6세기	6세기	6세기
오회분 4호묘	7세기 초	6세기 초	6세기 초	6세기 초	6세기 초중반	6세기	6세기
오회분 5호묘	7세기 초	6세기 말	6세기 초	6세기 말	6세기 초중반	6세기	6세기
천왕 지신총	5세기 중반	5세기 중반	5세기 초	5세기 중반	5세기 초중반	5세기 중반	
쌍영총	5세기 중반	5세기 말	5세기 중반	5세기 말	5세기 말	5세기 말	5세기 말
덕화리 1호분		5세기 말	5세기 말	5세기 말		6세기 초	
덕화리 2호분		5세기 말	5세기 말	5세기 말		6세기 초	5세기 말
매산리 사신총	5세기 중반	5세기 말		5세기 말	5세기 말~ 6세기 초	6세기 초	
개마총		6세기 초	5세기 말	6세기 초	6세기	6세기	
진파리 1호분	6세기 말~ 7세기 초	6세기 말	6세기 초	6세기 초	6세기	6세기	6세기
덕흥리 고분	408년	408년	408년	408년		408년	408년
강서중묘	6세기 중반	6세기 말~ 7세기 초	6세기 말	7세기 초	7세기	7세기	7세기
성총	6세기 초	5세기 초	5세기 말	5세기 초	5세기 초중반	5세기 초중반	
복사리 벽화분	5세기 초	4세기 말	4세기 중반	5세기 초	4세기 말~ 5세기 초	4세기 초	

[3] 기존의 편년 안은 전호태가 그의 저서 『고구려 고분벽화 연구』에서 정리한 표 10(전호태, 『고구려 고분벽화 연구』, 사계절, 2002. 5, 417~419쪽)과 김일권이 그의 저서 『고구려 별자리와 신화』에서 표로 정리한 고구려 일월벽화묘 목록 등을 참조했다.

1호분과 평양·안악 지역의 덕흥리고분, 천왕지신총, 쌍영총 등 총 6기가 5세기 고분으로 편년되었다. 또한 집안 지역의 통구사신총, 오회분4호묘, 오회분5호묘와 평양·안악 지역의 성총, 복사리벽화분, 덕화리1호분, 덕화리2호분, 매산리사신총, 개마총, 진파리1호분, 강서중묘 등 총 11기의 외방 무덤은 성총과 복사리벽화분을 제외하고는 대부분 6세기에서 7세기 초 고분으로 편년되었다. 하지만 평양·안악 지역에 위치한 덕화리1, 2호분과 매산리사신총(수렵총)을 5세기 말의 고분으로 보는 견해도 있다. 이들 3기 고분을 5세기 말로 보는 것은 외방 무덤은 5세기부터 나타나고, 여러방 무덤이기는 하나 5세기 말로 편년되는 쌍영총처럼 벽면에 인물풍속도와 사신도가 함께 표현되었기 때문이다.

2. 편년 제안

외방 무덤의 전통은 고구려 고분의 전 시기 동안 유지되지만 6세기 이후에는 여러방 무덤에서 외방 무덤으로 묘실 구조가 점차 단순화 된다. 또한 벽화 내용은 5세기 초까지는 인물풍속도 중심으로 그려지다 5세기 중반에서 6세기 초에는 인물풍속도와 사신도가 함께 표현되는 것으로, 6세기 중반 이후에는 사신도 중심으로 변화한다. 한편 천장고임부에 나타났던 사신도는 점차 벽면으로 내려와 벽면 전체를 차지하게 되며, 인물풍속도와 함께 사신도가 벽면에 나타날 경우 인물풍속도와 같은 비중으로 그려지다 점차 인물풍속도보다 큰 비중으로 등장된다. 이러한 고구려 고분의 특징과 앞서 살펴본 기존 편년 안을 고려하여 17기 고분에 대한 편년을 다음과 같이 제안하고자 한다.

1) 일상문과 함께 인물풍속도 중심의 벽화가 그려진 고분

일상문의 연구 대상 중 인물풍속도가 벽화의 주된 내용을 이루는 곳은 집안 지역의 각저총, 평양과 안악 지역의 덕흥리고분·천왕지신총·복사리벽화분 등이다.

이들 고분은 복사리벽화분을 제외하고는 모두 여러방 무덤이며 사신도는 아직 등장하지 않는다. 여러방 무덤은 대부분 5세기 고분으로 편년되고, 5세기 초까지 벽면의 중심 주제로 인물풍속도가 그려지고 있는 점을 고려하여 여러방 무덤으로 인물풍속도가 주된 내용을 이루는 각저총, 덕흥리고분, 천왕지신총 등을 5세기 초의 고분으로 보고자 한다. 그 가운데 덕흥리고분은 전실前室에서 현실玄室로 들어가는 벽 상부에 묘지명이 남아 있고, 묘지명에는 묘주인 진鎭이 영락永樂 18년에 사망한 것으로 되어 있어 기존 편년 안과 마찬가지로 408년의 고분으로 편년한다. 복사리벽화분은 외방 무덤이지만 외방 무덤의 전통이 고구려 고분의 전 시기 동안 유지되었던 점을 감안하여 다른 고분들과 마찬가지로 5세기 초의 고분으로 편년하고자 한다.

2) 일상문과 함께 인물풍속도·사신도가 그려진 고분

일상문의 연구 대상 가운데 인물풍속도와 사신도가 함께 등장하는 고분에는 집안 지역의 무용총과 장천1호분이 있다.

무용총은 현실 천장 고임부에, 장천1호분은 전실 천장 고임부에 사신이 표현되었고 양자 모두 여러방 무덤이다. 여러방 무덤이 대부분 5세기 고분으로 편년되고, 전실 및 현실 천장부에 사신이 그려진 고분은 앞서 언급한 여러방 무덤으로 인물풍속도만 표현된 5세기 초로 편년한 각저총, 덕흥리고분, 천왕지신총보다 다소 늦은 시기에 제작된 것으로 보아 무용총과 장천1호분을 5세기 중반의 고분으로 편년한다.

평양과 안악 지역의 경우, 인물풍속도와 사신도가 함께 등장하고 전실 및 현실 벽면에 사신이 그려진 고분으로는 쌍영총, 매산리사신총(수렵총), 덕화리1호분, 덕화리2호분이 있다.

먼저 여러방 무덤인 쌍영총을 보면 전실의 왼벽과 오른벽, 현실의 앞벽과 안벽에 사신이 그려져 있다. 전실에는 사신 중 동쪽과 서쪽을 수호하는 청룡靑龍과 백호

白狐가 벽면 그림의 중심을 이루고 있다. 그러나 현실에는 사신 중 북쪽과 남쪽을 수호하는 현무玄武와 주작朱雀이 벽면 위나 옆에 치우쳐 왜소하게 표현되었다. 이처럼 사신이 전실과 현실에 나누어 그려진 것은 고구려 고분 중 쌍영총이 유일하다. 쌍영총이 5세기 고분으로 편년되는 여러방 무덤에 해당하며 사신이 현실 벽면에 그려져 있지만 그 중 현무와 주작은 현실의 전면이 아닌 현실 벽면 위나 옆에 치우쳐 그려져 있음을 감안할 때, 쌍영총은 여러방 무덤으로 현실 및 전실 천장 고임부에 사신이 그려진 5세기 중반으로 편년한 집안 지역의 무용총과 장천1호분보다 조금 늦은 5세기 말의 고분으로 보고자 한다.

외방 무덤인 매산리사신총은 간략한 인물풍속도와 함께 현실 벽면에 사신이 그려져 있다. 현실 왼벽과 오른벽의 청룡과 백호는 벽면 그림에서 차지하는 비중이 크다. 그러나 현실 앞벽의 주작과 안벽의 현무는 벽면 그림에서 차지하는 비중이 낮다. 매산리사신총이 외방 무덤이고 현실 벽면에 사신도와 생활풍속도가 함께 나타나는 감안할 때, 매산리사신총은 여러방 무덤으로 전실 및 현실 벽면 또는 현실 벽면 위에 사신이 그려진 쌍영총보다 다소 늦은 6세기 초의 고분으로 편년한다.

외방 무덤인 덕화리1호분과 덕화리2호분에는 현실 왼벽과 오른벽, 그리고 앞벽에 청룡·백호·주작이 각각 그려져 있다. 현실 안벽의 현무는 행렬도와 유사한 인물풍속도와 함께 묘사되었는데 안벽 상단에는 행렬도가, 안벽 하부에는 현무가 그려져 있다. 덕화리1호분과 덕화리 2호분 모두 외방 무덤이고 현실 안벽에 사신의 하나인 현무가 행렬도와 함께 그려진 것을 고려하여 앞서 살펴본 매산리사신총과 마찬가지로 덕화리1호분과 덕화리2호분을 6세기 초의 고분으로 보고자 한다.

외방 무덤인 성총은 인물풍속도와 사신이 함께 표현된 것은 아니지만 현실 벽면에 사신과 연꽃이 함께 그려졌고, 현실 앞벽의 주작이 쌍영총과 같이 벽면 위에 그려진 것을 감안하여 5세기 말의 고분으로 편년한다. 대다수의 외방 무덤이 6세기에서 7세기 초로 편년되고 있지만, 외방 무덤인 성총을 5세기 말 고분으로 편년한 것은 전술한 바와 같이 외방 무덤의 전통이 고구려 고분의 전 제작기에 걸쳐 일관되었기 때문이다.

3) 일상문과 함께 사신도 중심의 벽화가 그려진 고분

고구려 고분에 그려진 일상문의 연구 대상 중 외방 무덤으로 사신도가 현실 벽의 전면을 차지하고 벽화의 주된 내용을 이루고 있는 곳은 집안 지역의 통구사신총·오회분4호묘·오회분5호묘과 평양과 안악 지역의 개마총·진파리1호분·강서중묘 등이다.

이 경우 현실 벽면을 장식 무늬로 채우고 거기에 사신을 그린 진파리1호분·통구사신총·오회분4호묘·오회분5호묘 등이 있고, 벽면에 장식 무늬는 그리지 않고 사신만 묘사한 강서중묘가 있는데, 전자가 후자보다 앞선 시기에 만들어진 고분으로 판단된다.[4] 따라서 외방 무덤으로 벽면에 인물풍속도는 그리지 않고 장식 무늬와 사신이 함께 표현된 진파리1호분·통구사신총·오회분4호묘·오회분5호묘 등은 인물풍속도와 함께 현실 벽면에 사신이 그려진 6세기 초의 고분으로 편년한 매산리사신총·덕화리1호분·덕화리2호분보다 조금 늦은 6세기 중반의 고분으로 편년하고자 한다. 한편 6세기 말에서 7세기 초로 편년되는 강서대묘와 같이 벽면에 장식 무늬는 그리지 않고 세련된 필치로 사신만 표현한 강서중묘는 6세기 말에서 7세기 초의 고분으로 보고자 한다.

개마총은 사신이 현실 벽의 전면을 차지하고 있으나 현실 천장 고임부에 장송葬送 행렬도를 비롯한 인물풍속도가 그려져 있어 전형적인 사신도 무덤으로 이행하는 과도기 단계의 고분으로 판단된다. 따라서 개마총은 인물풍속도와 함께 현실 벽면

---

[4] 朴晋煜, 「고구려벽화무덤의 류형 변천과 편년에 관한 연구」, 『高句麗 古墳壁畵』(高句麗硏究 第4輯), 사단법인 고구려연구회, 1997. 12, 92쪽.

표 2 집안 지역 고분의 편년 제안

고분명	시기	묘실구조	벽화내용	일상문의 형식
각저총	5세기 초	여러방 무덤	인물풍속도	형식 I
무용총	5세기 중반	여러방 무덤	인물풍속도+사신도(천장고임부)	형식 I
장천1호분	5세기 중반	여러방 무덤	인물풍속도+사신도(천장고임부)	형식 I
통구사신총	6세기 중반	외방 무덤	사신도(벽면 전체)	형식 II
오회분4호묘	6세기 중반	외방 무덤	사신도(벽면 전체)	형식 II
오회분5호묘	6세기 중반	외방 무덤	사신도(벽면 전체)	형식 II

표 3 평양·안악 지역 고분의 편년 제안

고분명	시기	묘실구조	벽화내용	일상문의 형식
덕흥리고분	408년	여러방 무덤	인물풍속도	형식 III
천왕지신총	5세기 초	여러방 무덤	인물풍속도	형식 I
복사리벽화분	5세기 초	외방 무덤	인물풍속도	형식 IV
성총	5세기 말	외방 무덤	연꽃+사신도(벽면)	형식 IV
쌍영총	5세기 말	여러방 무덤	인물풍속도+사신도(벽면)	형식 I
덕화리1호분	6세기 초	외방 무덤	인물풍속도+사신도(벽면)	형식 I
덕화리2호분	6세기 초	외방 무덤	인물풍속도+사신도(벽면)	형식 I
매산리사신총(수렵총)	6세기 초	외방 무덤	인물풍속도+사신도(벽면)	형식 II
개마총	6세기 초중반	외방 무덤	사신도(벽면 전체)+인물풍속도(천장고임부)	형식 II
진파리1호분	6세기 중반	외방 무덤	사신도(벽면 전체)	형식 II
강서중묘	6세기 말~7세기 초	외방 무덤	사신도(벽면 전체)	형식 III

에 사신이 그려진 6세기 초의 고분과 벽면에 인물풍속도는 그리지 않고 장식 무늬와 사신이 함께 표현된 6세기 중반의 고분이 조성되는 과도기의 고분으로 판단되므로 6세기 초중반의 고분으로 편년한다.

지금까지 살펴본 17기 고분에 대한 편년을 집안과 평양·안악 지역으로 나누어 제안하면 〈표 2〉, 〈표 3〉과 같다. 한편 고구려 고분의 편년과 고분에 그려진 일상문과의 상호 관련성을 검토하기 위해 다음에 고찰할 일상문의 형식 분류도 표 안에 함께 정리했다.

Ⅱ. 고구려 고분 벽화 일상문의 형식 분류

1. 선행 연구 검토

일상문의 형식 분류에 관한 선행 연구들을 검토하고 그 미비점을 보완하여 '일상문의 형식 분류' 안을 제안하고자 한다. 이를 위해 먼저 일상문의 형식 분류를 다룬 기존 연구들을 살펴보면, 리준걸의 「고구려 벽화 무덤의 해와 달 그림에 대하여」, 전호태의 「고구려 고분벽화의 해와 달」, 류은규의 『고구려 고분벽화 삼족오 도상의 특징과 기원』, 김일권의 『고구려 별자리와 신화』 중 표로 정리한 '고구려 벽화의 해 그림 양식' 등이 있는데 연구 내용들을 정리하면 다음과 같다.

ⅰ) 리준걸은 고구려 고분 벽화에 표현된 일상문을 ① 원으로 표현된 일상문(평양 지역의 성총), ② 원 안에 나래를 펴지 않은 채 측면으로 서 있는 삼족오가 그려진 일상문(집안 지역의 각저총·장천1호분, 평양과 안악 지역의 쌍영총·덕화리1호분·덕화리2호분), ③ 원 안에 나래를 펴고 정면으로 서 있는 삼족오가 그려진 일상문(집안 지역의 무용총·삼실총·통구사신총, 평양 및 안악 지역의 안악3호분·안악1호분·연화총·약수리고분·덕흥리고분·대안리1호분·천왕지신총·수렵총·강서중묘·진파리1호분·진파리 4호분·개마총·내리1호분) 등으로 분류했다.[5]

하지만 리준걸은 고구려 고분의 일상문을 위의 세 가지 형식으로 분류한 근거를 뚜렷하게 제시하지 않았다. 또한 형식 분류에 있어 원으로 표현된 일상문에 복사리

---

[5] 리준걸, 「고구려 고분벽화의 해와 달 그림에 대하여」, 『력사과학』 85-2집, 1985. 2, 39~42쪽 참조.

벽화분을 포함시키지 않았고, 원 안에 삼족오가 날개를 접고 서 있는 형식으로 분류되는 무용총의 일상문을 원 안에 날개를 펴고 서 있는 형식으로 보았다. 아울러 원 안에 날아가는 모습의 현조玄鳥를 그린 덕흥리고분과 강서중묘의 일상문을 현조가 날개를 펴고 서 있는 형식으로 보았다. 이 밖에 원 안에 날아가는 현조의 다리가 셋인지 둘인지 확인할 수 없어 삼족오로 단정짓기 어려운데도 불구하고 모두 삼족오로 보는 등 오류가 발견된다. 그러나 일상문의 중요한 구성 요소인 삼족오와 같은 현조의 도상적 특징을 일상문의 형식 분류의 기준으로 삼은 것은 타당하다고 생각한다.

한편 리준걸은 태양을 상징하는 원 안에 삼족오와 같은 현조가 등장하는 고구려 고분의 일상문을 고구려 당대當代의 태양 흑점을 관찰한 결과로 보면서 고구려에서 자체적으로 발생한 것으로 보았다. 이는 이태호가 「일상·월상 - 동양 고대미술에 있어서 해와 달의 표현과 사상」에서, 전호태가 「고구려 고분벽화의 해와 달」에서 고구려 고분의 일상문을 한漢-당대唐代 일상문의 영향 하에서 나름대로의 독자성을 가지며 변화 발전한 것으로 본 것과는 다른 견해이다. 이처럼 고구려 고분의 일상문을 주체적·자주적 관점에서 보려는 리준걸의 시각은 고무적이다. 하지만 태양 및 현조에 관한 예羿의 사일射日 신화가 선진先秦 문헌인 『초사楚辭』 「천간天間」에 이미 보이므로 이는 현조인 삼족오 도상이 갖는 기원의 유구성을 간과한 것이다.

ⅱ) 전호태는 성좌형星座形〔양조형(陽鳥形)과 순수 성좌형〕[6]과 신격형神格形〔우인형(羽人形), 복희·여와형, 서왕모·동왕공형(東王公形), 기타 유형〕[7]으로 대별할 수 있는 한漢-당대唐代 일상문의

---

[6] 성좌형 중 양조형(陽鳥形)은 해를 상징하는 원을 등에 진 채 하늘을 나는 새의 형태이고, 순수 성좌형은 특정한 상서(祥瑞) 동물이나 신격(神格)과 결합됨 없이 별자리의 하나로서 표현되는데 이때 일상문은 원 또는 원 안에 까마귀가 들어 있는 형태로 나타난다(全虎兌, 「漢-唐代 고분의 日像·月像」, 『美術資料』 제48호, 국립중앙박물관, 1991. 6, 21~26쪽 참조).

[7] 신격형(神格形) 중 우인형(羽人形)은 사람 머리에 새 몸이 합쳐진 우인이 해를 나타내는 원을 등에 지고 날아가는 형상을 말하며, 복희·여와형은 복희와 여와가 해와 달을 두 손으로 머리 위에 받쳐 들고 있으며 해를 상징하는 원 안에는 까마귀가 표현된다. 서왕모·동왕공형(東王公形)은 동왕공과 서왕모가 일 년에 한 번씩

형식 분류를 근거로 하여 고구려 고분 벽화에 나타난 일상문을 ① 성좌형 중 순수 성좌형과 ② 신격형 중 복희·여와형 등으로 구분하였다.[8] 전호태는 집안 지역의 각저총·무용총·장천1호분·삼실총 등 4기 고분과 평양 및 안악 지역의 안악3호분·덕흥리고분·연화총·약수리고분·대안리1호분·천왕지신총·쌍영총·안악1호분·복사리고분·성총·우산리1호분·매산리사신총·덕화리1호분·덕화리2호분·개마총·진파리4호분·진파리1호분·내리1호분·강서중묘 등 19기 고분 등 총 23기를 순수 성좌형으로 분류했고, 오회분4호묘·오회분5호묘·통구사신총 등 집안 지역 3기 고분을 복희·여와형에 포함시켰다.

전호태는 고구려 고분 벽화에 그려진 일월상이 한나라 이후의 일월日月 인식을 수용한 것으로 보고, 한漢-당대唐代 일상문에 의거해 고구려 고분 벽화의 일상문 형식을 분류했다. 그러나 고구려 고분 벽화의 일상문은 한-당대 일상문과는 달리 순수 성좌형이 대다수를 차지하고, 신격형〔일월신격(日月神格)〕 중 복희·여와형만이 집안 지역 오회분4호묘, 오회분5호묘, 통구사신총 등 3기 고분에 나타나고 있어 다양한 유형이 등장하는 한-당대 일상문의 형식을 그대로 적용하기는 어렵다. 더욱이 일상문의 중요한 구성 요소로 둥근 해 안에 표현되는 현조의 형태적 특징은 간과한 채 형식을 분류함으로써 일상문의 중요한 구성 요소로 삼족오와 같은 현조가 등장하는 고구려 고분 벽화의 일상문이 한-당대 일상문과는 차별화되는 고유한 특성을 갖고 있음을 간과하였다.

iii) 류은규는 일상문에 표현된 삼족오의 동세動勢를 기준으로 하여 ① 날개를 접

만난다는 설화의 도상적 표현의 일부로 동왕공과 서왕모를 일신(日神)과 월신(月神)으로 인식할 경우 이들 곁에 해와 달이 표현되며, 해는 까마귀가 들어 있는 원의 형상으로 나타난다. 기타 유형은 우인형, 복희·여와형, 서왕모·동왕공형 이외의 신격과 결합되어 나타나는 해와 달을 말하는데, 그 예로는 해와 치수신(治水神)이, 달과 신농신(神農神)이 함께 표현된 일상과 월상이 있다. 이때 치수신과 같이 표현되는 해는 까마귀가 들어 있는 원의 형상으로 표현된다(全虎兌, 주)6의 논문, 26~41쪽 참조).
[8] 全虎兌, 「高句麗 古墳壁畵의 해와 달」, 『미술자료』 제50호, 국립중앙박물관, 1992. 12, 16~43쪽 참조.

고 서 있는 삼족오(집안 지역의 각저총·무용총·장천1호분, 평양 지역의 천왕지신총·매산리사신총·쌍영총·덕화리1호분·덕화리2호분), ② 날개를 펴고 날아오르려 하는 서 있는 삼족오(집안 지역의 오회분4호묘·오회분5호묘·통구사신총, 평양지역의 개마총·진파리1호분), ③ 날아가는 모습의 까마귀(평양 지역의 덕흥리고분, 약수리고분, 강서중묘) 등으로 일상문의 형식을 나누었다.[9]

류은규는 일상문의 중요한 구성 요소인 삼족오의 형태적 특징을 중시하면서 고구려 고분 벽화의 일상문을 위에 언급한 3개의 형식으로 분류했다. 그러나 일상문의 중요한 구성 요소인 원과 삼족오의 형태적 특징을 함께 고찰하지 않고 삼족오의 동세만을 형식 분류의 기준으로 삼았다. 또한 이 같은 형식 분류에 대한 배경과 각 형식이 지닌 상징성에 대한 고찰도 이루어지지 않았다.

iv) 김일권은 일상문의 중요한 구성 요소인 원과 원 바깥의 빛살 모양, 원 안에 표현된 삼족오의 계관형(鷄冠形: 공작형) 벼슬, 복희·여와의 동반 등을 고려하여 ① 원반식 일륜형(집안 지역의 삼실총, 평양과 안악 지역의 안악3호분·안악1호분·복사리벽화분), ② 빛살식 일륜형(평양과 안악 지역의 성총과 진파리1호분), ③ 삼족오형 일상(집안 지역의 통구사신총·오회분4호묘·오회분5호묘, 평양과 안악 지역의 덕흥리고분·약수리고분·연화총·대안리1호분·우산리1호분·우산리2호분·개마총·내리1호분·강서중묘), ④ 계관 삼족=ㄹ 봉황형(집안 지역의 각저총·무용총·장천1호분, 평양과 안악 지역의 천왕지신총·수렵총·쌍영총·덕화리1호분·덕화리2호분·진파리4호분·진파리1호분) 등으로 일상문의 형식을 분류했다. 그러나 이 역시 일상문의 형식 분류를 다룬 다른 연구 논문들과 마찬가지로 위에 제시한 4가지 형식으로 일상문을 분류한 근거를 뚜렷하게 제시하지 않았다. 한편 삼족오의 형태적 특징에 있어 계관형과 같은 벼슬 모양에는 주목했지만 삼족오의 동세는 고려하지 않았다.

---

[9] 柳銀奎, 「高句麗 古墳壁畵 三足烏 圖像의 特徵과 起源」, 서울大學校 大學院(社會教育科) 碩士學位論文, 2003. 2, 7~10쪽 참조.

표 4 고구려 고분 벽화에 나타난 일상문의 형식 분류와 해당 고분

형식 분류	집안 지역 고분	평양·안악 지역 고분
-형식 Ⅰ- ·원 안에 날개를 접은 채 서 있는 현조(삼족오)	각저총 : 5세기 초 무용총 : 5세기 중반 장천1호분 : 5세기 중반	천왕지신총 : 5세기 초 쌍영총 : 5세기 말 덕화리1호분 : 6세기 초 덕화리2호분 : 6세기 초
-형식 Ⅱ- ·원 안에 날개를 펼친 채 서 있는 현조(삼족오)	통구사신총 : 6세기 중반 오회분5호묘 : 6세기 중반 오회분4호묘 : 6세기 중반	매산리사신총(수렵총) : 6세기 초 개마총 : 6세기 초중반 진파리1호분 : 6세기 중반
-형식 Ⅲ- ·원 안에 날개를 펴고 날아가는 현조		덕흥리고분 : 408년 강서중묘 : 6세기 말~7세기 초
-형식 Ⅳ- ·원으로 구성된 일상문		복사리벽화분 : 5세기 초 성총 : 5세기 말

2. 형식 분류 제안

위에서 언급한 일상문의 형식 분류를 다룬 기존 연구들의 문제점을 보완하기 위해 일상문의 중요한 구성 요소로서 상징적 의미를 갖는 원(태양)과 원 안에 표현된 현조의 유무 및 현조의 동세 등을 형식 분류의 기준으로 삼았다.[10] 그 결과 ⅰ) 형식 Ⅰ(원 안에 날개를 접은 채 서 있는 현조), ⅱ) 형식 Ⅱ(원 안에 날개를 펼친 채 서 있는 현조), ⅲ) 형식 Ⅲ(원 안에 날개를 펴고 날아가는 현조), ⅳ) 형식 Ⅳ(원으로 구성된 일상문) 등 4가지 형식으로 일상문을 분류했다. 이 같은 형식 분류는 앞서 살펴본 리준걸과 류은규가 제시한 일상문의 형식 분류를 보완하는 한편, 삼국시대 이후 전개되는 일상문과의 연계성도 반영한 것이다. 고구려 고분 벽화에 그려진 일상문을 형식별로 나누어 정리하면 〈표 4〉와 같다.

고구려 고분 벽화에 나타난 일상문 중 형식 Ⅰ(원 안에 날개를 접은 채 서 있는 현조)은 5세

---

[10] 拙稿,「日象文의 도상학적 고찰과 문화권에 따른 특징」,『단군학연구』제18호, 단군학회, 2008. 5, 89~113쪽 참조.

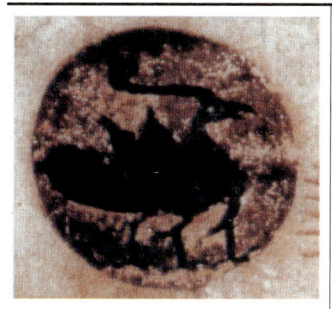
1. 각저총(5세기 초)

2. 무용총(5세기 중반)

3. 장천1호분(5세기 중반)

4. 천왕지신총(5세기 초)

5. 쌍영총(5세기 말)

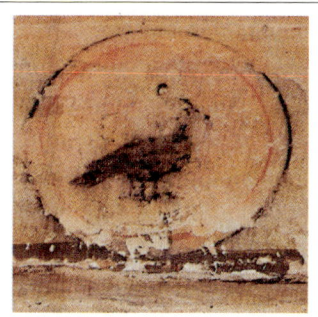
6. 덕화리1호분(6세기 초)

7. 덕화리2호분(6세기 초)

그림 1 형식 Ⅰ(원 안에 날개를 접은 채 서 있는 현조)에 해당하는 고구려 고분 벽화의 일상문

기에서 6세기 초로 편년되는 집안 지역의 각저총·무용총·장천1호분과 평양 및 안악 지역의 천왕지신총·쌍영총·덕화리1호분·덕화리2호분 등 7기 고분에서 살필 수 있다(그림 1).

　형식 Ⅱ(원 안에 날개를 펼친 채 서 있는 현조)는 집안 지역의 통구사신총·오회분4호묘·

1. 통구사신총(6세기 중반)

1-1. 통구사신총의 복희여와형 일상문

2. 오회분4호묘(6세기 중반)

2-1. 오회분4호묘의 복희여와형 일상문

3. 오회분5호묘(6세기 중반)

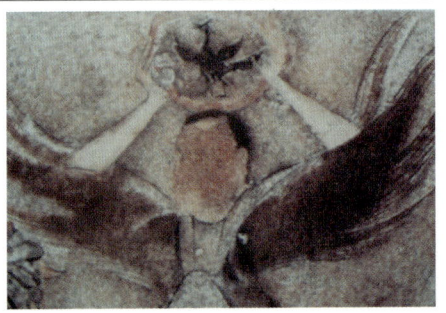

3-1. 오회분5호묘의 복희여와형 일상문

4. 매산리사신총(6세기 초)

5. 개마총(6세기 초중반)

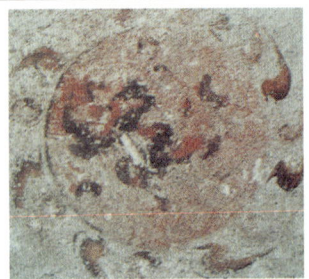

6. 진파리1호분(6세기 중반)

그림 2 형식 Ⅱ(원 안에 날개를 펼친 채 서 있는 현조)에 해당하는 고구려 고분 벽화의 일상문

그림 3 고구려 진파리7호분 출토 일상문 금동 투조 장식에 표현된 형식 Ⅱ(원 안에 날개를 펼친 채 서 있는 현조)의 일상문, 삼국시대 6세기 초중반, 평양 지역 고분

오회분5호묘와 평양 및 안악 지역의 개마총·진파리1호분·매산리사신총 등 6세기 중반경으로 편년되는 고분에 주로 나타난다(그림 2).

형식 Ⅱ에 속하는 또 다른 작례作例로는 고구려 고분 벽화에 그려진 것은 아니지만, 진파리7호분에서 출토된 일상문 금동 투조透彫 장식이 있다. 일상문 금동 투조 장식은 외곽 테와 내부 문양 사이에 원주문대를 배치했고, 금동 판 전면에는 구름문을 투조했으며, 태양을 나타낸 중앙의 둥근 테두리 안에는 삼족오를, 그 위쪽에는 봉황을, 그 아래 양 옆에는 용을 각각 나타냈다. 둥근 테두리 안에 날개를 반원형으로 펼친 채 서 있는 삼족오는 날개 짓을 하며 힘차게 날아오르려는 형상을 하고 있다(그림 3).

형식 Ⅲ(원 안에 날개를 펴고 날아가는 현조)은 평양 지역의 덕흥리고분[11]과 강서중묘에서

1. 덕흥리고분(5세기 초) 　　2. 강서중묘(6세기 후반~7세기 초)

그림 4 덕흥리고분과 강서중묘에 표현된 형식 Ⅲ(원 안에 날개를 펴고 날아가는 현조)의 일상문

볼 수 있다(그림 4). 덕흥리고분과 강서중묘는 각각 5세기 초와 6세기 후반~7세기 초의 고분으로 편년되고 있어 앞서 살펴본 형식 Ⅰ, 형식 Ⅱ의 일상문처럼 시기적인 특징을 반영한다고 보기는 힘들다.

　　형식 Ⅲ과 같은 일상문 표현은 정치적 혼란기였던 후한대後漢代의 화상석畵像石과 고분 벽화에 많이 나타나는데(그림 5)[12] 이는 천인감응설天人感應說을 반영한 것으로 풀이된다. 전한前漢 무제武帝 때 유교의 국교화를 이룩한 동중서(董仲舒 : 기원전 179~기원전 104)는 막대한 군주의 정치권력을 효과적으로 통제하기 위해 천인天人 관계를 강조했고, 은殷·주周 이래 내려오던 절대적인 천天의 개념에 음양오행론을 결합한 천인감응설을 제시했다. 그는 천인감응의 우주 질서 속에서 하늘과 인간은 서로 교감과

---

[11] 덕흥리 고분에 나타난 일상문의 경우, 리준걸은 원 안에 날개를 펴고 정면으로 서 있는 삼족오로, 전호태·류은규·필자는 원 안에 날개를 펴고 날아가는 현조로 보았다. 현조의 머리와 몸통 부분이 앞으로 기울어져 있어 날아가는 모습으로 파악되지만, 날개를 반원형으로 펼치고 있고 박락으로 인해 다리 부분을 자세히 살필 수 없어 형식Ⅱ(원 안에 날개를 펼친 채 서 있는 현조)의 일상문으로 분류될 가능성도 배제할 수 없다.

[12] 全虎兌, 「漢-唐代古墳의 日像·月像」, 『美術資料』 제48호, 국립중앙박물관, 1991. 12, 22쪽, 28쪽, 34쪽의 표 1, 표 2, 표 3, 표 4 참조.

그림 5 일신(日神) 우인(羽人)의 화상전에 표현된 형식 Ⅲ(원 안에 날개를 펴고 날아가는 현조)의 일상문, 후한, 사천성 팽현

영향을 받기 때문에 군주가 잘못된 정치를 했을 경우 하늘이 재이災異를 내려 경고하며, 그래도 깨닫지 못한다면 덕 있고 인자한 자에게 권력을 승계하도록 하므로 천명天命을 받은 군주는 천도天道를 본받아 인정을 베풀어야 한다고 했다. 동중서의 이러한 천인감응설은 이후 유교 사회의 중요한 통치 철학으로 자리 잡는다.[13] 물론 원 안에 날개를 펴고 날아가는 현조의 모습을 태양의 운행과 관련하여 현조가 태양을 실어 나른다고 해석할 수도 있다. 그러나 태양이 천자[군왕]를, 현조가 천명의 전달자를 상징한다고 볼 때, 원 안에 날아가는 현조의 모습은 군주가 잘못된 정치를 행했을 때 천명이 덕 있고 인자한 자에게 옮겨간다는 천인감응설을 나타낸 것으로 이해된다. 이를 반증하듯 우리나라에서도 고려 무신 난과 조선 중종 반정과 같은 정치

---

[13] 李熙德, 「董仲舒의 災異說과 高麗時代의 政治」, 『高麗時代 天文思想과 五行說 硏究』, 一潮閣, 2000. 5, 165~176쪽 참조.

그림 6 중종 반정에 참여한 이곤의 묘비 관석(冠石) 앞면에 표현된 형식 Ⅲ(원 안에 날개를 펴고 날아가는 현조)의 일상문, 조선 1559년

그림 7 성총의 천장 고임부에 표현된 형식 Ⅳ(원으로 구성된 일상문)의 일상문, 삼국시대 5세기 말, 평양 지역 고분

변혁기에 형식 Ⅲ의 일상문이 많이 표현되었다(그림 6).

형식 Ⅳ(원으로 구성된 일상문)는 원으로만 태양을 형상화 한 것으로 평양 지역의 성총과 안악 지역의 복사리벽화분이 이에 해당한다(그림 7). 5세기 평양·안악 지역 고분에서 볼 수 있으나 2기에 불과하므로 시기별·지역적 특징으로 보기는 어렵다. 이처럼 원과 현조를 결합시키지 않고 원으로만 일상문을 표현한 것은 음양설에 입각하여 음양 중 양陽의 상징으로만 기능하게 된 일상문의 특성을 강조한 것이다.

전국戰國시대에 이르러 체계화된 음양설은 음양이 만물을 이루는 본체가 된다고 보았고, 만물 중 하늘·태양·군왕 등은 양陽을, 땅·달·신하 등은 음陰을 상징한다고 인식했다. 음양설은 전한 때 오행론五行論과 결합하고, 한나라 무제 때 국상을 지낸 동중서에 의해 음양과 오행의 운행이 인사人事와 연결됨으로써 하늘과 인간과의 관계를 강조하는 유교 정치 철학으로 발전한다. 고대에는 천문의 변화 특히 일식에 민감했는데 그 배경에는 군왕의 상징인 태양이 신하를 뜻하는 달에 의해 가려지는 일식을 정변과 반란이 일어날 조짐으로 보았기 때문이다.[14]

이러한 인식을 반영하듯 원과 현조가 결합된 일상문은 한대漢代에 처음 등장하지

그림 8 이경현의 묘비 관석 앞면에 표현된 형식 Ⅳ(원으로 구성된 일상문)의 일상문, 조선 1682년

만, 한대 이후에는 중원中原 문화권의 일상문에서 현조의 모습은 잘 보이지 않는다. 그 까닭은 원 안의 현조 표현을 태양의 흑점을 나타낸 것으로 인식했고, 태양의 흑점 역시 태양을 가리는 것으로 여겨 일상문에서의 현조 표현은 점차 중원 문화권에서 사라졌고 그 대신 원으로만 태양을 형상화 한 일상문이 보편화되었기 때문이다.[15] 한편 우리나라에서도 유교를 국교로 삼았던 조선시대에는 원으로 구성된 형식 Ⅳ의 일상문이 다수를 차지하고 있다(그림 8).

Ⅲ. 6세기 중반 이전과 이후의 일상문의 양식 특징과 천하관

고구려 고분 벽화의 일상문을 6세기 중반 이전(5세기 초~6세기 초)과 6세기 중반 이후(6세기 중반~7세기 초)로 나누어 양식적 특징을 알아보고, 이를 시대상 및 천하관天下觀[16]

---

14 拙稿, 「韓國 古代 日象文의 成立 背景」, 『白山學報』, 白山學會, 2008. 4, 10쪽.
15 拙稿, 주)10의 논문, 114쪽.
16 천하(天下)라는 말은 천자(天子)의 권위 하에 있는 온 세상을 말한다. 또한 천하관(天下觀)이란 온 세상이 어

과 연계하여 살펴보고자 한다. 6세기 중반 이전과 이후로 시기를 구분하여 일상문을 고찰한 것은 명문 자료·묘실 구조·벽화 내용의 변천 등을 종합적으로 검토하여 제시된 고구려 고분의 편년 안(표 2 참조, 표 3 참조), 현조의 유무有無 및 동세 등을 고려하여 도출된 일상문의 형식 분류상에 나타나는 시기별 특징, 고구려의 정치 상황 등을 반영한 것이다. 한편 망자亡者의 무덤 벽에 그려진 고구려 고분 벽화의 일상문을 천하관과 연계하여 고찰한 것은 일상문이 왕권의 상징물로 사용되었고, 고구려 고분의 묘주가 왕족 내지 귀족으로 왕권 형성과 확립에 중요한 영향력을 행사했던 인물들이므로 이를 통해 그 시대를 살았던 고구려인의 천하관을 조망할 수 있다고 판단했기 때문이다.

1. 6세기 중반 이전 : 5세기 초~6세기 초

1) 일상문의 양식 특징

필자가 제안한 편년 안에 따르면, 일상문의 세부 표현을 살필 수 있는 총 17기의 고구려 고분 중 5세기 초에서 6세기 초로 편년되는 고분은 각저총·무용총·장천1호분 등 집안 지역의 3기와 천왕지신총·덕흥리고분·복사리벽화분·성총·쌍영총·덕화리1호분·덕화리2호분·매산리사신총 등 평양과 안악 지역의 8기를 합해 총 11기에 이른다. 이를 일상문의 형식 분류에 따라 정리하면 〈표 5〉과 같다.

〈표 5〉를 보면 일상문의 연구 대상 중 6세기 중반 이전(5세기 초~6세기 초)의 고구려 고분 11기 중 형식 II, 형식 III, 형식 IV는 각각 1기, 1기, 2기에 불과하고 형식 I (원 안에 날개를 접은 채 서 있는 현조(삼족오))에 해당하는 것이 7기로 가장 많다. 따라서 다수를

떻게 구성되어 있고, 그 가운데 자기 나라의 위치가 어떠하며 나아가 인접 집단과 비교해 자기 족속의 특성이 어떠한가에 대한 인식을 의미한다. 즉 천하관이란 현세에 있어 국내외의 현실적인 정치 질서에 대한 인식을 담은 것이며, 객관적인 세계의 현상을 보다 평면적이고 집단적 단위로 파악하는 것이다(盧泰敦, 「5세기 高句麗人의 天下觀」, 『한국사 시민강좌』 제3집, 一潮閣, 1988, 61~62쪽).

표 5 5세기 초~6세기 초 고구려 고분 벽화에 나타난 일상문의 형식 분류

형식 분류	해당 고분
형식 Ⅰ : 원 안에 날개를 접은 채 서 있는 현조(삼족오)	· 각저총(5세기 초, 여러방 무덤, 집안 지역) · 무용총(5세기 중반, 여러방 무덤, 집안 지역) · 장천1호분(5세기 중반, 여러방 무덤, 집안 지역) · 천왕지신총(5세기 초, 여러방 무덤, 평양·안악 지역) · 쌍영총(5세기 말, 여러방 무덤, 평양·안악 지역) · 덕화리1호분(6세기 초, 외방 무덤, 평양·안악 지역) · 덕화리2호분(6세기 초, 외방 무덤, 평양·안악 지역)
형식 Ⅱ : 원 안에 날개를 펼친 채 서 있는 현조(삼족오)	· 매산리사신총(6세기 초, 외방 무덤, 평양·안악 지역)
형식 Ⅲ : 원 안에 날개를 펴고 날아가는 현조	· 덕흥리고분(408년, 여러방 무덤, 평양·안악 지역)
형식 Ⅳ : 원으로 구성된 일상문	· 복사리벽화분(5세기 초, 외방 무덤, 평양·안악 지역) · 성총(5세기 말, 외방 무덤, 평양·안악 지역)

차지하고 있는 형식 I의 일상문을 중심으로 그 양식적 특징을 살펴보고자 한다.

형식 Ⅰ(원 안에 날개를 접은 채 서 있는 현조)의 일상문은 덕화리1호분과 덕화리2호분을 제외하고는 5세기 고분인 각저총·무용총·장천1호분·천왕지신총·쌍영총 등에서 볼 수 있으며, 이들 고분은 모두 여러방 무덤에 속한다. 여러방 무덤은 시기가 앞선 4, 5세기 고구려 고분에 주로 나타나는데 형식 Ⅰ의 일상문을 통해서도 이를 확인할 수 있다. 천장석 동측에 일상문이 묘사된 장천1호분을 제외하고는 모두 천장 고임부 동측에 일상문이 그려졌는데 6, 7세기 고분의 경우도 일상문이 대부분 천장 고임부 동측에 나타나기 때문에 이를 시기별 특징으로 볼 수는 없다.

형식 I의 일상문 중 5세기 고분에 그려진 것은 원 안에 표현된 현조(삼족오)가 날카로운 부리와 매서운 눈매 등 맹금류인 까마귀의 특징적 모습을 잘 반영하고 있다. 하지만 공작형 벼슬이 머리 뒤로 길게 뻗혀 있고 날개 끝이 모두 위로 뾰족하게 나와 있으며, 각저총·무용총·쌍영총의 경우는 다리 쪽 깃털이 무릎 뒤로 뻗혀 있는 등 사실적인 모습의 까마귀보다는 이상화 내지 도식화된 모습이 강하다(그림 1의 1, 2, 5). 그러나 5세기 고분에 있어서도 장천1호분과 같이 무릎 뒤로 뻗혀 있는 다리 쪽

깃털이 표현되지 않은 것도 있고(그림 1의 3), 박락으로 인한 것이기는 하나 천왕지신총은 원 안에 표현된 삼족오의 다리 셋 중 가운데 다리가 보이지 않는다(그림 1의 4).

한편 6세기 초의 고분으로 편년되는 덕화리1호분과 덕화리2호분는 다리 셋과 머리의 공작형 벼슬은 그대로 나타나 있지만, 다른 형식 Ⅰ의 일상문과는 달리 삼족오의 접은 날개 끝이 위로 뾰족하게 나와 있지 않고, 갈고리 모양으로 굽어 있는 부리와 날카로운 발톱, 매서운 눈매 등과 같은 까마귀의 특징적 모습도 살필 수 없다(그림 1의 6, 7).

이처럼 5세기 고분에 그려진 형식 Ⅰ의 일상문에서는 이상화된 신조神鳥와 까마귀의 특징적 모습이 잘 표현되고 있지만 6세기가 되면 이러한 측면이 점차 약화되고 있다.

5세기 초에서 6세기 초로 편년되는 고구려 고분 중 형식 Ⅱ〔원 안에 날개를 펼친 채 서 있는 현조(삼족오)〕는 매산리사신총에서, 형식 Ⅲ〔원 안에 날개를 펴고 날아가는 현조(삼족오)〕은 덕흥리고분에서, 형식 Ⅳ〔원으로 구성된 일상문〕는 복사리벽화분과 성총에서 각각 살필 수 있다. 매산리사신총의 형식 Ⅱ의 일상문은 형식 Ⅰ에서 볼 수 있는 현조의 머리 위의 공작형 벼슬은 짧게 남아 있지만, 갈고리 모양으로 굽어 있는 날카로운 부리와 발톱 등 까마귀의 특징적 모습은 보이지 않는다(그림 2의 4). 덕흥리고분의 형식 Ⅲ의 일상문 역시 원 안에 까마귀와 같은 현조를 표현했지만 이 역시 날카로운 부리와 매서운 눈매 등과 같은 까마귀의 특징적 모습은 잘 나타나 있지 않고, 아울러 현조의 다리 셋 여부도 확인하기 어렵다. 복사리벽화분과 성총에 그려진 형식 Ⅳ의 일상문은 현실 천장 고임부에 여러 별자리와 함께 해와 달을 원으로 표현했다.

그런데 흥미로운 것은 5세기 초에서 6세기 초의 일상문 중 형식 Ⅱ, 형식 Ⅲ, 형식 Ⅳ 모두 평양·안악 지역 고분에 나타난다는 점이다. 천인감응설과 같은 유교 통치철학이 반영된 형식 Ⅲ의 일상문이 덕흥리 고분과 같은 평양 지역 고분에 그려진 것은 이곳이 일찍부터 낙랑을 통해 중국 문화와의 접촉이 지속적으로 이루어지면서 그

문화적 영향이 반영되었기 때문으로 본다. 더욱이 덕흥리 고분은 묘주가 고구려인인지 전연前燕 출신의 망명객인지를 놓고 연구자들 사이에서 이견을 보인 바 있고,[17] 고분의 축조 시기는 다르지만 덕흥리 고분(408년, 여러방 무덤, 평양·안악 지역)과 강서중묘(6세기 말~7세기 초, 외방 무덤, 평양·안악 지역) 모두 남포시 강서구역(옛 지명 : 평안남도 대안시)에 위치해 있다는 점도 주목된다. 형식 IV의 일상문 역시 형식 III과 마찬가지로 집안 지역에는 나타나지 않고 평양·안악 지역에서만 볼 수 있는데, 그 이유는 일찍부터 중국 문화와의 접촉이 이루어졌던 이 지역이 새로운 문화를 수용함에 있어 개방적이고 적극적이었기 때문으로 풀이된다.

2) 일상문을 통해 본 고구려의 천하관

삼족오와 같은 현조의 상징성을 영혼과 천명의 전달자로 볼 때, 5세기 초에서 6세기 초의 고구려 고분 벽화 일상문에 다수 표현된 형식 I의 일상문(원 안에 날개를 접은 채 서 있는 현조)은 영혼과 천명의 전달자로서의 임무를 마치고 안착한 상태를 나타낸 것으로 해석할 수 있다. 또한 태양을 나타낸 원과 원 안의 삼족오를 왕권의 상징 및 천명의 전달자라는 측면에서 볼 때, 이는 천명이 움직이지 않고 한 곳에 머물렀던 정치적 안정기임을 상징한다. 이러한 해석을 뒷받침하듯 5세기 초에서 6세기 초는 바로 고구려의 최전성기이다.

5세기 초에서 6세기 초의 고구려 정세를 살펴보면, 이때는 광개토대왕과 장수왕의 치세治世 시기로 고구려가 대외적으로 강력한 힘을 발휘했고 따라서 고구려의 영역도 이전에 비해 크게 넓혀졌다. 5세기의 고구려 영역은 서西로는 요하, 북北으로는 송화강 유역, 동東으로는 연해주 남단, 남南으로는 한반도 중부 일대까지 확장되었

---

17 북한의 손영종은 덕흥리 고분의 묘주를 고구려인으로, 남한의 공석구는 묘주를 전연(前燕) 출신의 망명객으로 보았다(손영종,「덕흥리벽화무덤의 주인공의 국적문제에 대하여」,『력사과학』87-1집, 1987. 1, 3~18쪽 참조. 孔錫龜,「德興里 壁畵古墳 被葬者의 國籍問題」,『韓國上古史學報』第22號, 1996. 8, 69~95쪽 참고).

다. 이처럼 영토를 신장하면서 고구려는 동북아시아의 패자로서 동아시아의 국제 질서를 좌우하는 최강자로 부상했다. 고구려는 중국에서 패권을 다투던 남조南朝와 북조北朝, 내륙 아시아 스텝 유목 지대의 유연柔然 등과 세력 균형을 이루면서 1세기 이상 동북아시아 일대의 여러 세력에 대해 패권을 행사했다. 이러한 시대적 배경 하에서 고구려인들은 자국 중심의 자주적인 천하관을 형성했다. 5세기 금석문인 광개토대왕비와 모두루묘지에서 고구려의 최고 통치자를 중국 황제에 준하는 '황천지자皇天之子', '일월지자日月之子'로 표현한 것은 바로 고구려인의 자주적 천하관을 보여주는 것이다.[18]

또한 고구려는 영역의 확장과 동북아시아에서의 패권 확립에 힘입어 이 지역의 사회·문화적 흐름을 주도했다. 고구려는 지배 이념을 정비하면서 평양으로 수도를 옮겼고, 남북조 및 유연 등 동아시아 주요 세력과의 교섭도 지속적으로 전개했다. 그 과정에서 평양은 고구려적 천하의 중심이자 새로운 고구려 문화의 중심지로 부상했고, 고구려의 시조인 주몽에 관한 설화는 체계화된 틀을 형성하게 되면서 고구려인의 천신天神 신앙의 대상으로 발전했다.

천신 신앙으로 발전하며 신화적 체계를 갖추게 된 주몽설화를 보면, 천자인 환웅과 지모신地母神인 웅녀와의 사이에서 고조선을 개국한 단군이 탄생하는 단군신화와 같이 고구려의 시조인 주몽, 즉 동명성왕이 천제天帝의 아들인 해모수와 하백의 딸인 유화와의 사이에서 탄생했다는 천손강림天孫降臨의 내용이 포함되어 있다. 또한 『삼국유사三國遺事』 「왕력편王曆篇」에 주몽을 단군의 아들로 기술하고 있어 고구려가 고조선의 천신 신앙과 천손 의식을 계승 수용했음을 엿볼 수 있다. 아울러 고조선의 후계자임을 자처한 고구려의 이러한 천신 신앙과 천손 의식은 5세기를 전후하여 고구려에 편입된 새 영토, 즉 고조선의 옛 땅 확보에 대한 정당성을 논리적으로

---

18 盧泰敦, 「5세기 高句麗人의 天下觀」, 『한국사 시민강좌』 제3집, 一潮閣, 2006. 9, 61~62쪽.

뒷받침하기 위한 것으로 이해된다.

고구려 왕실이 스스로를 천손이라 했고, 시조인 동명성왕을 황천지자, 일월지자로 일컬으며 신성화 했던 것을 고려할 때, 고구려에 있어 하늘 세계를 대표하는 해와 달은 민족의 정체성과 관련하여 특별한 의미를 지닌다. 한편 고구려 고분 벽화에 묘사된 일상문과 월상문을 고구려 시조 설화와 관련지어 생각할 때, 고구려의 시조인 주몽의 아버지 해모수는 해신에, 주몽의 어머니 유화는 달신에 비유된다.[19] 그렇다면 고구려의 왕은 해신 또는 천제의 아들인 주몽의 자손으로 천손이 되며, 지모신인 하백녀의 아들 주몽은 농업신적인 성격을 지니고 있다. 따라서 천손인 고구려의 왕은 정치적으로는 온 세상을 지배하는 권력자이며, 또한 천상과 지상을 매개할 수 있는 최고의 사제司祭로서의 성격을 갖는다.[20]

정치적 수장首長이자 최고의 사제였던 고구려 왕의 성격을 이해하면서 고구려 고분 벽화에 그려진 일상문의 상징성을 살펴보면 다음과 같은 해석이 가능하다. 먼저 일상문에 표현된 삼족오는 고구려인의 새 토템(현조 숭배)을 반영하는 것으로 여기서 까마귀는 샤머니즘을 믿는 동북아시아의 야쿠트족과 부리야트족이 독수리를 '최초의 샤먼'으로 인식한 것과 같이, 고구려 최고의 사제였던 고구려의 왕을 의미한다. 또한 천지인天地人 사상을 반영하는 삼족오의 다리 셋은 신계神界인 천상계와 인간계인 지상계를 연결하는 확고한 천天의 대리자인 고구려 왕의 '여일인余一人[인간을 대표하는 존재]'적인 성격을 상징한다.

---

19 전호태, 「고분벽화로 본 고구려 이야기」, 풀빛, 1999, 43~44쪽.
20 盧泰敦, 「5세기 高句麗人의 天下觀」, 「한국사 시민강좌」 제3집, 一潮閣, 2006. 9, 65~66쪽.
　　송화섭, 「제의와 신화」, 「한국전통문화론」, 북코리아, 2006. 9, 272쪽.

2. 6세기 중반 이후 : 6세기 중반~7세기 초

1) 일상문의 양식 특징(그림 2 참조)

필자가 제안한 편년 안을 보면(표 2 참조), 일상문의 연구 대상인 총 17기의 고구려 고분 중 6세기 중반에서 7세기 초에 해당하는 고분은 통구사신총 · 오회분4호묘 · 오회분5호묘 등 집안 지역의 3기와 개마총 · 진파리1호분 · 강서중묘 등 평양과 안악 지역의 3기 등 총 6기에 이른다. 6기 고분의 일상문을 형식별로 분류하여 정리하면 〈표 6〉와 같다.

〈표 6〉을 보면 일상문의 연구 대상 중 6세기 중반에서 7세기 초의 고구려 고분 6기 중 형식 I과 형식 IV에 해당하는 것은 없고, 형식 II와 형식 III이 각각 5기와 1기로 형식 II(원 안에 날개를 펼친 채 서 있는 현조(삼족오))가 주류를 이룬다. 따라서 다수를 차지하고 있는 형식 II를 중심으로 그 양식적 특징을 고찰해 보고자 한다.

통구사신총, 오회분4호묘, 오회분5호묘, 개마총, 진파리1호분 등 6세기 고분에 표현된 형식 II의 일상문은 모두 외방 무덤에 나타난다. 전술한 바와 같이 고구려 고분에 있어 외방 무덤의 전통은 전 시기에 걸쳐 나타나지만 6세기 이후에는 여러 방 무덤에서 외방 무덤으로 묘실이 단순화 되는 경향을 보이는데, 형식 II의 일상문

표 6 6세기 중반~7세기 초 고구려 고분 벽화에 나타난 일상문의 형식 분류

형식 분류	해당 고분
형식 I : 원 안에 날개를 접은 채 서 있는 현조(삼족오)	
형식 II : 원 안에 날개를 펼친 채 서 있는 현조(삼족오)	· 통구사신총(6세기 중반, 외방 무덤, 집안 지역) · 오회분4호묘(6세기 중반, 외방 무덤, 집안 지역) · 오회분5호묘(6세기 중반, 외방 무덤, 집안 지역) · 개마총(6세기 초중반, 외방 무덤, 평양 · 안악 지역) · 진파리1호분(6세기 중반, 외방 무덤, 평양 · 안악 지역)
형식 III : 원 안에 날개를 펴고 날아가는 현조	· 강서중묘(6세기 말~7세기 초, 외방 무덤, 평양 · 안악 지역)
형식 IV : 원으로 구성된 일상문	

을 통해서도 이를 확인할 수 있다. 한편 형식 II의 일상문은 사신이 현실 벽면을 차지하는 6세기 중반에 주로 나타나지만, 현실 벽에 간략한 인물풍속도와 함께 사신이 그려진 6세기 초의 매산리사신총(수렵총)과 사신이 현실 벽을 차지하고 현실 천장 고임부에 인물풍속도가 그려진 6세기 초중반의 개마총에서도 볼 수 있다. 이는 벽화 내용이 사신도 중심으로 이행되면서 형식 II의 일상문도 그 비중이 커지고 있음을 말해준다.

형식 II의 일상문에 그려진 삼족오는 형식 I과는 달리 날카롭게 굽은 부리와 매서운 눈매 등과 같은 맹금류인 까마귀의 특징적 모습은 약화된다. 그러나 형식 II의 경우도 형식 I과 같이 머리 위의 공작형 벼슬과 무릎 뒤로 뻗혀 있는 다리 깃털을 볼 수 있는 것이 있는데, 이는 5세기 초에서 6세기 초의 일상문 양식을 계승한 것으로 본다. 형식 II의 일상문 중 머리 뒤로 길게 뻗혀 있는 공작형 벼슬이 비교적 잘 표현된 고분은 오회분 4호묘이고(그림 2의 2), 오회분5호묘·개마총·진파리1호분의 경우는 공작형 벼슬이 짧아지거나 간략화 되었다(그림 2의 3, 5, 6). 또한 무릎 뒤로 뻗혀 있는 다리 깃털을 볼 수 있는 고분으로는 오회분 4호묘와 오회분5호묘가 있다(그림 2의 2, 3).

형식 II의 일상문 중 관심을 끄는 것은 집안 지역의 통구사신총·오회분5호묘·오회분4호묘이다. 이들 고분은 천장 고임부에 2가지 유형의 일상문이 그려져 있다. 하나는 다른 고분들과 마찬가지로 별자리의 하나로서 표현된 일상문이고(그림 2의 1, 2, 3), 다른 하나는 복희·여와형으로 남자 모습의 상반신에 용 모양의 하반신이 합쳐진 해신의 머리 위에 있는 둥근 공 모양 안에 삼족오를 표현한 일상문이다(그림 2의 1-1, 2-1, 3-1). 이러한 형태의 일상문은 다른 고구려 고분에서는 볼 수 없고 6세기 중반의 집안 지역 고분에만 나타나고 있어 6세기 초까지의 일월日月 신앙과는 다른 성격과 내용의 일월 인식 및 표현이 6세기 중반을 전후하여 이 지역에 전해지고 수용되었음을 시사한다.[21]

2) 일상문을 통해 본 고구려의 천하관

전술한 바와 같이 현조인 삼족오의 상징성을 영혼과 천명의 전달자로 볼 때, 6세기 중반에서 7세기 초 일상문의 다수를 차치하는 형식 II(원 안에 날개를 펼친 채 서 있는 현조)는 영혼과 천명의 전달자로서의 임무를 시작하려 하거나 그 임무를 마치고 돌아와 아직 안착하지 못한 상태를 표현한 것으로 해석할 수 있다. 한편 형식 II의 일상문에서 둥근 태양과 그 안에 날개를 펼친 채 서 있는 삼족오를 왕권의 상징 및 천명의 전달자란 측면에서 볼 때, 이는 천명이 떠나려 하거나 천명이 머물기 위한 전前단계, 즉 정치적으로 다소 불안정한 시기임을 나타낸다.

이러한 해석을 뒷받침해주듯 고구려의 대내외적인 정세는 6세기 중반 이후 큰 변화를 겪게 된다. 안원왕의 뒤를 이어 새로이 왕위에 오른 양원왕의 즉위를 둘러싼 귀족들 간의 무력 충돌이 545년에 발생했고 그 여파는 상당 기간 지속되었다. 고구려의 내분을 틈타 양원왕 7년(551년)에 백제와 신라의 연합군이 고구려가 관할했던 한강 유역을 공략했고, 이후 한강 유역은 신라가 장악하게 된다. 한편 북제와 돌궐의 외교·군사적 압력으로 고구려 사회의 동요가 있었지만 이를 저지해 나감으로써 근본적인 변화는 야기되지 않았다.

그러나 6세기 말 수隋가 중국 대륙을 통일하고 돌궐을 격파하여 몽고 고원을 석권하는 등 동아시아 국제 정세에 큰 변화가 있게 되자 그간 동북아시아의 패자로 주변국에 영향력을 행사했던 고구려는 심각한 도전에 직면한다. 더욱이 수隋·당唐과 같은 통일 왕조가 중국 중심의 일원적인 국제 질서 개편을 위해 주변 세력에 대해 압력을 행사할 때 고구려는 이에 굴복하지 않고 의연하게 대항하는 등 자주적 면모를 잃지 않지만 장기간에 걸친 전쟁은 고구려를 피폐케 했다.[22]

---

21 全虎兒, 「高句麗 古墳壁畵의 해와 달」, 『미술자료』 제50호, 국립중앙박물관, 1992. 12, 25쪽.
22 노태돈, 「고구려사의 전개」, 『인류의 문화유산 고구려 고분벽화』, (주)연합뉴스, 2006. 8, 24쪽.

더욱이 이러한 국제 질서 재편기에 고구려는 귀족연립정치의 전개와 지방분권화의 진행을 겪으면서 정치적·사회적 혼란에 빠진다. 내적으로는 중앙 정치 세력이 분열하여 사회 내부의 통합력이 느슨해졌고, 외적으로는 신라를 비롯한 주변 세력에 대한 영향력을 점차 상실해갔다. 이런 과정을 거치면서 고구려인들의 자주적인 천하관은 점차 와해의 길을 걷게 되었다.[23]

이상에서 일상문의 형태적 식별이 가능한 17기 고구려 고분을 대상으로 하여 고구려 고분의 편년 검토 및 편년 제안, 일상문의 형식 분류, 일상문의 시기별 양식 특징과 천하관의 추이 등에 대해 살펴보았다.

고구려 고분의 편년 검토 및 편년 제안에 있어서는 명문 자료, 묘실 구조, 벽화 내용의 변천, 기존 편년 안 등을 고려했다. 한편 일상문의 형식 분류에 있어서는 일상문의 중요한 구성 요소로서 상징적 의미를 갖는 원과 원 안에 표현된 현조의 유무 및 동세를 기준으로 삼았고, 아울러 삼국시대 이후 전개된 일상문과의 관련성도 고려했다. 그 결과 형식 Ⅰ(원 안에 날개를 접은 채 서 있는 현조(삼족오)), 형식 Ⅱ(원 안에 날개를 펼친 채 서 있는 현조(삼족오)), 형식 Ⅲ(원 안에 날개를 펴고 날아가는 현조), 형식 Ⅳ(원으로 구성된 일상문) 등 4개의 일상문 형식을 도출했다.

또한 본인이 제안한 편년 안과 일상문의 형식 분류상에 보이는 특징 및 고구려의 정치적 상황 등을 고려하여 6세기 중반 이전과 6세기 중반 이후로 나누어 일상문의 시기별 양식 특징과 천하관의 추이를 살펴보았다.

6세기 중반 이전의 일상문은 형식 Ⅰ(원 안에 날개를 접은 채 서 있는 현조(삼족오))이 주류를 이루고 있다. 원 안에 그려진 삼족오는 까마귀(갈고리 모양으로 굽어 있는 부리·날카로운 발톱·매서운 눈매)의 특징적 모습은 잘 반영하고 있지만, 머리의 공작형 벼슬이 뒤로 길

---

[23] 전호태, 「高句麗 古墳壁畵의 해와 달」, 『미술자료』 제50호, 국립중앙박물관, 1992. 12, 15쪽.

게 뻗혀 있고 날개 끝이 위로 뾰족하게 나와 있는 등 사실적인 모습보다는 이상화 내지 도식화된 신조神鳥로서의 모습이 강했다. 한편 원 안의 현조를 천명의 전달자로 보아 날개를 접은 채 서 있는 현조의 모습을 천명이 움직이지 않고 한 곳에 머물렀던 정치적 안정기를 상징하는 것으로 보았다. 이를 뒷받침하듯 5세기 초에서 6세기 초는 고구려가 동북아시아 일대의 패권을 차지했던 최전성기였다. 이러한 시대 배경 하에서 고구려인들은 자국 중심의 자주적인 천하관을 형성하게 되었다. 5세기 금석문인 광개토대왕비와 모두루묘지에서 고구려의 최고 통치자를 중국 황제에 준하는 '황천지자', '일월지자'로 표현한 것은 고구려인의 이러한 자주적 천하관을 반영하는 것이다.

6세기 중반 이후의 일상문은 형식 II〔원 안에 날개를 펼친 채 서 있는 현조(삼족오)〕가 다수를 차지했다. 6세기 중반 이전의 일상문과 비교해 볼 때 원 안에 그려진 삼족오는 까마귀의 특징적 모습이 잘 나타나지 않고, 머리의 공작형 벼슬이 짧아지거나 간략화 되는 등 신조로서의 모습도 약화되었다. 전술한 바와 같이 원 안의 현조를 천명의 전달자로 보아 날개를 펼친 채 서 있는 현조의 모습을 천명이 떠나려 하거나 천명이 머물기 위한 과도적 단계, 즉 정치적으로 다소 불안정한 시기를 상징하는 것으로 보았다. 이를 말해주듯, 6세기 중반에서 7세기 초는 고구려가 내적으로 귀족연립정치의 전개와 지방분권화의 진행을 겪게 되는 등 정치적·사회적 혼란에 직면했고, 외적으로는 신라가 성장하여 한강 유역을 장악했으며 중국에 수·당과 같은 통일 왕조가 등장하여 국제 질서의 재편이 이루어졌던 시기였다. 수·당이 중국 중심의 일원적인 국제 질서 개편을 위해 주변 세력에 대해 압력을 행사할 때, 고구려는 이에 굴복하지 않고 의연하게 대항하는 등 자주적인 면모를 잃지 않았다. 하지만 이러한 과정들을 거치면서 고구려적 천하는 점차 와해의 길을 걷게 되었다.

본고에서 고찰한 고구려 고분 벽화의 일상문은 이후 우리나라 일상문의 모본으로 정착되면서 대한제국 시기까지 그 맥을 이어간다. 한편 6세기 중반 이전(5세기 초에서 6세기 초)에는 형식 Ⅰ〔원 안에 날개를 접은 채 서 있는 현조(삼족오)〕이, 6세기 중반 이후(6세기 중반에서 7세기 초)에는 형식 Ⅱ〔원 안에 날개를 펼친 채 서 있는 현조(삼족오)〕가 일상문의 다수를 차지하고 있는 점은 일상문의 시기별 양식 특징이 고구려 고분의 편년 설정에도 중요한 매개 요소가 된다는 것을 시사한다.

참고문헌

1. 사료(史料)

『三國史記』

『三國遺事』

廣開土大王碑

牟頭婁墓誌

2. 단행본

안휘준,『한국 회화사 연구』, 시공사, 2000. 11.

전호태,『고분벽화로 본 고구려 이야기』, 풀빛, 1999.

_____,『고구려 고분벽화 연구』, 사계절, 2002. 5.

李熙德,『高麗時代 天文思想과 五行說 硏究』, 一潮閣, 2000. 5.

김일권,『고구려 별자리와 신화』, (주)사계절출판사, 2008. 12.

3. 논문

拙 稿,「韓國의 日象文 硏究-東夷系 韓 民族의 文化 系統을 中心으로」, 檀國大學校 大學院(史學科 考古美術史 專攻) 博士學位論文, 2007. 12.

柳銀奎,「高句麗 古墳壁畵 三足烏 圖像의 特徵과 起源」, 서울大學校 大學院(社會敎育科) 碩士學位論文, 2003. 2.

李泰浩,「日象・月象 - 東洋 古代美術에 있어서 해와 달의 表現과 思想」,『弘益大 大學院 論考』, 弘益大學校, 1976.

리준걸,「고구려 고분벽화의 해와 달 그림에 대하여」,『력사과학』 85-2집, 1985. 2.

손영종,「덕흥리벽화무덤의 주인공의 국적문제에 대하여」,『력사과학』 87-1집, 1987. 1.

全虎兒,「漢-唐代 고분의 日像・月像」,『美術資料』제48호, 국립중앙박물관, 1991. 6.

_____,「高句麗 古墳壁畵의 해와 달」,『美術資料』제50호, 국립중앙박물관, 1992. 12.

_____,「總論-고구려 고분벽화의 자료적 가치와 연구방향」,『고분벽화로 본 고구려문화 : 고구

려연구재단 연구총서 02』, 고구려연구재단, 2005. 12.

孔錫龜, 「德興里 壁畫古墳 被葬者의 國籍問題」, 『韓國上古史學報』第22號, 1996. 8.

朴晋煜, 「고구려벽화무덤의 류형변천과 편년에 관한 연구」, 『高句麗 古墳壁畫』(高句麗研究 第4輯), 사단법인 고구려연구회, 1997. 12.

盧泰敦, 「5세기 高句麗人의 天下觀」, 『한국사 시민강좌』 제3집, 一潮閣, 2006. 9.

＿＿＿, 「고구려사의 전개」, 『인류의 문화유산 고구려 고분벽화』, (주)연합뉴스, 2006. 8.

송화섭, 「제의와 신화」, 『한국전통문화론』, 북코리아, 2006. 9.

拙　稿, 「鳳凰紋과 韓民族의 天神 思想」, 『文化史學』 21號, 文化史學會, 2004. 6.

＿＿＿, 「朱雀旗와 日旗에 나타난 日象文의 變容과 變遷」, 『三足烏』, 학연문화사, 2007. 3.

＿＿＿, 「韓國 古代 日象文의 成立 背景」, 『白山學報』 第80號, 白山學會, 2008. 4.

＿＿＿, 「日象文의 도상학적 고찰과 문화권에 따른 특징」, 『단군학연구』 제18호, 단군학회, 2008. 5.

1. 도판

그림 1. 형식 Ⅰ(원 안에 날개를 접은 채 서 있는 현조)에 해당하는 고구려 고분 벽화의 일상문

그림 2. 형식 Ⅱ(원 안에 날개를 펼친 채 서 있는 현조)에 해당하는 고구려 고분 벽화의 일상문

그림 3. 고구려 진파리7호분 출토 일상문 금동 투조 장식에 표현된 형식 Ⅱ(원 안에 날개를 펼친 채 서 있는 현조)의 일상문, 삼국시대 6세기 초중반, 평양 지역 고분

그림 4. 덕흥리고분과 강서중묘에 표현된 형식 Ⅲ(원 안에 날개를 펴고 날아가는 현조)의 일상문

그림 5. 일신(日神) 우인(羽人)을 묘사한 화상전에 표현된 형식 Ⅲ(원 안에 날개를 펴고 날아가는 현조)의 일상문, 후한, 사천성 팽현 출토

그림 6. 중종 반정에 참여한 이곤의 묘비 관석(冠石) 앞면에 표현된 형식 Ⅲ(원 안에 날개를 펴고 날아가는 현조)의 일상문, 조선 1559년

그림 7. 성총 천장 고임부에 표현된 형식 Ⅳ(원으로 구성된 일상문)의 일상문

그림 8. 이경현의 묘비 관석 앞면에 표현된 형식 Ⅳ(원으로 구성된 일상문)의 일상문, 조선 1682년

2. 표

표 1. 기존의 고구려 고분 편년 안

표 2. 집안 지역 고분의 편년 제안

표 3. 평양·안악 지역 고분의 편년 제안

표 4. 고구려 고분 벽화에 나타난 일상문의 형식 분류와 해당 고분

표 5. 5세기 초~6세기 초 고구려 고분 벽화에 나타난 일상문의 형식 분류

표 6. 6세기 중반~7세기 초 고구려 고분 벽화에 나타난 일상문의 형식 분류

6-2장

일상문을 통해 본 고려시대의
역사 계승 의식

　한국의 일상문 중 고려시대에 전개된 것을 살펴보고, 이를 통해 시대상에 따른 천하관의 변화와 고려시대의 역사 계승 의식을 조망하고자 한다. 일상문을 천하관과 연계하여 고찰하고자 함은 동양에서 태양(日象)은 천하관을 파악할 수 있는 치천하治天下의 상징으로 여겨졌고, 이런 까닭에 왕권의 상징물로 사용되었기 때문이다. 또한 일상문을 엿볼 수 있는 고려시대의 유물들이 왕권 형성과 확립에 중요한 역할을 했던 왕·왕족·귀족·승려와의 밀접한 관련 하에 제작된 것들이므로 이를 통해 당시의 시대상과 천하관을 엿볼 수 있다고 판단되었기 때문이다. 한편 일상문을 통해 고려시대의 역사 계승 의식을 살펴보고자 함은 '해 속의 삼족오'는 고구려를 상징하는 표지標識로 인식되었고, 고려는 고구려 계승 의식을 표방하며 건국된 나라이므로 고려시대의 일상문 중 현조(삼족오)가 표현된 것을 통해 양자 간의 상호 관련성을 도출해낼 수 있다고 보았기 때문이다.

　고려시대의 일상문을 고찰하기 위해 먼저 일상문의 형식(유형)을 분류한 후 일상문의 시기별 양식 특징을 알아보고, 일상문의 시기별 양식 특징과 고려시대의 천하관 및 역사 계승 의식과의 관련성을 살펴보고자 한다.

　일상문의 형식은 우리나라에 일상문이 처음 선보인 고구려 고분 벽화의 일상문을 근간으로 하여 ⅰ) 형식 Ⅰ(원 안에 날개를 접은 채 서 있는 현조(삼족오)), ⅱ) 형식 Ⅱ(원 안에 날개를 펼친 채 서 있는 현조(삼족오)], iii) 형식 III(원 안에 날개를 펴고 날아가는 현조), iv) 형식 IV(원으로 구성된 일상문) 등으로 분류했다. 이와 같은 네 가지 유형의 일상문이 도출된 것은 일상문의 중요한 구성 요소로서 상징적 의미를 갖는 원과 원 안에 표현된 현조의 유무有無 및 동세動勢 등을 형식 분류의 기준으로 삼았고 삼국시대 이후 국내에서 전개되는 일상문과의 연계성을 고려한 것이다.

일상문의 시기별 양식 특징과 일상문을 통해 본 천하관 및 역사 계승 의식은 ① 남북국시대~고려 초, ② 거란 침입~금金의 등장 이전, ③ 금의 등장~무신 난 이전, ④ 무신 집권기, ⑤ 원元 간섭기 등으로 나누어 고찰했다. 이러한 시기 구분은 대내외 상황과 이에 따른 고려의 입지 및 인식 변화 등을 고려한 것이다.

필자가 조사한 바에 의하면, 고려시대의 일상문은 태조 왕건상, 비[碑: 현화사비(玄化寺碑)와 지광국사현묘탑비(智光國師玄妙塔碑)], 고려청자(청자 상감진사 동자포도문 표형주자, 청자 상감 운학문 매병, 청자 상감 운학모란절지문 베개), 고려불화[1][관경16관변상도(觀經十六觀變相圖), 약사3존12신장도(藥師三尊十二神將圖)], 왕릉[양릉(陽陵), 현릉(玄陵)] 및 고분(안동 서삼동 고분), 대각국사大覺國師

그림 1 고려시대의 형식 I 의 일상문[대각국사 의천의 일월도자수 가사에 수 놓아진 일상문, 고려 1087년(?)]

---

1 菊竹淳一·鄭于澤의 책임편집 하에 시공사가 1996년 펴낸 『高麗時代의 佛畵』에 수록된 불화 중 일상문을 살필 수 있는 것들을 조사 정리하였다.

의천義天의 일월도자수日月圖刺繡 가사袈裟 등에서 볼 수 있다. 추후 또 다른 일상문이 확인될 가능성도 배제할 수는 없지만, 고려시대의 유적과 유물 중 많은 수가 북한에 소재해 있고 현존하는 고려불화는 대부분 13, 14세기에 제작된 것들로 그나마 일본 등 해외에 반출된 것이 많아 고려시대의 일상문을 총체적으로 파악하는 것은 사실상 쉽지 않다.

Ⅰ. 고려시대 일상문의 형식 분류(표 1)

1. 형식 Ⅰ(그림 1)

형식 Ⅰ의 일상문[원 안에 날개를 접은 채 서 있는 현조(삼족오)]은 숙종의 아우이자 문종의 넷째 아들로 불교에 귀의했던 대각국사 의천의 일월도자수 가사(1087년?)에서 살필 수 있다. 그러나 본고에서는 대각국사 의천의 일월도자수 가사를 고려시대 일상문의 연구 대상에는 포함시키지 않고자 한다. 그 이유는 1,000년 가까이 된 가사의 상태가 너무 양호하여 고려 전기에 제작된 것으로 보기 어렵기 때문이다.

또한 11세기에 제작된 현화사비(1022년)와 지광국사현묘탑비(1085년)에 묘사된 일상문의 삼족오는 모습(머리에 달린 닭 벼슬)과 동세(활짝 펼친 날개, 원을 그리며 위로 높이 치켜 말아 올린 꼬리 깃털)에서 유사성을 엿볼 수 있지만(그림 2의 1, 2 참조), 대각국사 의천의 일월도자수 가사는 11세기에 제작된 것으로 추정됨에도 불구하고 가사에 수 놓아진 일상문의 삼족오는 닭이 아닌 참새를 닮았고, 날개는 접고 있으며 위로 말아 올린 꼬리 깃털의 모습은 표현되지 않았기 때문이다.

2. 형식 Ⅱ(그림 2)

형식 Ⅱ의 일상문[원 안에 날개를 펼친 채 서 있는 현조(삼족오)]은 현종顯宗과 선종宣宗 때 제작된 비碑, 무신 집권기의 고려상감청자, 원 간섭기의 고려불화 등에서 볼 수 있다.

표 1 고려시대 일상문의 형식 분류와 해당 작례(作例)

형식 분류	고려 전기(무신난 이전)	고려 후기(무신난 이후)
형식 Ⅰ : 원 안에 날개를 접은 채 서 있는 현조〔삼족오〕	· 대각국사 의천의 일월도자수가사에 수놓아진 일상문(1087년?)	
형식 Ⅱ : 원 안에 날개를 펼친 채 서 있는 현조〔삼족오〕	· 현화사비 비신(碑身) 앞 상단 우측의 일상문(1022년) · 지광국사현묘탑비 비신 앞 상단 우측의 일상문(1085년)	· 고려청자 상감진사 동자포도문 표형주자 상부의 일상문(12세기 말~13세기 초) · 일본 지은원 소장 관경16관변상도 중앙 상부 일몰관(日沒觀)에 그려진 일상문(1323년) · 일본 인송사 소장 관경16관변상도 중앙 상부 일몰관에 그려진 일상문(1323년) · 일본 지적원 소장 약사3존12신장도 중 일광(日光)보살의 보관(寶冠) 위에 그려진 일상문(14세기 초) · 일본 개인 소장 약사3존12신장도 중 일광보살의 보관 위에 그려진 일상문(14세기 초중반)
형식 Ⅲ : 원 안에 날개를 펴고 날아가는 현조		· 간송미술관 소장 고려청자 상감 운학문 매병에 표현된 일상문(12세기 말~13세기 초) · 국립중앙박물관 소장 고려청자 상감 운학문 매병 뚜껑 상부의 일상문(12세기 말) · 국립중앙박물관 소장 고려청자 상감 운학모란절지문 베개 상부의 일상문(12세기 말)
형식 Ⅳ : 원으로 구성된 일상문	· 태조 왕건상의 통천관 내관 상단에 장식된 해와 달을 결합한 원형판(951년경) · 안동 서삼동 고분 천장에 그려진 천문도 중의 일상문(12세기 초) · 신종의 양릉 천장에 그려진 천문도 중의 일상문(1204년) · 공민왕의 현릉 천장에 그려진 천문도 중의 일상문(1372년)	

11세기에 건립된 현화사비와 지광국사현묘탑비에는 닭을 연상시키는 벼슬 달린 삼족오가 일상문에 묘사되었고, 12세기 말에서 13세기 초에 제작된 것으로 추정되는 고려청자 상감진사 동자포도문 표형주자에는 긴 부리와 가는 목을 특징으로 하는 물새가 일상문에 표현되었다. 또한 14세기 고려불화에 그려진 일상문의 삼족오는 맹금류(날카로운 눈매)와 물새(뾰족한 긴 부리)의 특징적 모습을 함께 갖추고 있다.

1. 현화사비 비신(碑身) 앞 상단 우측의 일상문, 1022년, 개성 소재

2. 지광국사현묘탑비 비신 앞 상단 우측의 일상문, 1085년, 원주 소재

3. 고려청자 상감진사 동자포도문표형주자 상부의 일상문, 12세기 말~13세기 초

4. 관경16관변상도 중앙 상부의 일몰관에 그려진 일상문, 1323년, 일본 지은원 소장

5. 관경16관변상도 중앙 상부 일몰관에 그려진 일상문, 1323년, 일본 인송사 소장

6. 약사3존12신장도 중 일광보살의 보관 위에 그려진 일상문, 14세기 초, 일본 지적원 소장

7. 약사3존12신장도 중 일광보살의 보관 위에 그려진 일상문, 14세기 초중반, 일본 개인 소장

그림 2 고려시대의 형식 Ⅱ의 일상문

3. 형식 Ⅲ(그림 3)

형식 Ⅲ의 일상문(원 안에 날개를 펴고 날아가는 현조)은 12세기 말 내지 13세기 초에 제작된 것으로 추정되는 고려청자 상감 운학문 매병과 고려청자 상감 운학모란절지문 베개에서 살필 수 있는데, 이들 모두 일상문의 현조는 학과 같은 물새로 표현되었다. 이처럼 일상문에 물새가 그려진 것은 비슷한 시기에 제작된 형식 Ⅱ의 일상문이 시문된 고려청자 상감진사 동자포도문 표형주자(그림 2-3 참조)에서도 볼 수 있어 이 시기 일상문의 특징으로 이해된다.

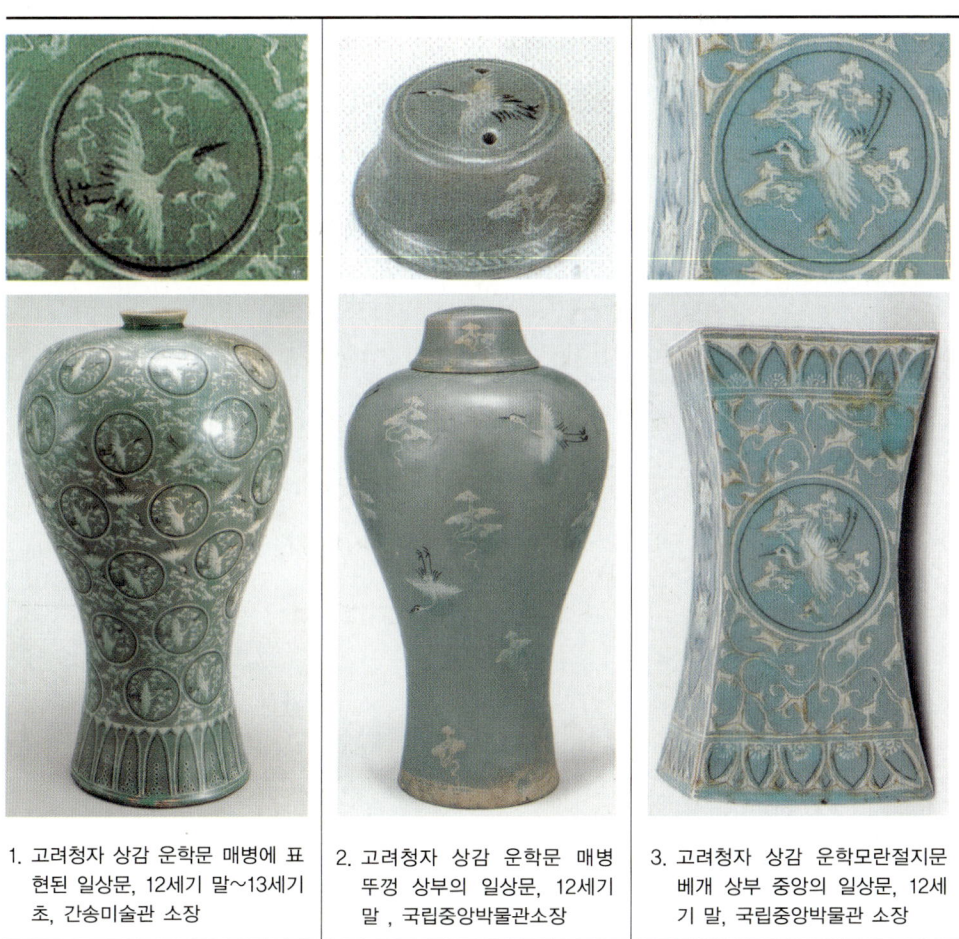

1. 고려청자 상감 운학문 매병에 표현된 일상문, 12세기 말~13세기 초, 간송미술관 소장
2. 고려청자 상감 운학문 매병 뚜껑 상부의 일상문, 12세기 말, 국립중앙박물관소장
3. 고려청자 상감 운학모란절지문 베개 상부 중앙의 일상문, 12세기 말, 국립중앙박물관 소장

그림 3 고려시대의 형식 Ⅲ의 일상문

4. 형식 Ⅳ(그림 4)

원으로 구성된 형식 Ⅳ의 일상문은 태조 왕건상의 통천관通天冠 내관內冠 상단의 해와 달을 결합한 원형 판(951년경), 안동 서삼동 고분(12세기 초) · 신종神宗의 양릉(陽陵 : 1204년) · 공민왕恭愍王의 현릉(玄陵 : 1372년) 등 무덤 천장에 그려진 천문도 중의 일상문을 통해 확인할 수 있다.

그러나 무덤 천장에 천문도가 그려진 경우, 박락 내지 퇴색되어 그 세부를 파악하기 어려운 점을 감안하면 천문도와 성수도를 살필 수 있는 태조 왕건의 현릉(顯陵 :

1. 태조 왕건상의 통천관 내관 상단에 둥근 해와 초승달을 결합시킨 여러 개의 원형 판들, 951년경

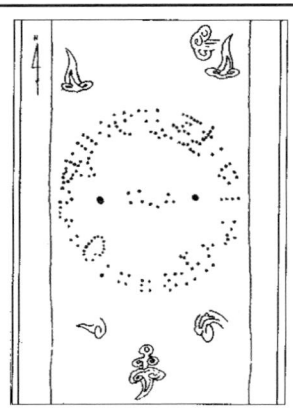

2. 안동 서삼동 고분 천장의 천문 모사도 : 큰 원판의 중앙 우측에 검은 점으로 묘사된 일상문, 12세기 초

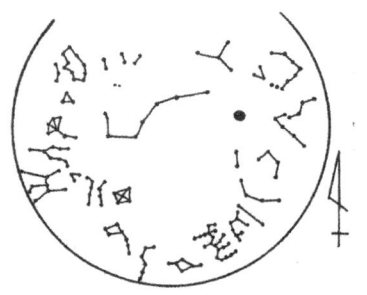

3. 개성 양릉(신종의 릉) 천장의 천문 모사도 : 큰 원판의 중앙 우측에 검은 점으로 묘사된 일상문, 1204년

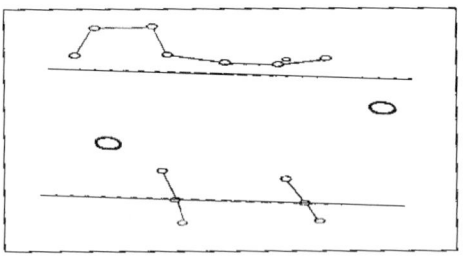

4. 개성 현릉(공민왕의 릉) 천장의 천문 모사도 : 북두칠성의 하단 우측에 큰 원반 형태로 그려진 일상문, 1372년

그림 4 고려시대의 형식 Ⅳ의 일상문

943년), 정종定宗의 안릉(安陵 : 949년), 서구릉(고려 초), 문종文宗의 경릉(景陵 : 1083년), 명종明宗의 지릉(智陵 : 1197년), 원종元宗의 소릉(韶陵 : 1274년), 충목왕忠穆王의 명릉(明陵 : 1349년), 법당방法堂坊 2호묘(13세기 초), 파주 서곡리 1호묘(14세기), 밀양의 박익朴翊 묘(1420년) 등에도 일월상日月象이 표현되었을 가능성이 크다.

형식 Ⅱ의 일상문(원 안에 날개를 펼친 채 서 있는 현조(삼족오))이 11세기와 14세기에 보이고, 형식 Ⅲ의 일상문(원 안에 날개를 펴고 날아가는 현조)이 무신집권기에 주로 나타나는 것과는 달리, 원으로 구성된 형식 Ⅳ의 일상문은 고려 전全 시기에 걸쳐 무덤의 천문도에 주로 묘사되었다.

Ⅱ. 일상문의 시기별 양식 특징과 천하관 및 역사 계승 의식

1. 남북국시대~고려 초

1) 양식 특징

(1) 남북국시대

고구려 고분에 그려졌던 태양과 현조가 결합된 '해 속의 삼족오'와 같은 일상문은 남북국시대에는 보이지 않는다. 발해는 아직까지 일상문의 사례가 보고된 바가 없고, 통일신라의 경우도 8~9세기경에 제작된 납석으로 만든 남녀 합장상合葬像을 통해 일상문을 살필 수 있는 정도이다. 망자를 위한 골함으로 추정되는 이 남녀 합장상은 상부 뚜껑부에 합장한 남녀를 표현하고 남녀의 머리 위와 머리 좌우 측면에 해와 달, 북두칠성과 남두칠성을 각각 나타냈으며 해를 형상화 한 일상문은 원으로만 구성된 형식 Ⅳ로 묘사되었다(그림 5). 그러나 두꺼비와 토끼로 월상月象을 나타낸 섬토문蟾兔文 수막새가 통일신라 때 제작된 것으로 보아(그림 6), 삼족오와 같은 현조를 일상문에 표현한 수막새도 함께 제작되었을 가능성이 있다. 그 까닭은 일상문은 월상문을 동반하며 양자가 짝을 이루어 표현될 때가 많기 때문이다.

그림 5 통일신라 때 납석으로 만든 남녀 합장상의 남녀 머리 위에 원으로 표현된 일월상(좌 : 상부 뚜껑부 상단, 우 : 전면), 남북국시대 8~9세기

그림 6 두꺼비와 토끼로 월상을 나타낸 통일신라의 섬토문(蟾兎文) 수막새, 남북국시대

한편 조선시대 때 홍성민(洪聖民 : 1539~1594년)이 신라의 옛 도읍이었던 경주의 유적을 둘러보고 쓴『계림록鷄林錄』에는 "석실로 된 옛 무덤 안에 일월상이 조각되어 있다"[2]는 기록이 있다. 이 내용만으로는 어떠한 유형의 일상문이 석실에 조각되었는지 자세히 알 수는 없지만, 이를 통해 전술한 납석제 남녀 합장상 외에 통일신라 때의 일월상 사례가 더 있음을 미루어 짐작할 수 있다. 홍성민의『계림록』에 언급된 무덤 석실의 일월상을 통일신라 때 조각된 것으로 보는 것은 이 시기에 고구려와 백제의 무덤 양식을 수용하여 횡혈식 석실로 무덤의 형태가 변화되었기 때문이다.

(2) 고려 초 (고려 개국 ~거란 침입 이전)

고려 초(고려 개국(918년)~거란 침입(993년) 이전)의 일상문은 태조 왕건상王建像에서 살필 수 있다(그림 7, 그림 4-1 참조). 태조 왕건상은 왕건 사후死後 태조의 원당願堂인 봉은사奉恩寺가 창건된 광종光宗 2년(951년)을 전후한 시점에 그의 영생을 기원하기 위해 제작되었고, 고려 왕실의 최고 상징물로 고려의 조상 제례祭禮에서 가장 신성시되었던 대상이었다.[3]

왕건상은 외관과 내관으로 된 관冠을 머리에 쓰고 있는 형태로 주조되었다. 외관의 앞 중심에는 오각형 모양의 산, 그 좌우에는 구름 모양을 형상화 한 장식이 있고, 바깥의 좌우 측면에는 관을 머리에 고정시키는 뿔 모양의 비녀 2개가 각각 붙어 있다. 내관에는 24개의 량(梁 : 관 전면에서 위로 솟아올라 뒤로 꺾이며 관 후면에 연결되는 폭이 좁은 띠 모양의 융기선)이 드리워져 있고, 내관 상단에는 일상문과 월상문을 결합시킨 여러 개의 원형 판들이 있다. 원형 판 안의 하부에 위치한 일상문은 원으로만 일상을 나타낸 형식 IV에 해당하며, 일상문 위의 월상문은 초승달 모양을 하고 있다. 이 원형 판들

---

2 洪聖民,『鷄林錄』. '石穴空中 石門缺側 窺而視之 則石室儼然 刻以日月狀 不知何王陵也.'
　(자료제공 : 동국대학교 사학과 김상현 교수)
3 盧明鎬,「高麗太祖 王建 銅像의 流轉과 문화적 배경」,『한국사론』50, 2004, 154쪽, 195쪽, 209쪽.

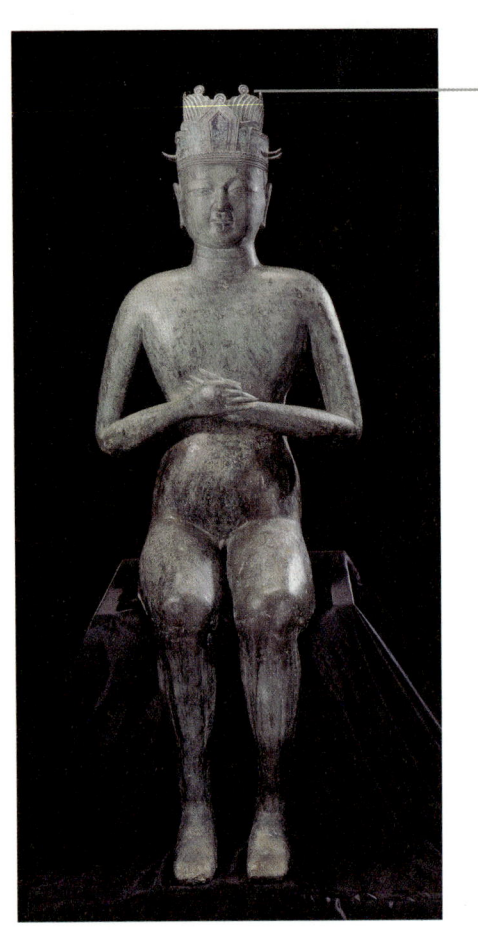

그림 7 착의형 나신상의 태조 왕건상(좌 : 전신상, 우 : 통천관 내관 상단에 장식된 둥근 해와 초승달을 결합시킨 원형 판), 고려 951년경

은 8방위를 상징하기 위해 내관의 전후좌우와 그 사이사이에 배치되었는데 2개가 손상되어 지금은 6개만 남아 있다. 일월상을 결합시킨 원형 판들의 이러한 배치는 해와 달이 온 천하를 비추는 것과 같이, 고려의 군주가 세상을 밝게 하는 정치를 폄으로써 그 은택이 모든 백성에게 미침을 상징적으로 나타낸 것이다. 또한 외관 앞 중심의 오각형 모양의 금박산과 내관에 융기선으로 표현된 24량은 천자가 쓰는 통천관에만 나타나는 문양이라는 점에서 눈길을 끈다.

왕건상은 착의형의 나신상으로 되어 있는데 이러한 종류의 조각상은 토속 신상神

그림 8 국보 78호 미륵반가사유상의 보관에 장식된 일월상(좌 : 전신상, 우 : 보관 위에 초승달과 반원의 떠오르는 해를 결합시킨 3개의 장식), 삼국시대 6세기

像에서 발견된다. 고려시대에 토속 신앙의 중요한 신상으로 널리 숭배되었던 고구려의 시조인 동명왕상이나 그 어머니인 유화상 등이 착의형이고, 우리나라에서 오래 전부터 조상 제례에 조각상을 이용했던 것을 고려할 때, 태조 왕건상은 한국의 제례 전통과 고구려 신상의 특징을 함께 계승하고 있다.[4]

하지만 태조 왕건상은 조상 제례에 사용되는 신상이란 측면 외에 불상의 이미지

---

[4] 盧明鎬, 앞의 논문, 152쪽, 211~212쪽.

도 투영되어 있다. 그 이유는 작은 크기의 남근〔마음장상(馬陰藏相) : 말의 남근처럼 오므라들어 몸 안에 숨어 있는 형상〕, 평발〔족안평립(足安平立)〕, 가늘고 긴 손가락〔지섬장호(指纖長好)〕, 크고 두터운 역삼각형의 상반신 등 왕건상에 나타나는 신체적 특징을 통해 불상에 나타나는 32상相을 엿볼 수 있기 때문이다. 이처럼 불상에 반영되는 32상을 왕건상에서 살필 수 있음은 불법佛法의 힘으로 온 천하를 지배하는 절대 권력과 신성함을 갖는 전륜성왕轉輪聖王의 개념을 차용하여 고려 왕실의 창건자인 왕건의 막강한 힘과 신성한 권위를 표현하기 위한 것이다.[5]

그런데 주목되는 점은 왕건상 내관 상부에 장식된 일월상이 결합된 모습은 삼국시대 때 제작된 국보 78호 미륵반가사유상의 보관寶冠에서도 볼 수 있다는 것이다(그림 8). 양자의 차이는 왕건상의 일월상은 둥근 해 위에 초승달을 위치시켜 원의 형태를 이루고 있는데 반해, 국보 78호 미륵반가사유상의 일월상은 초승달 위에 떠오르는 해의 모습을 반원으로 나타냈다는 것이다.

국보 78호 미륵반가사유상에 표현된 초승달 위에 해를 얹은 일월 장식은 처음에는 보탑형으로 얘기되었으나, 근래에 와서는 그 원류를 사산조 이란계 통치자의 왕관 장식과 연결되는 도상으로 이해하고 있다.[6] 그러나 이들 역시 세부 표현에 있어서는 차이를 보인다. 사산조의 왕관은 해와 초승달이 결합된 모티브를 내관 중앙 꼭대기에 한 개만 장식했지만(그림 9), 국보 78호 미륵반가사유상은 정면에 세워진 3개의 입식立飾 위에 해와 초승달이 결합된 모티브를 각각 장식했다. 하지만 아쉽게도 현재는 중앙에 위치한 입식 위의 일월상은 결실되어 볼 수 없다.[7]

이처럼 왕건상과 국보 78호 미륵반가사유상은 보관에 일월상을 결합하여 장식한

---

5 노명호, 「고려 태조 왕건 동상의 황제관복과 조형상징」, 『북녘의 문화유산』, 국립중앙박물관, 2006, 232~234쪽.
6 김리나, 「두 국보 반가사유상의 조형미」, 『한국사 시민강좌』 23집, (주)일조각, 1998. 8, 162쪽.
7 정예경, 『반가사유상 연구』, 혜안, 1998.12, 71쪽.

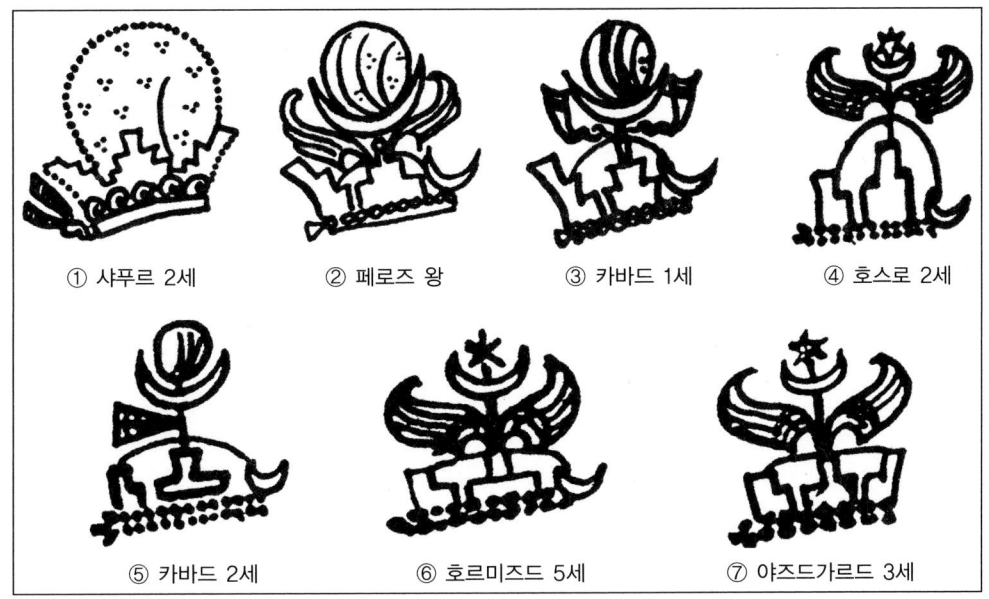

① 샤푸르 2세　② 페로즈 왕　③ 카바드 1세　④ 호스로 2세
⑤ 카바드 2세　⑥ 호르미즈드 5세　⑦ 야즈드가르드 3세

그림 9　내관 중앙 상부에만 일월상을 장식한 사신조의 왕관들

것 외에도 머리에 쓴 보관이 왕권을 상징하고 있다는 공통점을 지닌다. 왕건상의 보관은 오각형 모양의 금박산 문양과 24량을 채용하고 있다는 점에서 천자가 쓰는 통천관을 형상화 한 것이고, 국보 78호 미륵반가사유상의 보관은 사산조 왕관의 모티브를 채용하고 있어 양자 모두 왕권 상징과 밀접한 관련성이 있다.

　왕건상과 국보 78호 미륵반가사유상에서 이 같은 유사점이 발견되는 것은 왕건상이 전륜성왕 외에 미륵보살의 개념도 함께 수용하고 있음을 시사한다. 다음에 제시되는 내용은 이에 대한 개연성을 높여준다. 첫째 왕건상의 제작 시기는 태조의 원당인 봉은사가 창건된 광종 2년(951년)을 전후한 시점으로 보고 있다. 그런데 광종의 재위 때 관촉사 미륵 입상立像,[8] 안성 매산리 미륵 입상[9] 등이 조성되었고, 이들 미

---

8 논산 관촉사 미륵 입상의 건립에 관한 기록은 '관촉사사적비(灌燭寺史蹟碑)'에서 살필 수 있고, 그 내용을 통해 970년부터 1006년 사이에 관촉사 미륵 입상이 제작되었음을 알 수 있다(「灌燭寺史蹟碑」, 『朝鮮金石總攬』 下, 亞細亞文化社, 1976, 1153쪽).

륵 입상은 모두 머리에 면류관冕旒冠 형태의 사각형 천개天蓋를 쓰고 있다. 이처럼 미륵 입상이 머리에 면류관형 천개를 착용한 것은 황제의 권위를 상징하기 위한 것으로 이해되고 있다.[10] 그렇다면 왕건상의 통천관과 미륵 입상의 면류관은 천자 내지 황제의 관을 상징한다는 점에서 공통점을 지닌다. 둘째, 후삼국의 통일을 기념하여 940년 건립한 개태사開泰寺 낙성 법회에서 왕건이「화엄법회소華嚴法會疏」를 직접 지었는데, 거기서 왕건 스스로가 '보살계 제자', 즉 왕즉보살王卽菩薩의 관념을 표방한 것이 확인되기 때문이다.[11]

위의 내용을 연계해보면 왕건상은 미륵+보살, 즉 미륵보살의 개념을 수용하고 있다고 판단된다. 왕건상은 왕건 사후 그의 왕생을 기원하기 위해 제작된 것이므로 왕건상에는 미륵상생〔미륵보살이 지상에서 석가모니의 교화를 받으면서 수도하다 미래에 성불하리라는 수기를 받은 후 사후 도솔천에 올라가 지금은 천인(天人)을 위해 설법하고 있으며 중생 제도를 위한 자비심을 품고 먼 미래를 생각함〕에 나타나는 미륵보살의 이미지가 반영되었다고 본다.

석가모니 입멸 후 56억 7천만 년이라는 긴 시간을 요하지만 미륵상생은 미륵하생〔도솔천의 미륵보살이 지상에 다시 태어나 성불(成佛)하여 미륵불이 된 후 중생을 교화함〕을 수반한다.

---

9 매산리 미륵 입상의 조성 시기를 광종 11년(960)부터 광종 14년(963)경으로 추정했다. 그 첫 번째 이유는 면류관은 황제가 쓰는 관이므로 매산리 미륵 입상에서 볼 수 있는 면류관형의 천개 착용은 공복이 제정되고 광덕(光德)과 준풍(峻豊) 등의 독자적 연호를 사용하며 스스로를 황제로 칭하기 시작한 광종 11년(960) 이후에야 가능하다고 판단했기 때문이다. 두 번째 이유는 '峻豊 四年 壬戌大介山 竹州'라는 명문이 새겨진 기와에 매산리 미륵 입상이 위치해 있는 신라 때의 지역명 '개산(介山)'이 보이고, 그 지역명 앞에 '큰 대(大)'를 붙인 것이 매산리 미륵 입상의 건립과 관련된 것으로 이해되었기 때문이다. 왜냐하면 介山(고려 때의 지명은 竹州)지역 사람들은 면류관을 쓴 매산리 미륵 입상을 황제의 권위와 미륵의 이미지가 어우러진 기념비적인 성격을 지닌 불상으로 인식했고, 이러한 불상이 介山에 세워진 것에 자부심을 갖게 됨으로써 介山 앞에 '大'를 붙인 것으로 보았기 때문이다. 따라서 매산리 미륵 입상의 제작시기의 상한선은 광종 11년(960년)으로, 그 하한선을 준풍 4년에 해당하는 광종 14년(963년)으로 상정했다(丁晟權,「安城 梅山里 石佛 立像 硏究」-高麗 光宗代 造成說을 제기하며,「文化史學」第17號, 韓國文化史學會, 2002. 6, 290~297쪽).

10 文明大,「미술사 大檢討」,「月刊美術」12, 1989, 107쪽.
崔善柱,「고려 전기 석조대불연구」홍익대 석사학위 논문, 1992, 50쪽.

11「神聖王親製開泰寺華嚴法會疏」(「東人之文四六」卷8) : 梁銀容,「高麗太祖 親製 '開泰寺華嚴法會疏'의 硏究」,「迦山 李智冠스님 華甲紀念論叢 韓國佛敎思想史」上, 1992, 809~822쪽.
남동신,「나말려초 국왕과 불교의 관계」,「역사와 현실」56호, 2005. 6, 87쪽.

또한 미륵하생에서 미륵은 전륜성왕이 다스리는 나라에 태어나 전륜성왕의 치세治世를 돕고 그의 출가를 이끌며[12] 성불하여 미륵불이 되는 등 전륜성왕과 밀접한 관계를 가진다.[13] 더욱이 『법화경法華經』 제6 수희공덕품隨喜功德品에서는 전세前世에서 전륜성왕으로 태어나는 아일다阿逸多와 미륵소년[14]을 동일인으로 이해하고 있고[15] 전륜성왕의 치세와 미륵의 교화는 그 대상이 중생이라는 점에서 공통점을 지닌다.

따라서 왕건상에 전륜성왕과 미륵보살의 개념이 함께 투영된 것은 양자의 이 같은 유기적 관련성 때문이며, 아울러 이 세상에서 전륜성왕의 삶을 살았던 왕건이 사후 도솔천의 미륵보살로 있다가 혼탁한 세상에 미륵불로 왕생하여 이 세상의 구세주가 되어 주기를 염원했던 것이 아닌가 생각된다.

2) 천하관과 역사 계승 의식

(1) 남북국시대

① 발해

발해는 아직까지 일상문의 사례가 확인된 바는 없다. 하지만 발해 멸망 후 발해의 부흥을 위해 성립된 후발해의 다른 이름인 오사성발해烏舍城渤海[16]에 까마귀 '오烏'가 포함된 것을 통해 고구려 일상문에 반영된 삼족오 신앙(현조 숭배의 전통)이 발해에서 계승되었음을 살필 수 있다. 발해는 고구려 부흥 운동의 결과로 건국되었고 아울러 고구려 계승 의식을 표방한 나라이므로 이러한 사실은 시사하는 바가 크다.

---

[12] 金三龍, 「百濟 彌勒信仰의 特性과 그 歷史的 展開」, 『韓國彌勒信仰의 硏究』, 同和出版公社, 1983, 101쪽.
[13] 『長阿含經』 6의 轉輪聖王修行經(大正藏 1, 41~42쪽) 및 『彌勒大成佛經』(大正藏 14, 429~430쪽) 참조.
[14] 여기서 미륵소년은 미륵보살로 이해된다.
[15] 金杜珍, 「弓裔의 彌勒世界」, 『韓國史 市民講座』 제10집, 一潮閣 1992.2, 31쪽.
[16] 『송사(宋史)』를 보면 발해를 오사성발해로 지칭한 적이 있으므로 북한 학자 박시형이 후발해를 오사성발해로 불렀고, 남한에서는 멸망 전의 발해와 구분하기 위해 후발해라는 명칭을 사용하고 있다. 후발해라는 명칭은 일본 학자 和田淸이 처음 언급했고 日野開三郎에 의해 다시 사용되었다(韓圭哲, 「渤海復興國 '後渤海' 硏究」, 『韓國史硏究論選 9-考古·古代史 IX』, 백두문화, 1997. 4, 381~382쪽).

 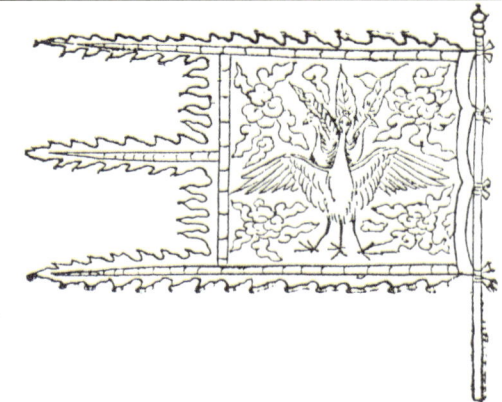

| 오회분 4호묘의 '해 속의 삼족오'로 표현된 일상문, 집안지역 고분, 고구려 6세기 중반 | 『세종실록』 권 132 가례(嘉禮) 서례(序禮) '노부(鹵簿)'에 도시된 3두3족의 주작이 그려진 주작기, 조선 1054년 |

그림 10 삼족오의 다리 셋이 3두(頭)3족(足)의 주작으로 변이된 조선시대의 주작기

    발해는 희왕僖王 1년(813년)부터 희왕 5년(817년)까지 '주작朱雀'이란 독특한 연호를 사용했다. 현조인 삼족오가 주작으로 변이變移되었음을 고려할 때, 주작이란 발해의 연호 역시 고구려의 삼족오 신앙과 무관하지 않음을 알 수 있다. 이러한 변이의 배경에는 현조인 까마귀를 신조神鳥로 여겼던 동이족의 남하南下와 오행설의 영향이 주효하게 작용한 것으로 본다. 또한 삼족오가 주작으로 변이된 것은 태양과 불 모두 광명과 열기라는 공통된 특성을 지니며, 그런 까닭에 태양새인 삼족오와 불새인 주작 역시 같은 속성을 가진 서조瑞鳥로 인식되었기 때문이다. 따라서 삼족오와 주작은 도상에 있어서도 상호 친연성을 보인다.[17] 삼족오가 주작으로 변이된 사례는 삼족오의 다리 셋이 3두頭3족足의 주작으로 표현된 조선시대의 주작기를 통해 확인할 수 있다(그림 10).

---

[17] 拙稿, 「三足烏·朱雀·鳳凰 圖像의 성립과 친연성 고찰」, 『역사민속학』 제31호, 한국역사민속학회, 2009. 11, 270쪽, 278쪽 참조.

② 통일신라

통일신라 때의 일상문은 납석제 남녀 합장상合葬像을 통해 볼 수 있다. 일상문의 유형은 형식 IV(원으로 구성된 일상문)에 해당하는데(그림 5 참조), 형식 IV는 '해 속의 삼족오'로 표현되는 고구려의 일상문과는 계보가 다른 중원中原 문화권의 일상문 전통을 반영한 것이다. 그렇게 보는 까닭은 태양을 상징하는 둥근 원 안에 다리 셋 달린 현조를 위치시키고 일상과 월상이 짝을 이루어 함께 표현되는 것은 한대漢代에 나타나지만, 수당대隋唐代에 이르면 중원 문화권의 일상문에서 현조의 모습은 거의 찾아볼 수 없기 때문이다.

이처럼 중원 문화권의 일상문에서 현조의 모습을 보기 어려운 것은 첫째, 일상문에 등장하는 까마귀와 같은 현조를 신조神鳥로 여기는 전통은 원래 중원의 문화가 아니었음을 시사한다.[18] 이를 입증하듯 고구려와 적대 관계였던 당唐은 고구려인이 숭배하고 신앙의 대상으로 삼은 삼족오를 혐오했다. 당에서 형성된 삼족오에 대한 혐오감은 이후 중원의 여러 왕조에 답습되었고 아울러 삼족오에 대한 기록도 후대 정사正史에서 사라지게 되었다.[19] 둘째, 일상문의 현조 표현을 태양의 흑점을 나타낸 것으로 보았고, 태양의 흑점 역시 일식日蝕과 같이 태양을 가리는 것으로 여겨 원으로 구성된 일상문이 보편화되었기 때문이다.

일상문의 현조 표현을 흑점 및 일식과 연계해 고찰한 것은 중원 한족漢族의 유교 문화와 밀접한 관계가 있다. 유교에서는 천天의 현상이 인간사에 직접적인 영향을 미치는 것으로 생각했고, 따라서 천인 관계를 중시하며 천문 관측에 힘썼다. 하늘의 움직임 중 일식을 가장 경계했는데 그 이유는 음陰과 신하를 상징하는 달이 양陽과 군왕의 상징인 태양을 가리는 일식을 정변이 일어날 조짐으로 보았기 때문이

---

18 손환일, 「삼족오(三足烏) 문양의 시대별 변천」, 『三足烏』, 학연문화사, 2007. 3, 86쪽.
19 許興植, 「삼족오(三足烏)의 동북아시아 기원과 사상의 계승」, 『三足烏』, 학연문화사, 22007. 3, 3~24쪽.

다.[20]

　지금까지 확인된 통일신라의 일상문은 비록 납석제 남녀 합장상 1점에 불과하지만, 중원 문화권의 일상문 전통을 반영하는 형식 IV만이 현존하는 것은 나당 연합군을 형성하여 백제와 고구려를 멸망시킨 후 당나라와 긴밀한 유대 관계를 가지면서 유교적·중국적 국가 체제로의 큰 전환을 이루려 했던 통일신라의 시대 분위기를 보여준다.

　통일신라의 이 같은 시대상은 다음의 내용들을 통해 확인할 수 있다. 먼저 삼국을 통일한 무열왕武烈王은 제도 전반에 걸쳐 당나라의 것을 수용했고 기존의 불교식 왕명 대신 중국식 시호를 취했다. 한편 통일신라에서는 유교 교육도 강화되었다. 신문왕神文王 2년(682년)에 유교 교육기관인 국학이 설립되었고, 국학을 태학감으로 고친 경덕왕景德王 때 유교의 중요 경전인 논어와 효경을 필수 과목으로 채택했으며, 원성왕元聖王 4년(788년)에는 유교 경전의 이해 수준에 따라 관리를 등용하는 독서삼품과가 실시되는 등 유교 진흥책이 적극적으로 펼쳐졌다. 그 외에 많은 유학생과 유학승이 당나라로 건너가 수학했고, 당과 활발한 교류를 맺게 됨으로써 당의 문화도 적극적으로 수용했다.

　통일신라의 일상문 특징 중 가장 두드러지는 것은 작례作例 자체를 찾기 어렵다는 것이다. 그 배경에는 통일신라 때 화엄종이 성행했고 이에 따라 화엄종의 주존인 비로자나불毘盧遮那佛이 크게 유행한 것과 밀접한 관련성이 있는 것으로 본다.

　비로자나불은 법신불法身佛로 부처가 깨달은 진리 그 자체를 인격화 하여 모신 부처님을 말한다. 그런데 경전에서 언급되는 비로자나불은 광명의 존재로 묘사되거나 태양에 비유되고 있다. 화엄경華嚴經[21]·잡아함경雜阿含經[22]·법화경法華經[23] 등은

20　拙稿, 「日象文의 도상학적 고찰과 문화권에 따른 특징」, 『단군학연구』, 단군학회, 2008. 5, 114쪽, 122쪽.
21　『60華嚴經』 卷第1 「世間淨眼品」(『大正藏』 9, 395쪽 2-3). 『80華嚴經』 卷第34 「如來十信相海品」(『大正藏』 10, 253쪽 下 16-19).

비로자나불을 미간眉間 백호白毫에서 빛이 나와 사방으로 퍼지는 모습으로 묘사했고, 공간적으로 무한하며 태양과 같은 광명으로 자비롭고 지혜롭게 비친다 하여 광명편조光明遍照라 했다. 이러한 표현은 법신인 비로자나불이 태양과 같은 위의를 갖고 있음을 말해준다.

밀교에서는 비로자나불을 대일여래大日如來와 동체로 보아 큰 태양에 비유했고, 밀교 경전인 『Mahaavairocana Suutra〔대일경(大日經)〕』에서는 '태양여래〔Tathaagata Sun〕, 영원한 태양 비로자나불〔Buddha Vairocana, the Eternal Sun〕' 등으로 표기했다.[24] 한편 『망월대사전望月大辭典』에서는 비로자나불을 태양신으로 규정하기도 했다.[25] 이처럼 비로자나불이 태양에 견주어 묘사되고 태양과 동격으로 이해된 것은 태양 숭배와 같은 토착신앙이 불교에 습합되었기 때문으로 이해된다.[26]

태양에 비유되거나 태양신으로 이해되는 비로자나불은 태양을 상징하고 이를 형상화 한 일상문과 속성상 일맥상통한 면이 많다. 이런 까닭에 비로자나불이 성행했던 통일신라 때 비로자나불이 일상문의 기능과 역할을 일정 부분 대신함으로써 일상문의 표현이 적극적으로 이루어지지 않은 것으로 생각된다.

(2) 고려 초 (고려 개국~거란 침입 이전)

고려 초〔고려 개국(918년)~거란 침입(993년) 이전〕의 일상문은 10세기 중반에 제작된 태조 왕건상에서 살필 수 있다. 왕건상에는 통일신라 때 제작된 남녀 합장상에 나타난 원으로 구성된 형식 IV의 일상문이 표현되었다(그림 5 참조, 그림 7 참조). 이는 전대前

---

22 『雜阿含經』 卷第22 (『大正藏』 22, 155쪽 上-中)
23 『妙法蓮華經』 卷第1「序品」(『大正藏』 9, 2쪽 中 16-18).
24 "Study of the Mahaavairocana", The Enlightenment of Vairocana(Motilal Banarsidass Publishers Private Limited : Delhe, 1992), p.254.
25 『望月大辭典』, 4368쪽 참조.
26 金永材, 「毘盧遮那, 盧舍那, 阿彌陀와 太陽神話의 原型的 交感」, 『韓國佛敎學』 第29輯, 韓國佛敎學會, 2001. 6, 467~472쪽 참조.

代인 통일신라의 일상문이 고려 초까지 계승되었음을 말해준다. 그런데 왕건상에 보이는 형식 IV의 일상문은 '해 속의 삼족오'로 표현되는 고구려의 일상문과는 계보를 달리하는 중원 문화권의 일상문 전통을 반영하고 있다., 즉 왕건상의 일상문은 중원을 장악했던 당(唐)의 문화 영향을 받은 통일신라의 일상문을 수용한 것이다. 이는 개국 초에 고구려 계승 의식을 표방하며 국호를 고려라 했고, 강한 자주 의식을 보이며 고구려와 발해의 옛 영토를 수복하기 위해 북진 정책을 폈던 것과는 상당한 괴리가 있다. 이처럼 왕건상에 당(중원)의 문화 영향을 받은 통일신라의 일상문이 수용된 배경을 왕건상의 실제 모델인 태조와 왕건상이 제작된 광종 때의 시대상과 연계해 고찰해보고자 한다.

태조 왕건은 고구려 계승 의식을 표방하며 고려를 개국했다. 하지만 후삼국을 통일하는 과정에서 호족연합정책을 실시했고 귀부해 오는 호족들을 우대하게 됨으로써 개국 초의 고구려 계승 의식은 약화되었다. 특히 신라 경순왕의 귀부 후 경주의 지식인들이 고려의 지배층으로 대거 흡수됨으로써 신라의 문화 전통은 고려 사회를 움직이는데 큰 영향력을 미쳤다. 아울러 후삼국을 통일한 후 백제계와 신라계 백성을 고려 왕조에 편입시키고 그들의 신망을 얻기 위해서는 고구려 계승 의식을 표방하는 것이 실질적인 도움이 되지 않는다는 판단도 고구려 계승 의식을 희석시키는 요인으로 작용했다. 다음에 제시한 태조 왕건 원년(918년)의 조서 내용은 고려 사회에서 신라의 영향력이 확대되고 있음을 보여준다.

> "이전 임금(궁예)이 신라의 품계·관직·군현 명칭들은 모두 비속하다 하여 새 제도를 만들었는데 여러 해를 통용하였으나 백성들이 잘 알지 못했고 혼란을 일으키게 되었다. 이제 이런 것들을 모두 신라 제도로 다시 고쳐야 하겠다."[27]

---

[27] 「高麗史」卷1 世家 太祖 戊寅 元年條. '前主以新羅皆官郡邑之號悉皆鄙野改爲新制 行之累年民不習知以至惑亂 今悉從新羅之制'

한편 왕건 사망 후 왕위 계승을 둘러싼 권력 다툼이 심화되었고 유세한 호족들이 왕권을 위협하기도 했다. 이러한 정치 혼란기 때 보위에 오른 광종은 유교 교육을 필수로 하는 과거제를 도입했고, 역사 기록 전담 관청인 사관史館을 설치하는 등 유교적 관료 정치를 통한 왕권 강화에 힘썼다. 광종의 이러한 유교 진흥책은 유교가 치국의 정치 이념으로 자리 잡게 되는 성종 때 더욱 활기를 띠게 됨으로서 고려 사회에서 중원 유교 문화의 영향력은 점차 그 세勢를 넓혀가게 되었다.

군주가 자신의 치세에 붙이는 연호는 단순히 치세를 구분한다는 측면 외에 군주의 통치 의도와 대외 인식을 반영한다는 점에서 중요한 의미를 갖기 때문에[28] 태조와 광종의 재위연간 중의 연호 사용에 대해 살펴보고자 한다. 먼저 태조 때를 보면 개국 원년인 918년에 고려의 개국이 하늘의 뜻임을 천명하기 위해 '천수天授'라는 독자적인 연호를 사용했다.[29] 그러나 대외 관계를 의식하여 당 멸망 후 화북에 세워진 후당, 후진과 친선을 맺게 되면서 태조 16년(933년)에는 고려의 연호인 '천수' 대신 후당의 연호를 사용했고[30] 태조 21년(938년)에는 다시 후진의 연호를 사용했다.[31] 광종 때를 보면 광종 1년(950년)에는 '광덕光德'이란 고려의 독자적 연호를 사용했지만 광종 2년(951년)부터 광종 10년(959년)까지는 '현덕顯德'이란 후주의 연호를 사용했다.[32] 또한 광종 11년(960년)에는 개성을 황도皇都로 서경을 서도西都로 격상시키고[33] '준풍峻豊'이란 독자적 연호를 사용하며 당당한 황제 국가의 면모를 보였지만, 3년 후인 광종 14년(963년)에는 고려의 연호인 준풍 대신 송宋의 연호를 사용했다.[34] 이처럼 태조와 광종은 시기에 따라 고려 또는 중국의 연호를 사용하는 등 연호 사용에

---

28 李在範, 『後三國時代 弓裔政權 硏究』, 도서출판 혜안, 2007. 4, 101쪽.
29 『高麗史』 卷1 世家 太祖 戊寅 元年條. '元年夏六月丙辰卽位于布正殿 國號高麗改元天授'
30 『高麗史』 卷2 世家 太祖 癸巳 十六年條. '于賜曆 日自是除天授年號行後唐年號'
31 『高麗史』 卷2 世家 太祖 戊戌 二十日年條. '是月始行後晉年號'
32 『高麗史』 卷2 世家 光宗 辛亥 二年條. '冬十二月如行後周年號'
33 『高麗史』 卷2 世家 光宗 庚申 十一年條. '開京爲皇都 西京爲西都'
34 『高麗史』 卷2 世家 光宗 癸亥 十四年條. '冬十二月行宋年號'

있어 일관된 태도를 보이지 못했다.

위에서 언급한 태조와 광종 때의 정책과 조치들은 고려 초에 고구려 계승 의식을 표방하였다고는 하나 문화적으로는 당의 문화를 수용한 신라를 계승한 측면이 강했고[35] 유교적 관료 정치를 지향하고 중국의 신흥 왕조(후당·후진·후주·송)와 교류를 맺게 되면서 개국 초의 자주 의식도 다소 약화되는 경향을 보였음을 말해준다.

그러나 명明을 천자국으로 섬겼던 조선시대 때 황제국을 표방했던 대한제국 시기를 제외하고는 천상에 하나밖에 없는 해와 달을 그린 일기日旗와 월기月旗의 사용이 제한되었던 것을 고려해볼 때,[36] 왕실 제례의 상징물로 제작된 태조 왕건상이 해와 달을 형상화한 원형 판이 장식된 관을 착용하고 있음은 고려의 왕을 천자로, 고려를 천자국으로 인식했던 고려의 자주 의식을 나타낸 것이다. 고려의 자주 의식은 당시 고려의 대내외 상황을 통해 확인할 수 있다.

태조 왕건은 삼한이 하나로 통일되어야 한다는 일통一統 의식의 이데올로기를 내세워 후삼국을 통합했고, 이러한 일통 의식으로 마침내 천하를 통일했다는 자부심이 고려 국왕을 천자로, 고려 왕조 건국에 협조한 지방 세력들을 제후로 간주하는 황제국의 체제를 갖추게 했다.[37] 또한 고구려 계승 의식을 표방한 고려는 거란에게 빼앗긴 고구려와 발해의 옛 영토 수복을 위해 북진 정책을 폈고, 아울러 발해를 멸망시킨 거란에 대해 강경한 입장을 취했다.

왕건상의 일상문에서 엿볼 수 있는 이러한 양면적 특성은 개국 초인 10세기에 동아시아의 선진 문화였던 당풍唐風과 이에 영향을 받은 신라 문화를 적극 수용하면서도 천자국의 면모를 갖추며 고려의 자주성을 견지하고자 했던 당시의 시대상을

35　河炫綱, 「高麗時代 歷史繼承意識」, 『梨花史學研究』 8, 1976, 梨花史學會.
　　鄭求福, 『韓國中世史學史(Ⅰ)』, 1999.11, 집문당.
36　拙稿, 「조선시대의 日象文 연구」, 『朝鮮時代史學報』 51輯, 朝鮮時代史學會, 2009. 12, 45~46쪽.
37　박종기, 「고려 왕조의 문화적 특성」, 『다시 보는 역사 편지 고려묘지명』, 국립중앙박물관, 2006, 146쪽.

함축하고 있다.

비록 도상으로 표현된 것은 아니지만, 까마귀가 장차 후고구려의 왕이 될 궁예에게 '왕王' 자가 새겨진 상아 조각을 전해주는 다음의 궁예 관련 기사記事는 고구려 일상문에 반영된 동이족의 현조 숭배의 전통이 후고구려로 이어지고 있음을 보여준다.

"(궁예가) 일찍이 제(齋)를 지내러 가는데, 까마귀가 무슨 물건을 물어다가 궁예가 가지고 있는 바릿대 속에 떨어뜨렸다. 이를 보니 상아 조각에 '王' 자가 새겨져 있었다. 이를 숨기고 말하지 않았으나 마음 속으로 자못 자부하고 있었다."[38]

태양과 현조가 결합된 고구려의 일상문과 까마귀가 천명天命의 전달자로 등장하는 궁예 관련 기사를 동이족의 현조 숭배를 반영한 것으로 보는 까닭은 만주·한반도·일본에 전승되는 동이계 설화에서 동이족이 신조神鳥로 여기는 까마귀가 태양과 왕을 상징하거나 왕과 왕재를 보필 내지 위험에서 구하는 존재로 등장하기 때문이다.[39] 한편 후고구려의 건국이 고구려 부흥 운동과 관련을 맺으면서 시작되었고, '고려'라는 국호의 제정도 궁예의 세력 기반에 중추를 이루고 있던 패서 지역(예성강 이북에서 대동강 이남 지역)의 고구려 호족 세력을 의식한데서 취해진 것임을 염두에 둘 때,[40] 고구려 일상문에 반영된 현조 숭배의 전통을 궁예 관련 기사에서 살필 수 있음은 후고구려의 고구려 계승 의식과도 연계성을 갖는다.

궁예 관련 기사처럼 고구려 계승 의식이란 측면에서 주목되는 것은 찰산후察山候

---

[38] 『三國史記』卷五十 列傳 第十 弓裔條 '嘗赴齋 行次有烏鳥銜物 落所持鉢中 視之 牙籤書王字 則秘而不言 頗自負'
[39] 拙稿, 앞의 논문(주 20), 92~104쪽 참조.
[40] 李在範, 앞의 책(주 28), 89~90쪽.

박적오(朴赤烏 : 적고(積古))와 그의 아들 대모달大毛達 박직윤朴直胤이다. 두 인물에 관한 기록은 후손인 박경인과 박경산의 묘지명에 나타나 있다.

"(박경인의) 선조는 북경도위(北京都尉 : 명주(溟州)의 지방관)[41] 박적오인데 신라 때 죽주(竹州)[42]에 들어와 찰산후가 되었고, 또한 평주(平州)[43]에 들어가 십곡성(十谷城) 등 13성을 설치하고 궁예에게 귀부하였다. 그 뒤 자손이 번창하여 우리 태조가 통합한 때부터 지금에 이르기까지 후손이 끊어지지 않고 있다."[44]

"(박경산의) 선조는 계림 사람으로 대개 신라 시조 혁거세의 후예이다. 신라 말에 그 후손인 찰산후 적고의 아들 직윤 대모달이 평주로 이주하여 관내 팔심호(八心戶)의 읍장이 되었다. 그로부터 직윤 이하의 후손은 평주 사람이 되었다."[45]

박경인과 박경산의 묘지명의 내용을 종합해 보면, 죽주의 박씨는 신라 말 명주에서 지방관을 지내다 신라 중앙 정부에 의해 죽주로 옮겨져 토착 세력으로 성장했고, 박적오(적고)와 박직윤 때 이르러 찰산후, 대모달로 칭호되며 이 지역의 독자(호족) 세력으로 성장했다. 그 후 박적오의 아들 박직윤이 평주로 옮겨가 팔심호 읍장을 칭호하다 궁예에게 귀부했고 궁예 몰락 후 다시 태조에게 귀부하여 고려의 유력한 세력으로 성장해 갔다.[46] 한편 죽주의 박씨 세력은 대모달 직윤이 평주로 옮겨간 후

---

[41] 정청주는 北京에 대한 위치 비정과 都尉에 대한 관직명에 대해 北京을 선덕여왕 8년(639년)부터 무열왕 5년(658년)까지 北小京으로 불려진 溟洲로, 都尉를 신라 말의 지방관으로 보았다(정청주, 「신라말·고려초 호족의 형성과 변화-패강진의 평산박씨 가문의 실례 검토」, 『신라말 고려초 호족연구』, 1996, 39~40쪽).

[42] 경기도 안성과 용인 지역에 있던 죽주현의 고려시대 이름.

[43] 황해도 평산군의 고려시대 이름.

[44] '其先北京都尉朴赤烏 自新羅入竹州 爲察山候 又入平州 置十谷城十三城 歸于弓裔主 厥後我太祖統合時 至于今不絶繼嗣'(김용선 편, 『朴景仁 묘지명』, 『역주 고려묘지명집성(上)』, 한림대학교 출판부, 2001. 12, 70~71쪽).

[45] '朴氏之先 鷄林人也 蓋新羅始祖赫居世之裔也 新羅之季 其孫察山候積古之子 直胤大毛達徙居平州管八心戶爲邑長 故自直胤而下爲平州人'(김용선 편, 『朴景仁 묘지명』, 『역주 고려묘지명집성(上)』, 한림대학교 출판부, 22001. 12, 53쪽)

[46] 金成煥, 「竹州의 豪族과 奉業寺」, 『文化史學』 第11·12·13號, 韓國文化史學會, 2006, 508쪽.

죽주에 남아 있는 죽산 박씨와 평주로 옮긴 평산 박씨로 나누어지게 되었다.

묘지명에서 관심 있게 보아야 할 것은 박적오의 '적오'라는 이름과 그를 칭호했던 '찰산후'라는 관직명, 그의 아들 박직윤의 '대모달'이라는 관직명이다.

먼저 박적오의 이름 '적오'는 『삼국사기』 권14 고구려본기 제2 대무신왕 3년조條에 등장하는 '적오(붉은 까마귀)'를 떠올리게 한다.[47] 대무신왕 3년조 기사에 보이는 적오의 출현은 고구려 대무신왕의 동부여 정벌로 동부여 내부가 분열되고 이후 고구려의 입지가 강화되는 상황을 암시하고 있다.[48] 이런 맥락에서 볼 때 박적오의 '적오'라는 이름은 향후 신라의 몰락과 함께 고구려 계승 의식을 표방한 후고구려와 고려가 부상하고 그 영향력을 넓혀갈 것을 시사한다. 이때 적오의 '적(붉은색)'은 계림인 신라를, '오[49](검은색)'는 후고구려와 고려를 상징한다.

그렇게 인식하는 것은 오행에서 검은 색은 물(水)을 나타내며, 후고구려와 고려 모두 수덕水德을 왕조 개창의 원리로 채용했기 때문이다. 수덕 채용의 예는 후고구려를 세웠던 궁예가 국호를 마진摩震에서 태봉泰封으로 바꾼 후 '수덕만세水德萬歲'라는 연호를 사용한 것과 고구려 계승 의식을 표방하며 고려를 건국했던 태조 왕건이 고구려의 수도였던 서경을 수덕이 순조로운 곳으로 부각시켰던 것 등을 통해 확인할 수 있다.[50] 아울러 신라를 붉은 색, 즉 화덕火德으로 보는 것은 신라를 지칭하는 '계림鷄林'의 '계(鷄)'는 사신四神 중 남쪽의 수호신으로 불을 상징하는 주작 도상의 주된 모티브가 되기 때문이다. 이처럼 붉은색의 불(火)을 신라로 보고, 검은색에 해당하는 물(水)을 후고구려와 고려로 보는 것은 궁예가 혁명 원리로 채택한 수덕은 물

---

[47] 『三國史記』 卷十四 高句麗本紀 第二 大武神王 三年條. '冬十月, 扶餘王帶素 遣使送赤烏 一頭二身 初 扶餘人 得此烏獻之王 或曰 [烏者黑也 今變而爲赤 又一頭二身 幷二國之徵也 王其兼高句麗乎] 帶素喜送之 兼示或者之 言 王與 臣議 答曰 [黑者北方之色 今變而爲南方之色 又赤烏瑞物也 君得而不有之 以送於我 兩國存亡 未可知 也] 帶素聞之 驚悔'

[48] 拙稿, 앞의 논문(주 17), 206~207쪽.

[49] '烏'는 까마귀 외에 검다는 뜻을 지님.

[50] 『高麗史』 卷2 世家 太祖 癸卯 二十六年條(訓要 第5條). '西京水德調順 爲我國地脈之根本 大業萬代之地'

〔水〕은 불〔火〕에 승勝한다는 오행상승설(오행상극설)과도 부합된다.[51] 한편 '오烏'가 까마귀와 같은 현조를 지칭한다고 볼 때, 박적오의 '적오赤烏'는 고구려 일상문에 반영된 동이족의 현조 숭배의 전통이 후고구려와 고려로 계승되고 있음을 의미한다.

또한 박적오를 칭호했던 찰산후라는 관직명은 후삼국시대에 주현州縣을 장악했던 호족들이 스스로 부르던 관호官號의 하나로 파악되며[52], 찰산은 고구려 때의 죽주의 지명인 관차산皆次山을 지칭하는 것으로 판단된다. 따라서 '찰산후'라는 관직명은 당시 신라 중앙 정부의 통제에서 벗어난 죽주 지역에 고구려 계승 의식이 잔존했음을 말해준다.[53] 아울러 박적오의 아들 박직윤의 '대모달'이라는 관직명이 고구려의 장군직명을 따른 것임을 감안할 때,[54] 박경산의 묘지명에서 신라 혁거세의 후예로 얘기되는 박적오와 그의 아들 박직윤은 고구려계 호족은 아니지만 이와 비슷한 성향을 지닌, 즉 고구려 국계國系 의식을 지닌 세력이었음을 알 수 있다.

2. 거란 침입~금(金)의 등장 이전

1) 양식 특징

거란의 1차 침입이 있었던 성종成宗 12년(993년)부터 여진족에 의해 금이 건국된 예종睿宗 10년(1115년) 이전까지 일상문을 살필 수 있는 것으로는 개성의 현화사비(1022년)와 원주의 지광국사현묘탑비(1085년)가 있다(그림 11, 그림 12). 현화사비와 지광국사현묘탑비는 비신碑身 앞 상단 우측에 형식 II〔원 안에 날개를 펼친 채 서 있는 현조(삼족오)〕의 일상문이 표현되었고(그림 2-1 참조, 그림 2-2 참조), 태양과 현조를 결합시켰다는 점에서

---

51 崔柄憲, 「高麗時代의 五行的 歷史觀」, 『歷史學報』13, 1976 겨울, 21쪽 참조.
    李在範, 앞의 책(주 28), 102~105쪽 참조.
    _____, 『슬픈 궁예』, 도서출판푸른역사, 2000. 8, 104~105쪽 참조.
52 이수건, 「후삼국시대 지배세력과 토성」, 『한국중세사회사연구』, 일조각, 1984, 155~156쪽의 주)56 참조.
53 金成煥, 앞의 논문(주 46), 508~509쪽.
54 이기백·이기동, 『한국사강좌』 I (고대편), 1982, 226쪽.

그림 11 현화사비, 고려 1022년, 높이 4m, 폭 1.3m, 개성 소재

그림 12 지광국사현묘탑비, 고려 1085년, 높이 5.54cm, 폭 1.43cm, 원주 소재

'해 속의 삼족오'로 표현되는 고구려의 일상문 전통을 따르고 있다. 지금까지 조사한 바에 의하면, 남북국시대와 고려 초에는 현조 없이 원으로 태양을 나타낸 형식 IV의 일상문만이 확인되기 때문에 고구려 멸망 후 300년 이상 단절되었던 태양과 현조가 결합된 일상문이 고려 11세기에 다시 등장하는 것은 주목할 만하다.

현화사비와 지광국사현묘탑비의 일상문은 고구려의 일상문처럼 태양을 상징하는 원 안에 삼족오를 나타냈다. 하지만 삼족오가 까마귀와 같은 맹금류를 연상시키는 고구려의 일상문과는 달리, 삼족오가 머리에 벼슬 달린 닭의 형상을 하고 있다. 이는 어둠을 물리치고 여명을 여는 개벽의 상징인 닭을 태양과 연계시켰기 때문으로 풀이된다.

삼족오의 자세와 동세를 보면, 삼족오가 후미의 꼬리 깃털 쪽으로 날개를 활짝 펼친 채 서 있고, 크게 원을 그리며 꼬리 깃털을 위로 높이 치켜 말아 올렸다. 그러

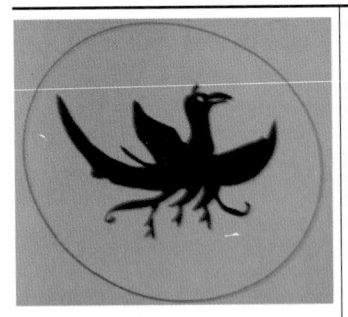  

1. 오회분 5호묘의 일상문, 고구려, 6세기 중후반
2. 현화사비의 일상문, 고려 1022년
3. 지광국사현묘탑비의 일상문, 고려, 1085년

그림 13 6세기 중후반의 고구려 고분 벽화와 고려 11세기 비신(碑身) 상부에 표현된 형식 Ⅱ의 일상문

나 고구려의 일상문 중 현화사비와 지광국사현묘탑비처럼 형식 Ⅱ에 해당하는 것은 삼족오가 날개를 반원형으로 펼친 채 서 있고, 꼬리 깃털이 완만하게 반원을 그리면서 위로 올려져 있다(그림 13). 이처럼 일상문의 형식이 같더라도 시대에 따라 세부 표현에 있어서는 차이를 보인다. 현화사비와 지광국사현묘탑비에 보이는 형식 Ⅱ의 일상문은 고구려의 경우 6세기 중엽에서 7세기 초 고분에 많이 나타난다.

귀부(龜趺 : 거북 모양의 비석 돌 받침), 비신碑身, 비수碑首 등으로 구성된 현화사비(1022년)와 지광국사현묘탑비(1085년)는 제작시기에 있어 60년이란 시간차가 있음에도 불구하고 전체적인 형태와 세부 표현이 많이 닮아 있다. 이처럼 두 비가 친연성을 보이는 것은 양자 모두 법상종法相宗과 밀접한 관련성을 가지며 제작되었기 때문이다.

유식唯識사상과 미륵신앙을 기반으로 하는 법상종은 우리나라에서는 신라 때 불교의 한 종파로 성립되었고, 신라 말 관음을 중시하면서 정토를 희구하는 태현계太賢系와 미륵과 지장을 모시며 계율을 중시하는 진표계眞表系로 나뉘었다. 태현계는 고려 초 그 법맥을 잇지 못하고 단절됐지만 진표계는 인주仁州 이씨李氏의 후원을 받으면서 현종顯宗 이후 크게 성행했다.[55]

목종穆宗의 뒤를 이어 왕위에 오른 현종은 부모의 원찰願刹로 현화사玄化寺를 창건

했고 법상종의 승려들을 현화사 주지로 임명했다. 현종이 부모의 원찰로 세운 현화사 주지로 법상종의 승려를 임명한 것은 현종이 헌애왕후獻哀王后의 핍박을 받아 어릴 때 출가했던 숭교사崇敎寺가 법상종 사찰이며, 이후 옮겨간 삼각산 신혈사神穴寺에서 법상종 승려들의 보호를 받아 시해의 음모를 여러 번 무사히 넘길 수 있었기 때문이다. 법상종은 현화사를 중심으로 왕실 및 문벌 세력과 연계를 가지며 영향력을 넓혀갔고 고려 중기를 대표하는 교단으로 성장하였다. 이러한 고려 중기의 법상종의 영향 하에서 제작된 것이 바로 현화사비와 지광국사현묘탑비이다.

현화사비는 현종이 부모의 자애에 보답하고 부모의 명복을 빌기 위해 현종 13년(1022년)에 건립되었다. 비문碑文에는 부모의 은혜를 생각하는 현종에 대한 찬미와 함께 현화사의 창건 내력이 적혀져 있다. 현화사비는 현화사 소실 후 그곳에서 옮겨졌고 지금은 개성박물관으로 이전되어 전해지고 있다.

지광국사현묘탑비는 지광국사현묘탑 앞에 세운 묘비로 지광국사(984~1070년)의 업적을 기리고 그의 영생을 기원하기 위해 선종宣宗 2년(1085년)에 지광국사가 입적한 원주 법천사法泉寺에 세워졌다. 지광국사는 현화사를 중심으로 법상종 교단을 크게 발전시킨 인물로 문종文宗의 신임을 얻어 현화사 주지와 왕사王師를 거쳐 국사國師의 자리에까지 올랐다. 한편 왕실의 외척으로 당시 큰 영향력을 행사했던 인주 이씨 이자연의 다섯째 아들 소현韶顯은 지광국사에게 출가하여 스님이 되었다. 소현은 지광국사의 뒤를 이어 현화사 주지가 되었고 이후 국사에 올랐으며, 지광국사현묘탑비 건립에도 중심적 역할을 했다.[56]

현화사비와 지광국사현묘탑비에서 눈여겨보아야 할 곳은 바로 비신의 상단부이다. 현화사비는 일월상, 봉황, 구름문을 비신 상단부에 나타냈고(그림 14), 지광국사

---

[55] 金杜珍, 앞의 논문(주 15), 29쪽.
[56] 박종수, 「법천사 지광국사현묘탑비 이야기」, 「법천사지지광국사현묘탑비」, 원주시립박물관, 2003. 2, 121쪽 참조.

그림 14 현화사비의 비신 앞 상단(상 : 월상문과 봉황, 하 : 일상문과 봉황)

현묘탑비는 비신 상단부에 일월상과 구름문 외에 중앙에는 성수聖樹[57]를, 일월상의 좌우에는 비천飛天을, 일월상과 성수의 아래 부분에는 수미산을 각각 나타냈다(그림 15). 이때 일월상과 구름문 등이 새겨진 비신 상단부는 도솔천을 의미하며, 이를 통해 망자인 현종의 부모와 지광국사가 미륵보살이 현재 머무르는 도솔천에 태어나

---

[57] 박종수는 지광국사현묘탑비의 비신 상단부 중앙에 표현된 성수(聖樹)를 용화수(龍華樹)로 보았다(박종수, 앞의 책, 32쪽). 하지만 용화수는 미륵이 하생하여 성불하고 3번의 설법으로 중생을 교화하는 장소이다. 따라서 미륵상생신앙과 관련된 도솔천에 미륵 하생에 등장하는 용화수를 표현했다고 보는 것은 제고의 여지가 있다. 그런 맥락에서 본다면 성수는 지상계와 천상계를 이어주는 신단수(神檀樹)와 같은 성격을 지닌 것으로 생각된다. 만약 도솔천의 성수가 용화수라면 이것은 미륵상생신앙 외에 미륵불이 이 세상에 도래하기를 희망하는 미륵하생신앙도 함께 나타낸 것으로 이해할 수 있다.

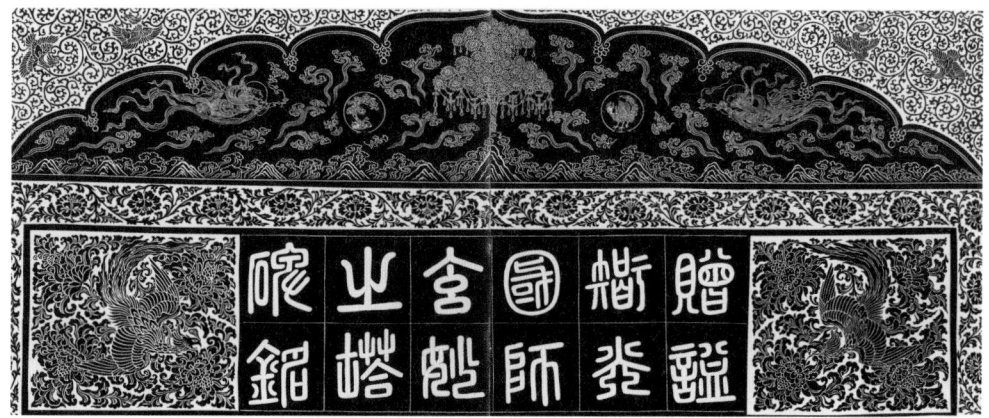

그림 15 지광국사현묘탑비의 비신 앞 상단(좌 : 월상문, 우 : 일상문, 중앙 : 성수(聖樹), 하단부 : 수미산)

그의 설법을 듣기를 희망하는 미륵상생신앙을 표현했다.

도솔천에 대한 표현은 일월상과 구름문 같은 비신 상단의 문양에서 뿐만 아니라 비문을 통해서도 살필 수 있다. 현화사비는 법상종의 종찰宗刹인 현화사를 창건한 후 그 모습을 "(현화사의) 전각이 융숭 장엄하여 완연히 도솔천 내원궁을 닮았다."[58]고 했고, 지광국사현묘탑비는 현화사를 보수 공사한 후 그 모습을 "새로 조영한 보찰寶刹이 마치 천궁을 옮겨 놓은 것과 같았다.[59]고 기록하고 있는데, 여기에 천궁은 바로 도솔천을 의미한다.

2) 천하관과 역사 계승 의식

11세기에 제작된 현화사비와 지광국사현묘탑비의 일상문은 태양과 현조가 결합되었고, 날개를 후미의 꼬리 깃털 쪽으로 활짝 펼친 채 서 있는 3족足의 현조는 머리에 벼슬 달린 닭의 형상을 하고 있다. 다음에서는 두 비에 나타난 일상문의 형태적

---

58 「靈鷲山大慈恩高麗玄化寺之碑銘」 '堂殿崇嚴 宛類乎兜率內院'
59 「智光國師玄妙之塔碑銘」 '神宮寶刹 移覩史祉天宮敬造金言'

특징을 당시 고려의 천하관 및 역사 계승 의식과 연계하여 고찰하고자 한다.

첫째, 현화사비와 지광국사현묘탑비의 일상문은 태양과 현조를 결합시켰다는 점에서 '해 속의 삼족오'로 표현되는 고구려 일상문의 계보를 따르고 있다. '남북국시대와 고려 초의 천하관과 역사 계승 의식'에서 살펴본 바와 같이, 고구려 일상문에 반영된 동이족의 현조 숭배의 전통은 후발해의 다른 이름인 오사성발해烏舍城渤海에 포함된 까마귀 '오烏', 궁예 관련 기사에 천명의 전달자로 등장하는 까마귀, 고구려 국계國系 의식을 지녔던 찰산후 박적오 이름 중의 '오烏' 등을 통해 확인할 수 있었다. 그러나 고구려 멸망 후 한동안 자취를 감추었던 태양과 현조를 결합시킨 일상문은 11세기에 이르러서야 비신의 문양으로 그 모습을 드러냈다. 이처럼 고구려의 일상문 전통이 오랜 공백을 깨고 다시 전승된 것은 거란 침입과 서희徐熙의 활약, 현종 이후의 정책 방향 등이 주효하게 작용한 것으로 본다.

고려와 대립 관계에 있던 거란은 3차에 걸쳐 고려를 공략했다. 거란의 1차 침입은 성종 12년(993년)에 일어났다. 이때 서희의 탁월한 외교 능력으로 거란군을 물리가게 하고 거란과의 합의하에 압록강까지 영토를 확장하는 데 성공했다. 그러나 이에 못지않게 중요한 것은 고려가 고구려를 계승한 나라임을 대외에 천명했고 그 점을 거란에게 인식시키고 확인받았다는 점이다. 이에 관한 내용은 고려의 서희와 거란의 장수 소손녕蕭遜寧과의 대화를 통해 엿볼 수 있다.

"그대 나라는 신라 땅에서 일어났고 고구려 땅은 우리의 소유인데 그대들이 침식하였으며, 또 우리와 땅을 연접하여 있으면서도 바다를 건너 송을 섬기고 있으므로 금일의 군사행동이 있게 되었다. 만약 땅을 베어 바치고 조빙을 닦으면 무사할 수 있을 것이다."[60]

---

60 「高麗史」卷94 列傳 徐熙傳. '汝國興新羅地 高句麗之地我所有也 而汝浸蝕之 又興我連壤 而越海事宋 故有今日之 師若割地以獻 而修朝聘可無事'

"그렇지 않다. 우리나라는 곧 고구려의 구지(舊地)이다. 그러므로 고려라 이름하고 평양을 도읍으로 한 것이다. 만약에 지계로 논한다면 상국의 동경도 모두 우리 경역 안에 있는 셈인데 어찌 침식했다고 할 수 있겠는가."[61]

위의 대화는 거란의 소손녕이 고려를 침입한 이유를 말하자 서희가 이에 답변하는 내용이다. 서희는 소손녕과의 담판에서 고려는 고구려의 옛 땅에서 흥기한 나라이고, 고려라는 국호는 고구려를 계승한다는 취지를 담고 있음을 분명히 했다. 아울러 지금은 거란의 영토인 동경도 옛날에는 고구려의 땅이었고, 고려는 그 옛날 만주를 차지했던 고구려의 후계자임을 밝히고 있다.

10세기 후반의 고려 사회는 경종景宗 때 김부의 딸이 왕의 제1비가 됨으로써 경주계가 부상했고, 성종 때 유교가 치국의 정치 이념으로 채택되면서 최승로로 대표되는 구舊 신라 귀족계가 유력한 정치 세력으로 등장함에 따라 고려 내에 신라적 요소가 강화되었다.[62] 또한 성종 때 유교를 숭상하는 화이론자들을 중심으로 중국화를 지향함에 따라 불교의 바탕 위에 민간 신앙을 수용한 팔관회와 같은 법회를 폐지하는[63] 등 국풍적 요소도 약화되었다. 아울러 고려 왕실에서 그간 사용했던 황제국의 용어를 제후국의 용어로 바꾸어 쓰는[64] 등 자주성도 후퇴되는 경향을 보였다. 이 같은 상황에서 거란의 1차 침입이 발발했다. 이때 서희의 활약으로 고려가 고구려를 계승한 나라임을 거란에게 인식시키고, 그 결과 고구려의 옛 땅인 압록강까지 영토를 확장하는 데 성공했다. 서희가 거둔 이러한 성과는 신라계의 입김이 커지고 있

---

61 『高麗史』 卷94 列傳 徐熙傳. '非也 我國卽高句麗之舊也 故號高麗都平壤 若論地界上國之東京皆在我境 何得謂之浸蝕乎'
62 박용운, 「고려시기 사람들의 고려의 고구려계승의식」, 『고려의 고구려계승에 대한 종합적 검토』, 일지사, 2006. 6, 74쪽.
63 『高麗史』 卷3 世家 成宗 丁亥六年. '冬十月命停兩京八關會'
64 鄭求福, 앞의 책(주 35), 51쪽.

던 당시 고려 사회에 고구려 계승 의식을 환기시키는 계기가 되었고, 현종 이후의 정책 방향에도 많은 영향을 미쳤다.

성종과 목종에 이어 왕위에 오른 현종(1009~1031년)은 성종 때 폐지되었던 팔관회와 연등회를 재개함으로써[65] 유교 일변도가 아닌 유교·불교·전통과의 균형과 조화를 추구했고, 이러한 문화 정책 방향은 이후 정착되어 한동안 지속되었다. 한편 현종 때 거란의 2, 3차 침입(1010년, 1018년)이 또 다시 있었지만, 현종은 거란이 요구한 입조入朝를 거부했고 양규와 강감찬의 활약으로 거란을 퇴각시켰다. 국가적 위기를 극복하고 자신감을 얻게 된 고려는 서희의 담판으로 확보된 압록강 유역을 지키기 위해 덕종德宗 2년(1033년)부터 정종靖宗 10년(1044년)까지 함주 부근인 동해의 도련포에서 압록강 입구에 이르는 북방 지역에 천리장성을 축조했다. 이로써 국초國初에 고려가 표방했던 고구려 계승 의식을 공고히 하고 북진정책을 실현할 수 있는 발판을 마련했다.

둘째, 현화사비와 지광국사현묘탑비의 일상문에 표현된 삼족오는 머리에 벼슬 달린 닭의 모습을 하고 있는데, 이에 대해서는 다음과 같은 두 가지 해석이 가능하다.

우선 삼족오가 닭의 모습을 갖춘 것은 고구려인의 닭 신앙을 나타낸 것으로 볼 수 있다. 고구려인의 닭 신앙은 광개토대왕의 남정南征 이래 고구려의 영향력 하에 있었던 신라가 이러한 상태에서 벗어나고자 경주에 주둔해 있던 고구려 군사를 몰살시키려 할 때 '수탉을 죽여라' 라는 말을 기습 공격의 암호로 썼다는 『일본서기日本書紀』 권 제14 웅략천왕雄略天王 8년 2월조를 통해 확인할 수 있다. 이처럼 신라가 고구려 군사를 수탉과 동일시 한 것은 수탉이 고구려인의 중요한 토템 대상이었음을 말해준다.

---

[65] 「高麗史」 卷4 世家 顯宗 庚戌 元年 '閏二月甲子復燃燈會' '庚寅復八關會'

"신라 왕이 고구려가 거짓으로 지켜주는 것을 알고 사자(使者)를 보내 나라 사람들에게 달려가 '사람들이여 가내(家內)에 기르는 수탉을 죽여라'라고 고하게 하였다. 사람들은 그 뜻을 알고 국내에 있는 고구려인을 모두 죽였다."[66]

거란 침입(993년) 때 서희가 거란과의 담판에서 고려가 고구려를 계승한 나라임을 대외에 천명했고 이를 계기로 현종 이후의 정책 방향에도 변화가 있었던 것을 주지할 때, 현종과 선종 때 건립된 현화사비와 지광국사현묘탑비에 표현된 닭의 형상을 닮은 일상문의 삼족오는 고구려의 닭 신앙을 반영한 것으로 이해할 수 있다.

한편 닭과 흡사한 모습의 삼족오는 신라 경주를 지칭하는 계림과 관련성을 갖는 것으로 생각할 수도 있다. 그 이유는 미추왕 이후 신라의 왕계를 이어갔던 경주 김씨의 시조인 김알지 관련 설화에 황금 궤에 들어있는 김알지의 탄생을 알리고자 시림始林의 나무 사이에서 울고 있는 흰 닭이 등장하고, 그런 연유로 시림을 계림이라 하고 국호를 계림으로 고치는 대목을 문헌에서 확인할 수 있기 때문이다. 또한 궁예 관련 기사에서 신라를 닭에 비유한 내용도 살필 수 있다. 관련 내용은 다음과 같다.

"9년 봄 3월 왕이 밤에 금성 서쪽에 있는 시림의 나무 사이에서 닭 우는 소리가 나는 것을 듣고 날이 샐 무렵에 호공을 보내어 살펴보게 하였는데 금빛 작은 궤가 나뭇가지에 걸려 있고, 흰 닭이 그 밑에서 울고 있었다. 호공이 돌아와서 아뢰니 왕이 사람을 시켜 궤를 가져오게 하였다. 열어보니 자그마한 사내 아이가 그 속에 있는데 자태와 용모가 기이하고 컸다. 왕은 기뻐하여 측근의 신하들에게 말했다. '이것은 어찌 하늘이 나에게 아들을 준 것이 아니냐.' 이에 거두어 길렀는데 자라면서 총명하고 지략이 많았으므로 이름을 알지라 하고 금궤에서 나왔으므로 성을 김씨라 했으며, 시림을 고쳐서 계림이라 하고 계림을 나라 이름으로 삼았다."[67]

---

66 『日本書紀』 卷14 雄略天王 8年 2月條. '新羅王乃知高麗僞守 遣使馳告國人曰 人殺家內所養鷄之雄者 國人知意 盡殺國內所有高麗人'

67 『三國史記』 卷一 新羅本紀 第一 脫解尼師今條. '九年春三月, 王夜聞金城西始林樹間有鷄鳴聲. 遲明遣瓠公視之, 有金色小   掛樹枝, 白鷄鳴於其下. 瓠公還告. 王使人取　開之, 有小男兒在其中, 姿容奇偉. 上喜謂左右曰:

"상제(上帝)가 아들을 진마(辰馬)에 내리시니 먼저 닭을 잡고 후에 오리를 잡으리라. (중략) 먼저 닭을 잡고 후에 오리를 잡는다는 것은 파진찬 시중(왕건)이 먼저 계림을 차지하고 후에 압록강 지역을 수복한다는 뜻이다."[68]

    닭을 연상시키는 일상문의 삼족오를 신라적 요소가 투영된 것으로 볼 수 있음은 거란 침입 이후에도 신라의 문화 전통은 여전히 고려 사회에서 그 영향력을 발휘했기 때문이다. 일례로 현종 때 신라의 설총과 최치원을 각각 홍유후弘儒侯와 문창후文昌侯로 추봉하고 문묘에서 제사를 지내게 했는데, 이는 신라의 유교 전통을 계승하겠다는 뜻을 분명히 한 것이다.

    이처럼 현화사비와 지광국사현묘탑비에 표현된 닭과 유사한 일상문의 삼족오는 고구려의 닭 신앙 또는 계림과 같은 신라적 요소를 반영한 것으로 유추할 수 있다. 그러나 당시의 상황들을 고려해볼 때, 한쪽으로 결론짓기는 쉽지 않으므로 이에 대한 판단은 유보하기로 한다.

    셋째, 일상문에 표현된 삼족오와 같은 현조를 천명의 전달자로 이해하고 현조의 동세를 시대상과 이에 따른 왕권 확립과 연계해 보면, 현화사비와 지광국사현묘탑비의 일상문처럼 날개를 펼친 채 서 있는 삼족오는 천명을 전달하기 위해 비상하려 하거나 천명의 전달자로서의 소임을 마친 후 안착하기 전의 모습을 나타낸 것으로 해석할 수 있다. 그렇다면 현화사비와 지광국사현묘탑비에 보이는 형식 Ⅱ(원 안에 날개를 펼친 채 서 있는 현조(삼족오))의 일상문은 비록 3차에 걸친 거란 침입으로 인해 국가적

[此豈非天遺我以令胤乎!] 乃收養之. 及長, 聰明多智略, 乃名閼智. 以其出於金 , 姓金氏. 改始林名鷄林, 因以爲國號'

68 『三國史記』卷五十 列傳 第十 弓裔條 '上帝降子於辰馬 先操鷄 後搏鴨 (中略) 先操鷄 後搏鴨者 波珍 侍中 先得鷄林 後收鴨綠之意也

어려움에 봉착했지만 거란을 물리친 후 내적으로는 왕권 강화를 꾀하고, 외적으로는 북방 민족에 대해 자주적인 입장을 확립하며 북진정책을 지향했던 11세기 고려의 시대상을 반영한 것으로 풀이된다.

3. 금의 등장~무신 난 이전

1) 양식 특징

금이 건국된 예종睿宗 10년(1115년)부터 무신 난이 발생한 의종毅宗 24년(1170년)까지 일상문이 표현된 것으로는 안동 서삼동 고분 천장에 그려진 천문도 중의 일상문이 있으며, 일상문의 유형은 원으로만 구성된 형식 Ⅳ에 속한다(그림 4-2 참조).

안동 서삼동 고분은 12세기 초로 편년되고 있다. 그 이유는 고분에서 출토된 동전 중 1105년 이후에 주조된 것이 없고, 고분의 현실 네 벽에 그려진 사신도 중 현무와 주작이 허재(許載 : 1062~1144년)의 석관에 그려진 사신도 중의 현무 및 주작과 유사한 점을 편년 설정에 반영했기 때문이다.[69] 하지만 고분에서 출토된 동전을 편년 설정의 기준으로 삼을 때는 서삼동 고분 천장에 그려진 천문도 중의 일상문은 이전 시기(거란의 1차 침입~금의 등장 이전(993~1115년))에 포함될 수도 있다. 한편 '일상문의 형식 분류'에서 언급했듯이, 무덤 천장의 천문도에 그려진 형식 Ⅳ의 일상문은 고려 전 시기에 걸쳐 나타나기 때문에 일상문의 시기별 특징으로 보기는 힘들다.

다만 지금까지 확인된 바로는 이전 시기는 현화사비와 지광국사현묘탑비를 통해 태양과 현조가 결합된 일상문을 살필 수 있었지만, 이 시기(금의 등장~무신 난 이전)에는 태양과 현조가 결합된 일상문은 보이지 않는다.

---

[69] 임세권, 『서삼동 벽화 고분』 안동대학박물관, 1981, 35쪽.

2) 천하관과 역사 계승 의식

금이 건국되고 무신 난이 발발하기 전까지 태양과 현조가 결합된 일상문을 확인할 수 없음을 고려의 대내외적인 상황을 통해 고찰해 보고자 한다.

먼저 대외 상황을 보면, 12세기 초는 여진에 의해 금이 건국되고(예종 10년, 1115년), 거란이 세운 요遼가 금에 의해 멸망하며, 금이 송 나라의 수도 변경(汴京: 개봉(開封))을 함락시킴으로써 송은 남쪽으로 쫓겨 가 남송을 세우게 되는 등 국제 정세의 변화가 컸던 시기였다. 금은 고려에 대해서도 군신의 관계를 요구해 왔다. 이에 대해 고려는 강경파와 온건파로 나뉘어 이견을 보였지만 당시 집권자였던 이자겸을 중심으로 한 온건파의 승리로 금의 요구를 수락했고, 이로써 고려의 자주성과 진취성은 상당 부분 훼손되었다(인종 4년, 1126년).

국내 정세를 보면, 예종과 인종은 외척 이자겸의 발호에 대응하기 위해 '경세치용經世致用의 학學'인 북송의 신유학을 수용하고 이를 통해 왕권 강화와 정치 개혁을 꾀하고자 했다. 예종은 국자감을 재정비했고, 최충의 9재 학당을 모방하여 국자감에 7재를 두어 유교 교육을 전문화함으로써 관학官學을 진흥시켰다. 또한 과거제를 통해 신진 관료를 등용했다.

예종대의 이러한 움직임은 인종대에도 이어졌다. 지방의 주요 주현에 향교를 증설하여 유교 교육을 지방에 확산시켰고, 유신儒臣들과 경사經史를 토론하는 경연經筵도 자주 시행했다. 이처럼 예종과 인종이 인재 양성과 인재 확보에 힘쓴 결과 김부식, 김인존, 윤언이, 정지상 등과 같은 유학자들이 배출되어 인종대의 유교 정치를 이끌어갔다.

인종은 왕권을 찬탈하려 했던 이자겸 일당을 타도한 후 개경에 뿌리를 둔 문신들의 지지 하에 유신령維新令을 발표했고, 유교적 합리주의를 통한 왕권 회복과 민생 안정을 꾀하기 위해 정치 개혁을 추진했다(인종 5년, 1127년). 이때 서경파(국풍파(國風派))의 문신 정지상과 승려 묘청은 수도를 서경(평양)으로 옮기고, 고려의 국왕이 송이나 금과 대등하게 황제를 칭하고 독자적 연호를 사용하며 고려에 대해 사대 관계를 요구한 금을 정벌해야 된다고 주장했다. 서경파의 이러한 주장은 서경파가 주도권을 장악하려는 의도도 있었지만, 개국 초의 북진 정책을 다시 강화하고자 하는 측면이 컸다. 개경파(유학파(儒學派))의 반대로 자신의 뜻을 이루기 어렵게 되자 묘청은 서경에 대위국(大爲國)이라는 나라를 세우며 난을 일으켰지만(인종 13년, 1135년) 개경파인 김부식의 진압으로 그 뜻은 수포로 돌아갔다. 묘청의 난이 발생한 것은 문벌 귀족 사회 내부의 분열, 지역 세력 간의 대립, 풍수지리설이 결부된 자주적 전통사상과 사대적 유교정치사상과의 충돌, 고구려 계승 의식에 대한 이견과 갈등 등이 복합적으로 작용했기 때문이다. 이처럼 묘청의 난이 실패한 것은 고려의 고구려 계승 의식에도 큰 타격을 주었다.

묘청의 난에 대한 반향으로 유교 사관(史觀)과 신라 계승 의식을 표면화 한 『삼국사기』가 인종 때 김부식의 주도 하에 편찬되었다(仁宗 23년, 1145년). 이후 문벌 귀족의 지배 체제의 모순과 정치적 분열은 더욱 깊어졌으며, 이러한 상황에서 문신 우대와 무신 차별에 대한 무신들의 불만이 높아짐으로써 무신의 난이 일어났고, 그 결과 무신 집권기를 맞이하게 되었다.

위의 내용을 정리해보면 12세기 초중반의 고려는 금의 사대 관계 요구를 수용하면서 자주 의식이 흐려졌고, 개경파(儒學派)와 서경파(國風派)의 대립에서 고려의 자주성 회복과 개국 초의 북진 정책을 강화하고자 했던 서경파가 몰락하고 김부식을 중심으로 한 개경파가 승리함으로써 국풍적 측면도 많이 약화되었으며, 북송의 신유학 수용과 함께 유교적 관료주의를 지향하면서 중원 유교의 영향력은 더욱 커졌다. 이러한 시대 배경 하에서 국풍적 요소가 강한 고구려의 일상문 전통을 반영하는 태양과 현조가 결합된 일상문이 출현하지 않은 것은 어쩌면 당연한 일일 지도 모른다. 이처럼 12세기 초중반의 고려는 거란의 3차 침입 하에서도 북방 민족에 대해 자주적인 입장을 확립하며 북진 정책을 지향했던 이전 시기(거란의 1차 침입~금의 등장 이전)와는 다른 양상을 보인다. 앞서 언급한 바와 같이 명을 천자국으로 섬겼던 조선시대 때 황제국을 표방했던 대한제국 시기를 제외하고는 해와 달을 그린 일기日旗와 월기月旗의 사용이 제한되었던 것을 고려하면, 금과 사대 관계를 맺었던 이 시기에 일상문을 잘 살필 수 없음은 크게 놀랄만한 일은 아니다. 이를 뒷받침하듯, 화이론자들이 정국을 주도해 갔던 성종 때에도 일상문은 거의 확인되고 있지 않다.

4. 무신 집권기
1) 양식 특징

무신 집권기에는 형식 Ⅲ의 일상문(원 안에 날아가는 현조)이 주로 나타나고, 그 외에 형식 Ⅱ(원 안에 날개를 펼친 채 서 있는 현조)와 형식 Ⅳ(원으로 구성된 일상문)의 일상문도 확인된다.

무신 집권기 때 많이 표현된 형식 Ⅲ의 일상문은 12세기 말 또는 12세기 말에서 13세기 초에 제작된 것으로 추정되는 고려청자 상감 운학문 매병과 고려청자 상감 운학모란절지문 베개 등에 나타난다. 한편 일상문에는 가는 목과 긴 부리를 특징으로 하는 물새인 학을 그렸다(그림 3의 1~3 참조). 이처럼 물새를 일상문에 표현한 것은 비슷한 시기에 제작된 형식 Ⅱ의 일상문이 시문된 고려청자 상감진사 동자포도문 표형주자에서도 살필 수 있어(그림 2-3 참조) 이 시기 일상문의 양식적 특징으로 이해된다(그림 16).

이처럼 일상문에 학을 그린 것은 『상학경相鶴經』에서 '학은 양조陽鳥',[70] 즉 태양새라 했고, 『한한漢韓대사전』 중에는 현조를 제비[연(燕)] 외에 학으로 풀이한 것이 있어[71] 학=양조(태양새)=현조의 관계가 성립하기 때문이다.[72] 하지만 현조인 학의 다

---

70 『相鶴經記』. '鶴陽鳥也 因金氣 依火精 火數七 金數九……蓋羽族之宗長 仙人之騏驥也'.
71 (株)敎學社, 『敎學 大漢韓辭典』, 1998. '玄'部의 玄鳥 참조.
72 拙稿, 앞의 논문(주 17), 236~238쪽 참조.

그림 16 긴 부리와 가는 목 등 물새의 특징적 모습을 반영하는 무신 집권기의 일상문(좌 : 고려청자 상감진사 동자포도문 표형주자, 우 : 고려청자 상감 운학문 매병)

리는 3족이 아닌 2족으로 묘사되었고, 현조는 서 있는 정지된 모습이 아닌 날아가는 모습으로 표현되었다.

 간송미술관 소장의 고려청자 상감 운학문 매병은 일상문 외에 서운瑞雲과 함께 하강하는 많은 학들을 묘사했는데(그림 3-1 참조), 옛 문자에서 큰 새인 봉鳳이 날면 많은 새들이 떼를 지어 봉을 따른다 하여 '鳥(새 조)' 앞에 '朋(무리 붕)'을 써서 '봉'과 '붕鵬'을 같은 뜻으로 사용했던 것을 주지할 때, 이는 큰 새인 붕을 따라 떼를 지어 나는 새들을 표현한 것으로 이해된다. 관련 내용은 다음의 『장자莊子』 내편內篇 제1 소요유逍遙遊에서 볼 수 있다.

"북녘 검푸른 바다에 물고기가 있으니 그 이름을 곤(鯤)이라 한다. 곤의 크기는 몇 천 리가 되는지 알 수 없다. 어느 날 이 물고기가 변신을 해서 새가 되니 그 이름을 붕(鵬)이라 한다. 이 붕새의 등 넓이 또한 몇 천 리가 되는지 알 수 없다."[73]

형식 II의 일상문은 12세기 말에서 13세기 초에 제작된 것으로 추정되는 고려청자 상감진사 동자포도문 표형주자의 상부에서 볼 수 있다. 형식 II의 일상문은 11세기에 제작된 현화사비와 지광국사현묘탑비에도 나타나 있다. 양자 모두 일상문의 삼족오는 큰 원을 그리며 꼬리 깃털을 위로 높이 치켜 말아 올렸다. 하지만 11세기 비신碑身에 표현된 일상문은 삼족오의 날개가 후미의 꼬리 깃털 쪽으로 활짝 펼쳐져 있고 삼족오의 모습이 닭을 닮은 데 반해(그림 2의 1과 2 참조), 무신 집권기에 제작된 고려청자 상감진사 동자포도문 표형주자의 일상문은 삼족오의 날개가 반원을 그리며 좌우로 펼쳐져 있고, 삼족오의 가는 목과 긴 부리는 물새를 연상시킨다(그림 2의 3 참조).

이를 통해 고려청자 상감진사 동자포도문 표형주자의 일상문은 삼족오의 동세와 꼬리 깃털의 표현 방법은 11세기의 일상문 양식을, 물새를 닮은 삼족오의 모습은 12세기 말에서 13세기 초의 일상문 양식을 각각 수용하고 있음을 알 수 있다. 아울러 이전 시기(11세기)와 동同 시기(12세기 말에서 13세기 초)의 일상문 양식이 함께 반영된 고려청자 상감진사 동자포도문 표형주자는 동 시기에 제작된 형식 III의 일상문이 시문된 고려 상감청자보다 조금 이른 시기에 제작된 것으로 판단된다.

형식 IV의 일상문은 신종神宗의 능인 양릉(陽陵, 1204년) 천장에 그려진 천문도 중의 일상문을 통해 확인할 수 있다. 천구를 상징하는 큰 원판의 중앙 우측(동쪽)에 다른

---

[73] 「莊子」內篇 第1 逍遙遊. '北冥有魚 其名爲鯤 鯤之大 不知其幾千里也 化而爲鳥 其名爲鵬 鵬之背 不知其幾千里也'

별보다 크게 원을 그리고 내부를 붉게 칠해 일상문을 나타냈다. 형식 IV의 일상문은 고려 전全 시기에 걸쳐 나타나기 때문에 이 역시 12세기 초의 안동 서삼동 고분과 마찬가지로 일상문의 시기별 특징으로 보기는 어렵다.

2) 천하관과 역사 계승 의식

무신 집권기의 일상문은 대부분 태양과 현조를 결합시킨 고구려의 일상문 계보를 따르고 있으며, 그 사례는 12세기 말에서 13세기 초의 것으로 추정되는 고려상감청자들을 통해 확인할 수 있다. 12세기 말에서 13세기 초는 최충헌(1150~1219년) 집권기에 해당한다. 이 시기는 일상문의 현조가 긴 부리와 가는 목 등 물새의 특징적 모습을 보이고, 현조의 동세도 서 있는 정지된 모습이 아닌 날아가는 모습으로 표현된 것이 많다. 또한 고려 상감청자의 몸체에 다수의 일상문이 그려진 경우도 있다. 태양과 현조가 결합된 일상문이 나타나고 일상문의 현조를 물새와 날아가는 모습으로 표현한 것은 당시의 시대상과 밀접한 관련성을 지닌 것으로 판단된다(그림 3 참조).

최충헌 집권기 이전의 시대 상황을 간략히 살펴보면, 이의민과 연계된 신라 부흥의 성격이 강한 김사미와 효심의 난이 일어났고, 이러한 움직임에 대한 우려와 반향으로 최충헌 집권기 때 신진 사인士人으로 등장하는 이규보가 고구려 계승 의식을 표방한「동명왕편東明王篇」을 편찬했다(명종 23년, 1193년).「동명왕편」은 고구려의 동명성왕을 민족의 공동 시조로 인식했고, 동명왕의 영웅적 행위를 다룸으로써 고려인으로 하여금 고려가 위대한 고구려의 전통을 계승한 나라임을 재확인시켰으며 이를 통해 고려 왕조의 신성함과 역사성, 민족의식 등을 고취시켰다.

한편 최충헌은 이의민이 의종毅宗을 시해하고 신라 부흥과 함께 스스로 왕이 되고자 했다는 것을 빌미로 하여 이의민을 제거한 후 정권을 획득했고, 최충헌이 이의민을 제거한 것은 고려의 고구려 계승 의식과 고려 왕조의 정통성 회복이라는 점에서 무인들의 지지를 받았다(명종 26년, 1196년). 왜냐하면 이의민과 같이 왕을 시해한다는 것은 현 체제, 즉 고려 왕조에 대한 전면적인 부인과 도전으로 인정되었으며, 당시 정계에 진출한 무인들은 고려 왕조의 존속 하에서 변화와 개혁을 원했기 때문이다. 이에 최충헌은 집권의 정당성을 고려 왕조의 수호를 두었고, 이의민 제거를 고려의 종묘와 사직을 지키고 왕권을 보호하기 위해 취해진 조치로 치부하면서 자신의 쿠데타를 합리화하기 위한 명분으로 삼았다. 따라서 최충헌은 스스로 왕이 되려 하지 않았고 실권자로 만족했다.

위에서 고찰한 당시의 시대 상황과 태양과 현조가 결합된 일상문의 출현 및 일상문의 현조가 물새를 닮은 것을 연계해 보면 다음과 같은 해석이 가능하다. 먼저 고구려의 일상문 계보를 잇는 태양과 현조를 결합시킨 일상문이 12세기 말에서 13세기 초에 표현된 것은 이규보의 「동명왕편」이 편찬되어 고려의 고구려 계승 의식을 환기시키는 계기가 마련되었기 때문으로 볼 수 있다. 또한 일상문의 현조가 물새를 닮은 것은 최충헌이 집권의 정당성을 고려 왕조의 수호에 두었으므로 고려가 수덕 水德을 왕조 개창의 원리로 채용했음을 물새(수조(水鳥))를 통해 표현한 것으로 이해된다. 고려를 수덕으로 이해하고 있음은 한국적 풍수지리학의 토대를 마련했던 도선 道詵이 왕건의 아버지인 세조(世祖 : 용건)에게 송악에 새로 지을 집터를 잡아주면서 '수명水命에 상응하는 수數에 따라 집을 지으면 성자를 낳게 된다'고 말했던 것을 통해 확인할 수 있다. 이와 같은 도선의 말은 왕건이 수덕에 의해 태어났음을 의미한다.[74]

> "이 땅의 지맥은 북방 백두산 수모목간(水母木幹)으로부터 내려와서 마두(馬頭) 명당에 떨어졌으며, 당신은 또한 수명이니 마땅히 수(水)의 대수(大數)를 좇아서 육육삼십육(6×6=36) 구(區)

---

[74] 李在範, 앞의 책(주 28), 102~105쪽 참조.

의 집을 지으면 천기의 대수에 부합하여 명년에 반드시 슬기로운 아들을 낳은 것이니 그에게 왕건이라는 이름을 지을 것이다.⁷⁵"

또한 최충헌 집권기 때 많이 보이는 형식 Ⅲ의 일상문(원 안에 날개를 펴고 날아가는 현조)에서 일상日象 안에 날아가는 현조는 천인감응설天人感應說을 나타낸 것으로 이해된다. 천인감응설의 주된 내용은 하늘과 인간은 서로 교감과 영향을 받기 때문에 군주가 잘못된 정치를 행했을 때 하늘이 재이災異를 내려 경고하며 그래도 깨닫지 못한다면 유덕하고 인자한 자에게 권력을 승계한다는 것이다.⁷⁶ 원 안에 날아가는 모습의 현조가 표현된 형식 Ⅲ의 일상문은 정치적 혼란기였던 후한 때 많이 보이는데, 이러한 유형의 일상문이 최충헌 집권기 때 나타나는 것은 무신 난 이후 왕의 권한이 땅에 떨어졌고 최충헌과 같은 집권 무인이 실권을 장악했던 당시의 혼란한 정치 상황을 반영한 것이다.

이 시기의 형식 Ⅲ의 일상문은 현조인 학의 다리가 3족足이 아닌 2족으로 묘사되었다. 2족은 자연계의 일반적인 조류의 두 다리를 나타낸 것으로 볼 수도 있지만 음양이 우주 만물의 본체를 이룬다는 음양설을 반영한 것으로 풀이된다. 그런데 후한 때 많이 보이는 형식 Ⅲ의 일상문은 대부분 현조의 다리가 생략되었고, 전한 시기의 일상문은 2족의 현조를 형식 Ⅲ이 아닌 형식 Ⅰ에서 살필 수 있다.

간송미술관 소장의 청자상감 운학문 매병은 몸체에 다수의 일상문이 시문되어 있다. 이에 대한 해석은 인종(1122~1146)이 즉위했을 때 이자겸이 왕에 대해 신하의 예를 갖추려 하지 않자 김부식이 "하늘에는 해가 둘이 없고 천하에는 제왕이 둘이

---

75 「高麗史」卷1 高麗王室世系. '此地脈自壬方 白頭山手母木幹 來落馬頭名堂 君又水命 宣從水之大數作宇六六爲三十六區 則符應天地之大數 明年必生聖子宣名王建'
76 李熙德,「董仲舒의 災異說과 高麗時代의 政治」,「高麗時代 天文思想과 五行說 硏究」, 一潮閣, 2000. 5, 165~176쪽 참조.

있을 수 없다"[77]고 언급한 것을 통해 유추할 수 있다., 즉 최충헌 집권기 때 그에 의해 명종, 신종, 희종, 강종, 고종 등 여러 왕이 세워졌던 것을 상징적으로 표현한 것으로 풀이된다.

5. 원(元) 간섭기

1) 양식 특징

원 간섭기에는 14세기에 제작된 일본 지은원智恩院 소장의 관경16관변상도觀經十六觀變相圖, 일본 인송사隣松寺 소장의 관경16관변상도, 일본 지적원智積院 소장의 약사3존12신장도藥師三尊十二神將圖, 일본 개인 소장의 약사3존12신장도 등의 고려 불화에서 일상문을 확인할 수 있으며, 日象文의 유형은 모두 형식 II(원 안에 날개를 펼친 채 서 있는 현조)에 해당한다(그림 2의 4-7 참조).

형식 II의 일상문 중 관경16관변상도에 대해 알아보면, 관경16관변상도는 『관무량수경觀無量壽經』에 설법된 아미타 극락 세계를 관상하는 16가지 방법을 도해적圖解的으로 나타낸 것으로 화면을 상하 4단으로 나누어 위에서 아래를 향하여 순차적으로 관상觀相을 완성시켜가는 구성으로 되어 있다. 제3단의 아미타 3존을 중심으로 하는 일종의 아미타 정토도로서의 양상을 띠며, 일상문은 화면 중앙 상부의 제1 관상인 일몰관日沒觀에 그려져 있다(그림 17).[78]

약사3존12신장도는 화면 가운데에 인간의 무병장수를 관장하는 약사여래가 자리하고 그 좌우의 협시로 일광日光과 월광月光보살이 위치한다. 일광과 월광보살의 보관寶冠 안에는 각각 일상문과 월상문이 그려져 있다. 일본 지적원 소장의 약사3존12신장도는 약사3존의 아래에 8구의 보살이, 다시 그 밑에 12신장이 늘어서 있다.

---

77 『高麗史』 卷98 列傳 第11 金富軾條. '天無二日土無二王'
78 菊竹淳一·鄭于澤 外, 『高麗時代의 佛畵』 해설편, 시공사, 1977. 3, 79~80쪽.

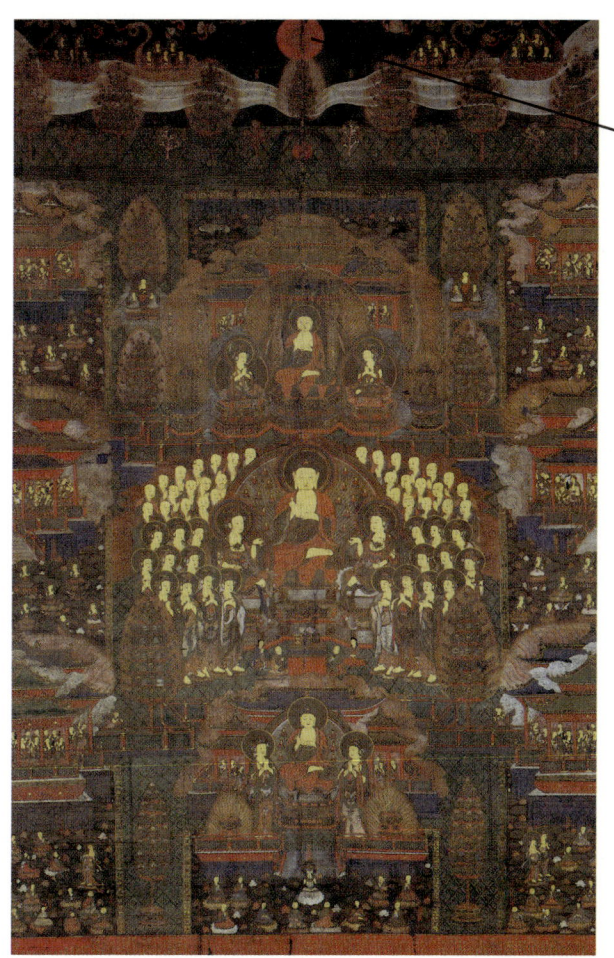

그림 17 관경16관변상도 중앙 상부의 일몰관에 그려진 일상문, 고려 1323년, 일본 지은원 소장

그러나 일본 개인 소장의 약사3존12신장도는 일광과 월광보살의 위아래에는 각각 2구씩 4구의 신장이 배치되었고, 본존의 아래에는 합장하는 4구의 보살이 보이며, 또 그 아래에는 여덟 구의 신장이 정연하게 늘어서 있다. 그리고 본존의 주위에는 10구의 승형僧形 인물이 배치되었다(그림 18).

관경16관변상도·약사3존12신장도와 같은 14세기 고려 불화에 표현된 일상문의 삼족오는 날카로운 눈매와 긴 부리를 지니고 있다. 날카로운 눈매는 까마귀와 같은 맹금류를 표현한 고구려 일상문의 삼족오를(그림 13의 1 참조), 긴 부리는 무신 집권

그림 18 약사3존12신장도 중 일광보살(우측)의 보관 위에 그려진 일상문, 고려 14세기 초중반, 일본 개인 소장

기 때 제작된 고려상감청자에 시문된 일상문의 현조를 물새로 표현한 것을 연상시 킨다(그림 16 참조).

　　삼족오의 동세와 자세를 보면, 일본 인송사 소장의 관경16관변상도를 제외한 3점의 고려 불화는 11세기 현화사비와 지광국사현묘탑비에 보이는 일상문의 삼족오처럼 후미의 꼬리 깃털 쪽으로 날개가 펼쳐져 있다(그림 2의 1, 2 및 그림 2의 4, 6, 7 참조). 그러나 일본 인송사 소장의 관경16관변상도에 그려진 일상문의 삼족오는 날개가 좌우 수평으로 펼쳐져 있고, 후면의 전각殿閣을 배경으로 하여 삼족오가 전면에 위치해 있다(그림 2의 5 참조). 이처럼 태양을 상징하는 원 안에 삼족오 외에 다른 것을 함께 배치한 것은 매우 이례적인 일이다. 지금까지 확인된 고구려와 고려 시대의 일상문 중 일본 인송사 소장의 관경16관변상도에 그려진 일상문을 제외하고는 그 예를 찾기 힘들다.

이 밖에 원으로 구성된 형식 IV의 일상문은 공민왕의 능인 현릉(玄陵, 1372년) 천장에 그려진 천문도 중의 일상문을 통해 확인할 수 있다. 천장석에 해, 달, 별 등이 그려졌는데, 해를 나타낸 일상문은 북두칠성의 하단 우측에 붉은 색의 큰 원반 형태로 묘사되었다(그림 4-4 참조). 무덤 천장의 천문도에 표현된 형식 IV의 일상문은 고려 전(全) 시기에 걸쳐 나타나므로 원 간섭기의 시기별 특징으로 볼 수는 없다.

2) 천하관과 역사 계승 의식

원 간섭기에는 관경16관변상도·약사3존12신장도와 같은 14세기의 고려 불화를 통해 형식 II의 일상문(원 안에 날개를 펼친 채 서 있는 현조)을 살필 수 있었다. 이 시기 일상문의 특징은 태양과 현조가 결합되었고, 일상문의 삼족오는 맹금류와 물새의 특징적 모습이 함께 반영되었으며, 삼족오의 동세는 날개를 펼친 채 서 있는 모습으로 표현되었다. 일상문에 나타난 이러한 특징들을 원 간섭기라는 시대상과 연계하여 고찰하면 다음과 같은 해석이 가능하다.

첫째, 14세기 고려 불화에 그려진 일상문은 태양과 현조가 결합되었다는 점에서 '해 속의 삼족오'로 표현되는 고구려의 일상문 전통을 수용하고 있다. 앞서 살펴본 두 시기(거란의 1차 침입~금의 등장 이전, 무신 집권기)에 태양과 현조가 결합된 일상문이 출현한 것은 고려의 고구려 계승 의식 및 고려의 자주 의식과 밀접한 관련성을 지녔다.

하지만 원 간섭기에 태양과 현조가 결합된 일상문이 등장하는 것은 고구려 계승 의식보다 확대된 단군조선 계승 의식을 반영한다. 단군조선과 고구려가 역사적 계승 관계를 갖고 있음은 일연—然이 쓴 『삼국유사』(충렬왕 7년, 1281년) 왕력편王曆篇에서 고구려의 제1대 동명성왕을 '단군의 아들이다'라고 기술한 것을 통해 확인할 수 있다.[79] 여기서 동명성왕을 단군의 아들이라 한 것은 고구려가 단군조선을 계승한 나라임을 의미한다. 그 후 편찬된 이승휴李承休의 『제왕운기帝王韻紀』(충렬왕 13년, 1287년)는 고조선→삼한→삼국→통일신라·발해→고려 등으로 우리의 역사가 계승된 것으로 인식했다.

두 책은 몽고군의 침입으로 국가의 위신과 자주권이 크게 위축되고 문화적 위기의식이 고조되는 상황에서 단군을 우리 민족의 공동 시조로 인식했고 우리 역사의 시발을 단군조선으로 설정했다. 또한 그간 전승되어온 단군신화를 한국사의 체계 속에 편입시킴으로써 삼국 이전으로 우리의 역사 의식을 확대시켰다. 『삼국유사』와 『제왕운기』가 13세기 말에 편찬된 것은 원 간섭에 대한 반발에서 비롯된 민족의식의 소산이며, 아울러 위축된 민족적 정통성과 자존심을 회복하고자 하는 측면이 컸다.

둘째, 14세기 고려 불화에 표현된 일상문의 삼족오는 날카로운 눈매와 긴 부리를 지니고 있다. 날카로운 눈매는 까마귀와 같은 맹금류를 표현한 고구려 일상문의 삼족오처럼 동이족의 현조 숭배의 전통을 반영한 것이다. 이처럼 동이족의 현조 숭배의 전통을 반영하는 일상문이 원 간섭기 때 표현된 것은 문화적 위기 의식을 극복하고 민족적 정통성을 회복하고자 했던 시대적 요청이 투영된 결과로 인식된다. 한편 삼족오의 긴 부리는 무신 집권기 때 일상문의 현조를 물새로 표현했던 것이 원 간섭기까지 이어졌던 것으로 본다.

셋째, 일상문의 현조를 천명의 전달자로 볼 때, 안착했지만 날개를 접지 못하고 날개를 펼친 채 서 있는 현조의 모습은 원 간섭기라는 시대적·정치적 어려움 속에서도 굴하지 않고 민족의 정통성과 문화적 자주성을 찾으려 노력했고, 충렬왕(1274

---

79 『三國遺事』 卷1 第1 王曆篇 高句麗 條.

~1308년)·충선왕(1298년, 1308~1313년)·충숙왕(1313~1330년, 1332~1339년)·공민왕(1351~1374년) 때 추진되었던 일련의 개혁 운동이 비록 성공을 거두지는 못했지만 구시대의 폐단을 없애고 민생을 안정시키고자 했던 당시의 시대상을 반영한 것으로 이해된다.

지금까지 고려시대에 전개된 일상문의 형식을 분류하고, 이를 다섯 시기(1. 남북국시대~고려 初(거란의 1차 침입 이전), 2. 거란의 1차 침입-금의 등장 이전, 3. 금의 등장-무신 난 이전, 4. 무신 집권기, 5. 원 간섭기)로 나누어 일상문의 시기별 양식 특징과 천하관(자주 의식) 및 고려의 역사 계승 의식에 대해 살펴보았다.

일상문의 형식은 우리나라에 일상문이 처음 선보인 고구려 고분 벽화의 일상문을 근간으로 하여 ⅰ) 형식 Ⅰ(원 안에 날개를 접은 채 서 있는 현조(삼족오)), ⅱ) 형식 Ⅱ(원 안에 날개를 펼친 채 서 있는 현조(삼족오)), ⅲ) 형식 Ⅲ(원 안에 날개를 펴고 날아가는 현조), ⅳ) 형식 Ⅳ(원으로 구성된 일상문)로 분류했다. 한편 일상문의 시기별 양식 특징은 대내외 상황과 이에 따른 고려의 역사 계승 의식 및 천하관의 추이 등을 고려하여 앞서 제시한 다섯 시기로 나누어 고찰했다.

그 결과 ⅰ) 남북국시대~고려 초(거란의 1차 침입 이전)에는 원으로 구성된 형식 Ⅳ의 일상문이 통일신라의 납석제 남녀 합장상과 고려 초의 태조 왕건상에서 확인되었다. 왕건상의 일상문은 '해 속의 삼족오'와 같은 고구려의 일상문 전통과는 거리가 먼 당唐의 문화 영향을 받은 통일신라의 일상문을 수용했다. 이는 고려가 고구려 계승 의식을 표방했다고 하나 고려 초에는 문화 전반에 걸쳐 신라를 계승한 측면이 강했기 때문이다. 하지만 명을 섬겼던 조선시대 때 황제국을 표방했던 대한제국 시기를 제외하고는 일기日旗와 월기月旗의 사용이 제한되었던 것을 고려하면, 왕실 제례의 상징물로 제작 사용된 왕건상이 해와 달을 장식된 통천관을 착용하고 있음은 고려의 왕을 천자로, 고려를 천자국으로 인식하고자 했음을 보여준다. 왕건상의 일상문에 나타나는 이러한 양면적 특성은 개국 초인 10세기에 동아시아의 선진 문화였던 당풍唐風과 이에 영향을 받은 신라 문화를 적극 수용하면서도 천자국의 면모를 갖추며 고려의 자주성을 견지하고자 했음을 말해준다. 한편 도상으로 표현된 것은 아니지만, 고구려 일상문에 반영된 동이족의 현조 숭배의 전통은 후발해의 다른 이름인 '오사성발해烏舍城渤海'에 포함된 까마귀 '오烏', 궁예 관련 기사에 천명의 전달자로 등장하는 까마귀, 고구려 국계國界 의식을 지녔던 찰산후 박적오 이름 중의 '오(烏)' 등을 통해 확인할 수 있었다.

ii) 거란의 1차 침입부터 금이 등장하기 이전까지는 법상종의 영향 하에서 제작된 11세기의 현화사비와 지광국사현묘탑비를 통해 일상문을 살필 수 있었으며, 일상문의 유형은 형식 II(원 안에 날개를 펼친 채 서 있는 현조)에 해당했다. 태양과 현조를 결합시켰다는 점에서 고구려 일상문의 계보를 잇고 있었으며, 일상문의 현조는 닭의 모습을 닮았다. 고구려 멸망 후 한동안 자취를 감추었던 태양과 현조가 결합된 일상문이 11세기에 이르러 그 모습을 드러낸 것은 거란의 1차 침입 때 고려가 고구려를 계승한 나라임을 대외에 천명했고, 그 점을 거란에게 인식시켜 고구려의 옛 땅인 압록강까지 영토를 확장하는데 성공한 서희의 활약에 힘입은 바가 컸다.

일상문에 닭을 연상시키는 현조가 표현된 것은 고구려인의 닭 신앙 또는 경주를 지칭하는 계림鷄林과 관련성이 있는 것으로 보았다. 고구려인의 닭 신앙을 반영한다고 본 것은 고려의 고구려 계승 의식이 재확인되는 시대 상황을 고려한 것이며, 경주를 지칭하는 계림과 연계성이 있다고 본 것은 궁예 관련 기사에 신라를 닭에 비유한 내용을 살필 수 있었고 거란 침입 이후에도 신라의 문화 전통은 여전히 고려 사회에서 그 영향력을 발휘했기 때문이었다. 한편 일상문의 현조를 천명의 전달자로 이해하고 현조의 동세를 시대상과 이에 따른 왕권 확립과 연계해 보면, 날개를 펼친 채 서 있는 일상日象 안의 현조는 비록 3차에 걸친 거란 침입으로 인해 국가적 어려움에 봉착했지만 거란을 물리친 후 내적으로는 왕권 강화를 꾀했고 외적으로는 북방 민족에 대해 자주적 입장을 확립하며 북진정책을 지향했던 11세기 고려의 시대상을 나타내는 것으로 이해되었다.

iii) 금이 등장하고 무신 난이 일어나기 전까지 태양과 현조가 결합된 고구려의 일상문 전통을 계승한 일상문은 확인되지 않았다. 그 이유는 이자겸 집권 시 금과 사대 관계를 맺음으로써 고려의 자주 의식이 흐려졌고, 개경파(유학파(儒學派))와 서경파(국풍파(國風派))의 대립에서 고려의 자주성 회복과 개국 초의 북진 정책을 강화하고자 했던 서경파가 몰락하고 김부식을 중심으로 한 개경파가 승리함으로써 국풍적 측면이 많이 약화되었으며, 북송의 신유학 수용과 함께 유교적 관료주의를 지향하면서 중원 유교의 영향력이 더욱 커졌기 때문이다. 이를 반증하듯, 화이론자들이 정국을 주도해 갔던 성종 때에도 일상문의 작례는 찾아보기 힘들다.

iv) 무신 집권기에는 태양을 상징하는 원 안에 날아가는 현조가 묘사되는 형식 Ⅲ의 일상문이 주류를 이루었고, 일상문의 현조는 긴 부리와 가는 목 등 물새의 특징적 모습을 하고 있었으며, 현조의 동세는 정지된 모습이 아닌 날아가는 모습으로 표현되었다. 일상문의 현조가 물새의 특징적 모습을 보이는 것은 최충헌이 이의민을 제거한 명분이 고려 왕조의 수호에 있었기 때문에 수덕水德에 해당하는 고려를 물새(수조(水鳥))로써 나타낸 것으로 보았다. 또한 일상문의 날아가는 현조는 현조를 천명의 전달자로 볼 때 천명이 다른 곳으로 옮겨간다는 천인감응설天人感應說을 상징적으로 표현한 것으로 이해했다., 즉 무신 난 이후 왕의 권한이 땅에 떨어졌고 집권 무인이 실권을 장악하면서 여러 왕을 세웠던 당시의 혼란한 정치 상황을 반영한 것으로 풀이했다.

ⅴ) 원 간섭기에는 형식 Ⅱ(원 안에 날개를 펼친 채 서 있는 현조(삼족오))의 일상문을 14세기 고려불화 몇 점에서 확인할 수 있었다. 태양과 현조가 결합된 고구려의 일상문 계보를 잇는 일상문의 출현은 고려의 고구려 계승 의식보다 확대된 고려의 단군조선 계승 의식을 반영한 것으로 보았다. 왜냐하면 일연의 『삼국유사』와 이승휴의 『제왕

운기』는 몽고군의 침입으로 국가의 자주권이 크게 위축되고 문화적 위기의식이 고조되는 상황에서 단군을 우리 민족의 공동 시조로 인식했고 우리 역사의 시발을 단군조선으로 설정했기 때문이다. 한편 안착했지만 날개를 접지 못하고 날개를 펼친 채 서 있는 일상문의 현조는 원 간섭기라는 시대적·정치적 어려움 속에서도 굴하지 않고 민족의 정통성과 문화적 자주성을 찾으려 노력했고, 충렬왕·충선왕·충숙왕·공민왕 때 추진되었던 일련의 개혁 운동이 비록 성공을 거두지는 못했지만 구시대의 폐단을 없애고 민생을 안정시키고자 했던 당시의 시대상을 나타낸 것으로 이해했다.

이처럼 고려 시대의 일상문 연구를 통해 태양과 현조가 결합된 고구려의 일상문 전통을 반영하는 일상문의 등장은 고려의 고구려 계승 의식 및 고려의 자주성(천하관)과 밀접한 관련성을 지니고 있음을 살필 수 있었다. 한편 원으로 구성된 형식 IV의 일상문은 친신라적 경향을 띠거나 자주 의식이 약화되었을 때 주로 나타났다. 특히 태양과 현조가 결합된 일상문은 거란 침입, 몽고 항쟁, 원 간섭기와 같은 국가적 어려움에 봉착했을 때 많이 표현되었다.

참고문헌

1. 사료(史料)

『三國史記』

『三國遺事』

『高麗史』

『日本書紀』

『莊子』

『妙法蓮華經』

『60華嚴經』

『80華嚴經』

『彌勒大成佛經』

『長阿含經』

『雜阿含經』

『鷄林錄』

『東人之文四六』

『相鶴經記』

「灌燭寺史蹟碑」

「靈鷲山大慈恩高麗玄化寺之碑銘」

「智光國師玄妙之塔碑銘」

2. 단행본

菊竹淳一・鄭于澤 外,『高麗時代의 佛畵』해설편, 시공사, 1977. 3.

임세권,『서삼동 벽화 고분』, 안동대학박물관, 1981.

이기백・이기동,『한국사강좌』Ⅰ(고대편), 1982.

정예경,『반가사유상 연구』, 혜안, 1998. 12.

鄭求福,『韓國中世史學史(Ⅰ)』, 집문당, 1999. 11.

김용선 편,『역주 고려묘지명집성(上)』, 한림대학교 출판부, 2001. 12.
李在範,『後三國時代 弓裔政權 硏究』, 도서출판 혜안, 2007. 4.
_____,『슬픈 궁예』, 도서출판푸른역사, 2000.8.

3. 논문

崔善柱,『고려 전기 석조대불연구』, 홍익대 석사학위 논문, 1992.

河炫綱,「高麗時代 歷史繼承意識」,『梨花史學硏究』8, 梨花史學會, 1976.

崔柄憲,「高麗時代의 五行的 歷史觀」,『歷史學報』13, 韓國歷史學會, 1976 겨울.

金三龍,「百濟 彌勒信仰의 特性과 그 歷史的 展開」,『韓國彌勒信仰의 硏究』, 同和出版公社, 1983.

이수건,「후삼국시대 지배세력과 토성」,『한국중세사회사연구』, 일조각, 1984.

文明大,「미술사 大檢討」,『月刊美術』12, 1989.

金杜珍,「弓裔의 彌勒世界」,『韓國史 市民講座』제10집, 一潮閣, 1992. 2.

梁銀容,「高麗太祖 親製 '開泰寺華嚴法會疏'의 硏究」,『迦山 李智冠스님 華甲紀念論叢 韓國佛敎』

韓圭哲,「渤海復興國 '後渤海' 硏究」,『韓國史硏究論選 9-考古・古代史 IX』, 백두문화, 1997. 4. 思想史』上, 1992.

정청주,「신라말・고려초 호족의 형성과 변화」-패강진의 평산박씨 가문의 실례 검토,『신라말 고려초 호족연구』, 1996.

김리나,「두 국보 반가사유상의 조형미」,『한국사 시민강좌』23집, (주)일조각, 1998. 8.

李熙德,「董仲舒의 災異說과 高麗時代의 政治」,『高麗時代 天文思想과 五行說 硏究』, 一潮閣, 2000. 5.

金永材,「毘盧遮那, 盧舍那, 阿彌陀와 太陽神話의 原型的 交感」,『韓國佛敎學』第29輯, 韓國佛敎學會, 2001. 6.

丁晟權,「安城 梅山里 石佛 立像 硏究」-高麗 光宗代 造成說을 제기하며,『文化史學』第17號, 韓國文化史學會, 2002. 6.

박종수,「법천사 지광국사현묘탑비 이야기」,『법천사지지광국사현묘탑비』, 원주시립박물관,

2003. 2.

盧明鎬,「高麗太祖 王建 銅像의 流轉과 문화적 배경」,『한국사론』 50, 2004.

_____,「고려 태조 왕건 동상의 황제관복과 조형상징」,『북녘의 문화유산』, 국립중앙박물관, 2006.

남동신,「나말려초 국왕과 불교의 관계」,『역사와 현실』 56호, 2005. 6.

金成煥,「竹州의 豪族과 奉業寺」,『文化史學』第11·12·13號, 韓國文化史學會, 2006.

박용운,「고려시기 사람들의 고려의 고구려계승의식」,『고려의 고구려계승에 대한 종합적 검토』, 일지사, 2006. 6.

박종기,「고려 왕조의 문화적 특성」,『다시 보는 역사 편지 고려묘지명』, 국립중앙박물관, 2006.

손환일,「삼족오(三足烏) 문양의 시대별 변천」,『三足烏』, 학연문화사, 2007. 3.

許興植,「삼족오(三足烏)의 동북아시아 기원과 사상의 계승」,『三足烏』, 학연문화사, 2007. 3.

김주미,「日象文의 도상학적 고찰과 문화권에 따른 특징」,『단군학연구』, 단군학회, 2008. 5.

_____,「三足烏·朱雀·鳳凰 圖像의 성립과 친연성 고찰」,『역사민속학』제31호, 한국역사민속학회, 2009. 11.

_____,「조선시대의 日象文 연구」,『朝鮮時代史學報』51輯, 朝鮮時代史學會, 2009. 12.

"Study of the Mahaavairocana", The Enlightenment of Vairocana(Motilal Banarsidass Publishers Private Limited : Delhe, 1992)

도판 및 표 목록

1. 도판

그림 1. 고려시대의 형식 I 의 일상문〔대각국사 의천의 일월도자수 가사에 수 놓아진 일상문, 고려 1087년(?)〕

그림 2. 고려시대의 형식 II의 일상문

그림 3. 고려시대의 형식 III의 일상문

그림 4. 고려시대의 형식 IV의 일상문

그림 5. 통일신라 때 납석으로 만든 남녀 합장상의 남녀 머리 위에 원으로 표현된 일월상(좌 : 상부 뚜껑부 상단, 우 : 전면), 남북국시대 8~9세기

그림 6. 두꺼비와 토끼로 월상을 나타낸 통일신라의 섬토문(蟾兎文) 수막새, 남북국시대

그림 7. 착의형 나신상의 태조 왕건상(좌 : 전신상, 우 : 통천관 내관 상단에 장식된 둥근 해와 초승달을 결합시킨 원형 판), 고려 951년경

그림 8. 국보78호 미륵반가사유상 보관에 장식된 일월상(좌 : 전신상, 우 : 보관 위에 초승달과 반원의 떠오르는 해를 결합시킨 3개의 장식), 삼국시대 6세기

그림 9. 내관 중앙 상부에만 일월상을 장식한 사산조의 왕관들

그림 10. 삼족오의 다리 셋이 3두(頭)3족(足)의 주작으로 변이된 조선시대의 주작기

그림 11. 현화사비, 고려 1022년, 높이 4m, 폭 1.3m, 개성 소재

그림 12. 지광국사현묘탑비, 고려 1085년, 높이 5.54m, 폭 1.43m, 원주소재

그림 13. 6세기 중후반의 고구려 고분 벽화와 고려 11세기 비신(碑身) 상부에 표현된 형식 II의 일상문

그림 14. 현화사비의 비신 앞 상단(좌 : 월상문과 봉황, 우 : 일상문과 봉황)

그림 15. 지광국사현묘탑비의 비신 앞 상단〔좌 : 월상문, 우 : 일상문, 중앙 : 성수(聖樹), 하단부 : 수미산〕

그림 16. 긴 부리와 가는 목 등 물새의 특징적 모습을 반영하는 무신 집권기의 일상문(좌 :고려청자 상감진사 동자포도문 표형주자, 우 : 고려청자 상감 운학문 매병)

그림 17. 관경 16관변상도 중앙상부의 일몰관에 그려진 일상문, 고려 1323년, 일본 지은원 소장

그림 18. 약사3존12신장도 중 일광보살(우측)의 보관 위에 그려진 일상문, 고려 14세기 초중반

일본 개인 소장

2. 표

표 1. 고려시대 일상문의 형식 분류와 해당 작례(作例)

6-3장

조선시대의 일상문 연구

　한국의 일상문 중 조선시대에 전개된 것을 살펴보고 이를 통해 당시의 시대상과 천하관天下觀을 조망하고자 한다. 일상문을 천하관과 연계하여 고찰하고자 함은 일상문이 왕권의 상징물로 사용되었고, 일상문을 살필 수 있는 대상들이 왕권 형성과 확립에 중요한 역할을 했던 왕, 왕족, 사대부들과의 밀접한 관련 하에 제작된 것들이므로 이를 통해 당시의 시대상과 천하관을 살필 수 있다고 판단했기 때문이다.

　조선시대의 일상문을 고찰하기 위해 먼저 일상문의 형식(유형)을 분류한 후 시기별〔양란(兩亂) 이전, 양란 이후〕양식 특징을 살펴보고 이를 천하관의 추이라는 관점에서 접근해 보고자 한다. 일상문의 형식은 우리나라에 일상문이 처음 선보인 고구려 고분벽화의 일상문을 근간으로 하여 ⅰ) 형식 Ⅰ〔원 안에 날개를 접은 채 서 있는 현조(玄鳥)〕, ⅱ) 형식 Ⅱ〔원 안에 날개를 펼친 채 서 있는 현조〕, ⅲ) 형식 Ⅲ(원 안에 날개를 펴고 날아가는 현조), ⅳ) 형식 Ⅳ(원으로 구성된 일상문) 등으로 분류했다. 이와 같은 네 가지 유형의 일상문이 도출된 것은 일상문의 중요한 구성 요소로서 상징적 의미를 갖는 원과 원 안에 표현된 현조의 유무 및 동세動勢 등을 형식 분류의 기준으로 삼았고 삼국시대 이후 국내에서 전개되는 일상문과의 연계성을 고려한 것이다. 또한 일상문의 시기별 양식 변천은 정치·경제·사회 전반에 걸쳐 많은 변화가 일어나는 양란(임진왜란, 병자호란)을 중심으로 그 이전과 이후로 나누어 살펴보고자 한다.

조선시대 일상문의 연구 대상은 일월오악도日月五嶽圖와 대한제국의 일기日旗, 왕실과 밀착된 사찰의 건물 내부에 표현된 일상문, 사대부 묘비 관석冠石에 조각된 일상문, 불교회화 및 일월도자수日月圖刺繡 가사袈裟에 보이는 일상문 등이다. 이 중 사대부 묘비 관석에 조각된 일상문은 서울(구로구 오류동, 노원구 월계동, 도봉구 방학동)과 경기도 지역(성남, 고양, 남양주, 양주, 용인, 파주, 강화, 화성, 동두천, 의정부, 안성, 김포, 포천 등)에 소재한 것을,[1] 불교회화는 조선시대에 제작된 약사삼존도藥師三尊圖 및 약사불회도藥師佛會圖, 칠성도七星圖, 사불회도四佛會圖·오불회도五佛會圖·육불회도六佛會圖, 신중도神衆圖 등에 나타난 일상문을 그 대상으로 하였다.[2]

I. 조선시대 일상문의 형식 분류

조선시대 일상문의 형식을 양란 이전과 이후로 나누어 정리하면 〈표 1〉, 〈표 2〉와 같다.

형식 I(원 안에 날개를 접은 채 서 있는 현조)은 조선 전기에는 일본 십륜사十輪寺 오불회도 및 일본 서래사西來寺 육불회도에 나타나고, 조선 후기에는 대둔사大芚寺 소장 불화(칠성도, 大梵王圖) 및 일월도자수 가사를 통해 살필 수 있다(그림 1). 그런데 이들 모두 일상문의 형식과 일상문에 표현된 현조의 모습(참새를 연상케 하는 다리 셋 달린 새)이 고려 대각국사 의천義天의 가사로 알려져 있는 일월도자수 가사(그림 2)에 수놓아진 일상문을 그대로 수용하고 있다.

---

[1] 한국토지공사 토지박물관에서 경기도 일대의 역사와 문화 유적을 다룬 학술조사총서 시리즈물과 경기도박물관에서 2008년과 2009년에 펴낸 『경기 묘제 석조 미술』 등에 게재된 묘비를 참고했고, 그 외 현지 답사한 경기도 지역의 묘비 중 일상문이 조각된 것을 연구 대상에 포함했다.
[2] 성보문화재연구원에서 펴낸 『한국의 불화』 시리즈 50권에 소개된 불화, 2006년 동국대박물관이 발간한 『동국대학교 國寶展』 도록에 실린 불화, 박은경·정은우가 2008년 펴낸 『西日本지역 한국의 불상과 불화』 중 일상문을 살필 수 있는 것을 조사 정리하였다.

표 1 조선 전기(양란 이전) 일상문의 형식 분류

형식 분류	해당 작례(作例)
형식 Ⅰ : 원 안에 날개를 접은 채 서 있는 현조	**불화(佛畵)** - 일본 십륜사 오불회도(1467년) - 일본 서래사 육불회도(1488~1507년)
형식 Ⅱ : 원 안에 날개를 펼친 채 서 있는 현조	**불화** - 성종의 누이동생인 명숙 공주와 부마인 홍상이 발원 제작한 약사삼존십이신장도(1477년)
형식 Ⅲ : 원 안에 날개를 펴고 날아가는 현조	**묘비 관석(冠石) 앞면** - 이국주 묘표(1557년) - 이곤 묘표(1559년) - 박운 묘표(16세기 중후반) - 변안렬 묘표(1571년) **불화** - 일본 지광사 천수관음보살도(1532년) - 일본 원통사 약사불회도(1561년) - 중종의 다섯째 아들인 덕양군의 장남 이종린이 발원 제작한 상원사 사불회도(1562년) - 일본 보수원 약사삼존도(1565년) - 문정왕후가 발원 제작한 회암사 약사삼존도(1565년)
형식 Ⅳ : 원으로 구성된 일상문	**묘비 관석 앞면** - 류순정 부인 안동 권씨 묘표(1567년) 외 23점 **불화** - 일본 지장사 약사불회도(1551년) - 일본 개인 소장 약사불회도(16세기)

　형식 Ⅱ(원 안에 날개를 펼친 채 서 있는 현조)는 성종 때 발원 제작된 약사삼존십이신장도 藥師三尊十二神將圖에서만 볼 수 있다(그림 3). 그런데 성종 때 제작된 약사삼존십이신장도 중의 일상문은 14세기 고려불교에 그려진 일상문과 같이 형식 Ⅱ에 해당하고, 일상문에 표현된 현조의 모습도 이와 흡사하다(그림 4).

　형식 Ⅲ(원 안에 날개를 펴고 날아가는 현조)은 조선 전기의 경우, 중종대와 중종 사후死後인 명종대 및 선조대의 묘비 관석과 불교회화에 나타나고, 조선 후기에는 직지사直指寺 약사여래도와 대한제국의 일기를 통해 살필 수 있다(그림 5).

　형식 Ⅳ(원으로 구성된 일상문)는 조선 전후기 모두 가장 많이 볼 수 있는 일상문이다.

표 2 조선 후기(양란 이후) 일상문의 형식 분류

형식 분류	해당 작례(作例)
형식 Ⅰ : 원 안에 날개를 접은 채 서 있는 현조	**불화(佛畵)** - 대둔사 대광명전 칠성도(1845년) - 대둔사 대양문 대범왕도(1847년) - 대둔사 칠성도(1854년) - 국립중앙박물관 소장의 칠성도(19세기) - 조선 후기에 제작된 다수의 일월도자수 가사
형식 Ⅱ : 원 안에 날개를 펼친 채 서 있는 현조	
형식 Ⅲ : 원 안에 날개를 펴고 날아가는 현조	**불화** - 직지사 약사여래 후불도(1744년) **의장기(儀仗旗)** - 대한제국의 일기(日旗)(19세기 말)
형식 Ⅳ : 원으로 구성된 일상문	**묘비 관석(冠石) 앞면** - 광해군 묘표(17세기 중반경) 외 20점 **불화** - 기림사 대적광전 삼세불 중 약사삼존도(1718년) 외 11점 - 해인사(1770년) 및 대원사 신중도(1794년) - 칠장사 칠성도(1628년) 외 66점 **기타** - 19세기 초~20세기 초에 제작된 일월오악도 - 고운사 연수전(延壽殿) 채감 천장과 벽면(1744년) - 송광사 성수전(聖壽殿) 감실(龕室)과 내진칸(內陣間)(1903년)

조선 전기에는 약사불회도 2점과 다수의 묘비 관석에 형식 Ⅳ가 나타나지만, 조선 후기에는 그 외에 일월오악도, 불교회화(약사삼존도, 신중도, 칠성도), 사찰의 벽면과 감실龕 室 등에서 살필 수 있다(그림 6).

1. 일본 십륜사 오불회도 중 일광(日光)보살의 보관(寶冠) 안의 일상문(1467년)

2. 일본 서래사 육불회도 중 일광보살의 보관 안의 일상문(1488~1505년)

3. 대둔사 대양문 대범왕도 중의 일상문(1847년)

4. 대둔사 대광명전 칠성도 중의 일상문(1845년)

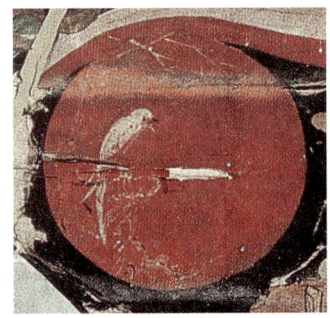

5. 대둔사 칠성도 중의 일상문(1854년)

6. 국립중앙박물관 소장 칠성도 중 일광보살의 보관 안의 일상문(19세기)

7. 일월도자수 가사 중의 일상문(조선 후기)

8. 일월도자수 가사 중의 일상문(조선 후기)

그림 1 조선시대 형식 Ⅰ의 일상문

그림 2 고려 대각국사 의천의 일월도자수 가사에 수놓아진 형식 Ⅰ의 일상문 [고려 1087년(?)]

그림 3 성종 때 발원 제작된 약사삼존십이신장도 중 일광보살의 보관 위에 그려진 형식 Ⅱ의 일상문 (조선 1477년)

그림 4 관경16관변상도((觀經16觀變相圖)) 중앙 상부 일몰관(日沒觀)에 그려진 형식 Ⅱ의 일상문, 일본 지은원 소장(고려 1323년)

1. 이국주 묘비 관석 앞면의 일상문(1557년)

2. 이곤 묘비 관석 앞면의 일상문(1559년)

 3. 박운 묘비 관석 앞면의 일상문 (16세기 중후반)	 4. 변안렬 묘비 관석 앞면의 일상문(1571년)	 5. 일본 지광사 천수관음보살도 중의 일상문(1532년)
 6. 일본 원통사 약사불회도 중 일광보살의 보관 위에 그려진 일상문(1561년)	 7. 상원사 사불회도 중 일광보살의 보관 위에 그려진 일상문(1562년)	 8. 일본 보수원 약사삼존도 중 일광보살의 보관 위에 그려진 일상문(1565년)
 9. 회암사 약사삼존도 중 일광보살의 보관 위에 그려진 일상문(1565년)	 10. 직지사 약사여래도 중 일광보살의 보관 안에 그려진 일상문(1744년)	 11. 대한제국의 일기(日旗)에 표현된 일상문(1897~1905년)

그림 5 조선시대 형식 Ⅲ의 일상문

1. 일본 지장사 약사불회도 중 일광보살의 보관 위에 붉은 원으로 그려진 일상문(1551년)

2. 일본 개인 소장 약사불회도 중 일광보살의 보관 위에 붉은 원으로 그려진 일상문(16세기)

3. 류순정 부인 안동 권씨 묘비 관석 앞면의 구름문에 의해 하부가 가려진 일상문(1567년)

4. 광해군 묘비 관석 앞면의 일상문(17세기 중반)

5. 기림사 대적광전 삼세불(三世佛) 중 약사삼존도 좌협시 일광보살의 보관 위에 그려진 붉은 원의 일상문(1718년)

6. 일월오악도 중 우측에 붉은 원으로 표현된 일상문(19세기 초~20세기 초)

7. 고운사 연수전(延壽殿) 채감 천장(위) 과 벽면의 일월도(아래)(1744년)

8. 송광사 성수전(聖壽殿) 감실(위) 및 내 진칸의 일월도(아래)(1903년)

그림 6 조선시대 형식 Ⅳ의 일상문

Ⅱ. 양란 이전과 이후의 일상문의 양식 특징과 천하관의 추이

1. 조선 전기 : 양란 이전

1) 양식 특징

조선 전기 일상문의 양식 특징을 각 형식별로 나누어 고찰하면 다음과 같다.

형식 Ⅰ(원 안에 날개를 접은 채 서 있는 현조)의 일상문은 일본 십륜사十輪寺 오불회도五佛會圖와 일본 서래사西來寺 육불회도六佛會圖 중 약사여래의 좌 협시로 등장하는 일광日光보살의 보관寶冠 안에 그려졌다(그림 1의 1, 2 참조). 이때 일상문에 표현된 현조의 다리는 셋이며 그 생김새는 참새를 닮았다.

세조 13년(1467년)에 제작된 일본 십륜사 오불회도는 다섯 분의 부처와 권속들을 그린 것으로 화면 중앙에는 노사나불을 그 위와 아래에는 비로자나와 석가를 위치시켰고, 노사나불의 우측과 좌측에는 약사와 아미타를 각각 배치했다. 성종 19년(1488년)에서 연산군 11년(1505년)에 제작된 것으로 추정되는 일본 서래사 육불회도는 상하 2단으로 구성되어 있는데, 상단에는 석가(중앙)・약사(우측)・아미타(좌측)의 세 여래와 권속들을, 하단에는 미륵(중앙)·치성광불(우측)·지장(좌측)의 세 여래와 권속들을 배치시켰다. 이 육불회도는 석가·약사·아미타·미륵과 같은 사방불四方佛과 천지를 뜻하는 치성광·지장을 함께 그림으로써 사방 천지 개념을 나타낸 불회도이다.[3] 십륜사와 서래사 불화 모두 화격이 높은 작품들이고, 십륜사 오불회도는 불보살의 육신부肉身部와 법의法衣 문양에 금분을 사용하고 있어 왕실의 후원 하에 제작된 것으로 판단된다.

형식 II(원 안에 날개를 펼친 채 서 있는 현조)의 일상문은 성종의 누이동생인 명숙明淑 공주와 부마인 홍상洪常이 성종 8년(1477년)에 발원 제작한 약사삼존십이신장도 중 약사여래의 좌 협시로 등장하는 일광보살의 보관에서 살필 수 있다. 형식II의 일상문은 14세기 고려 불화에 많이 보이고, 일상문의 현조 모습도 서로 유사하여 고려 말의 일상문 양식을 계승한 것으로 이해된다(그림 3 참조, 그림 4 참조). 14세기 고려 불화는 일상문이 관경16관변상도觀經16觀變相圖와 약사삼존십이신장도에 나타나지만, 조선 전기에는 약사삼존십이신장도에서 일상문을 볼 수 있다.

고려 말에 제작된 관경16관변상도는 『관무량수경觀無量壽經』에 설법된 아미타여래의 극락정토를 관상觀想하기 위한 16가지의 변상법變想法에 대해 그 내용을 도해圖解한 것으로,[4] 16관 중 화면 최상부에 일몰관日沒觀이 위치하고 거기에 일상문이 그려진다. 이 경우 관상하고자 하는 아미타 극락 세계는 하늘 세계를 의미하므로 천상天象을 대표하는 일상(태양)을 관경16관변상도에 표현하고 있다.

한편 약사여래의 좌우 협시로 일월상日月象을 동반하는 일광보살과 월광보살이 등장하는 배경은 『약사유리광여래본원공덕경藥師琉璃光如來本願功德經』을 통해 살필 수 있다. 『약사유리광여래본원공덕경』에 의하면, 2명의 아이를 양육하고 있던 범사梵

---

[3] 박은경·정은우, 『西日本 지역 한국의 불상과 불화』, 도서출판 민족문화, 2008. 7, 332쪽, 424쪽 참조.
[4] 菊竹淳一·鄭于澤 外, 『高麗時代의 佛畵』 해설판, 시공사, 1997. 3, 79쪽.

士가 중병의 중생을 구한다는 서원을 하고 부처에게 의왕醫王의 호號를 부여받았는데, 그 범사가 바로 약사여래이고 그가 양육했던 두 아이는 일조日照와 월조月照인데 후에 일광과 월광보살이 되었다고 설說하고 있다. 하지만 중생의 무병장수를 관장하는 현실 구복의 성격이 강한 약사여래의 좌우 협시로 천상의 대표적 물상物象인 일월상을 동반하는 일광과 월광보살을 위치시킨 것은 선뜻 이해하기 어렵다.

형식 III(원 안에 날개를 펴고 날아가는 현조)의 일상문은 16세기 중후반에 집중적으로 나타나며, 불교회화 5점〔일본 지광사(持光寺) 천수관음보살도(千手觀音菩薩圖), 일본 원통사(圓通寺) 약사불회도, 상원사(上院寺) 사불회도(四佛會圖), 일본 보수원(寶壽院) 약사삼존도, 회암사(檜巖寺) 약사삼존도〕에 표현된 일광보살의 보관과 이국주(李國柱, 1487~1525년)·이곤(李坤, 1462~1524년)·박운(朴雲, ?~1540년)·변안렬(邊安烈, 1334~1390년)과 같은 사대부 묘비에서 확인할 수 있다(그림 5의 1-9 참조).

불교회화 중 형식 III은 중종 27년(1532년)에 제작된 일본 지광사 천수관음보살도에서 먼저 살필 수 있다. 천수관음보살도는 천수관음보살이 암반 위 연화좌에 결가부좌하여 선재동재를 맞이하는 장면을 묘사한 것으로 커다란 둥근 광배가 천수관음을 둘러싸고 있고 광배 안의 중앙 상부에는 부처를, 그 좌우에는 각각 5개의 물상物像을 원 모양으로 배치시켰다. 일상문은 우측의 5개 물상 중 위에서 두 번째에 위치하며 그 안에는 3족足의 현조를 그렸다.

한편 형식 III은 명종 16년(1561년)에 제작된 일본 원통사 약사불회도와 명종 20년(1565년)에 제작된 일본 보수원 약사삼존도 및 회암사 약사삼존도 등에서 볼 수 있는데, 이들 모두 문정왕후文定王后의 발원에 의해 제작되었다(그림 5의 6, 8, 9 참조). 일본 원통사 약사불회도와 일본 보수원 약사삼존도는 보통의 경우와 마찬가지로 일광보살이 약사여래의 좌 협시로 위치한다. 하지만 회암사 약사삼존도는 일광보살이 약사여래의 우 협시로 등장한다. 일본 보수원 및 회암사 약사삼존도는 회암사 중수 경축 때 함께 제작된 불교회화들로 일광보살의 위치는 서로 다르지만 일상문의 현조는 모두 다리가 둘로 표현되었다. 이에 반해 일본 원통사 약사불회도는 일상문의 현조 다리가 셋으로 그려졌다.

형식 Ⅲ은 명종 17년(1562년)에 중종의 다섯 번째 아들인 덕양군德陽君의 장남 이종린李宗麟이 발원 제작한 상원사 사불회도에도 보인다(그림 5의 7 참조). 상원사 사불회도는 석가모니·미륵·약사·아미타 등 설법하는 네 부처를 도해한 것으로, 상단 우측에 위치한 약사여래의 좌 협시인 일광보살의 보관 안에 일상문을 나타냈고 그 안에 다리 셋 달린 현조를 그렸다. 위에서 언급한 5점의 불화는 일상문의 현조를 간략하게 묘사하고 있어 현조의 특징적 모습은 파악하기 힘들다.

사대부 묘비 관석冠石 앞면에 조각된 형식 Ⅲ을 보면, 명종 12년(1557년)·명종 14년(1559년)·16세기 중후반에 건립된 이국주·이곤·박운의 경우는 일상문의 현조 모습이 기러기와 흡사하고, 선조 4년(1571년)에 건립된 변안렬의 경우는 부리부리한 눈매와 굽어진 부리 등이 까마귀·매와 같은 맹금류를 연상시킨다. 한편 이곤과 박운의 경우는 현조의 다리 셋이 분명하게 나타나지만, 이국주와 변안렬은 현조의 다리 표현이 생략되었다.

한편 일상문이 조각된 뒷면에는 월상문月象文을 배치시켰는데 박운과 변안렬은 방아 찧는 토끼로, 이국주는 구름 속에 하단부가 1/3쯤 가려진 초승달로, 이곤은 불

이국주 묘비 뒷면 상부의 초승달 (1557년)

이곤 묘비 뒷면 상부의 불로초 (1559년)

변안렬 묘비 뒷면 상부의 방아 찧는 토끼(1571년)

그림 7 조선 전기 사대부 묘비 관석(冠石) 뒷면에 초승달, 불로초, 방아 찧는 토끼 등으로 표현된 월상문(月象文) : 묘비 관석 앞면에는 형식 Ⅲ(원 안에 날아가는 현조)의 일상문 표현

로초로 월상月象을 나타냈다(그림 7). 조선시대에는 방아 찧는 토끼, 만월滿月 또는 초승달로 월상을 묘사한 경우가 많은데 불로초로 월상을 나타낸 것은 이곤의 묘비가 유일하다.[5] 이처럼 불로초로 월상을 표현한 것은 일상과 월상이 함께 등장할 때 음陰의 속성을 지닌 월상은 서왕모西王母가 관장하는 서방(사후死後) 세계와 같이 서쪽에 위치하고, 서왕모 도상에서 토끼는 불사약不死藥을 절구에 찧는 기능적 측면이 강조되기 때문에 불로초로서 불사약과 월상을 함께 나타낸 것으로 이해된다.

조선 전기 일상문 중 다수를 차지하는 형식 IV(원으로 구성된 일상문)는 불교회화 중 약사불회도에 묘사된 일광보살의 보관과 16세기에 제작된 서울 외곽 및 경기도 일대의 사대부 묘비 관석에서 다수 살필 수 있다(그림 6의 1, 2, 3 참조).

불교회화에 그려진 형식 IV는 명종 6년(1551년)과 16세기에 제작된 일본 지장사地藏寺 및 일본 개인 소장의 약사불회에서 볼 수 있다. 일본 지장사 약사불회도는 화면 중앙에 결가부좌한 약사여래주변에 일광보살·월광보살, 나한상, 십이지신상, 범천·제석천, 보살상, 용왕, 천녀, 신중상이 에워싼 군집 구도를 이루고 있다. 여기서 일광보살은 약사여래 하단의 좌 협시로 위치하고 일상문은 일광보살의 보관 안에 붉은 원으로 그려졌다. 16세기 작품으로 추정되는 일본 개인 소장의 약사불회도 역시 일본 지장사 약사불회도와 마찬가지로 일상문은 일광보살의 보관 안에 붉은 원으로 그려졌다.

전술한 바와 같이 형식 IV는 16세기에 건립된 서울 외곽 및 경기도 일대의 사대부 묘비에 많이 나타난다. 16세기에 사대부 묘비가 대거 건립된 것은 성종 때 이르러 사림士林이 중앙 정계에 등장하면서 주자朱子 성리학의 이념을 실현하려는 노력이 적극적으로 이루어졌고, 명종과 선조 때 활동하던 이황과 이이가 주자 성리학을

---

[5] 이곤의 묘비 관석 뒷면에 조각된 불로초를 계수나무로 보는 이도 있다. 왜냐하면 달(月)하면 연상되는 것이 토끼와 계수나무이고, 월상문에 토끼와 계수나무를 함께 등장시킨 경우도 다수 있기 때문이다. 그러나 이곤의 경우는 도상으로 볼 때 계수나무가 아닌 영지버섯과 같은 불로초로 판단된다.

| 임유겸 묘비 앞면 상부에 둥근 원으로 표현된 일상문 (16세기 초) | 김대효 부인 광주 이씨 묘비 앞면 상부에 반원으로 표현된 일상문(16세기 후반) |

그림 8 조선 전기 사대부 묘비 관석 앞면에 둥근 원 또는 반원으로 표현된 형식 Ⅳ의 일상문

학문적으로 체계화 심화시키며 조선 성리학을 완성하기에 이르자 지식층 전반에 걸쳐 묘비의 건립을 주자가 제시한 가례家禮에 의한 예禮의 한 실행으로 인식했기 때문이다. 또한 사대부 묘가 서울 외곽과 경기도 일대에 주로 위치한 것은 『경국대전經國大典』에서 밝힌 "경성京城에서 십 리 이내와 인가人家의 백 보百步 내에는 매장하지 못 한다"[6]라는 분묘에 대한 규정에서 비롯된 것이다.[7]

사대부 묘비 관석 앞면에 표현된 형식 Ⅳ의 일상문은 뒷면에는 대부분 월상문을 동반하며, 구름문을 배경으로 하여 둥근 원 또는 1/2, 1/3의 반원으로 그려지는데 둥근 원은 떠오른 태양을, 반원은 떠오르는 태양을 의미한다(그림 8). 이때 월상문은 둥근 원 또는 초승달로 표현된다. 여기서 둥근 원은 만월滿月을 뜻하며, 그믐달이 아닌 만월로 가는 초승달로 월상을 나타낸 것은 28일을 주기로 하여 재생하는 달처럼 죽은 자의 사후 신생新生을 바라는 마음이 투영되었기 때문이다(그림 9). 따라서 죽은 자와 관련된 고분과 묘제 장식에 일상문과 월상문이 등장하는 것은 이러한 맥락으

---

[6] 『經國大典』 卷三 禮典 喪葬條.
[7] 金右臨, 「서울·경기지역의 朝鮮時代 士大夫 墓制 硏究」 高麗大學校 大學院 博士學位論文, 2007. 1, 14~16쪽 참조.

이보간 묘비 뒷면 상부(16세기 초중반)

홍언광 묘비 뒷면 상부(16세기 중반)

그림 9 조선 전기 사대부 묘비 관석 뒷면에 둥근 원 또는 초승달로 표현된 월상문 : 묘비 관석 앞면에는 원으로 구성된 형식 Ⅳ의 일상문 표현

로 이해할 수 있다.

서울과 경기도 일대의 묘비를 조사한 결과 총 24개 묘비에서 형식 Ⅳ의 일상문을 살필 수 있었는데, 이를 정리하면 아래와 같다.

◆ 조선 전기 묘비에 나타난 형식 Ⅳ의 일상문

- 윤훤尹萱 부인 연안 김씨(미상) : 묘비 건립 16세기 초,[8] 소재지 의정부
- 유순정柳順汀 부인 안동 권씨(?~1492년) : 묘비 건립 16세기 초,[9] 소재지 서울 구로구
- 이보간(李輔幹, 1454~1514년) : 묘비 건립 16세기 초중반, 소재지 서울 노원구
- 신용개(申用漑, 1463~1519년) : 묘비 건립 16세기 초중반, 소재지 동두천
- 한사개(韓士介, 1453~1521년) : 묘비 건립 1564년, 소재지 성남
- 이장윤(李長潤, 1455~1528년) : 묘비 건립 1528년, 소재지 성남

---

[8] 남편 윤훤의 생몰연대가 1444~1504년이고 윤훤의 묘비가 1505년에 건립된 것을 고려하여 그의 부인 연안 김씨의 묘비 건립을 16세기 초로 보았다.

[9] 남편 류순정의 생몰연대가 1459~151년인 것을 감안하여 그의 부인 안동 권씨의 묘비 건립을 16세기 초로 추정했다.

- 임유겸(任由謙, 1456~1527년) : 묘비 건립 16세기 초, 소재지 양주

- 임유겸 부인 예안 이씨(?~1520년) : 묘비 건립 16세기 초, 소재지 양주

- 임추(任樞, 1482~1534년) : 묘비 건립 16세기 초중반, 소재지 양주

- 임호신(任虎臣, 1506~1556년) : 묘비 건립 16세기 중후반, 소재지 양주

- 임권(任權, 1486~1557년) : 묘비 건립 16세기 중후반, 소재지 양주

- 윤은(尹㒚, 1447~1528년) : 묘비 제작 1530년, 소재지 김포

- 윤시영(尹時英, 1470~1520년) : 묘비 건립 1550년, 소재지 김포

- 윤시영 부인 진주 류씨(미상) : 묘비 건립 1550년, 소재지 김포

- 이함(李菡, 1470~1534년) : 묘비 건립 1538년, 소재지 성남

- 시안군 이탁(始安君 李擢, 1462~1547년) : 묘비 건립 1547년, 소재지 고양

- 홍언광(洪彦光, 1484~1537년) : 묘비 건립 1572년, 소재지 화성

- 이희(李憘, 1492~1551년) : 묘비 건립 16세기 중후반, 소재지 성남

- 이희 부인 평양 조씨(?~1517) : 묘비 건립 16세기 중후반, 소재지 성남

- 김생해(金生海, 1512~1558년) : 묘비 건립 16세기 중후반, 소재지 남양주시

- 김대효(金大孝) 부인 광주 이씨(생몰연대 16세기) : 묘비 건립 16세기 후반, 소재지 남양주

- 이명(李蓂, 1496~1572년) : 묘비 건립, 16세기 후반, 소재지 서울 노원구

- 백인걸(白仁傑, 1497~1579년) : 묘비 건립 16세기 후반, 소재지 양주

- 김량언(金良彦, 생몰연대 16세기) : 묘비 건립 16세기 후반, 소재지 고양

묘비 관석 앞면에 일상문이 나타날 경우, 앞서 언급한 바와 같이 뒷면에는 월상문이 나타나는 것이 통례이다. 그러나 조선 전기에는 일상문이 용문(龍文)과 구름문으로 대체되거나, 일상문 대신 주작이 표현된 것이 있어 이채롭다. 먼저 일상문이 용문으로 변화한 것은 정미수(鄭眉壽, 1456~1512년, 묘비 건립 1513년, 남양주 소재) 외 여러 묘비

| 정미수 묘비 앞면 상부의 용문 | 정미수 묘비 뒷면 상부의 방아 찧는 토끼로 표현된 월상문 |

그림 10 묘비 관석 앞면의 일상문이 용문으로 대체 : 정미수 묘비 관석 앞면의 용문과 뒷면의 월상문, 묘비 건립 조선 1513년

를 통해 확인할 수 있다. 이처럼 일상문이 용문으로 대체된 사례는 16~17세기에 보이며, 조선 전기에는 정미수(모친이 문종의 딸 경혜공주), 완산完山 이씨(태종의 증손녀), 이성군 이관(利城君 李慣 : 성종의 9번째 아들), 한경록(韓景祿 : 의혜공주의 남편) · 의혜懿惠공주(중종의 차녀)와 같은 왕족 무덤에 많이 나타난다. 정미수의 묘비 관석을 보면 앞면에는 용문과 구름문이, 뒷면에는 원 안에 방아 찧는 토끼를 묘사한 월상문과 구름문이 조각되었다. 일반적인 경우, 묘비 뒷면에 월상문이 있을 때 앞면에는 일상문이 위치하지만 정미수의 묘비는 그 자리를 용이 차지하고 있어 일상문이 용문으로 대체되었음을 알 수 있다(그림 10).

한편 일상문이 구름문으로 변화된 것은 남효원(南孝元, 1454~1521년, 묘비 건립 16세기 초중반, 성남시 소재)과 류제근(柳悌根, 1440~1496년, 묘비 건립 16세기 초, 의정부 소재)의 묘비에서 살필 수 있다(그림 11). 앞면에는 일상문 대신 구름문을 표현했지만, 뒷면에는 원으로 월상문을 나타냈다. 묘비 앞면의 일상문이 용문이나 구름문으로 대체된 경우, 뒷면의 월상문을 일상문으로 인식하는 경우도 있다. 하지만 음양 중 양을 상징하는 일상(태양)을 묘비의 후면에 위치시켰다고 보기는 어려우므로 월상으로 것이 보는 것이 타당하다고 생각한다. 그러나 앞서 언급한 형식 IV의 일상문을 살필 수 있는 조선

남효원 묘비 앞면 상부의 구름문

남효원 묘비 뒷면 상부의 월상문

그림 11 묘비 관석 앞면의 일상문이 구름문으로 대체 : 남효원 묘비 관석 앞면의 구름문과 뒷면의 월상문, 묘비 건립 조선 16세기 초중반

윤시영 부인 진주 류씨 묘비 앞면 상부의 초승달로 표현된 월상문

윤시영 부인 진주 류씨 묘비 뒷면 상부의 둥근 원으로 표현된 일상문

그림 12 묘비 관석 앞뒷면의 일월상이 바뀐 사례 : 윤시영 부인 진주 류씨 묘비 관석 앞면의 월상문(초승달)과 뒷면의 일상문(둥근 원), 묘비 건립 조선 1550년

전기 묘비 가운데 김포에 소재한 윤은과 윤시영 부인 진주 류씨의 경우는 일상문이 묘비 뒷면에, 초승달로 표현된 월상이 묘비 앞면에 조각된 사례도 있다(그림 12).

이밖에 일상문에 표현된 현조의 변이變移를 보여주는 것으로는 영인군 이순(寧仁君 李揎, 1448~1505년, 묘비 건립 1529년, 고양시 소재)과 박세영(朴世榮, 1480~1552년, 묘비 건립 1582년, 고양시 소재)의 묘비 관석이 있다(그림 13). 묘비 관석 전면에는 주작과 구름문을, 후면에는 원으로 표현된 월상문과 함께 구름문을 조각했다. 통상의 경우, 묘비 뒷면

박세영 묘비 앞면 상부의 주작

박세영 묘비 뒷면 상부의 월상문

그림 13 묘비 관석 앞면의 일상문이 주작으로 대체된 사례 : 박세영 묘비 관석 앞면의 주작과 뒷면의 월상문, 묘비 건립 조선 1582년

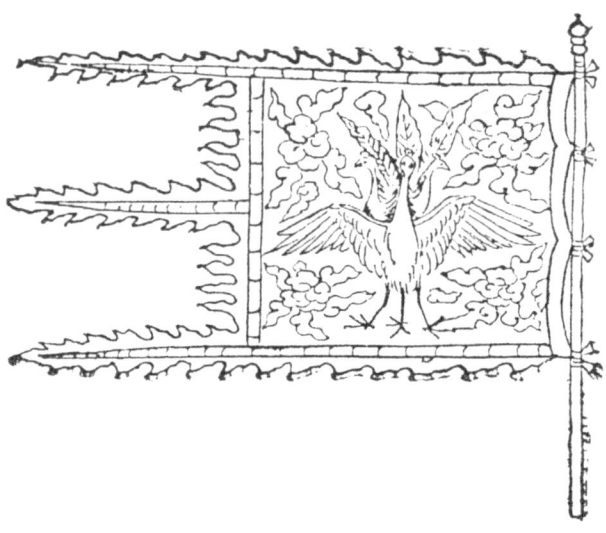

그림 14 『세종실록』 권132 가례(嘉禮) 서례(序禮) '노부(鹵簿)'에 보이는 주작기, 조선 1454년

상부에 월상문이 있다면 앞면에는 일상문이 위치한다. 그런데 영인군 이순과 박세영의 묘비 관석에는 원 안에 현조로 표현되는 일상문 대신 원을 생략한 채 주작과 같은 서조瑞鳥가 표현되었다. 이는 일상문에 등장하는 삼족오三足鳥와 같은 현조가 주작으로 변이되었기 때문이다.

일상문의 삼족오가 주작으로 변이된 경우는 3두頭3족足의 주작을 그린 조선시대

그림 15 고구려 덕흥리고분 천장 고임부에 '양광지조이화이행(陽光之鳥而火履行)'이란 글자와 함께 그려진 서조, 삼국시대 5세기 초, 평양 지역 고분

의 주작기를 통해 살필 수 있다(그림 14). 이처럼 주작기에 3두3족의 주작을 그린 것은 일상문에 등장하는 다리 셋 달린 삼족오의 영향이 투영된 것이며, 아울러 현조인 삼족오가 주작으로 변이되었음을 보여준다. 고문古文인 『고금주古今注』를 보면, '적오赤烏라는 새는 위(북)에서 내려온 것이다. 적오는 높은 곳에서 사는데 태양 속에 사는 세 발 달린 삼족오의 정精이 아래로 내려와 삼족오를 낳았다.'[10]라고 기록하고 있다. 이러한 내용은 동북아시아와 시베리아 문화권에서 신조神鳥로 여겨졌던 현조인 까마귀가 이 지역 사람들의 남하와 함께 붉은 색의 주작으로 변이되었음을 시사한다. 또한 5세기 덕흥리 고분의 전실 천장 고임부 동측 중앙에 묘사된 서조에서도 까마귀와 같은 현조가 주작으로 변이되었음을 살필 수 있다(그림 15). 서조의 발밑에는 불꽃이 표현되었고 서조의 우측에는 '양광지조이화이행〔陽光之鳥履火而行 : 양광(陽光) 의 새가 불을 밟고 간다〕'이란 글자가 적혀져 있다. 여기서 '양광지조陽光之鳥'란 태양을

---

10 「古今注」. '所謂 赤烏者 降而也 其所居高處 日中三足烏之精 降而生三足烏'

1. 쌍영총 천장 고임부 동측에 그려진 일상문(삼국시대 5세기 말, 평양·안악 지역 고분)
2. 지광국사현묘탑비 비신(碑身) 앞 상단의 일상문(고려 1085년)
3. 고려청자 상감진사 동자포도문표형주자 상부의 일상문(고려 12세기 말~13세기 초)

그림 16 맹금류(까마귀), 닭, 물새의 특징적 모습을 엿볼 수 있는 고구려와 고려의 일상문

상징하는 까마귀와 같은 현조를 말하고 '이화이행履火而行'은 현조가 불의 상징인 주작으로 변이되었음을 시사한다.[11]

위에서 고찰한 내용을 토대로 하여 조선 전기 일상문의 양식 특징을 정리해 보면, 이 시기에는 형식 Ⅰ, 형식 Ⅱ, 형식 Ⅲ, 형식 Ⅳ의 일상문이 모두 나타난다. 그런데 형식 Ⅰ과 형식 Ⅱ는 왕실에서 발원하여 제작된 불교회화 몇 점에 보이고, 형식 Ⅲ은 중종 반정反正 이후의 왕실 발원 불교회화와 반정과 관계된 사대부 묘비에 주로 나타나며, 형식 Ⅳ는 16세기에 제작된 사대부 묘비에서 다수 살필 수 있다. 또한 일상문에 나타난 현조의 모습은 전대(前代: 고구려, 고려)와 같이 시기에 따른 특징적 모습(고구려 고분 벽화 일상문의 까마귀와 같은 맹금류, 고려 11세기 일상문의 벼슬 달린 닭, 고려 무인집권기 일상문의 긴 부리와 가는 목을 지닌 물새 등)은 보이지 않고(그림 16), 일상문에 표현된 현조의 다리도 3족이 아닌 2족으로 나타나거나 아예 생략되기도 한다.

---

11 拙稿, 「朱雀旗와 日旗에 나타난 日象文의 변용과 변천」, 『三足烏』, 학연문화사, 2007. 3, 151~152쪽. 157쪽

2) 시대상과 천하관

조선 전기에는 원으로 구성된 형식 IV의 일상문이 16세기에 제작된 사대부 묘비에 다수 나타났다(표 1 참조). 이처럼 원과 현조를 결합시키지 않고 원으로만 일상(태양)을 나타낸 것은 음양설에 근거하여 일상문이 음양 중 양陽의 상징으로만 표현되었기 때문이다.

중국의 경우, 원과 현조가 결합한 일상문은 한대漢代에 처음 등장하지만, 남북조시대를 지나 수당대隋唐代가 되면 중원中原 유교 문화권의 일상문에서는 현조의 모습은 잘 보이지 않는다. 그 이유는 원 안의 현조 표현을 태양의 흑점을 나타낸 것으로 인식했고,[12] 태양의 흑점 역시 군왕君王의 상징인 태양을 가리는 것으로 여겨 일상문에서의 현조 표현은 점차 사라지고 그 대신 원으로만 태양을 표현한 일상문이 보편화되었기 때문이다.[13]

사림의 정계 진출이 본격화되고 이황과 율곡을 중심으로 주자학에 대한 본격적인 연구가 이루어지며 『주자가례朱子家禮』에 입각한 사회질서를 구축하고자 했던 16세기에 주자 성리학을 신봉했던 사대부 묘비에 중원 유교 문화권의 일상문 전통을 반영하는 형식 IV의 일상문이 다수 표현된 것은 유교 정통주의를 바탕으로 중화中華 문화의 회복을 추진하고자 했던 명明과 사대 관계를 맺으며 중국 중심의 국제 질서 하에 있었던 당시 조선의 정치 상황을 반영한다.

한편 정치적 혼란기였던 후한대의 화상석 및 고분 벽화에 많이 표현되었던 형식 III(원 안에 날개를 펴고 날아가는 현조)의 일상문은 16세기 중후반의 이국주·이곤·박운·변안렬 등과 같은 사대부의 묘비와 문정왕후와 이종린 등 왕실 및 왕실 종친이 발원 제작한 불교회화 등에 나타났다(그림 17, 그림 5의 1 9 참조). 이처럼 일상문에 날아가

---

12 張衡『靈憲』云 '像烏'的東西我頗疑爲太陽黑子(中略)西漢時就已經發見太陽黑子.
13 拙稿, 「日象文의 도상학적 고찰과 문화권에 따른 특징」, 『단군학연구』 제18호, 단군학회, 2008. 5, 114쪽.

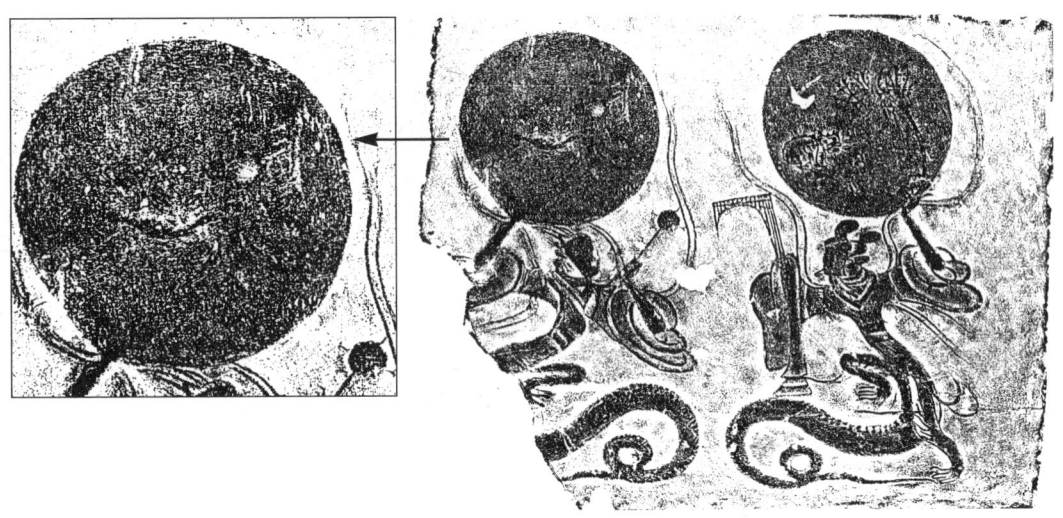

그림 17 복희·여와 화상전(畵像塼)의 원 안에 날아가는 현조로 표현된 형식 Ⅲ의 일상문, 후한, 사천성 숭령현 출토

는 현조가 표현된 것은 연산군의 폭정을 경험하면서 군주의 마음을 바로잡는 것이 중요한 문제임을 인식했던 시기에, 또한 명종과 선조 등 적장자 내지 적통이 아닌 왕의 재위기간에 보인다는 점에서 주목된다. 더욱이 이곤은 중종 반정에 참여했던 인물이고, 박운은 중종 반정의 일등 공신으로 영의정까지 지낸 박원종의 아들이다. 한편 문정왕후는 반정으로 왕위에 오른 중종의 계비이고, 이종린은 중종의 다섯 번째 아들인 덕양군의 장남이다. 이러한 사실들을 고려할 때, 16세기 중후반에 많이 보이는 형식 Ⅲ의 일상문은 중종 반정과 밀접한 관련성을 갖는다. 그렇다면 형식 Ⅲ에 표현된 원 안에 날아가는 현조는 "군주가 실정失政을 행했을 경우 하늘이 재이災異를 내려 경고하며 그래도 깨닫지 못한다면 유덕하고 인자한 군주에게 권력을 승계하도록 한다."는 동중서董仲舒의 천인감응설天人感應說을 나타낸 것으로 볼 수 있다.

또한 눈길을 끄는 것은 이국주, 이곤, 박운, 변안렬의 묘비 모두 태양을 상징하는 원 안에 날아가는 현조를 묘사하고 있지만, 이곤과 박운의 경우는 다리 셋이 분명하게 나타나고 있는 반면, 이국주와 변안렬은 다리 표현이 생략되어 있다는 점이다. 중종 반정과 연계된 이곤과 박운의 묘비에 표현된 천지인天地人 사상을 반영하는 현조의 다리 셋은 반정에 의해 왕위에 오른 중종이 인위人爲에 의해 세워진 임금이 아닌 천명을 받은 하늘의 대리자임을 나타낸 것이며, 아울러 반정의 당위성과 통치자의 합법성을 표현한 것이다.

그러나 이국주와 변안렬의 경우는 현조의 다리 표현이 생략되었다. 이국주는 이곤과 같은 연안延安 이씨이지만, 중종 반정에는 참여하지 않았고 중종 때 이천 현감을 지낸 후 사후死後 연희부원군延喜府院君에 추증된 인물이다.[14] 이런 맥락에서 볼 때 이국주 묘비 앞면 상부에 원 안에 날아가는 현조를 묘사한 것은 중종에게 왕권이 이양된 것을 상징하며, 현조의 다리 표현을 생략함으로써 중종을 하늘의 대리자로 보는 입장은 나타내지 않은 것으로 풀이된다. 한편 고려 말의 충신인 변안렬의 경우는 원 안에 날아가는 현조로써 고려에서 조선으로 왕조가 바뀐 것은 수용하고 있지만 현조의 다리를 표현하지 않음으로써 그것이 천명에 의한 것임은 유보하고 있는 것으로 이해된다. 왜냐하면 변안렬은 고려 말 우왕의 복위 모의와 관련하여 처형된 이로 사림 정치가 본격화 되는 조선 선조 때 그 후손들에 의해 묘역과 묘비가 조성되었기 때문에 후손들의 입장에서는 날아가는 현조로서 고려 멸망 후 건국된 조선의 실체는 인정하되 현조의 다리 표현을 생략함으로써 조선이 천명을 받은 하늘의 대리자임을 인정하려 하지 않았던 선조인 변안렬의 유지를 따르려 했던 것으로 보인다.

한편 문정왕후가 발원 제작한 일본 보수원寶壽院 및 회암사檜巖寺 약사삼존도에는 원 안에 날아가는 현조의 다리가 셋이 아닌 둘로 그려졌다.(그림 5-8 참조, 그림 5-9 참조) 이처럼 2족足의 현조가 일상문에 묘사된 것은 중국은 전한 때부터 나타난다(그림 18). 하지만 중국의 경우, 2족의 현조는 형식 Ⅲ(원 안에 날개를 펴고 날아가는 현조)이 아닌 형식 Ⅰ(원 안에 날개를 접은 채 서 있는 현조)에서 볼 수 있고, 형식 Ⅲ의 경우는 대부분 현조

---

14 홍순석·김희찬, 『포천금석문대관-향토문화자료집 6집』, 포천문화원, 1998, 281~286쪽 참조.

그림 18 산동성 임기현 금작산 9호묘 출토 비단 그림에 그려진 일상문〔우측 원 안에 표현된 2족(二足)의 현조〕, 전한

의 다리 표현이 생략되었다(그림 16 참조). 원 안에 표현된 2족의 현조는 자연계의 일반적인 조류의 두 다리를 나타낸 것으로 볼 수도 있지만, 여기서 2족은 음양이 우주만물의 본체를 이룬다는 음양설을 반영한 것으로 풀이된다.

조선 전기에 있어 형식 Ⅰ(원 안에 날개를 접은 채 서 있는 현조)은 세조 13년(1467년)에 제작된 일본 십륜사 오불회도와 성종 19년(1488년)에서 연산군 11년(1505년) 사이에 제작된 것으로 추정되는 일본 서래사 육불회도에서 살필 수 있었다. 한편 형식 Ⅱ(원 안에 날개를 펼친 채 서 있는 현조)는 성종 8년(1477년) 제작된 약사삼존십이신장도에 나타난 것이 유일했다. 따라서 이 3점의 불교회화만으로 당시의 시대상과 천하관을 조망하기는 쉽지 않다. 하지만 현존하는 조선 초의 불화는 그 수는 적지만 왕실의 후원 하에 제작된 화격이 높은 것이 많고, 성종 때 제작된 약사삼존십이신장도는 발원자가 왕실 종친인 성종의 누이동생과 부마인 점을 고려하여 3점의 불교회화가 제작된 15세기의 시대상을 살펴보고, 이를 불교회화에 표현된 형식 Ⅰ, 형식 Ⅱ의 일상문과 연계하여 고찰하고자 한다.

15세기는 조선이 대외적으로 중화 문명과의 관계 속에서 문명국가로서의 자부심을 갖고 문화적 자존 의식을 확보하기 위해 대명大明 관계 강화를 적극 추진했던 시기이다. 조선은 실리를 위해 명明에 대해 조공 사대 관계를 맺게 되지만, 대외적으로는 여진을 토벌하고 대마도를 정벌하는 등 주변에 대한 영향력을 넓혀가고 아울러 동아시아에 대한 인식도 심화된다. 그 결과 1402년 최초의 동아시아전도라 할 수 있는 「혼일강리역대국도지도混一疆理歷代國都地圖」가 제작되었고, 이어 국제적 시야의 확대 속에서 일본과 유구琉球[15]의 정치·경제·지리·풍속 등이 자세히 소개된 『해동제국기海東諸國記』와 같은 지리서가 1471년 편찬되었다.[16] 한편 내부적으로는 태종·세종·세조대를 거치면서 왕권이 공고해졌고, 세조 때에는 환구단圜丘壇을 설치해 천자天子만이 지낼 수 있는 천제天祭를 지내고 단군과 동명왕의 사당을 크게 정비하면서 단군을 명실상부한 우리 민족의 시조로 높이 받들어 숭상하는 등 자주성과 주체 의식이 강화되었다. 또한 성종 때에는 사림이 정계에 등장하면서 부국강병의 노선을 지지하며 기득권을 지키려는 훈신과 부국강병보다는 이상적인 왕도정치를 표방하는 사림 간의 세력 균형이 이루어졌다. 이후 연산군이 집권하면서 강력한 왕권을 추구하고자 했고, 이런 과정에서 연산군 4년(1498년)과 10년(1504년)에 무오사화戊午士禍와 갑자사화甲子士禍가 발생하여 많은 사림과 훈신들이 제거되었다.

이러한 15세기의 시대상과 천명의 전달자인 일상(태양) 안의 현조의 상징성을 연계해 고찰해 보면, 세조 때 제작된 일본 십륜사 오불회도와 성종에서 연산군 사이에 제작된 것으로 보는 일본 서래사 육불회도에 그려진 형식 Ⅰ(원 안에 날개를 접은 채 서 있는 현조)은 천명의 전달자로서의 임무를 마치고 안착한 상태를 나타낸 것으로, 이는 천명이 움직이지 않고 한 곳에 머물렀던 왕권의 확립기 내지 정치적 안정기를 의미한다. 또한 성종 때 제작된 약사삼존십이신장도에 나타난 형식 Ⅱ(원 안에 날개를 펼친 채 서

---

15 일본 오키나와 현에 있던 옛 왕국. 류쿠는 현재 오키나와의 옛 지명.
16 최희재, 「한국과 동아시아 국제질서의 변화」, 『세계속의 한국』, 단국대학교출판부, 2008. 2, 166~67쪽 참조.

있는 현조)는 천명의 전달자로서의 임무를 시작하려 하거나 막 그 임무를 마치고 돌아와 아직 안착하지 못한 상태를 표현한 것으로, 이는 천명이 머물기 위한 전 단계를 상징한다. 이를 뒷받침하듯 약사삼존십이신장도가 제작된 1477년은 성종의 친정親政이 시작된 지 불과 1년밖에 되지 않는 시점이다. 또한 형식 Ⅰ과 형식 Ⅱ에 그려진 현조의 다리 셋은 앞서 언급한 형식 Ⅲ의 일상문 중 이곤과 박운의 묘비에 표현된 현조의 다리 셋과 같이 천지인 사상과 함께 하늘의 대리자임을 상징하는데, 이는 조선의 개창과 함께 국왕을 중심으로 한 왕권 강화가 이루어졌던 조선 초의 정치 상황을 반영하는 것으로 풀이된다.

2. 조선 후기 : 양란 이후

1) 양식 특징

조선 후기 일상문의 양식 특징을 각 형식별로 나누어 고찰하면 다음과 같다.

먼저 형식 Ⅰ)원 안에 날개를 접은 채 서 있는 현조)의 일상문은 19세기에 제작된 대양문大陽門 대범왕도大梵王圖・대광명전大光明殿・칠성도七星圖・칠성도 등 대둔사大芚寺 불교회화 3점과 국립중앙박물관 소장의 칠성도, 19세기에서 20세기 초에 제작된 다수의 일월도자수 가사 등에 나타나며, 원 안에는 참새 내지 까치를 닮은 3족足의 현조가 표현되었다. 불화는 일상문의 현조가 산수를 배경으로 하여 포치되어 있는데, 이는 이전에는 볼 수 없었던 표현 기법이다(그림 1의 3~6 참조).

조선 후기 일상문 중 작례作例를 살피기 어려운 형식 Ⅰ)원 안에 날개를 접은 채 서 있는 현조)은 대둔사 소장의 불교회화 3점에서 볼 수 있다. 대양문 대범왕도에서 제석천帝釋天은 화면 하단 중앙 좌측에 크게 묘사되었고, 일상문은 화면 우측 상단에 그려졌다(그림 19). 이처럼 제석천과 일상문을 함께 표현한 것은 도리천忉利天에서 불법佛法을 수호하는 천신天神의 우두머리인 제석천과 천상의 대표적 물상物象을 형상화 한 일상문 모두 하늘 세계를 나타내기 때문이다. 대광명전 칠성도와 또 다른 칠성도는

그림 19 대둔사 대양문 대범왕도 우측 상단의 일상문, 조선 1847년

한 화면에 일상과 월상이 각각 2개씩 표현되었다. 하나는 상단 중앙의 치성광여래熾盛光如來와 그 좌우의 북두칠성北斗七星 뒤로 펼쳐진 반원형의 광배 좌우 쪽에, 또 다른 하나는 치성광여래의 좌우 아래 부분에 위치한 일광보살과 월광보살의 보관 위에 그려졌다. 그런데 상단 우측의 일상문은 붉은 원 안에 다리 셋 달린 현조를 나타냈지만, 일광보살의 보관 위에 그려진 일상문은 붉은 원으로만 그려져 있어 양자가 차이를 보인다(그림 20).

이처럼 칠성도에서 치성광여래가 해와 달, 칠성을 권속으로 하고 있음은 조선조 불교 의례집인 『석문의범釋門儀範』의 '칠성단七星壇' 예경문禮敬文[17]을 통해 확인할 수 있다. 치성광여래는 석가불의 교령화신敎令化身으로 모공에서 치성熾盛 광염을 내뿜는다 하여 붙여진 이름이며 무수한 광명을 방사하여 중생을 교화시키는 부처이다. 조선 후기에는 치성광여래가 해, 달, 칠성의 주불主佛로 해석되면서 치성광여래를 중심으로 해, 달, 칠성이 보좌하는 칠성도가 성행했다[18]

---

[17] 『釋門儀範』 '七星壇' 禮敬文. '志心歸命禮 金輪寶界 熾盛光如來 志心歸命禮 左右補處 日光月光 兩大菩薩 志心歸命禮 北斗七星 七元星君 周天列曜 諸星君衆'.
[18] 김일권, 『우리 역사의 하늘과 별자리』, 고즈윈, 2008. 9, 430쪽 참조.

그림 20 대둔사 대광명전 칠성도 중 우측 상단의 일상문과 우측 중단에 위치한 일광보살의 보관 위에 그려진 일상문, 조선 1845년

한편 해와 달이 수놓아진 조선 후기의 일월도자수 가사는 고려 대각국사 의천의 가사로 알려져 있는 일월도자수 가사의 일상문 양식을 그대로 수용하고 있다(그림 1의 7, 8 참조. 그림 2 참조). 하지만 대각국사 의천의 일월도자수 가사는 1,000년 가까이 된 가사의 상태가 너무 양호하여 고려 전기에 제작된 것으로 보기는 힘들다. 또한 현존하는 일월도자수 가사는 대부분 19세기 이후에 제작된 것들이므로 일월도자수 가사에 나타난 형식 Ⅰ의 일상문은 19세기 이후 정형화 된 패턴으로 자리 잡은 것으로 이해된다.

형식 Ⅲ(원 안에 날개를 펴고 날아가는 현조)의 일상문은 직지사直指寺 약사여래도 후불도後佛圖과 대한제국의 일기日旗에서 볼 수 있다(그림 5의 10, 11 참조).

직지사 약사여래도 후불도 중 약사여래의 하부 우측에 시립해 있는 일광보살의 보관 위에 그려진 일상문은 명종 20년(1565년)에 문정왕후가 발원 제작한 회암사 약사삼존도의 일상문과 같이 일상문의 현조는 날아가는 모습으로 그려졌다(그림 5의 9, 10 참조). 그런데 직지사 약사여래도는 통상의 경우처럼 약사여래의 좌 협시로 일광보살이 등장하지만, 회암사 약사삼존도는 일광보살이 약사여래의 우 협시에 위치해 있어 양자가 차이를 보인다. 하지만 회암사와 직지사 모두 조선 왕실의 후원을 받은 사찰이다. 회암사는 조선 초 숭유억불의 정책 하에서도 왕실의 후원 하에 최대 사찰의 규모를 이어갔고, 직지사는 조선의 제2대 왕인 정종의 어태御胎 봉안과 함께 임진왜란 때 승병장僧兵將으로 큰 공을 세운 사명대사의 영정影幀을 모시게 됨으로써 배불排佛의 그늘 속에서도 사운寺運을 유지할 수 있었다.

대한제국의 일기에 그려진 일상문은 태양을 나타내는 둥근 원 안에 날카로운 부리와 발톱을 지닌 까마귀와 같은 맹금류猛禽類의 특징적 모습을 엿볼 수 있는 현조를 등장시키고 있다. 이는 주변에서 흔히 볼 수 있는 참새 내지 까치와 같은 새를 표현하고 있는 조선시대의 다른 일상문과는 차별화되는 것으로 고구려 고분 벽화에 해 속의 삼족오로 그려졌던 우리나라 고래古來의 일상문 전통을 엿볼 수 있다(그림 16의 1 참조). 그러나 현조의 동세動勢는 서 있는 정지된 모습이 아닌 날아가는 모습이며, 다리는 3족이 아닌 2족으로 그려져 있어 고구려 고분 벽화의 일상문과는 차이를 보인다.

조선 후기 일상문 중 다수를 차지하는 형식 Ⅳ(원으로 구성된 일상문)는 일월오악도, 묘비, 불교회화(약사삼존도, 신중도, 칠성도), 사찰 벽면과 사찰의 감실龕室 등에서 볼 수 있다(그림 6의 4~8 참조).

임금이 앉는 용상의 뒷면을 장식하는 일월오악도는 왕의 절대 권위를 칭송하고 왕조가 무궁하기를 기원하기 위해 제작된 것으로 음양오행과 산악숭배 사상을 반영한다. 일월오악도의 화면 상단 좌우에는 음양을 상징하는 붉은 태양과 흰 달이 그려져 있는데, 이는 낮과 밤을 밝히는 해와 달처럼 임금의 정치가 세상을 밝게 함을 뜻한다. 또한 오악은 오행 사상과 함께 천계天界의 일부로서 인간계와 연계된 신산神山을 의미한다. 이처럼 일월오악도는 음양오행 사상 외에 단군신화 등에 보이는 우리 고유의 천신 사상과 산악숭배 사상을 표현하고 있다. 따라서 일월오악도에 그려진 산과 소나무는 단군신화에 언급된 태백산과 신단수神檀樹에 비유되며 해와 달, 산과 소나무는 고구려 고분 벽화에 묘사된 일상문과 월상문, 산악과 수목 등에 비견된다. 현존하는 일월오악도는 궁궐의 중건 및 재건과 함께 조성된 것들로 대부분 1800년대 초에서 1900년대 초의 작품들이다. 그러나 궁궐의 전소 등에 의해 일월오악도가 훼손·소실되고 이후 궁궐의 중건 및 재건과 함께 일월오악도가 다시 제작되었다고 보면, 조선시대의 일월오악도는 이보다 훨씬 빠른 시기에 그려졌을 것으로 판단된다.

조선 후기 묘비 관석에 표현된 일상문은 조선 전기의 이국주, 이곤, 박운, 변안렬 등의 묘비와는 달리, 일상문에서 현조의 모습은 보이지 않고 둥근 원으로만 해를 나타냈다. 조선 전기의 일상문처럼 해는 구름문을 배경으로 하여 둥근 원 또는 1/2, 1/3의 반원으로, 달은 둥근 원 또는 초승달로 표현했다. 서울과 경기도 일대의 묘비를 조사한 결과 총 21개의 묘비에서 원으로 구성된 형식 Ⅳ의 일상문을 살필 수 있었는데 이를 정리하면 다음과 같다.

◆ 조선 후기 묘비에 나타난 형식 Ⅳ의 일상문

- 신발(申撥 ; 1523~1616년) : 묘비 건립 17세기 초중반, 소재지 동두천

- 김극효(金克孝 : 1542~1618년) : 묘비 건립 1630년, 소재지 남양주

- 김상준(金尙寯 : 1561~1635년) : 묘비 건립 17세기 중반, 소재지 남양주

- 김상용(金尙容 : 1561~1637년) : 묘비 건립 1647년, 소재지 남양주

- 김상헌(金尙憲 : 1570~1652년) : 묘비 건립 1669년, 소재지 남양주

- 김상헌 부인 성주 이씨(1569~1641년) : 묘비 건립 1669년, 소재지 남양주

- 광해군(光海君 : 1575~1641년) : 묘비 건립 17세기 중반, 소재지 남양주

- 광해군 비 문성군文城郡 부인 류씨(?~1623년) : 묘비 건립 17세기 중반, 소재지 남양주

- 최기남(崔起南 : 1559~1619년) : 묘비 건립 1646년, 소재지 성남

- 이통(李通 : 1556~1620년) : 묘비 건립 17세기 초중반, 소재지 성남

- 이경헌(李景憲 : 1585~1651년) : 묘비 건립 1682년, 소재지 성남

- 이경민(李景閔 : 미상) : 묘비 건립 1683년, 소재지 성남

- 이함(李菡 : 1470~1534년) : 묘비 건립 1732년, 소재지 성남

- 이시백(李時白 : 1581~1660년) : 묘비 건립 1633년(강화유수 부임시 건립), 소재지 강화도

- 유심(柳淰 : 1608~1667년) : 묘비 건립 17세기 후반, 소재지 양주

- 남용익(南龍翼 : 1628~1692년) : 묘비 건립 17세기후반 18세기 초, 소재지 양주

- 이단석(李端錫 : 1625~1688년) : 묘비 건립 17세기 후반, 소재지 양주

- 서필원(徐必遠 : 1614~1671년) : 묘비 건립 1707년, 소재지 강화도

- 서종집(徐宗集 : 1674~?) : 묘비 건립 18세기 초, 소재지 안성

- 윤지인(尹趾仁 : 1656~1718년) : 묘비 건립 18세기 초, 소재지 양주

- 이진검(李眞儉 : 1671~1727년) : 묘비 건립 18세기 초, 소재지 양주

조선 후기 일상문 중 눈길을 끄는 것에는 해와 구름 외에 쌍학을 배치시킨 김상준의 묘비와 해를 상징하는 둥근 원의 하부 좌우에 용 머리를 나타낸 이진검·유심·남용익·이단석 등의 묘비가 있다. 김상준의 묘비는 운학문을 원과 원 밖에 배치시킨 고려청자 상감 운학문 매병을 연상시키며(그림 21, 그림 22), 이진검의 묘비처럼 해 하부 좌우에 용 머리가 표현된 것은 일상문이 용문으로 변화되는 과정에서 출현된 것으로 본다(그림 23). 한편 조선 후기에도 조선 전기처럼 묘비 관석 앞면의 일상문이 용문으로 대체된 사례가 여럿 발견된다.

조선 후기 불화 중 형식 Ⅳ의 일상문은 약사삼존도, 신중도, 칠성도 등에서 살필

그림 21 일상문 주변에 운학문(雲鶴文)을 배치시킨 김상준의 묘비 관석, 조선 17세기 중반

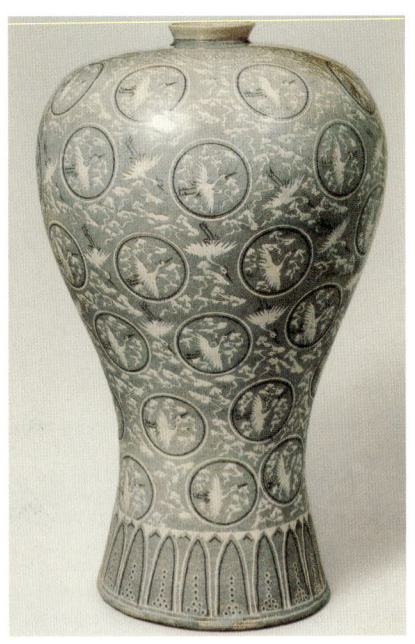

그림 22 운학문이 원과 원 밖이 배치된 고려청자상감운학문매병, 고려 12세기 말~13세기 초

그림 23 상부 중앙의 일상문 좌우에 용 머리를 위치시킨 이진검의 묘비 관석, 조선 18세기 초

그림 25 비로암 칠성도 : 일광보살(우측)이 손에 든 연꽃 위에 얹어져 있는 붉은 색의 일상문, 조선 1904년

그림 24 은해사 칠성도 : 일광보살(하단부 우측)이 손에 들고 있는 붉은 색의 일상문, 조선 19세기 후반

수 있다. 대부분의 경우, 일상문은 일광보살의 보관 위에 붉은 원으로 그려진다. 그러나 보관 위가 아닌 손에 일상문을 들고 있거나 손에 든 연꽃 위에 일상문을 표현한 경우도 있고(그림 24, 그림 25), 일상문이 붉은 색이 아닌 노란색이나 흰색으로 그려지기도 했다.

왕실 어른의 추복追福과 무병장수를 위해 건립된 원당願堂 중 국왕의 '기로소입소耆老所入所'라는 특수한 국가적 행사를 기념하기 위해 사찰에 건립된 고운사孤雲寺 연수전延壽殿과 송광사松廣寺 성수전聖壽殿 등과 같은 기로소 원당 내에서도 일상문을 볼 수 있다(그림 6의 7, 8 참조). 이들 두 원당은 전각을 중심으로 담장을 둘러 사찰의 다른 전각과 경계를 짓고 정면에 별도의 출입구인 솟을대문을 세워 사찰과 교통하면서도 독립적이고 특수한 공간을 형성하고 있다. 숙종, 영조, 고종 등이 기로소에 입소한 해를 전후로 고운사 어첩각(御帖閣 : 1744년)과 송광사 성수전(1903년)과 같은 원당이 사찰에 건립되었는데, 현재 고운사 어첩각은 연수전이란 이름으로 남아 있고 송광사 성수전은 용도가 바뀌어 관음전觀音殿으로 사용되고 있다.[19] 고운사와 송광사의 기로소 원당에 그려진 많은 그림 중 가장 중요한 상징물은 바로 왕권의 상징물인 일상문과 월상문이다. 고운사 연수전의 경우, 중앙 칸 내부의 양쪽 벽면과 채감 천장 좌우 끝에 해와 달이 그려져 있다. 어첩이 봉안된 벽의 채감에는 붉은 원과 흰 원에 '日(일)'과 '月(월)'을 썼고, 채감 밖의 양쪽 벽에는 하부를 구름에 가린 해와 달을 표현했다. 송광사 성수전은 건물 내부에 설치된 감실 앞면과 감실 뒷면인 내진칸 뒷면에 붉은 원과 흰 원으로 해와 달을 그렸다. 송광사 성수전에 마련된 이러한 내진칸은 마치 사당에서 신위神位를 모시는 구조와 유사하다.

위에서 살펴본 조선 후기 일상문의 양식 특징을 정리해보면 형식 II(원 안에 날개를 펼친 채 서 있는 현조)는 보이지 않고, 형식 I(원 안에 날개를 접은 채 서 있는 현조), 형식 III(원 안에 날개를 펴고 날아가는 현조), 형식 IV(원으로 구성된 일상문)가 나타나는데 형식 I과 형식 III은 소수에 불과하고 작례에 상관없이 형식 IV가 다수를 차지한다. 한편 일상문의 현조는 대한제국의 일기日旗에 묘사된 것을 제외하고는 우리 주변에서 흔히 볼 수 있는 참새 내지 까치를 닮았다. 현조의 다리는 형식 I은 3족이나 형식 III에 속하는 대한제국의 일기는 2족으로 그려졌고 직지사 약사여래도의 경우는 다리 표현이 생략되었다. 전술한 바 있는 조선 전기의 일상문도 이처럼 작례에 따라 현조의 다리가 다르게 표현되었다.

2) 시대상과 천하관

조선 후기 일상문 중 다수를 차지하는 것은 조선 전기와 마찬가지로 원으로만 구성된 형식 IV였다. 전술한 바와 같이 현조 없이 원으로만 일상문을 표현한 형식 IV

---

[19] 이용운, 「朝鮮後期 寺刹에 건립된 耆老所 願堂에 관한 考察」, 『불교미술사학』 제3집, 통도사성보박물관 불교미술사학회, 2005.10, pp.186~189.

는 중원 유교 문화권의 일상문 전통을 반영하며, 조선 후기에 이처럼 형식 IV가 다양한 작례에 많이 나타나는 것은 중화 질서를 모방한 소중화小中華 의식이 17세기 이후 확산·강화된 것과 관련성이 있다고 판단된다. 그 까닭은 동아시아의 중심적 위치에 있던 명明의 영향력이 17세기부터 약화되면서, 그간 중화 질서에 참여한 조선을 비롯한 명의 주변 소국들이 자국을 '소천하小天下'의 종주로 자처했고, 유교를 바탕으로 한 중화 문화의 계승자로 인식된 명이 청淸에 의해 몰락한 이후에도 청을 배척하고 여전히 명을 숭배했던 조선 후기의 시대상을 반영하는 것으로 판단되기 때문이다.

조선 후기 형식 IV의 일상문 중 눈에 띄는 것은 일상문과 월상문이 묘비의 앞면과 뒷면에 각각 표현된 광해군의 묘비였다(그림 26). 왕의 묘비나 신도비神道碑 등이 조선 초부터 용으로 조각된 것과는 달리, 왕에서 강등된 광해군의 묘비가 일상문과 월상문으로 표현된 것은 문양의 사용이 묘주 신분에 따라 다르게 나타나고 있음을 보여준다. 한편 묘비에 표현된 일상문을 보면 우측 좌측의 상단 부분이 넓게 훼손되어 있다. 일상문이 왕권의 상징물로도 사용되었던 점을 고려하면 이는 일그러진 군주의 모습을 상징화하기 위한 것으로 여겨진다.

묘비 관석 앞면의 일상문 : 일상문의 우측 상부 훼손

묘비 관석 뒷면의 월상문 : 구름문에 하부가 가려진 월상문

그림 26 광해군 묘비 관석 앞면의 일상문과 뒷면의 월상문, 묘비 건립 조선 17세기 중반

형식 I(원 안에 날개를 접은 채 서 있는 현조)은 대둔사 불화 3점(대양문 대범왕도, 대광명전 칠성도, 칠성도)과 국립중앙박물관 소장의 칠성도 및 19세기에서 20세기 초에 제작된 일월도자수日月圖刺繡 가사袈裟에서 볼 수 있었다. 조선 후기 불화에 나타난 일상문은 형식 IV가 주류를 이루고 있는데 반해 유독 대둔사 불화에서만 형식 I을 살필 수 있음은 시대적 특징으로 이해하기보다는 대둔사만의 특수한 상황으로 여겨진다. 그 배경에는 대둔사에 머물며 당대의 명사들과 교류를 나누며 유불선儒佛禪의 정신세계를 연구했던 초의선사艸衣禪師의 영향을 고려할 수 있다. 왜냐하면 형식 I의 일상문이 그려진 대둔사 소장의 대양문 대범왕도와 칠성도는 초의선사가 직접 증사證師를 맡아 제작된 것들이기 때문이다. 그렇다면 고구려 이후 전승되어 온 '해 속의 삼족오'와 같은 일상문 전통을 초의선사가 불화에 계승시킨 것이 아닌가 생각된다.

국립중앙박물관 소장의 칠성도 역시 형식 I의 일상문이 표현된 대둔사 불화 3점처럼 대둔사와 밀접한 관련성을 지닌 것으로 본다. 그 이유는 태양을 상징하는 원 안에 산수와 함께 현조를 표현한 것은 다른 작례에서는 쉽게 볼 수 없기 때문에 초의선사가 증사를 맡은 불화 제작에 직접 참여한 화가들에 의해 그려졌을 가능성이 높다. 한편 일월도자수 가사에 수놓아진 형식 I의 일상문은 19세기 이후 일월도자수 가사에 패턴화된 유형으로 정착한 후 오늘에 이르고 있으므로 조선 후기에 나타난 형식 I의 일상문을 시대상 및 천하관과 연계시키기는 어렵다.

형식 III(원 안에 날개를 펴고 날아가는 현조)은 양란 이후에는 직지사 약사여래도를 제외하고는 보이지 않다가 대한제국의 일기日旗에 다시 등장한다.

영조 20년(1744년)에 제작된 직지사 약사여래도에 표현된 형식 III은 당시 조선에 팽배해 있던 조선중화朝鮮中華사상이 반영된 것으로 이해된다. 병자호란 이후 반청反淸 감정이 고조되고 중화 문화의 계승자로 여겨졌던 명이 멸망하자 조선이 중화 문화를 계승할만한 유일한 문화 국가임을 표방한 조선중화사상이 직지사 약사여래도에 투영되었다고 보는 까닭은 직지사는 억불의 그늘 하에서도 조선 초부터 왕실의 후원을 받으며 사세寺勢를 유지했던 사찰이므로 조선중화사상과 같은 그 시대상이 불교회화에 반영되었을 가능성이 높다고 보기 때문이다. 또한 직지사 약사여래도에 그려진 형식 Ⅲ을 조선중화사상과 연계하여 살필 수 있음은 일상문의 현조를 천명天命의 전달자로 볼 때 날아가는 현조는 천명이 명에서 조선으로 이양되었음을 상징하는 것으로 판단되기 때문이다.

이 같은 해석와 관련하여 직지사 약사여래도가 제작된 1744년과 시간적 간격이 크지 않은 1749년 영조가 대보단大報壇에 명 태조 고황제高皇帝의 신위를 추가하면서 한 다음의 발언은 시사하는 바가 크다.

> "우리나라(조선)가 고황제(高皇帝)의 큰 은혜를 입어 특별히 국왕에 봉(封)하는 전례를 허락받고 국호를 받았으니 외번(外藩)의 작은 나라를 성대하게 예우함이 천고에 뛰어났다. 그 뒤 신종 황제가 우리나라를 재조(再造)한 망극한 은혜와 병자호란 때에 의종 황제가 우리나라를 구원하라고 명하셨으니 황제의 은혜를 돌이켜 생각함에 눈물이 흘러 옷깃을 적신다. 그 은덕을 갚고자 하면 하늘처럼 끝이 없는데, 중주(中州)를 바라보니 황조(皇朝(明))의 향불이 꺼진 지 오래되었다. 지금 의종을 추모하여 제사할 때에 세 황제를 함께 제사하는 것은 예로도 당연하니 한 제단에 세 황제를 모시면 명(明)의 해와 달이 장차 우리나라에 다시 비칠 것이다."[20]

여기서 "명의 해와 달이 장차 우리나라에 다시 비칠 것이다"라는 말은 조선이 명을 대신하여 중화 문화를 계승할 만한 유일한 문화 국가임을 표방한 조선중화사상을 함축적으로 표현한 것이다. 아울러 직지사 약사여래도에서 볼 수 있는 형식 Ⅲ의 일상문에서 태양을 상징하는 원 안의 날아가는 현조가 천명이 다른 곳으로 옮겨감을 상징하듯이 천명이 명에서 조선으로 이양되었음을 의미한다.

일기의 경우, 조선 말 황제국을 표방했던 대한제국 이전에는 사용되지 않았고 조

---

[20] 『英祖實錄』 卷 69. 英祖 25년 3월 辛未(23일).

선 왕조의 기록에도 일기에 관한 것은 나타나 있지 않다. 그 이유는 명을 섬겼던 조선은 황제국(천자국)이 아니므로 황제의 상징으로 사용되었던 일기의 사용을 자제했기 때문이다. 그러나 『진연의궤進宴儀軌』 권3 의장儀仗 도식圖式과 창덕궁 유물 중 대한제국 때 만든 의장기儀仗旗에서는 일기를 볼 수 있다. 이는 황제국으로 칭했던 대한제국의 위용을 나타내고자 고종 황제의 즉위 후에 사용된 것이다. 대한제국의 일기 사용과 비슷한 예로는 대한제국의 성립과 함께 고종이 황제로 등극할 때 입었던 해와 달이 상의 어깨에 수 놓여진 12장복十二章服[21]을 들 수 있다. 이처럼 전대에 사용하지 않았던 일기가 대한제국 때 등장하는 것은 열강의 압박이 계속되는 가운데 대한제국의 건설을 통해 실추된 왕권의 위엄을 높이고 조선이 청淸, 일본과 대등한 위상을 가진 자주 독립국임을 분명히 하고자 하는 의도에서 비롯된 것이다.

대한제국의 전례典禮는 『대명집례大明集禮』나 『대명회전大明會典』과 같은 명의 제도를 바탕으로 하여 정비되었지만 대한제국의 일기는 원으로 구성된 명明의 일기와는 달리, 태양 안에 날카로운 부리를 지닌 까마귀와 같은 맹금류의 특징적 모습을 엿볼 수 있는 현조를 묘사했다(그림 27, 그림 28). 이는 고구려 고분 벽화에 해 속의 삼족오로 그려졌던 우리나라의 일상문 전통을 계승한 것이다. 하지만 원 안에 서 있는 3족足의 현조가 묘사되었던 고구려 고분 벽화의 일상문과는 달리, 일기에는 2족의 현조가 날아가는 모습으로 표현되었다. 현조를 천명의 전달자로 볼 때, 대한제국 일기에 날아가는 현조를 그린 것은 조선 왕국의 종언을 고하며 대한제국이 탄생된 것을 상징화 한 것으로 풀이된다.

---

21 황제는 12장복, 국왕은 9장복, 왕세자는 7장복을 착용했는데 황제가 착용하는 12장복의 上衣에만 日月을 수놓았다. 1863년 고종이 국왕에 즉위할 때는 9장복을 착용했으나 대한제국의 성립과 함께 고종이 황제로 등극할 때는 12장복을 착용하여 그 위용을 과시했다. 그러나 고종의 황제 즉위식 때 사용한 12章服이 현재 남아 있지 않고 고증된 자료도 없기 때문에 원으로만 日과 月을 표현한 것인지 日旗와 月旗처럼 원 안에 새와 토끼를 繡놓았는지는 확인할 수가 없다(안현주, 『朝鮮時代 卽位儀禮 硏究』, 단국대 전통의상학과 석사학위논문, 2003, 75~76쪽 참조).

그림 27 대한제국의 일기   그림 28 『대명집례(大明集禮)』 권 43 의장
                              (儀仗)에 도시(圖示)된 명(明)의 일기

다음에 제시되는 『독립신문』의 논설 내용은 대한제국의 성립이 갖는 역사적 의미를 잘 보여주며, 이를 통해 대한제국 시기의 일기 사용이 어떠한 상징성을 지닌 것인가를 미루어 짐작할 수 있다.

"광무 원년 시월 십이일은 조선 사기에서 몇 만 년을 지내더라도 제일 빛나고 영화로운 날이 될지라. 조선이 몇 천 년을 왕국으로 지내어 가끔 청국에 속하여 속국 대접을 받고 청국에 종이 되어 지낸 때가 많더니 …… 이달 십이일에 대군주 폐하께서 조선 사기 이후 처음으로 대황제 위에 나아가시고 그날부터는 조선이 다만 자주 독립국뿐이 아니라 자주 독립한 대황제국이 되었으니 …… 어찌 조선 인민이 되어 …… 감격한 생각이 아니 나리오."[22]

이상에서 조선시대에 전개된 일상문의 형식을 분류하고, 양란 이전과 양란 이후로 나누어 일상문의 시기별 양식 특징과 천하관의 추이를 살펴보았다.

22 『독립신문』, 1897년 10월 14일 「론설」.

우선 일상문의 형식은 우리나라에 일상문이 처음 선보인 고구려 고분 벽화의 일상문을 근간으로 하여 ⅰ) 형식 Ⅰ(원 안에 날개를 접은 채 서 있는 현조), ⅱ) 형식 Ⅱ(원 안에 날개를 펼친 채 서 있는 현조), ⅲ) 형식 Ⅲ(원 안에 날개를 펴고 날아가는 현조), ⅳ) 형식 Ⅳ(원으로 구성된 일상문)로 분류했다.

한편 일상문의 시기별 양식 특징은 정치·경제·사회 전반에 걸쳐 많은 변화를 보이는 양란을 중심으로 그 이전과 이후로 나누어 고찰했다. 그 결과 조선 전기에는 형식 Ⅰ 및 형식 Ⅱ가 왕실 발원 불교회화에 보이고, 형식 Ⅲ은 중종 반정反正 이후 제작된 왕실 발원 불교회화 및 반정과 관련된 이들의 묘비에 주로 나타나며, 형식 Ⅳ는 사대부 묘비에 다수 표현되었다. 또한 조선 후기에는 작례에 상관없이 형식 Ⅳ가 주류를 이루는 가운데, 형식 Ⅱ는 보이지 않고 형식 Ⅰ은 대둔사 불화 및 일월도자수 가사에서, 형식 Ⅲ은 직지사 약사여래도와 일기에서 살필 수 있었다. 그러나 조선 전후기 모두 일상문의 현조는 전대(고구려, 고려)와 같은 시기별 특징(맹금류, 닭, 물새)은 보이지 않았고 그 대신 참새·까치·기러기와 흡사한 것이 많았으며, 현조의 다리도 3족 또는 2족으로 나타나거나 아예 생략되기도 했다.

치천하治天下와 왕권의 상징물로 사용된 일상문의 시기별 특징을 시대상과 이에 따른 천하관의 추이라는 측면에서 고찰하여 다음과 같은 결론을 도출할 수 있었다.

첫째, 조선 전후기 모두 형식 Ⅳ(원으로 구성된 일상문)가 다수를 차지했다. 형식 Ⅳ는 원 안의 현조 표현을 태양의 흑점을 나타낸 것으로 인식했고 태양의 흑점 역시 태양을 가리는 것으로 여겨 현조 없이 원으로만 일상(태양)을 표현한 중원 유교 문화권의 일상문 전통을 반영하고 있다. 유교를 국교로 삼았고 명과 사대 관계를 맺으며 중국 중심의 국제질서 하에 있었던 조선의 정치적 입지를 고려할 때, 형식 Ⅳ가 조선시대 일상문의 다수를 점하고 있는 것은 중화 질서를 모방한 소중화 사상의 영향이 반영된 것으로 풀이했다. 형식 Ⅳ는 숭명반청崇明反淸과 함께 소중화 사상이 팽배되는 조선 후기에 일월오악도, 묘비, 불교회화, 사찰 건물 등에 폭넓게 나타났는데 이는 부국강병과 역성혁명의 필요성을 피력했던 조선 전기의 훈구勳舊 세력 대신, 의리와 도덕적 명분을 중시하며 모화慕華 사상이 강했던 사림에 의한 정치가 선조 이후 본격화 된 것과도 일정 부분 관련성을 갖는 것으로 보았다.

둘째, 형식 Ⅲ(원 안에 날개를 펴고 날아가는 현조)은 조선 전기에는 중종 반정 이후에 제작된 왕실 발원 불교회화 및 반정과 관계된 이들의 묘비에 나타났고, 조선 후기에는 영조 20년(1744년)에 제작된 직지사 약사여래도와 대한제국 시기의 일기에서 볼 수 있었다. 원 안의 현조를 천명의 전달자로 볼 때, 날아가는 현조는 천명이 다른 곳으로 옮겨간다는, 즉 왕조 또는 왕이 바뀜을 상징한다. 이를 말해주듯, 형식 Ⅲ은 반정의 당위성과 통치자의 합법성이 강조되었던 중종 반정 이후, 명이 몰락한 후 조선이 중화 문화를 계승할만한 유일한 문화국가임을 표방한 조선중화사상이 팽배했던 영조연간, 조선 왕국의 종언을 고하며 대한제국을 성립시켰던 시기에 나타났다.

셋째, 형식 Ⅰ(원 안에 날개를 접은 채 서 있는 현조)은 조선 전후기의 불화 몇 점과 19세기에서 20세기 초에 제작된 일월도자수 가사들을 제외하고는 볼 수 없었고, 형식 Ⅱ(원 안에 날개를 펼친 채 서 있는 현조)는 성종 때 제작된 약사삼존십이신장도에만 표현되었다. 형식 Ⅰ과 형식 Ⅱ는 그 수는 많지 않지만, 조선 초기의 경우 명목상으로는 명을 섬기면서도 왕권 확립과 함께 주변국에 대한 영향력을 넓혀가며 조선 중심의 국제 질서를 구상하고자 했던 15세기 왕실 발원 불교회화에 나타나고 있어 주목되었다.

참고문헌

1. 사료(史料)

『古今注』

『靈憲』

『世宗實錄』

『經國大典』

『大明集禮』

『國朝五禮儀』

『進宴儀軌』

『藥師琉璃光如來本願功德經』

『釋門儀範』

2. 보고서

홍순석·김희찬,『抱川金石文大觀』: 향토문화자료집 6집, 포천문화원, 1998. 12.

한국토지공사 토지박물관·고양시,『고양시의 역사와 문화유적』, 도서출판 큰기획, 1999. 9.

한국토지공사 토지박물관·남양주시,『남양주시의 역사와 문화유적』, 도서출판 큰기획, 1999. 11.

한국토지공사 토지박물관·성남시,『성남시의 역사와 문화유적』, 도서출판 큰기획, 2001. 5.

동국대학교박물관,『동국대학교 國寶展』, 동국대학교박물관, 2006. 5.

경기도박물관,『경기 묘제 석조 미술』上 : 조선 전기 도판편, 주자소, 2007. 2.

경기도박물관,『경기 묘제 석조 미술』上 : 조선 전기 해설편, 주자소, 2007. 2.

경기도박물관,『경기 묘제 석조 미술』下 : 조선 후기 도판편, 주자소, 2008. 3.

경기도박물관,『경기 묘제 석조 미술』下 : 조선 후기 해설편, 주자소, 2008. 3.

3. 단행본

전호태,『고구려 고분벽화 연구』, 사계절, 2002. 5.

李熙德,『高麗時代 天文思想과 五行說 硏究』, 一潮閣, 2000. 5.

김일권,『우리 역사의 하늘과 별자리』, 고즈윈, 2008. 9.

성보문화재연구원, 『韓國의 佛畵』1 50권, 해인기획

菊竹淳一·鄭于澤 外, 『高麗時代의 佛畵』해설판, 시공사, 1997. 3.

박은경·정은우, 『西日本 지역 한국의 불상과 불화』, 도서출판 민족문화, 2008. 7.

4. 논문

金右臨, 『서울·경기지역의 朝鮮時代 士大夫 墓制 研究』高麗大學校 大學院 博士學位論文, 2007. 1.

안현주, 『朝鮮時代 卽位儀禮 研究』, 단국대 전통의상학과 석사학위논문, 2003.

金珠美, 『韓國의 日象文 研究-東夷系 韓民族의 文化 系統을 中心으로』, 檀國大學校 大學院(史學科 考古美術史 專攻) 博士學位論文, 2007. 12.

이용운, 「朝鮮後期 寺刹에 건립된 耆老所 願堂에 관한 考察」, 『불교미술사학』제3집, 통도사성보박물관 불교미술사학회, 2005. 10.

盧泰敦, 「5세기 高句麗人의 天下觀」, 『한국사 시민강좌』제3집, 一潮閣, 2006. 9.

김문식, 「高宗의 皇帝 登極儀에 나타난 상징적 함의」, 朝鮮時代史學報 37輯, 2006. 6.

拙 稿, 「朱雀旗와 日旗에 나타난 日象文의 변용과 변천」, 『三足烏』, 학연문화사, 2007. 3.

＿＿＿, 「韓國 古代 日象文의 成立 背景」, 『白山學報』第80號, 白山學會, 2008. 4.

＿＿＿, 「日象文의 도상학적 고찰과 문화권에 따른 특징」, 『단군학연구』제18호, 단군학회, 2008. 5.

최희재, 「한국과 동아시아 국제질서의 변화」, 『세계속의 한국』, 단국대학교출판부, 2008. 2.

도판 및 표 목록

1. 도판

그림 1. 조선시대 형식 Ⅰ의 일상문

그림 2. 고려 대각국사 의천의 일월도자수 가사의 형식 Ⅰ의 일상문〔고려 1087년(?)〕

그림 3. 성종 때 발원 제작된 약사삼존십이신장도 중 일광보살의 보관 위에 그려진 형식 Ⅱ의 일상문(조선 1477년)

그림 4. 관경16관변상도(觀經16觀變相圖) 중앙 상부 일몰관(日沒觀)에 그려진 형식 Ⅱ의 일상문, 일본 지은원 소장(고려 1323년)

그림 5. 조선시대 형식 Ⅲ의 일상문

그림 6. 조선시대 형식 Ⅳ의 일상문

그림 7. 조선 전기 사대부 묘비 관석(冠石) 뒷면에 초승달, 불로초, 방아 찧는 토끼 등으로 표현된 월상문(月象文) : 묘비 관석 앞면에는 형식 Ⅲ(원 안에 날아가는 현조)의 일상문 표현

그림 8. 조선 전기 사대부 묘비 관석 앞면에 둥근 원 또는 반원으로 표현된 형식 Ⅳ의 일상문

그림 9. 조선 전기 사대부 묘비 관석 뒷면에 둥근 원 또는 초승달로 표현된 월상문 : 묘비 관석 앞면에는 원으로 구성된 형식 Ⅳ의 일상문 표현

그림 10. 묘비 관석 앞면의 일상문이 용문으로 대체 : 정미수 묘비 관석 앞면의 용문과 뒷면의 월상문, 묘비 건립 조선 1513년

그림 11. 묘비 관석 앞면의 일상문이 구름문으로 대체 : 남효원 묘비 관석 앞면의 구름문과 뒷면의 월상문, 묘비 건립 조선 16세기 초중반

그림 12. 묘비 관석 앞뒷면의 일월상이 바뀐 사례 : 윤시영 부인 진주 류씨 묘비 관석 앞면의 월상문(초승달)과 뒷면의 일상문(둥근 원), 묘비 건립 조선 1550년

그림 13. 묘비 관석 앞면의 일상문이 주작으로 대체된 사례 : 박세영 묘비 관석 앞면의 주작과 뒷면의 월상문, 묘비 건립 조선 1582년

그림 14. 『세종실록』권132 가례(嘉禮) 서례(序禮) '노부(鹵簿)'에 보이는 주작기, 조선 1454년

그림 15. 고구려 덕흥리고분 천장 고임부에 '양광지조이화이행(陽光之鳥而火履行)'이란 글자와 함께 그려진 서조, 삼국시대 5세기 초, 평양 지역 고분

그림 16. 맹금류(까마귀), 닭, 물새의 특징적 모습을 엿볼 수 있는 고구려와 고려의 일상문

그림 17. 복희・여와 화상전(畵像塼)의 원 안에 날아가는 현조로 표현된 형식 Ⅲ의 일상문, 후한, 사천성 숭령현 출토

그림 18. 산동성 임기현 금작산 9호묘 출토 비단 그림에 그려진 일상문〔우측 원 안에 표현된 이족(二足)의 현조〕, 전한

그림 19. 대둔사 대양문 대범왕도 우측 상단의 일상문, 조선 1847년

그림 20. 대둔사 대광명전 칠성도 중 우측 상단의 일상문과 우측 중단에 위치한 일광보살의 보관 위에 그려진 일상문, 조선 1845년

그림 21. 일상문 주변에 운학문(雲鶴文)을 배치시킨 김상준의 묘비 관석, 조선 17세기 중반

그림 22. 운학문이 원과 원 밖이 배치된 고려청자 상감 운학문 매병, 고려 12세기 말~13세기 초

그림 23. 상부 중앙의 일상문 좌우에 용 머리를 위치시킨 이진검의 묘비 관석, 조선 18세기 초

그림 24. 은해사 칠성도 : 일광보살(하단부 우측)이 손에 들고 있는 붉은 색의 일상문, 조선 19세기 후반

그림 25. 비로암 칠성도 : 일광보살(우측)이 손에 든 연꽃 위에 얹어져 있는 붉은 색의 일상문, 조선 1904년

그림 26. 광해군 묘비 관석 앞면의 일상문과 뒷면의 월상문, 묘비 건립 17세기 중반

그림 27. 대한제국의 일기

그림 28. 『대명집례(大明集禮)』 권 43 의장(儀仗)에 도시(圖示)된 명(明)의 일기

2. 표

표 1. 조선 전기(양란 이전) 일상문의 형식 분류

표 2. 조선 후기(양란 이후) 일상문의 형식 분류

07

일상문을 통해 본 복락(福樂)과
재화(災禍)의 의미 고찰

한국의 대표적인 전통 문양으로 태양을 상징하고 이를 형상화 한 일상문이 있다. 일상문은 원으로 표현되기도 하고, 원 안에 삼족오와 같은 서조瑞鳥가 결합되기도 한다. 한편 '복락福樂'의 사전적 의미는 행복한 생활을 누리고 편안함과 즐거움을 얻는 것이며, '재화災禍'는 재앙과 불운으로 어려움을 겪게 되는 것을 뜻한다. 복락과 재화에 대한 구체적인 해석은 각기 다를 수 있지만, 복락의 개념에는 조화롭고 풍요로운 세상 · 밝고 새로운 세상 · 영원한 삶과 안식 · 꿈과 희망 · 지혜와 깨달음 등이 포함되며, 재화는 고난과 불행 등을 함축한다.

본고에서는 '해 속의 삼족오'로 표현된 한국의 일상문을 중심으로 그것이 함축하고 있는 복락과 재화의 의미를 고찰하고자 한다. 이를 위해 먼저 태양과 삼족오의 상징적 의미를 알아본 후, 원으로 구성된 일상문과 원과 삼족오가 결합된 일상문의 도상 해석을 통해 '해 속의 삼족오'에 나타난 복락과 재화의 의미를 파악하고자 한다.

Ⅰ. 태양의 상징적 의미

하늘 세계를 대표하는 태양은 눈부신 광명과 뜨거운 열기로 세상을 밝히고 모든 생물을 소생시킨다. 그런 까닭에 장구한 세월 동안 인간 삶에 지대한 영향력을 미치며 그 절대적 존재성을 인정받았다. 다음에서는 태양이 지닌 속성을 고려하면서 태양의 상징적 의미를 회귀성과 신생新生, 천상天象의 대표적 물상物象과 치천하治天下의 상징, 광명과 농경의 풍요라는 측면에서 살펴보고자 한다.

1. 회귀성과 신생(新生)

일출하여 일몰에 이르는 태양의 운행은 탄생하여 성장하고 죽음을 맞이하는 인간의 일생과 비견된다. 다만 양자의 차이는 태양은 무한하나 인간은 유한하다는 점

그림 1 고구려 장천1호분 천장석 동측에 그려진 일상문, 삼국시대 5세기 중반, 집안 지역 고분

그림 2 고구려 진파리7호분에서 출토된 일상문 금동투조 장식, 삼국시대 6세기 초중반, 평양 지역 고분

그림 3 지광국사현묘탑비의 비신(碑身) 앞 좌측에 새겨진 일상문, 고려 1085년, 원주 소재

그림 4 광해군 묘비 앞면 중앙에 새겨진 일상문, 조선 17세기 중반, 남양주 소재

이다. 매일 아침 떠오르는 주기적 회귀성을 지닌 태양을 보며 인간은 사후 태양과 같이 소생하기를 소망했고 이러한 믿음은 태양에 초월적인 신격을 부여했다. 또한 이 같은 속성을 지닌 태양에 영혼 불멸과 신생을 염원하는 종교적 내세관이 투영됨으로써 죽은 자와 관련된 묘제(고분 벽화, 부장품, 탑비 및 묘비 등) 장엄에 일상문이 표현되었다(그림 1, 그림 2, 그림 3, 그림 4). 이처럼 묘제 장엄에 일상문이 등장하는 것은 저녁에 지더라도 아침에 다시 떠오르는 영원성과 초월성을 지닌 태양처럼 재생과 부활의 삶이 사후 인간에게 영속되길 희망했기 때문이다.

일상문의 기본 구성 요소인 원은 항상적인 곡선으로 무한의 순환론을 반영하기 때문에 항상적 주기적 회귀성을 지닌 태양을 상징화하는데 적합하다. 후한 때 허신 許愼이 편찬한 『설문說文』에는 원에 대해 '원회야 원환전야(圓回也 圓圜全也 : 원은 회전하며 또한 온전하게 둥글다)'라 기록하고 있는데, 이 역시 원의 회귀성과 순환적 특성을 나타낸 것이다. 한편 노자老子는 '반자도지동(反者道之動 : 돌아가는 것이 도(道)의 움직임이다)'이라 말한 바 있는데, 그 의미는 움직임은 언제나 멈추지 않는 것이며 모든 것이 움직임으로부터 변화하고 서로 반전하고 진보해 간다는 것이다.[1] 이러한 도교의 우주관은 끊임없는 변화가 대자연의 성격이며, 일체의 굴레의 작용은 같은 것의 영원한 회귀를 향해 나감을 뜻한다. 아울러 그것은 주기적인 반복과 변화의 규칙성 및 균일성에 의해 공급되는 불변의 항상성으로 이해된다.[2] 원은 또한 세상의 중심을 기하학적으로 표현한 것으로 성지 · 영생의 땅 · 성스런 궁전 · 복된 자들의 땅 · 선택된 자들이 사는 곳 등을 의미한다.[3] 영생의 공간으로 만들어진 고구려 고분과 성스러운 부처님의 공간으로 조성된 석굴암 등의 지붕이 모두 궁륭형(穹窿形 : 활 처럼 둥글게 휘어진

---

1 뤼징런 · 스리우라 고헤이, 박지현 · 변은숙 옮김, 「천원지방의 전통어법을 오늘에 살리다」, 『아시아의 책 · 디자인』, 한국출판마케팅연구소, 2006.1, 217쪽.
2 루돌프 아른하임 著 · 김재은 譯, 『예술심리학(하)』, 이화여자대학교 출판부, 1984.1, 321~322쪽.
3 임영주, 『한국의 전통문양』, 대원사, 2004.9, 30쪽.

그림 5 고구려 감신총의 궁륭형 천장, 삼국시대 5세기 초, 평양 지역 고분

그림 6 통일신라 때 축조된 석굴암의 궁륭형 천장부, 남북국시대 8세기 중반, 경주 소재

모양)으로 이루어진 것도 바로 이런 까닭이다(그림 5, 그림 6).

2. 천상(天象)의 대표적 물상(物象)과 치천하(治天下)의 상징

앞서 살펴본 바와 같이 태양은 주기적 회귀의 규칙성과 불변의 항상성을 지닌다. 그러므로 태양은 천상을 대표하는 물상으로 또한 우주의 지배 신으로 오랫동안 그 절대적 권위를 인정받았다. 전통적인 사회일수록 우주와 자연의 질서를 태양에 두고 있는데, 이는 단순히 우주와 자연에 국한된 질서뿐만 아니라 인간 사회의 규범적 질서로서 태양의 이 같은 속성이 이의 없이 수렴될 수 있다고 보았기 때문이다.[4] 태양의 절대성과 위용에 대한 이러한 인식은 천신天神 사상 및 음양설과 연계되어 국가의 최고 권력자를 천자天子 내지 일월지자日月之子로 일컫게 되었는데, 그 예는 고구려의 시조始祖인 동명성왕東明聖王을 '황천지자皇天之子'와 '일월지자日月之子'로 기록한 광개토호태왕비廣開土好太王碑와 모두루묘지牟頭婁墓誌 등을 통해 확인할 수 있다. 동명성왕을 천자 내지 일월지자로 지칭한 것은 국가의 최고 권력자를 천신 및 일월

---

[4] 황패강, 「태양신화 비교 연구」, 『한국신화의 연구』, 새문사, 2006.5, 117쪽.

신과 같은 개념으로 인식하고 있음을 말해준다.[5]

위의 내용을 뒷받침하듯 옛부터 '태양은 임금의 정령精靈이다〔일위인군지정야 : 日爲人君之精也〕' '태양의 정기精氣는 임금의 표상이다〔태양지정군상야 : 太陽之精君象也〕'라 하여 태양이 임금을 상징하고 있음을 밝혔고,[6] 그런 까닭에 태양의 속성을 반영하는 글자가 고대 사회의 통치자 이름에 많이 포함되어 있다. 단군신화에 등장하는 환인桓因과 환웅桓雄의 이름 중 '환'은 환하다(밝다)는 의미이고, 단군檀君의 한자어를 한글로 풀이하면 박달나무 임금으로 여기서 '박달'을 '밝다'가 변화한 소리로 볼 때 단군은 태양과 성수聖樹를 숭배했던 임금을 지칭한다. 또한 북부여의 해모수解慕漱는 해를 모시는 분〔일시자 : 日侍者〕을 의미하며, 고구려 동명성왕의 '동東'과 '명明', 신라 박혁거세朴赫居世의 '박朴'과 '혁赫'은 각각 밝음을 뜻한다.

더욱이 동양에서는 태양을 단순히 자연과학의 대상으로 보기보다는 천심天心과 함께 천하관天下觀[7]을 파악할 수 있는 치천하治天下의 상징으로 인식함으로써 일상문은 죽은 자와 관련된 묘제의 장엄뿐만 아니라 왕권의 상징물로도 사용되었다. 이 때 일상문은 태양의 영속성과 함께 팽배하는 힘과 작열하는 역동성을 상징하며, 이는 왕조의 영속과 영위에 대한 희구를 의미한다. 이처럼 일상문이 왕권의 상징으로 사용된 대표적인 예로는 고려의 태조 왕건상王建像과 조선의 일월오악도日月五嶽圖가 있다.

태조 왕건상은 보관寶 상단에 여러 개의 원형 판들이 장식되어 있는데, 원형 판의

---

5 拙 稿, 「韓國 古代 日象文의 成立 背景」, 『白山學報』 第80號, 白山學會, 2008.4, 8~9쪽.
6 임영주, 주)3의 책, 185쪽.
   崔敏順, 「朝鮮朝 旗幟에 關한 硏究-儀仗旗의 紋樣을 中心으로」, 淑明女子大學校 大學院(産業工藝學科), 碩士學位論文, 1983, 64쪽.
7 天下라는 말은 하늘 아래의, 또는 天子의 권위 하에 있는 온 세상을 뜻하며 天下觀은 온 세상이 어떻게 구성되어 있고 나아가 인접 집단과 비교해 자기 족속의 특성이 어떠한 가에 대한 인식을 담은 것이다.(盧泰敦, 「5세기 高句麗人의 天下觀」, 『한국사 시민강좌』제3집, 一潮閣, 1988, 61쪽)

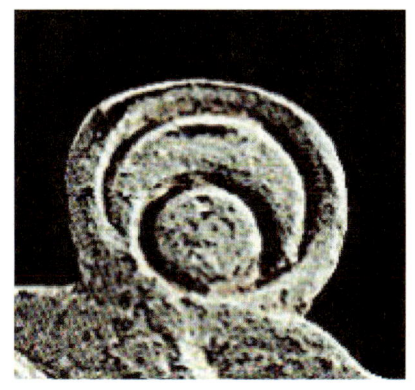 

그림 7 태조 왕건상의 보관(寶冠) 상단에 장식된 해와 달을 결합시킨 원형 판, 고려 951년경

그림 8 일월오악도 상단 좌우측에 붉은 원과 흰 원으로 표현된 해와 달, 조선 19세기 초~20세기 초

내부 하단에는 둥근 원으로 일상문을, 그 위에는 초승달 모양으로 월상문을 각각 나타냈다. 일상문과 월상문이 결합된 이 원형 판들은 보관의 전후좌우와 그 사이사이에 배치되어 있다. 이는 해와 달이 온 천하를 비추는 것과 같이, 고려의 군주가 세상을 밝게 하는 정치를 폄으로써 그 은택이 모든 백성에게 미침을 상징적으로 표현한 것이다(그림 7).[8]

조선시대의 일월오악도는 임금이 앉는 용상의 뒷면을 장식했던 병풍의 그림으로 왕의 절대 권위를 칭송하고 왕조가 무궁하기를 기원하기 위해 제작되었다. 일월오악도의 화면 상단 좌우에는 음양을 상징하는 태양과 달이 붉은 원과 흰 원으로 그려져 있다. 이 역시 태조 왕건상의 보관 상단의 일월상이 결합된 원형 판들과 같이, 낮과 밤을 밝히는 해와 달처럼 임금의 정치가 세상을 밝게 함을 뜻한다.(그림 8)

3. 광명과 농경의 풍요

인간뿐만 아니라 모든 자연물에도 영혼이 있다고 믿는 애니미즘의 대표적 대상

---

8 拙 稿,「日象文을 통해 본 고려시대의 역사 계승 의식」,『白山學報』第86號, 白山學會, 2010. 4, 201쪽.

가운데 하나가 바로 태양이다. 광명과 열기를 지닌 태양은 천지를 밝혀주고 모든 생물을 소생·번식시키는 데 없어서는 안 되는 중요한 존재로 동경의 대상이 되어 왔다. 수렵과 채집을 위주로 했던 구석기시대에도 이러한 활동을 가능케 하는 기본 요소로서 태양이 중시되었고, 농경이 시작된 신석기 이후에는 곡식을 생장시키는 필수불가결한 요소로서 태양의 중요성이 배가되었다. 태양에 대한 이 같은 친연 관계의 형성과 농경의 풍요를 기원하는 인간의 바람이 태양을 경외와 숭배의 대상으로 생각하게 함은 물론, 태양 자체를 신격화 또는 의인화함으로써 종교적인 신앙의 대상으로 삼게 했다.

광명과 풍요의 상징인 태양은 원 또는 여러 개의 원으로 이루어진 동심원으로 그려지며, 빛이 사방으로 퍼져나가는 모습으로 표현되기도 한다. 하늘 세계를 대표하는 태양을 동심원으로 묘사한 것은 하늘天이 몇 개의 원 또는 층으로 구성되어 있다는 생각을 반영한 것이다. 태양을 동심원으로 표현한 예는 울주군 천전리 암각화와 환문총環紋塚과 같은 고구려 고분에 그려진 환문環紋에서 살필 수 있다. 그 외에 빛이 사방으로 퍼져나가는 태양의 속성을 형상화 한 것은 고령 양전리와 영천 보성리 암각화에 나타나 있다. 울주군 천전리 암각화의 동심원은 태양 숭배를 반영하는 것으

그림 9 울주군 천전리 암각화의 태양을 상징화한 동심원, 청동기시대

그림 10 태양을 신상(神像)으로 표현한 고령군 양전리 암각화, 청동기시대

로 이는 농경의 풍요를 기원하는 신앙적 심의心意를 보여준다(그림 9). 한편 고령 양전리 암각화에서는 태양을 신상神像으로 표현한 태양신의 얼굴을 살필 수 있는데, 신상의 얼굴 주위에는 태양 광선이 사방으로 퍼져 나가는 모습을 표현한 짧은 직선들이 돌려져 있다(그림 10).

Ⅱ. 삼족오(三足烏)의 상징적 의미

일상문에 그려지는 해 속의 삼족오는 '태양 속의 세발 달린 까마귀'로 풀이된다. 그러나 삼족오의 '오烏'는 까마귀가 아닌 현조玄鳥로도 해석이 가능하다. 그 까닭은 삼족오의 '오'와 현조의 '현'이 모두 검다는 뜻을 지니고 있기 때문이다.『삼국사기三國史記』권14「고구려본기高句麗本紀」제2 대무신왕大武神王 2년 조條의 '오자흑야烏者黑也'라는 기사 내용과 까마귀의 연원이 검은 새라는 뜻의 '가마고'였다는 것을 통해 까마귀의 '오'가 검다는 의미를 함축하고 있음을 확인할 수 있다.

또한 '현'은 검다는 뜻 외에 하늘 또는 깊고 오묘하다는 뜻을 지니므로 현조는 현묘한 하늘새로도 해석이 가능하며, 삼족오는 하늘 세계를 대표하는 태양 속의 새라는 점에서 태양새와 하늘새를 상징하므로 현조와 삼족오는 같은 속성을 지닌 서조로 인식된다. 이밖에 대한화사전大漢和辭典[9]과 한한대사전漢韓大辭典[10] 중에는 학鶴을 현조로 풀이한 것이 있고,『상학경기相鶴經記』에는 "학은 양陽의 새이다"[11]라고 기록하고 있어 학을 양조陽鳥, 즉 태양새로 인식했으며, 이를 통해 현조=학=양조(태양새)의 관계가 성립됨을 알 수 있다.

위의 내용을 정리해보면, 일상문에 등장하는 삼족오와 같은 현조에는 검은 색의

9　中華書局이 출판한『大漢和辭典』의 '玄'部 중 玄鳥 참조.
10　(株)敎學1社가 출판한『敎學 大漢韓辭典』(1998년)의 '玄'部 중 玄鳥 참조.
11 『相鶴經記』. '鶴陽鳥也.'

까마귀・독수리・매・까치・제비 외에 흰 색의 학 등이 포함된다. 까마귀・독수리・매 등은 북아시아의 신화 속에 천신의 사자使者 내지 샤먼의 정령으로 등장하고, 까마귀과에 속하는 까치는 기쁜 소식을 알리는 길조吉鳥이며, 제비는 계절이 바뀌는 것을 알려주는 여름 철새이다. 또한 학은 솟대에 많이 얹어지는 물새이며 철새인 오리처럼 10월에 시베리아나 몽골에서 도래하여 다음 해 봄에 되돌아가는 겨울 철새이며, 문과 급제를 기념하기 위해 세워지는 솟대 위의 새이기도 한다. 이처럼 '현조'는 검은 새만을 지칭하는 것이 아닌 샤먼의 정령이나 소식과 계절을 알리는 철새 등 일반적인 새들과는 차별화된 '하늘새' 내지 '태양새'를 의미하며, 따라서 솟대신앙과도 밀접하게 연계되어 있다.[12]

다음에서는 이같은 삼족오의 어원을 고려하면서 삼족오의 상징적 의미를 영혼의 운반자와 불사不死의 상징, 천자와 천명의 사자, 곡령穀靈의 전달자와 풍요의 상징이라는 측면에서 고찰하고자 한다.

1. 영혼의 운반자와 불사(不死)의 상징

망자亡者와 관련된 유적과 유물에 '해 속의 삼족오'와 같은 일상문이 표현된 것은 북아시아의 조장鳥葬 풍습과 상호 관련성을 갖는다. 북아시아의 조장 풍습은 이 지역에서 최초의 샤먼을 까마귀・독수리・매 등과 같은 검은 색의 맹금류로 인식한 데서 비롯되었다. 그 이유는 맹금류의 검은 색이 어둠과 죽음을 상징하며, 인육人肉을 먹는 까마귀・독수리・매 등이 하늘계와 인간계를 연결하는 샤먼과 같이 이 세상에서 저 세상으로 인간의 영혼을 실어 나른다고 믿었기 때문이다. 아울러 이들의 용맹성・위엄・날쌘 동작 등이 천신의 사자使者 및 실행자로서의 역할을 수행하는데 적합하다고 여겼기 때문이다.[13]

---

12 拙 稿, 「日象文의 도상학적 고찰과 문화권에 따른 특징」, 『단군학연구』 제18호, 단군학회, 2008.5, 94쪽.

그림 11 맹금류의 특징적 모습이 반영된 고구려 쌍영총의 일상문, 삼국시대 5세기 말, 평양 지역 고분

그림 12 물새의 특징적 모습이 반영된 고려청자 상감진사 동자포도문 표형주자 상부의 일상문, 고려 12세기 말~13세기 초

한편 일상문의 삼족오는 까마귀와 같은 검은 색의 맹금류 외에 물새이며 철새인 오리 또는 학을 닮은 모습으로 묘사되기도 하는데 이는 솟대신앙이 투영된 것으로 본다(그림 11, 그림 12). 솟대 위에는 철새와 물새의 속성을 지닌 새가 주로 얹어지는데 그 이유는 주기성을 갖는 철새를 인간 세계와 신神의 세계를 넘나드는 영혼의 운반자로 생각했고, 잠수 능력을 지닌 물새를 홍수에서도 살아남을 수 있는 불사不死의 새로 인식했기 때문이다. 이런 까닭에 철새이며 물새인 오리가 솟대에 많이 올려졌다. 한국의 경우도 솟대 위의 새는 오리가 일반적이나 제주도와 경상도의 일부 해안 지역에서는 까마귀가 솟대에 올려진다(그림 13, 그림 14). 그 배경으로는 까마귀 중 겨울 철새인 떼까마귀의 서식지가 제주도와 경상도 해안 일대라는 점을 고려할 수 있다.

삼족오의 다리 셋은 천지인天地人 사상을 반영하는 것으로 풀이되는데, 이 때 천天은 영靈의 세계인 하늘을, 지地는 육체와 죽음의 세계인 땅을, 인人은 하늘과 땅을 매

---

13 拙 稿, 주)5의 논문, 18쪽.

그림 13 철새이자 물새인 솟대 위의 오리

그림 14 경상도 해안 일부와 제주도에서 볼 수 있는 솟대 위의 까마귀

개하고 이어주는 영적 능력을 지닌 샤먼을 의미한다. 따라서 천지인 사상은 영의 세계인 하늘 세계와 죽음의 세계인 지하 세계를 샤먼을 매개로 하여 인간 세계와 연결하는 무巫의 세계관을 말한다. 삼족오의 다리 셋에 대해서는 숫자 3과 같은 홀수가 양수陽數 및 길수吉數를 나타내고 홀수는 짝수처럼 나누어지지 않으므로 무한을 상징한다고 인식하기도 한다.[14] 이는 현조인 삼족오의 '오'가 영혼의 운반자와 불사의 새로 인식된 것과 마찬가지로 삼족오의 다리 셋 역시 영혼의 매개자 내지 무한을 상징하고 있음을 보여준다.

2. 천자(天子)와 천명(天命)의 사자(使者)

일상문에 묘사되는 현조인 까마귀는 동이계東夷系 설화에서 태양과 왕을 상징하거나 왕과 왕재王才를 보필 내지 위험에서 구하는 존재로 그려진다. 이에 관한 내용은 동이계인 한韓 민족의 설화와 고문헌에서 확인할 수 있다.

먼저 까마귀가 태양과 왕을 상징하는 경우는 북부여를 세운 해모수가 머리에 쓴 오우관[烏羽冠 : 까마귀 깃털로 만든 관(冠)][15], 일본으로 건너가 왕과 왕비가 된 일월지정日月

---

14 渡邊素舟, 『東洋文樣史』, 富山房, 昭和 46年, 207쪽 참조.

之精의 상징인 연오랑延烏郎과 세오녀細烏女 이름 중의 '오烏'[16] 등이 있다. 한편 왕과 왕재를 보필하거나 위험에서 구하는 경우는 고구려의 시조인 주몽이 동부여의 추병追兵을 피할 때 주몽을 따랐던 오이烏伊[17]와 백제의 시조인 온조왕溫祚王의 남하 시 동행했던 오간烏干[18]의 이름에 각각 까마귀의 한자어인 '오烏'가 들어 있고, '사금갑射琴匣' 설화에서 신라의 소지왕炤知王에게 왕의 신변과 관련된 위험한 상황을 암시해 주는 까마귀[19] 등이 있다. 이밖에 왕을 보필하는 관직명에서도 '오烏'자를 살필 수 있는데, 그 예는 신라 유리왕儒理王 9년(32년)에 정비된 17관등 중 15관등인 대오大烏와 16관등인 소오小烏에서 찾을 수 있다.[20] 까마귀의 이러한 역할은 동이계인 일본인과 만주족의 설화에도 나타나 있다. 일본 최초의 천황으로 얘기되는 신무천왕神武天王이 대화국(大和國)을 침공하러 갈 때 이를 안내한 태양신 아마데라스오오미카미[천조대신(天照大神)]가 보낸 까마귀,[21] 청淸을 세운 누루하치를 죽음의 고비에서 구한 까마귀

---

15 李奎報, 「東國李相國集」, 「東明王篇」 幷序. '天帝遺太子 降遊夫余王古都 號解慕漱 從天而下 乘五龍車 從者百餘人 皆騎白鵠 彩雲浮於上 音樂動雲中 止熊心山 經十餘日始下 首戴鳥羽之冠 腰帶龍光之劒 朝則聽事 暮卽升天 世謂之天王郞.'

16 『三國遺事』 卷一 第二 紀異篇 延烏郎 細烏女條. '第八 阿達羅王卽位四年丁酉 東海濱 有延烏郎 細烏女 夫婦而居 一日延烏歸海採藻 忽有一巖 負歸日本 國人見之曰 此非常人也 乃立爲王 細烏怪夫不來 歸尋之 見夫脫鞋亦上其巖 巖亦負歸如前 其國人驚訝 奏獻於王 夫婦相會 立爲貴妃 是時新羅日月無光 日者奏云 日月之精 降在我國今去日本 故 致斯怪.'

17 『三國史記』 卷第十三 高句麗本紀 第一. '朱蒙乃與烏伊摩離陜父等三人爲友 行至淹水.'

18 『三國史記』 卷第二十三 百濟本紀 第一. '及朱蒙在北夫餘所生子來爲太子 沸流溫祚恐爲太子所不容 遂與烏干馬黎等十臣南行 百姓從之多.'

19 『三國遺事』 卷一 第二 紀異篇 射琴匣條. '第二十一毗處王(一作炤智王.) 卽位十年戊辰. 幸於天泉亭. 時有烏與鼠來鳴. 鼠作人語云. 此烏去處尋之.(或云. 神德王欲行香興輪寺. 路見衆鼠含尾. 怪之而還占之. 明日先鳴烏尋之云云. 此說非也.) 王命騎士追之. 南至避村.(今壤避寺村在南山東麓) 兩猪相鬪. 留連見之. 忽失烏所在. 徘徊路傍. 時有老翁自池中出奉書. 外面題云. 開見二人死. 不開一人死. 使來獻之. 王曰. 與其二人死. 莫若不開. 但一人死耳. 日官奏云. 二人者庶民也. 一人者王也. 王然之開見. 書中云射琴匣. 王入宮見琴匣射之. 乃内殿焚修僧與宮主潛通而所奸也. 二人伏誅. 自爾國俗每正月上亥上子上午等日. 忌愼百事. 不敢動作. 以十五日爲烏忌之日. 以糯飯祭之. 至今行之. 俚言怛忉. 言悲愁而禁忌百事也. 命其池曰書出池.'

20 『三國史記』 卷第三十八 雜志 第七 職官 上. '(中略)十五曰大烏(或云大烏知) 十六曰小烏(或云小烏知).'

21 『日本書紀』 卷第三 第一世 神武天皇條. '時夜夢 天照大神訓于 天皇曰 朕今遺頭八咫烏 宣以爲鄕導者 果有頭八咫烏 自空翔降 天皇曰 此烏之來 自叶祥夢 大哉 赫矣 我皇祖天照大神 欲以助成基業乎 是時 大伴氏之遠祖

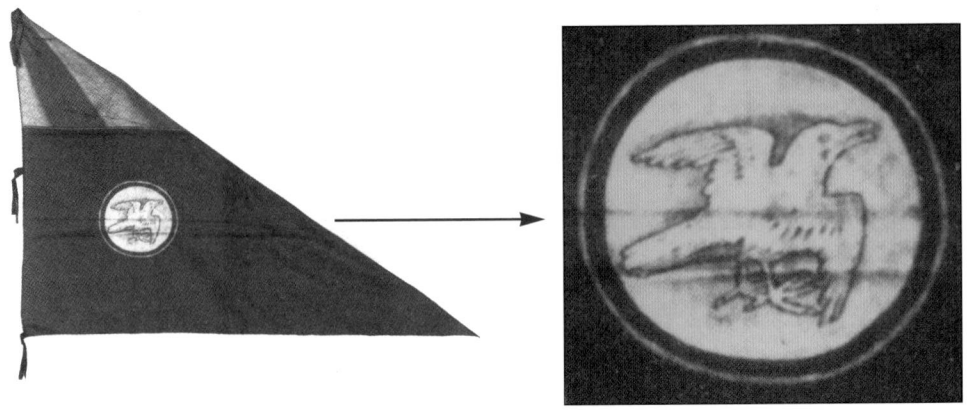

그림 15 대한제국의 일기(日旗)에 그려진 원 안에 날아가는 모습의 현조가 표현된 일상문, 조선 1897~1905년

관련 기사記事가 이에 해당한다.

또한 일상문의 삼족오는 천자(황제)와 천명天命의 전달자를 상징하는데, 그 예로는 대한제국의 일기日旗와 조선시대의 사대부 묘비를 들 수 있다.

의장기儀仗旗는 국가의 위엄과 통치자의 절대 권력을 나타내기 위해 각종 의전 행사에 동원되는 깃발을 총칭한다. 의장기에는 동물, 천상天象, 산수, 십이지 등 다양한 문양이 표현되며 해와 달을 그린 일기와 월기月旗도 의장기에 포함된다. 그런데 조선시대에는 일기와 월기가 제작되지 않았고, 조선 왕조의 기록에도 일기와 월기에 관한 기록은 나타나 있지 않다. 그 이유는 명明에 대해 사대事大 관계를 취했던 조선이 황제국의 상징으로 사용되었던 일기와 월기의 사용을 자제했기 때문으로 본다. 하지만 조선 말 황제국을 표방하며 성립되었던 대한제국 시기에는 의장기에서 일기와 월기를 확인할 수 있다. 하늘 세계를 대표하는 해와 달을 그린 일기와 월기가 대한제국 시기의 의장기에 등장하는 것은 열강의 압박과 침탈이 계속되는 가운

日臣命 帥大來目 督將元戎 蹈山啓行 乃尋烏所向 仰視而追之 遂達于菟田下縣 因號其所至之處 曰菟田穿邑 于時 勅譽日臣命曰 汝忠而且勇 加有能導之功 是以 改汝名爲道臣.'

데서도 대한제국의 건설을 통해 실추된 왕권의 위엄을 높이고 조선이 청淸, 일본과 대등한 위상을 가진 자주 독립국임을 나타내고자 하는 의도에서 비롯된 것이다. 하지만 고구려 고분에 그려진 일상문의 다수가 원 안에 서 있는 정지된 모습의 삼족오로 묘사된 것과는 달리, 대한제국의 일기에는 원 안에 2족足을 지닌 현조가 날아가는 모습으로 표현되었다. 현조를 천명의 전달자로 볼 때, 이처럼 대한제국의 일기에 날아가는 현조를 그린 것은 조선 왕국의 종언을 고하며 대한제국이 탄생된 것을 상징화 한 것으로 이해된다(그림 11 참조, 그림 15)[22]

일상문의 삼족오를 천명의 전달자로 인식할 수 있는 또 다른 예는 조선시대의 사대부 묘비에서 찾을 수 있다. 16세기 중후반에 건립된 이곤李坤과 박운朴雲의 묘비 관석冠石에 새겨진 일상문에는 원 안에 날개를 펴고 날아가는 모습의 삼족오가 표현되었는데, 연산군燕山君의 폭정을 경험하면서 군주의 마음을 바로 잡는 것이 중요한 문제임을 인식했던 시기에 보인다는 점에서 주목된다. 더욱이 이곤은 중종中宗 반정에 참여했던 인물이고, 박운은 중종 반정의 일등 공신으로 영의정까지 지낸 박원종朴元宗의 아들이다. 이 같은 맥락에서 볼 때, 이들 묘비에 새겨진 원 안에 날개를 펴고 날아가는 모습의 삼족오가 표현된 일상문은 "군주가 잘못된 정치를 행했을 때 하늘이 재이災異를 내려 경고하며 그래도 깨닫지 못한다면 유덕하고 인자한 군주에게 권력을 승계하도록 한다"는 전한前漢 때 동중서(董仲舒 : 기원전 179~기원전 104)가 제시한 천인감응설天人感應說을 나타낸 것이며, 아울러 폭정을 행했던 연산군에서 반정에 의해 왕에 오른 중종으로 왕권이 이양되었음을 상징화 한 것이다. 또한 눈길을 끄는 것은 원 안에 날아가는 새의 다리 셋이 분명하게 나타나 있다는 점이다. 삼족오의 다리 셋이 천지인 사상을 반영한다고 볼 때 무巫가 하늘과 땅, 신과 인간의 매개자로서 기능하는 것과 같이 다리 셋은 반정에 의해 왕위에 오른 중종이 인위人爲에 의해 세

---

22 拙 稿,「조선시대의 日象文」,『朝鮮時代史學報』51輯, 朝鮮時代史學會, 2009.12, 45~46쪽.

그림 16 이곤 묘비 앞면 상부 중앙의 원 안에 날아가는 모습의 삼족오가 표현된 일상문, 조선 1559년

그림 17 박운 묘비 앞면 상부 중앙의 원 안에 날아가는 모습의 삼족오가 표현된 일상문, 조선 16세기 중후반

워진 임금이 아닌 천명을 받은 하늘의 대리자 내지 백성의 교화자임을 표현한 것이며, 아울러 반정의 당위성과 통치자의 합법성을 강조한 것이다(그림 16, 그림 17).[23]

3. 곡령(穀靈)의 전달자와 풍요의 상징

전술한 바와 같이, 일상문에 그려지는 태양새 내지 하늘새를 상징하는 현조의 범주에는 까마귀·독수리·매와 같은 검은 색의 맹금류 외에 철새이며 물새인 흰 색의 오리와 학 등이 포함된다(그림 11 참조, 그림 12 참조).

현조 중 까마귀는 시베리아의 여러 종족과 북아메리카의 토착민들이 세상의 창조주로 여겼고, 북아메리카 인디언들 사이에서는 까마귀가 처음으로 인류에게 곡식을 전해주었다는 신화가 전승되고 있다. 이처럼 까마귀가 생산과 관련된 창조주 내지 곡령穀靈의 전달자로 인식된 것은 북방의 혹독한 기후 조건 속에서 썩은 고기를 먹어가며 생존하는 까마귀의 탁월한 능력 때문으로 생각된다.[24]

또한 농경에 있어 물은 불수불가결한 요소이므로 물새인 오리와 학을 농경의 풍

---

23 拙稿, 주)22의 논문, 31쪽.
24 보리아 섹스, 『까마귀』, 가람기획, 2005, 95~97쪽. 117쪽 참조.

요와 연계시킴으로써 물새는 농경의 보조 신으로도 여겨졌다. 이런 까닭에 물가를 끼고 있는 농경 사회에서는 물새인 오리가 솟대에 주로 올려졌는데, 이는 오리의 다산성과 농경의 풍요를 연계시켰기 때문이다. 이 때 솟대 위에 얹어진 오리는 앞서 언급한 영혼의 운반자 외에 곡령과 풍요를 상징한다(그림 13 참조).[25]

솟대 위의 오리처럼 새가 곡령과 풍요를 의미하는 경우는 다음의「동명왕편東明王篇」에서 살필 수 있다.

> "주몽이 떠나면서 어머니와 이별하기를 못내 안타까워하니 어머니는 내 걱정은 조금도 하지 말라 하며 오곡 씨앗을 싸서 보냈다. 주몽은 이별이 너무 괴로워 보리씨를 깜박 잊고 왔다. 그 뒤 주몽이 남하하여 얼마를 가다가 큰 나무 밑에 앉아 쉬는데 어머니가 보낸 비둘기가 보리씨를 전해 주었다. 활로 비둘기를 쏘아 떨어뜨려 목구멍에서 보리씨를 꺼내고는 물을 뿜으니 비둘기가 되살아나 날아갔다."[26]

위의 내용은 주몽이 동부여 병사들의 추병을 피한 후 나무 아래에서 쉬고 있을 때 신모神母로 상징되는 주몽의 어머니인 유화가 비둘기를 통해 보리씨를 보내온 것을 언급한 것이다. 여기서 유화가 보낸 비둘기는 신모神母의 대리자 내지 별태別態로 이해되며, 보리씨를 보낸 유화는 다산과 풍요를 의미하는 지모신地母神과 농업신의 특성을 지닌다.[27] 따라서 유화가 보낸 비둘기는 곡령과 풍요를 상징하며 어머니인 유화로부터 곡종穀種을 받아 나라를 경영하게 되는 주몽은 농경 왕자의 면모를 보인다.

일상문에 그려지는 까마귀와 오리가 곡령과 생산(풍요)을 상징하듯이, 삼족오의

---

25 拙 稿, 주)5의 논문, 17쪽.
26 『東國李相國集』 卷3 東明王篇條. '朱蒙臨別 不忍日癸 違 其母日 汝勿以一母爲念 乃裹五穀種以送之 朱蒙自切生別之心 忘其麥子 朱蒙息大樹之下 有雙鳩來集 朱蒙日 應是神母使送麥子 乃引弓射之 一矢俱擧 開喉得麥子 以水噴鳩 更蘇而飛去.'
27 金哲埈,「東明王篇에 보이는 神母의 성격」,『韓國古代社會研究』, 知識産業社, 1975. 8, 35~40쪽.

그림 18 농경문 청동기 뒷면 우측에 성기를 드러낸 채 새 깃털을 머리에 꽂고 따비로 밭을 가는 인물, 청동기시대 말-철기시대 초

다리 셋 역시 이와 비슷한 맥락으로 이해될 수 있다. 왜냐하면 양정陽精을 대표하는 태양과 남성의 양물(陽物 : 성기) 모두 생산과 풍요를 상징하므로 태양과 합일된 삼족오의 가운데 다리를 남성의 양물을 나타낸 것으로 인식할 수 있기 때문이다.[28] 이와 관련하여 주목되는 것은 대전 괴정동에서 출토된 농경문 청동기이다. 농경문 청동기의 뒷면 우측에는 성기를 드러낸 채 머리에 새 깃털을 꽂고 따비로 밭을 가는 인물이 나타나 있다. 이 때 따비로 밭을 가는 인물이 머리에 꽂은 새 깃털은 「동명왕편」에서 맥종을 입에 물고 온 비둘기처럼 곡령의 전달자를 의미하며, 이는 춘경春耕의 시작이 곡종을 운반하는 새에 의해 비롯된다는 고대인의 관념을 표현한 것이다(그림 18).

조선시대 때 현종顯宗이 이경석李景奭에게 하사한 궤장几杖 중에는 새와 삽 모양이 상하부에 장식된 것이 있다. 궤장 상부의 비둘기 모양의 새는 「동명왕편」에 등장하는 비둘기를, 궤장 하부의 삽은 농경문 청동기의 따비를 연상시킨다. 농경문 청동기에 묘사된 새 깃털을 머리에 꽂고 따비로 밭을 가는 인물은 당시의 실력자인 제사장을 나타낸 것이고, 궤장은 벼슬이 1품에 이르고 나이가 70세 이상으로서 국가에

---

[28] 李亨求, 「고구려의 삼족오(三足烏) 신앙에 대하여-고고학적 측면에서 본 鳥類숭배사상의 기원 문제」, 『東方學志』 86, 연세대학교국학연구원, 1994.12, 4쪽 참조.

큰 영향력을 미친 국로國老에게 국왕이 하사했던 것이다.²⁹ 따라서 농경문 청동기 뒷면 우측에 밭을 가는 인물이 머리에 꽂은 새 깃털과 궤장 상부에 장식된 새는 곡령의 전달자라는 측면 외에 수장首長을 나타내는 표식標式의 성격을 지닌다. 한편 농경문 청동기의 새 깃털을 머리에 꽂은 인물이 손에 쥔 따비와 궤장 하부의 삽은 농사가 중시되는 농경 사회의 면모를 보여준다(그림 19).³⁰

그림 19 막대 끝에는 비둘기를 닮은 새가, 막대 하단에는 삽이 장식된 궤장(几杖), 조선 1668년

Ⅲ. 일상문의 도상 해석

1. 원으로 구성된 일상문

일상문은 원으로 구성된 것과 원 안에 삼족오와 같은 현조를 표현한 것으로 대별할 수 있다.

원으로 구성된 일상문에서 원은 태양의 속성인 무한의 순환론과 불변의 항상성을 나타내며, 태양이 하늘 세계를 대표한다는 점에서 '하늘은 둥글고 땅은 네모지다'는 천원지방天圓地方을 형상화 한 것이다. 또한 원에 색이 가해질 경우 붉은 색으로 묘사되는데, 이때 붉은 색은 양의 대표적 물상인 태양의 속성과 함께 신생新生을 의미한다.

---

29 박정혜, 「이경석사궤장도첩의 회화사적 의의」, 『全州李氏(白軒相公派) 寄贈古文書』, 경기도박물관, 2003. 1, 346~347쪽.
30 拙 稿, 주)5의 논문, 37~38쪽.

그림 20 신석기 하모도 문화에서 출토된 골제(骨制) 숟가락 자루에 새겨진 태양과 현조가 결합된 문양

그림 21 신석기 앙소 문화 채도 잔편에 시문된 태양과 현조가 결합된 문양

　태양을 상징하는 원과 삼족오와 같은 현조가 결합된 모습은 중국 신석기 시대에 양자강 하류의 하모도河姆渡 문화와 황하 유역의 앙소仰韶 문화에 이미 나타나지만(그림 20, 그림 21), 원과 현조가 결합된 일상문이 월상문과 짝을 이루어 표현되는 것은 한대漢代부터이다(그림 22). 그러나 남북조南北朝시대를 지나 수대隋代·당대唐代가 되면 중원中原 문화권의 일상문에서 현조의 모습은 잘 보이지 않는다.

　이는 천인天人 관계를 중시하고 음양과 오행의 운행을 인사人事와 연결시킨 동중서의 천인감응설이 유교사회의 중요한 통치철학으로 자리매김한 것과 밀접한 관련성을 갖는다. 특히 음양론과 관련하여 하늘의 현상 중 일식日蝕을 가장 경계했는데,

그림 22 산동성 임기현 금작산9호묘에서 출토된 비단 그림 상부 좌우에 묘사된 일상문과 월상문, 전한(前漢)

그 이유는 음陰과 신하를 상징하는 달이 양陽과 군왕의 상징인 태양을 가리는 일식을 정변이 일어날 조짐으로 생각했기 때문이다. 또한 한족漢族의 유교문화에서는 일상문의 현조 표현을 태양의 흑점을 나타낸 것으로 보았고, 태양의 흑점 역시 일식과 같이 태양을 가리는 것으로 여겨 일상문에서의 현조 표현은 점차 중원 문화권에서 사라지고 그 대신 원으로 태양을 표현한 일상문이 보편화 되었는데, 이는 음양론에 입각하여 태양을 양의 상징으로만 인식했기 때문이다.[31] 아울러 중원 문화권에서의 일상문의 이 같은 변화는 진한秦漢 교체기 때 한족에 흡수 통합된 산동반도 일대의 동이족의 현조 숭배의 영향을 받아 화하족華夏族의 후예인 한족이 태양과 현조를 결합시킨 일상문을 한대漢代에 일시적으로 표현한 것이며, 현조 숭배는 원래 한족의 문화가 아님을 말해준다.[32]

---

[31] 拙稿, 주)12의 논문, 114쪽.
[32] 손환일, 「三足烏 문양의 시대별 변천」, 『三足烏』, 학연문화사, 2007 .3. 86쪽.

2. 원 안에 현조가 표현된 일상문

그림 23 요령성 조양 원태자 벽화 묘의 '해 속의 삼족오'로 표현된 일상문, 남북조시대 4세기경

태양과 현조가 결합된 일상문은 동이족의 태양 숭배와 새 토템을 반영한다. 원으로 구성된 일상문이 중원을 중심으로 한 한족의 유교 문화권에 주로 나타나듯이, 원 안에 삼족오와 같은 현조가 표현된 일상문은 대부분 동이족의 이동 경로 및 생활 영역에서 볼 수 있다. 따라서 한대 이후 중원에서 소멸된 '해 속의 삼족오'로 표현된 일상문은 중원 문화권에서 멀리 떨어진 투르판 지역의 고분, 고구려와 인접한 요령성遼寧省 조양朝陽의 원태자袁台子 벽화 묘, 대릉하大凌河 지류인 서관영자西官營子 동쪽의 장군산에 위치한 석곽묘 등에서 발견된다(그림 23).[33]

'해 속의 삼족오'로 표현된 일상문은 애니미즘, 토테미즘, 샤머니즘과 같은 다양한 원시 신앙과, 천신天神사상이 결합된 형태를 보인다. 이때 원은 태양 숭배와 같은 애니미즘을, 원 안에 표현된 현조는 동이족의 새 토템과 천신사상을, 현조인 삼족오의 다리 셋은 무巫의 세계관과 관련된 천지인 사상을 나타낸다.[34]

여기서 태양을 상징하는 원은 '원으로 구성된 일상문'처럼 태양의 속성인 무한의 순환론·불변의 항상성과 함께 동이족의 태양 숭배 사상을 나타낸다. 동이족의 어원을 살펴보면, '동東'은 '날 일日'과 '나무 목木'이 결합된 글자로 이는 동이족이 태양과 나무를 숭배했던 종족임을 뜻하는데, 동이계 설화에서 태양의 속성인 밝음을 의미하는 글자가 통치자 이름에 많이 나타나는 것도 동이족의 태양 숭배와 밀접

---

33 李亨求, 「고구려 고분벽화에 보이는 삼족오(三足烏) 신앙에 대하여」, 『三足烏』, 학연문화사, 2007. 3. 51~52쪽 참조.
34 拙稿, 주)12의 논문, 117쪽.

한 관련성이 있다.

일상문의 현조(하늘새·태양새)는 맹금류의 특징적 모습을 반영하는데 이는 동이족의 새 토템과 상호 관련성을 갖는다. 동이족의 현조 숭배는 전술한 바와 같이 현조인 까마귀가 태양과 왕을 상징하는 동이계 설화를 통해 확인할 수 있다. 한편 하늘에 초인적인 신격을 지닌 천신이 있다고 믿고 천신과 지배 계층을 결부시킨 천신사상이 국가 출현과 함께 성립됨에 따라 최고 통치자를 천자 내지 일자日子로 지칭하게 되었다. 태양을 형상화 한 일상문과 천신사상을 연계시켜 보면 일상문에 표현되는 삼족오와 같은 현조는 천天의 대리자인 제사장(무巫)내지 천명의 실행자인 왕을 상징한다.

삼족오의 다리 셋에 대해서는 앞서 언급한 천지인 사상과 양수陽數 및 길수吉數를 나타내는 3이 무한을 상징한다고 보는 것 외에 8괘 중 긴 선 3개로 천天을 나타낸 곤[乾(≡)]의 상징, 남성의 성기(다리 셋 중 가운데 다리) 표현, 일출·충천冲天·일몰을 나타내는 것으로도 해석되고 있다. 이 가운데 삼족오의 다리 셋에 대한 일반적인 견해는 샤먼(무당)을 매개로 하여 하늘 세계와 인간 세계를 연결하는 천지인 사상 내지 무巫의 세계관을 나타낸다고 보는 것이다. 일상문의 삼족오를 하늘의 대리자 내지 천명의 실행자로 이해할 때, 삼족오의 다리 셋은 천손天孫으로서 신이神異한 능력을 지닌 최고의 수장을 의미하며, 날개를 접은 채 서 있는 정지된 모습의 삼족오는 하늘의 대리자인 지배자의 확고한 지위와 함께 왕실의 안녕과 정치적 안정을 나타낸다. 이처럼 동이족 문화권의 일상문은 샤머니즘과 밀접한 관련성을 가지며, 고대 국가의 신권神權 정치적 측면을 반영한다.

원으로 구성된 일상문이 음양론에 입각하여 태양을 양의 상징으로만 인식한 것이라면, 태양과 현조를 결합시킨 일상문은 생生을 의미하는 붉은 태양과 죽음을 의미하는 까마귀와 같은 현조를 함께 표현함으로써 태양이 양의 상징만이 아닌 생사生死가 반복되는 영원성을 지닌 대상으로 이해했기 때문이다.

Ⅳ. '해 속의 삼족오'에 나타난 복락(福樂)과 재화(災禍)의 의미

Ⅰ장과 Ⅱ장에서 태양과 삼족오의 상징적 의미를 고찰했다. 그 결과 태양은 회귀성과 신생·천상의 대표적 물상과 치천하의 상징·광명 및 농경의 풍요와 관련된 속성을 지니며, 현조인 삼족오는 영혼의 운반자와 불사不死의 상징·천자와 천명의 사자·곡령의 전달자와 풍요의 상징 등을 함축하고 있음을 살필 수 있었다. 이때 회귀성과 신생의 속성을 지닌 태양과 영혼의 운반자 및 불사의 상징으로 인식되는 삼족오는 영생永生이란 측면에서 상호 관련성을 가지며, 천상을 대표하는 태양이 치천하를 상징하고 태양 속에 사는 삼족오가 천자와 천명의 사자를 의미하는 것은 하늘의 대리자에 의해 다스려지는 천인합일天人合一의 세상을 구현하고자 했음을 보여준다. 또한 태양이 광명과 농경의 풍요를 상징하고, 삼족오와 같은 현조가 곡령의 전달자로 인식된 것은 농경을 중시했던 고대 사회의 일면을 반영한다. 이처럼 태양과 삼족오가 지닌 여러 속성에는 영원한 삶과 새로운 삶, 천인합일의 조화로운 세상, 풍요로운 세상과 같은 복락의 개념이 포함되어 있다.

그러나 태양과 삼족오가 결합된 '해 속의 삼족오'에 나타난 복락의 참된 의미는 '인간만사 새옹지마人間萬事 塞翁之馬' '길흉화복吉凶禍福이 따로 없다'는 말처럼 복락福樂과 재화災禍는 별개가 아닌 함께 존재하며 양陽에는 음陰이, 음에는 양이 포함되어 있음을 시사한다. 음양론에 입각하여 태양을 양의 상징으로만 보면 일상문은 삼족오와 같은 현조 없이 원으로만 표현할 수도 있다. 왜냐하면 태양 자체가 소생하는 특성을 지니므로 원만으로도 생사의 순환과 신생을 거듭하는 태양의 속성을 나타낼 수 있기 때문이다. 하지만 생명과 아침을 상징하는 붉은 태양 안에 죽음과 밤을 의미하는 까마귀와 같은 현조를 함께 표현한 것은 밤이 지나면 아침이 오듯이 죽음과 어둠은 끝이 아닌 새로운 시작이며, 생성과 소멸은 경계 없는 동반자라는 우주론을 반영한 것이다. 즉, 삶에서 죽음은 삶의 정점인 동시에 엄숙함을 갖춘 인상적인

것이며 그 자체에 내일이 함축되어 있음을 말해준다.[35]

한국의 경우, 태양과 삼족오와 같은 현조가 결합된 일상문은 자주적 천하관을 표방했던 시기, 자주 의식이 고양되었던 시기, 통치자의 합법성이 절실히 요구되었던 시기에 주로 나타난다.

최전성기를 이루며 자주적 천하관을 지녔던 고구려 광개토대왕과 장수왕의 치세治

그림 24 원(元) 간섭기에 제작된 약사3존12신장도에 보이는 날개를 펼친 채 서 있는 삼족오가 표현된 일상문, 고려 14세기 초

世 시기(5세기 초에서 6세기 초)에는 '원 안에 날개를 접은 채 서 있는 삼족오'로 일상문이 표현되었다(그림 1 참조, 그림 11 참조). 일상문의 삼족오를 천명의 전달자로 볼 때 날개를 접은 채 서 있는 삼족오는 천명이 움직이지 않고 한 곳에 머무는 정치적 안정기를 뜻한다.

그러나 고구려가 한강 유역을 상실하고 수隋와 당唐이 중국 대륙을 통일하면서 그간 동북아시아의 패자로서 주변국에 영향력을 행사했던 고구려가 중국의 위협에 직면하게 되는 6세기 중반에서 7세기 초에는 '원 안에 날개를 펼친 채 서 있는 삼족오'가 일상문의 주류를 이룬다. 일상문의 삼족오를 천명의 전달자로 보면 이는 천명이 떠나려 하거나 천명이 머물기 위한 전 단계 즉, 정치적으로 다소 불안정한 시기를 의미한다.[36] 이를 반증하듯, '원 안에 날개를 펼친 채 서 있는 삼족오'는 외세의 침입과 간섭을 받게 됨으로써 자주성이 고양되었던 거란의 고려 침입 이후(그림 3 참조), 고려의 몽고 항쟁기(그림 12 참조), 원元 간섭기(그림 24)에 나타나고, 조선시대

---

[35] 拙稿, 주)12의 논문, 114~115쪽.
[36] 拙稿, 「고구려 고분 벽화에 나타난 日象文 연구」, 『고구려발해연구』 제34집, 고구려발해학회, 2009. 7, 120쪽, 123~124쪽.

그림 25 성종의 친정(親政)이 시작되는 시기에 제작된 약사3존12신장도에 보이는 날개를 펼친 채 서 있는 삼족오가 표현된 일상문, 조선 1477년

그림 26 조선중화주의가 팽배했던 18세기 중반에 제작된 직지사 약사3존도에 보이는 날개를 펴고 날아가는 현조가 표현된 일상문, 조선 1744년

에는 성종成宗의 친정親政이 시작되었던 시점에 보인다(그림 25).

한편 중종 반정 이후(그림 16 참조, 그림 17 참조), 조선중화주의朝鮮中華主義[37]가 팽배했던 18세기(그림 26)와 열강의 압박과 침탈 하에서 황제국을 표방했던 대한제국 시기에는 '원 안에 날개를 펴고 날아가는 현조'가 일상문에 표현되었다. 이때 날개를 펴고 날아가는 현조는 천명이 한 곳에 머물지 않고 다른 데로 옮겨가는 것을 의미한다. 이런 측면에서 볼 때 중종 반정 이후는 천명이 연산군에서 중종으로 이양되었음을 상징하고, 조선중화주의가 팽배했던 18세기에는 명明이 몰락한 후 유교 문화의 계승자가 명에서 조선으로 옮겨왔음을 나타내며, 대한제국 시기는 조선 왕국의 종언을 고하며 대한제국이 탄생된 것을 상징적으로 표현한 것으로 풀이된다.

이처럼 태양과 현조가 결합된 일상문이 대내외적으로 어려움을 겪었던 시기에

---

[37] 조선중화주의는 병자호란 이후 반청(反淸) 감정이 고조되고 중화 문화의 계승자로 여겨졌던 명(明)이 멸망하자 조선이 중화 문화를 계승할 만한 유일한 문화 국가임을 표방한 것을 말한다.

그림 27 통일신라 때 제작된 납석재 남녀 합장상의 남녀 머리 위에 원으로 표현된 일상문과 월상문, 남북국시대 8~9세기

특히 많이 보이는 것은 '해 속의 삼족오'가 양에는 음이, 음에는 양이 포함되어 있음을 말해주듯 국난이나 정치적 혼란과 같은 어려움의 시기가 지나면 밝은 세상이 올 거라는 희망의 메시지를 담고 있기 때문이다. 이에 반해 중원 유교문화권의 영향을 많이 받았던 통일신라와 조선시대에는 원으로 구성된 일상문이 주로 표현되었다(그림 27, 그림 4 참조, 그림 8 참조).

올 초에 한국에서 절찬리에 방영되었던 '추노追奴'라는 드라마의 마지막 장면은 일상문의 상징성과 관련하여 많은 것을 시사한다. 떠오르는 태양을 보며 어린 여종이 함께 서 있는 여자 노비에게 '우리는 언제나 저 태양을 가질 수 있느냐'고 묻자 여자 노비는 '태양은 이미 우리의 것이다'라고 답한다. 이에 어린 여종은 '우리는 한 번도 태양을 가져본 적이 없는데 어떻게 우리의 것이냐'고 반문하자 '우리는 한 번도 가져본 적이 없으므로 태양은 우리의 것이다'라고 여자 노비는 말한다.

위의 대화 내용은 다음과 같이 해석할 수 있다. 인간 활동을 가능케 하며 만물을 소생시키는 태양은 광명과 열기라는 속성을 지닌다. 이 같은 속성을 지닌 태양을 독식하기 위해 많은 이들이 감히 태양을 가지려 한다. 그러나 태양의 광명과 열기로 시력을 손상하기도 하고 치명적인 화상을 입거나 생명을 잃기도 한다. 여기서 태양을 가진다는 것은 막강한 권력·부富·명예 등을 얻게 됨을 상징하며 이를 갖고자 할 때는 이에 상응하는 위험이 따르므로 삼가고 조심해야 한다는 경고의 메시지를 담고 있다. 아울러 태양은 어떤 특정한 계층과 사람이 소유하는 대상이 아닌 만인의 것이며, 함께 공유할 때 온 누리에 태양의 광명과 열기가 전해져 진정으로 그 빛을 발하고 따스한 온기를 전할 수 있음을 말해준다. 이 같은 메시지가 일상문에 담긴 '복락'과 '재화'의 의미가 아닌가 생각된다.

한편 영혼의 운반자·천명의 사자·곡령의 전달자의 성격을 지닌 삼족오를 일상문에 등장시킨 것은 천상에서 지상으로 태양의 정령을 전해줌으로써 하늘과 땅을 연계시키고 만물을 살리며 풍요와 행복을 가져다주는 삼족오의 공복共福 개념을 일상문에 담고자 했던 것으로 풀이된다.

참고문헌

1. 사료

『三國史記』

『三國遺事』

『東國李相國集』

『日本書紀』

『相鶴經記』

2. 단행본

루돌프 아른하임 著 · 김재은 譯,『예술심리학(하)』, 이화여자대학교 출판부, 1984.

보리아 섹스,『까마귀』, 가람기획, 2005.

임영주,『한국의 전통 문양』, 대원사, 2004.

황패강,『한국신화의 연구』, 새문사, 2006.

김병모,『김병모의 고고학 여행 1』, 고래실, 2006.

국립김해박물관 편저,『영혼의 전달자 - 새 · 풍요 · 숭배』, 국립김해박물관, 2004.

渡邊素舟,『東洋文樣史』, 富山房, 昭和 46年.

Andreas Lommel, Shamanism : The beginning of Art, Mcgraw Hill Book Company, New York, 1967.

3. 논문

崔敏順,『朝鮮朝 旗幟에 關한 硏究-儀仗旗의 紋樣을 中心으로』, 淑明女子大學校 大學院(産業工藝學科), 碩士學位論文, 1983.

뤼징런 · 스리우라 고헤이, 박지현 · 변은숙 옮김,「천원지방의 전통어법을 오늘에 살리다」,『아시아의 책 · 디자인』, 한국출판마케팅연구소, 2006.

韓炳三,「先史時代 農耕文靑銅器에 대하여」,『考古美術』112, 韓國美術史學會, 1971.

金哲埈,「東明王篇에 보이는 神母의 성격」,『韓國古代社會硏究』, 知識産業社, 1975.

孫晋泰,「蘇塗考」,『民俗學論考』, 民學社, 1975

李丙燾,「阿斯達과 朝鮮」,『韓國古代史의 硏究-서울대論文集 人文科學篇』2, 博英社, 1976.

이필영,「단군신화의 기본 구조-천신신앙을 중심으로」,『白山學報』第 26號, 1981.

盧泰敦,「5세기 高句麗人의 天下觀」,『한국사 시민강좌』제3집, 一潮閣, 1988.

李亨求,「고구려의 삼족오(三足烏) 신앙에 대하여-고고학적 측면에서 본 鳥類숭배사상의 기원 문제」,『東方學志』86, 연세대학교국학연구원, 1994.

권오영,「한국 고대의 새(鳥) 관념과 祭儀」,『역사와 현실』32, 한국역사연구회, 1999.

박정혜,「이경석사궤장도첩의 회화사적 의의」,『全州李氏(白軒相公派) 寄贈古文書』, 경기도박물관, 2003. 1.

손환일,「三足烏 문양의 시대별 변천」,『三足烏』, 학연문화사, 2007.

李亨求,「고구려 고분벽화에 보이는 삼족오(三足烏) 신앙에 대하여」,『三足烏』, 학연문화사, 2007.

金珠美,「韓國 古代 日象文의 成立 背景」,『白山學報』第80號, 白山學會, 2008.

_____,「日象文의 도상학적 고찰과 문화권에 따른 특징」,『단군학연구』제18호, 단군학회, 2008.

_____,「고구려 고분 벽화에 나타난 日象文 연구」,『고구려발해연구』제34집, 고구려발해학회, 2009.

_____,「조선시대의 日象文」,『朝鮮時代史學報』51輯, 朝鮮時代史學會, 2009.

_____,「日象文을 통해 본 고려시대의 역사 계승 의식」,『白山學報』第86號, 白山學會, 2010.

도판목록

그림 1. 고구려 장천1호분 천장석 동측에 그려진 일상문, 삼국시대 5세기 중반, 집안 지역 고분

그림 2. 고구려 진파리7호분에서 출토된 일상문 금동 투조 장식, 삼국시대 6세기 초중반, 평양지역 고분

그림 3. 지광국사현묘탑비의 비신(碑身) 앞 좌측에 새겨진 일상문, 고려 1085년, 원주 소재

그림 4. 광해군 묘비 앞면 중앙의 일상문, 조선 17세기 중반, 남양주 소재

그림 5. 고구려 감신총의 궁륭형 천장, 삼국시대 5세기 초, 평양 지역 고분

그림 6. 통일신라 때 축조 된 석굴암의 궁륭형 천장부, 통일신라 8세기 중반, 경주 소재

그림 7. 태조 왕건상의 보관(寶冠) 상단에 장식된 해와 달을 결합시킨 원형 판, 고려 951년경

그림 8. 일월오악도 상단 좌우측에 붉은 원과 흰 원으로 표현된 해와 달, 조선 19세기 초~20세기 초

그림 9. 울주군 천전리 암각화의 태양을 상징화 한 동심원, 청동기시대

그림 10. 태양을 신상(神像)으로 표현한 고령군 양전리 암각화, 청동기시대

그림 11. 맹금류의 특징적 모습이 반영된 고구려 쌍영총의 일상문, 삼국시대 5세기 말, 평양 지역 고분

그림 12. 물새의 특징적 모습이 반영된 고려청자 상감진사 동자포도문 표형주자 상부의 일상문, 고려 12세기 말~13세기 초

그림 13. 철새이자 물새인 솟대 위의 오리

그림 14. 경상도 해안 일부와 제주도에서 볼 수 있는 솟대 위의 까마귀

그림 15. 대한제국의 일기(日旗)에 그려진 원 안에 날아가는 모습의 현조가 표현된 일상문, 조선 1897~1905년

그림 16. 이곤 묘비 앞면 상부 중앙의 원 안에 날아가는 모습의 삼족오가 표현된 일상문, 조선 1559년

그림 17. 박운 묘비 앞면 상부 중앙의 원 안에 날아가는 모습의 삼족오가 표현된 일상문, 조선 16세기 중후반

그림 18. 농경문 청동기 뒷면 우측에 성기를 드러낸 채 새 깃털을 머리에 꽂고 밭을 가는 인물, 청동기시대 말~철기시대 초

그림 19. 막대 끝에는 비둘기를 닮은 새가, 막대 하단에는 삽이 장식된 궤장(几杖), 조선 1668년

그림 20. 신석기 하모도 문화에서 출토된 골제(骨制) 숟가락 자루에 새겨진 태양과 현조가 결합된 문양

그림 21. 신석기 앙소 문화 채도 잔편에 시문된 태양과 현조가 결합된 문양

그림 22. 산동성 임기현 금작산9호묘 출토 비단 그림 상부 좌우에 묘사된 일상문과 월상문, 전한(前漢)

그림 23. 요령성 조양 원태자 벽화 묘의 '해 속의 삼족오'로 표현된 일상문, 남북조시대 4세기경

그림 24. 원(元) 간섭기에 제작된 약사3존12신장도에 보이는 날개를 펼친 채 서 있는 삼족오가 표현된 일상문, 고려 14세기 초

그림 25. 성종의 친정(親政)이 시작되는 시기에 제작된 약사3존12신장도에 보이는 날개를 펼친 채 서 있는 삼족오가 표현된 일상문, 조선 1477년

그림 26. 조선중화주의가 팽배했던 18세기 중반에 제작된 직지사 약사3존도에 보이는 날개를 펴고 날아가는 현조가 표현된 일상문, 조선 1744년

그림 27. 통일신라 때 제작된 납석제 남녀 합장상의 남녀 머리 위에 원으로 표현된 일상문과 월상문, 남북국시대 8~9세기

08

결
론

　이 책은 태양을 상징하고 이를 형상화 한 일상문日象文을 연구 대상으로 삼았고, 일상문의 구성 요소 중 삼족오三足鳥와 같은 현조玄鳥에 특히 주목했다. 또한 한국의 일상문 연구를 통해 우리 문화의 전통성과 계통성을 알아보고, 시대상이 일상문에 어떻게 투영되었는가를 고찰함으로써 일상문에 관한 종합적인 검토를 시도했다. 이를 위해 일상문의 성립 배경, 중국과 한국의 일상문 형성과 전개, 일상문의 도상학적 고찰과 문화권에 따른 특징, 일상문에 나타난 삼족오의 변이變移, 일상문의 시대별 전개와 천하관의 추이, 일상문을 통해 본 복락福樂과 재화災禍의 의미 등을 고찰했다. 여기서는 각 장별로 연구 결과를 요약하고, 연구 성과와 그 의미를 살펴보면서 맺음말을 대신하고자 한다.

　1장 '서론'에서는 일상문을 연구 대상으로 삼은 이유와 각 장별로 다루게 될 연구 내용을 밝혔고, 일상문과 삼족오의 연구사를 정리했다. 아울러 한국사에서 '해 속의 삼족오'와 같은 일상문이 어떻게 기능해 왔고 그것이 주는 메시지는 무엇인가를 도출해 내는 것을 연구 목표로 삼았다.

　2장 '한국 고대 일상문의 성립 배경'에서는 일상문 형성에 중요한 요소로 작용한 태양 숭배와 새 토템에 관한 역사성과 그 특성을 한국의 고대 문헌과 민속, 유물 자료를 통해 살펴보았다. 그 결과 일상문 형성에 솟대신앙과 난생설화가 긴밀하게 연계되어 있음을 알 수 있었다. 또한 우리나라에서는 '해 속의 삼족오'와 같은 일상문 표현이 4세기 고구려 고분 벽화에서 확인되지만, 태양 숭배와 삼족오의 3족足이 의미하는 천지인天地人 사상은 『삼국유사』와 『제왕운기』에 기록된 단군신화의 내용[1]을 통해, 태양과 현조인 까마귀가 결합한 일상문에 대한 인식은 북부여를 세운 해모수(일시자(日侍者: 해를 모시는 사람))가 머리에 까마귀 깃털로 만든 오우관烏羽冠을 쓴 것으로 기록하고 있는『동국이상국집』「동명왕편」의 해모수 관련 기사를 통해 엿볼 수 있어 그 연원이 오래되었음을 살필 수 있었다.

3장 '중국과 한국의 일상문 형성과 전개'에서는 태양 안에 현조를 표현한 일상문이 월상문月象文과 짝을 이루며 등장하는 것은 한대漢代이지만 한대 이후에는 중원中原 문화권에서 태양과 현조가 결합된 일상문은 거의 사라지고, 고구려 고분 벽화에서 '일중삼족오日中三足烏'의 일상문 전통이 전승된 후 한반도를 거쳐 일본으로 전파되었음을 살필 수 있었다. 이처럼 상고上古시대 동이족東夷族의 이동 경로이자 생활 영역이었던 한반도와 일본에서 '일중삼족오'와 같은 일상문이 전승된 것은 삼족오 문화와 동이족과의 밀접한 관련성을 보여준다. 한편 고구려 고분 벽화에 그려졌던 '일중삼족오'는 통일신라 때는 보이지 않다가 고려와 조선 때 다시 선보인다. 고려의 일상문은 고구려 고분 벽화의 일상문과는 달리, 일상문의 현조가 까마귀와 같은 맹금류의 특징을 나타내기보다는 닭과 물새를 연상시키는 모습으로 표현되었다. 조선시대에는 원만으로 태양을 형상화한 일상문이 두드러지고, 일상문에 표현

---

[1] 단군신화에 등장하는 천제(天帝)인 환인과 천자(天子)인 환웅의 '환' 자는 환하다는 의미로 태양을 상징하고, 단군(檀君) 역시 한자어를 우리말로 풀이하면 박달나무 임금으로 박달을 밝다가 변화한 소리로 볼 때 태양과 성수(聖樹)를 숭배했던 임금을 뜻하므로 환인·환웅·단군 모두 태양 숭배 사상을 반영한다. 한편 천제인 환인, 천제의 아들인 환웅, 천자인 환웅과 지모신(地母神)인 웅녀(熊女)와의 사이에서 탄생한 단군 등 천신(天神)의 직계인 삼신(三神)은 바로 천지인(天地人)을 의미하며, 단군신화에 보이는 천부인(天符印) 3개, 풍백(風伯)·우사(雨師)·운사(雲師) 등의 세 하급신 역시 천지인 사상과 밀접한 관련성을 지닌다.

된 현조의 다리는 3족足이 아닌 2족인 경우도 있으며, 일상문의 현조가 서 있는 정지된 모습이 아닌 날아가는 모습으로 묘사된 것도 많았다.

4장 '일상문의 도상학적 고찰과 문화권에 따른 특징'에서는 원과 현조(현조의 개념, 다리 수, 동세(動勢))로 나누어 일상문의 구성 요소의 상징성을 알아보았다. 한편 동이족과 화하족(華夏族 : 한족(漢族)의 전신)의 문화권으로 나누어 일상문의 도상학적 특징을 고찰했다. 그 결과 까마귀와 같은 맹금류의 특징적 요소(갈고리 모양으로 굽은 부리, 날카로운 발톱, 부리부리한 눈매 등)와 다리 셋은 동이족 문화권에서 많이 보이고, 화하족 문화권의 일상문은 현조를 나타내지 않거나 현조를 표현하더라도 맹금류의 특징적 모습이 약화되거나 다리가 3족이 아닌 2족으로 묘사된 경우가 많음을 파악할 수 있었다. 또한 동이족 문화권에서 일상문에 현조를 표현한 것은 동이족의 새 토템을, 다리 셋은 천지인天地人 사상을 반영하며, 화하족 문화권의 일상문에서 해와 달이 짝을 이루어 등장하고 현조 없이 원만으로 태양을 형상화 한 것은 음양론[2]을, 일상문의 새가 날아가는 모습으로 표현한 것은 천인감응설天人感應說[3]을 나타낸 것으로 보았다.

5장 '일상문에 나타난 삼족오의 변이變移'에서는 문헌 및 유물를 통해 일상문에 묘사되는 현조인 삼족오가 주작과 봉황으로 변이되었음을 고찰했다. 그 결과 삼족오·주작·봉황 모두 친연성을 지닌 서조瑞鳥이며 이러한 변이의 배경에는 시대 흐름에 따른 정치·사상적 변화 및 문화 접촉과 수용 등이 주효하게 작용했음을 알 수

---

[2] 유교에서는 천(天)의 현상 중 일식(日蝕)을 가장 경계했다. 그 이유는 음(陰)과 신하를 상징하는 달이 양(陽)과 군왕의 상징인 태양을 가리는 일식을 정변이 일어날 조짐으로 인식했기 때문이다. 그런 까닭에 중원(中原)을 중심으로 하는 한족(漢族)의 유교 문화권에서는 현조 없이 원만으로 일상문을 표현한 것이 많다. 왜냐하면 일상문의 현조 표현을 태양의 흑점을 나타낸 것으로 보았고, 태양의 흑점 역시 태양을 가리는 것으로 여겨 태양 안에 현조를 표현한 일상문 대신 원만으로 태양을 표현한 일상문이 보편화되었기 때문이다.

[3] 전한(前漢) 시기에 동중서(董仲舒)에 의해 제기된 천인감응설(天人感應說)은 우주 질서 속에서 하늘과 사람은 서로 교감하고 영향을 받기 때문에 하늘로부터 천명(天命)을 받아 백성을 다스리는 군주가 잘못된 정치를 행했을 때 하늘이 천재지변으로써 이를 경고하고 그래도 군주가 깨닫지 못한다면 유덕(有德)하고 인자한 자에게 권력을 승계하도록 하므로 천명을 받은 군주는 천도(天道)를 본받아 인정을 베풀어햐 한다는것이며, 이후 유교사회의 중요한 통치 철학으로 자리한다.

있었다. 또한 삼족오·주작·봉황에 표현되는 서조가 맹금류(독수리·매·까마귀), 닭, 물새의 특징적 요소를 도상에 채용하고 있음을 확인할 수 있었다. 이 중 맹금류인 까마귀와 긴 부리와 가는 목을 지닌 물새는 솟대 위에 올려지는 새라는 점에서 솟대 신앙과의 영향 관계를 살필 수 있었다. 한편 까마귀와 닭이 태양 숭배를 반영하고 있음은 '10개의 태양과 예羿 장군' 신화에 태양의 화신으로 등장하는 까마귀와 해가 뜨는 아침을 가장 먼저 알리는 닭의 특성을 통해 연계시킬 수 있었다. 아울러 동이족과 밀접한 관련성을 지닌 삼족오가 주작과 봉황으로 변이된 것을 고려해 볼 때, 동이계인 한韓민족이 대통령 문장紋章으로 봉황을 사용하고, 만주족이 건국한 청淸의 첫 수도였던 심양의 중심부에 태양새를 형상화한 거대한 탑이 세워져 있는 것은 우연한 일이 아님을 시사했다.

6장 '일상문의 시대별 전개와 천하관의 추이'에서는 일상문의 중요한 구성 요소인 현조의 유무와 현조의 동세, 고구려 고분 벽화 이후의 일상문 전개 등을 고려하여 일상문의 유형을 형식 Ⅰ(원 안에 날개를 접고 서 있는 현조), 형식 Ⅱ(원 안에 날개를 펴고 서 있는 현조), 형식 Ⅲ(원 안에 날아가는 현조), 형식 Ⅳ(원으로 구성된 일상문)로 구분했다. 또한 일상문의 양식 변천은 고구려(6세기 중반 이전, 6세기 중반 이후), 고려(거란 침입 이전, 거란 침입-금의 등장 이전, 금의 등장-무신 난 이전, 원 간섭기), 조선(양란 이전, 양란 이후)으로 나누어 고찰했다. 그 결과 고구려는 6세기 중반을 전후하여 형식 Ⅰ에서 형식 Ⅱ의 표현이 많아졌고, 고려는 고구려 계승 의식이 제기되었던 시기에 '해 속의 삼족오'로 표현된 일상문이 주로 나타났으며, 조선은 형식 Ⅳ의 일상문이 주류를 이루는 가운데 성종의 친정親政이 시작되었던 시점·중종 반정 이후·조선중화주의를 표방했던 시기·대한제국 시기에 태양과 현조가 결합된 일상문이 표현되었다. 이를 토대로 하여 일상문의 시기별 양식 변천을 검토해 보면 정치적 안정기와 전성기에는 형식 Ⅰ이, 외세의 침입 등으로 자주 의식이 고양되는 시기에는 형식 Ⅱ가, 극도한 정치 혼란기 또는 왕권의 합법성이 절실히 요구되었던 시기에는 형식 Ⅲ이, 중국에 대해 사대적인 입장을 취했던 시기에는 형식 IV가 주로 표현되었음을 확인할 수 있었다.

7장 '일상문을 통해 본 복락福樂과 재화災禍의 의미 고찰'에서는 태양(회귀성과 신생(新生)·천상(天象)의 대표적 물상(物象)과 치천하(治天下)의 상징·광명과 농경의 풍요)과 삼족오(영혼의 운반자와 불사(不死)의 상징·천자와 천명의 사자(使者)·곡령(穀靈)의 전달자와 풍요의 상징)의 상징적 의미를 알아본 후, 원으로 구성된 일상문과 원 안에 현조가 표현된 일상문의 도상 해석을 통해 '해 속의 삼족오'에 나타난 복락과 재화의 의미를 살펴보았다. 그 결과 생명과 아침을 상징하는 붉은 태양 안에 죽음과 밤을 의미하는 까마귀와 같은 현조를 함께 표현한 것은 밤이 지나면 아침이 오듯이 죽음과 어둠은 끝이 아닌 새로운 시작이며 생성과 소멸은 경계 없는 동반자라는 우주론을 함축하고 있음을 파악할 수 있었다. 한편 복락의 참된 의미는 길흉화복이 따로 없다는 말처럼 복락과 재화는 별개가 아닌 함께 존재하며 양에는 음이, 음에는 양이 포함되어 있음을 알 수 있었다. 따라서 태양과 현조가 결합된 일상문이 대내외적으로 어려움을 겪었던 시기에 특히 많이 보이는 것은 '해 속의 삼족오'가 국난이나 정치적 혼란과 같은 어려움의 시기가 지나면 밝은 세상이 올 것이라는 희망의 메시지를 담고 있는 것으로 해석했다. 아울러 영혼의 운반자, 천명의 사자, 곡령의 전달자의 성격을 지닌 삼족오를 일상문에 등장시킨 것은 천상에서 지상으로 태양의 정령精靈을 전해줌으로써 하늘과 땅을 연계시키고 만물을 살리며 풍요와 행복을 가져다주는 삼족오의 공복共福 개념을 일상문에 담고자 했던 것으로 보았다.

이상에서 살펴본 연구 내용을 통해 다음과 같은 결론을 도출할 수 있다.

첫째 왕권의 상징물과 망자의 묘제 장식에 사용되었던 일상문은 유구한 세월 동안 우리와 동고동락하며 천하관 등 시대상을 반영하는 매체로서 기능해 왔다. 또한 한국의 일상문은 시대 흐름에 따라 변화된 모습을 보이기는 하나 현조 및 3족의 표현이 오랫동안 계승되었고, 일상문의 현조 표현은 자주적인 천하관을 지녔거나 자

그림 1 대한민국 대통령 문장(紋章)에 표현된 봉황

주 의식이 고양되었던 시기에 많이 보인다는 점이 주목된다.

생명과 아침[밝음]을 상징하는 붉은 태양 안에 죽음과 밤[어둠]을 의미하는 까마귀와 같은 현조를 함께 표현한 것은 밤이 지나면 아침이 오듯이 생성과 소멸은 경계 없는 동반자라는 우주론을 함축한다. 따라서 국난이나 정치적 혼란기에 태양과 현조를 결합시킨 일상문이 많이 등장하는 것은 어둠이 지나면 밝음이 올 거라는 희망의 메시지를 담고자 했던 것으로 인식된다.

둘째 태양과 현조가 결합된 '해 속의 삼족오'와 같은 일상문 표현은 동이족을 상징하는 표식標式이다. 이를 말해주듯, 동이족의 현 생활 영역인 한국·일본·만주 지역에서는 아직도 새를 얹은 신간神竿이 만들어지는 등 새 토템의 전통이 유지되고 있다. 더욱이 한국은 대통령의 문장과 국새 장식에 삼족오가 변이된 봉황을 사용하고 있고(그림 1), 일본은 천황의 옷과 신사神祀 앞에 걸린 깃발 및 일본축구협회의 공식 엠블렘 등에서 삼족오[팔지오(八咫烏) 또는 야타가라스라고도 함]를 확인할 수 있다(그림 2).

그림 2 일본축구협회의 공식 엠블렘에 채택된 삼족오(팔지오=야타가라스)

또한 만주족이 세운 청淸의 첫 수도였던 심양의 중심부에는 나래를 펼친 태양조의 모습을 형상화 한 거대한 탑이 세워져 있다(그림 3).

더욱이 태양과 현조를 결합시킨 한국의 일상문 전통은 고구려 이후 대한제국 시기에 이르기까지 그 맥을 이어오고 있고, 지금은 삼족오가 변이된 봉황을 대통령 문장과 국쇄 장식에 사용하고 있어 한韓민족의 문화 계통성과 문화 공동체 인식을 파악하는데 있어 매우 중요한 요소로 작용한다. 더욱이 이 같은 한국의 일상문 전통은 고구려를 중국 역사에 편입시키고자 하는 중국의 동북공정이 행해지고 있는 오늘날, 국가와 영토 범위는 시대에 따라 달라질 수 있으나 문화적 계통성과 전통성은 도도한 역사의 흐름 속에도 면면히 유지되고 있음을 보여준다.

끝으로 일상문에 대한 다양한 접근 방법을 통해 '문화는 시대를 담는 그릇이다'라는 사실을 다시금 확인할 수 있었다. 또한 역사가의 사관史觀이 반영되는 문헌보다도 더 실재성을 지닌 일상문과 같은 전통 문양에 대한 연구는 한韓문화의 정체성

그림 3 만주족이 건국한 청(淸)의 첫 수도였던 심양의 중심부에 세워진 나래를 펼친 태양새의 모습을 형상화한 탑

과 역사적 궤적을 파악하는데 있어 실증적인 자료를 제시할 수 있을 것으로 본다. 고구려를 테마로 한 드라마가 TV로 방영될때 마다 '해 속의 삼족오'는 늘 고구려의 상징물로 등장한다. 이제는 그것이 지닌 의미는 무엇이고 한국사에서 어떻게 기능해 왔는지를 고찰할 필요가 있다고 생각하며,『한韓민족과 해 속의 삼족오』가 이에 작은 단초가 되기를 희망한다.

도판목록

그림 1. 대한민국 대통령 문장(紋章)에 표현된 봉황

그림 2. 일본축구협회의 공식 엠블렘에 채택된 삼족오(팔지오=야타가라스)

그림 3. 만주족이 건국한 청(淸)의 첫 수도였던 심양의 중심부에 세워진 나래를 펼친 태양새의 모습을 형상화한 탑

찾아보기

【ㄱ】

가례 391, 399
가사 134, 140, 214, 318, 379, 404, 406, 414, 418~419
가야 16, 52~53, 58, 77~78
각저총 64, 71, 121~122, 280~281, 282~284, 287~288, 290~293, 300~301
간송미술관 319, 357, 361
간적簡狄 53~54, 182
감신총 222~223
감실 381, 407, 412
갑자사화 403
강감찬 350
강서대묘 60, 62~63, 221~222, 226, 286
강서중묘 121, 124, 126, 190, 222, 226, 280~283, 286~292, 295~296, 303, 306
강소성 101, 103, 184
강종 362
개경파 355, 369
개국 304, 325, 335~338, 355, 368~369
개마총 121, 123~124, 222, 226, 280~283, 286~288, 290~292, 295, 306~307
개태사 330
거란 침입 7, 18, 132, 140, 317, 325, 335, 342, 348, 351~352, 368, 370, 463
건乾 169, 171, 181, 186, 447
건국 신화 36, 52
검파두식 49~50
경국대전 72, 391
경덕왕 334
경릉 323
경세치용 354
경순왕 336
경종 349
경주계 349

계鷄 341
계림 340~341, 351~352, 368
계림록 325
고구려 16~21, 23~27, 34~36, 39~40, 43, 50~51, 54, 57, 60, 62~64, 66~67, 79, 81~82, 108, 112, 117~118, 120~122, 126, 129, 131, 134, 139~140, 151, 154~155, 160, 164, 167~168, 172, 173, 181, 185, 186, 189~191, 200, 206, 208, 212, 219, 221, 225~226, 228, 233, 253, 254, 256~257, 261~262, 264, 267, 280~281, 283~286, 288~292, 295, 299~311, 316, 323, 325, 327, 331~334, 336, 338~339, 341~344, 348~352, 355, 359~360, 363, 365~570, 378, 398, 407~408, 414, 416, 418, 428~430, 432~433, 437, 439, 446, 449, 461, 463, 466~467
고구려 계승 의식 17, 316, 331, 336, 338~339, 341~342, 350, 355, 359. 360, 365, 367, 368~370, 463
고구려 고분 벽화 16~17, 20~21, 23~27, 34~35, 43, 57, 60, 62, 64, 81~82, 117~118, 120~121, 131, 134, 139~140, 151, 164, 189~191, 200, 219, 233, 281, 288, 290~292, 295, 299~301, 303, 305~306, 310, 316, 367, 378, 398, 407~408, 416, 418, 461, 463
고구려 국계國界 의식 342, 348, 368
고구려본기 36, 52, 108, 155, 253, 341, 433
고구려 부흥 운동 331, 339
고금주 252, 397
고니 39~40, 210, 215
고려 17~18, 25, 37, 39~40, 63, 66, 81, 131, 134, 140~141, 200, 206, 210, 212, 215,

228~230, 236, 241, 243~245, 247~248, 252, 254, 256, 261, 281, 283, 297, 316~319, 321323, 325~328, 335~345, 348~360, 362~370, 379~380, 387, 398, 401, 406, 409, 418, 430~431, 449, 461, 463

고려청자 상감진사 동자 포도문 표형주자 81, 212, 317, 319, 321, 356, 358

고려청자 상감 운학문 매병 317, 319, 321, 356~357, 409

고려청자 상감 운학모란 절지문 베개 317, 319, 321, 356

고령 양전리 55, 432~433

고운사 381, 411~412

고유高誘 100, 166, 206

고조선 24~25, 38, 41, 94, 117, 190, 304, 366

곡령 16, 66, 79, 80, 42, 46~47, 58, 66, 73, 78~81, 176, 434, 440~443, 448, 452, 464

곡류鵠類 210

곡신 208

곡종穀種 47, 441~442

곤륜산 64, 163

곰 64

공민왕 131, 319, 322, 365, 367, 370

공복共福 452, 464

공자 205, 230

공작 118, 134, 210, 215~216, 219, 228, 231~234, 237, 241, 152, 263~265, 291, 301~302, 307, 309~310

관경16관변상도 133, 317, 319, 362~365, 387

관모 75

관촉사 미륵 입상 329

광개토대왕 79, 303~304, 310, 350, 449

광개토호태왕비 36, 429

광덕光德 337

광명이세光明理世 41

광무 235, 248, 417

광아 264

광조 210, 241, 266

광종 325, 329, 336~338

광해군 381, 408~409, 413

괘불掛佛 249, 251

괴정동 50, 58, 173, 442

구삼국사 63~64

국상 38, 178, 298

국쇄 251, 466

국자감 354

국조오례의 230~236

국학 334

궁륭형 154, 428

궁예 160, 336, 339~341, 348, 351, 368

궤장 72~73, 442~443

금 18, 43, 52, 58, 73, 75~76, 80, 82, 117, 129, 132~133, 157, 241~243, 256, 261, 317, 342, 351, 353~356, 365~369, 387, 463

금경 264

금당사 249, 251

금박산 326, 329

금천씨 127, 260

기로소耆老所 134, 411~412

기린 201, 242

기림사 381

기이편 37, 52, 62, 117, 130, 190

길상吉祥 56, 169

길수吉數 26, 169, 174, 436, 447

길조吉鳥 156, 201, 434

길흉화복 202, 448, 464

김대효 393

김부식 40, 354~355, 361, 369

김사미 359

김상준 408~409

김수로 16, 52

김알지 43, 73, 75, 82, 351

까마귀 16, 34, 39, 40, 43, 47, 48, 51, 81, 82, 101, 113~118, 129~131, 134, 139, 140,

150, 155~165, 168, 169, 171, 172, 174, 177, 179, 180, 186~188, 191, 207, 210~212, 214~215, 229, 233, 243, 252~253, 256, 259~260, 265, 291, 301~302, 205, 307, 309~310, 331~333, 339, 341~343, 348, 363, 366, 368, 389, 397~398, 407, 416, 433~437, 440~441, 447~448, 461~465

【ㄴ】

나가사키 현 50
나신상 326
나정 52
나한상 390
낙랑 97, 99, 211, 302
낙랑군 부운 228
난생설화 16~17, 25, 35, 42~43, 52~54, 62, 69, 75, 78~79, 81, 155, 176, 182~183, 461
남근 328
남두칠성 323
남방성수 204
남부여 67
남북국시대 18, 131, 215, 227, 317, 323, 331, 343, 348, 367
남북조시대 26, 110, 112, 187, 399
남송 117, 171, 354
남조 304
남효원 394
내리1호분 54, 57, 79, 121, 123, 126, 154, 222, 226, 280, 288, 290, 291
내세관 15~16, 428
내원궁 347
노부 230~231, 233, 234, 248, 258
노자 152, 174, 428
논어 334
논형 167
농경문 청동기 49~50, 57~58, 66, 73, 77, 80,

173, 442~443
농업신 47, 206, 305, 441
누루하치 161~162, 437
능산리 벽화 고분 127

【ㄷ】

다리국 78
단군 39, 62~63, 118, 181, 190~191, 304, 365~366, 369~370, 403, 430
단군신화 38~39, 62, 64, 75, 117~118, 139, 190~191, 304, 366, 408, 430, 461
단오제 49
달 8~10, 13, 16, 37~38, 40~41, 48, 62, 90, 93, 97, 100, 106, 110~111, 113~114, 123~124, 126, 131, 138, 153, 160, 163, 164, 166, 171, 179, 288~289, 298, 302, 305
닭 43, 73, 75, 82, 113~115, 134, 140, 210, 212, 214, 218~219, 223~224, 241~243, 249, 251~252, 263~266, 318~319, 341, 343, 347, 350~352, 358, 368, 398, 418, 461, 463
답도 246~247
당唐 64, 112, 116, 308, 333, 336, 367, 449
당대唐代 20~21, 23~24, 26~27, 34, 35, 110, 112, 117, 151, 168, 189, 215, 218, 221, 289~290, 414, 444
당산제 49
대극전 51
대각국사 의천 243, 317~319, 379, 406
대둔사 379, 381, 404, 414, 418
대릉하 90, 92, 185, 212, 446
대명집례 112~114, 264, 416
대명회전 416
대모달 340~342
대무신왕 155, 160, 253~254, 341, 433
대문구 문화 90, 93~94, 138
대범왕도 381, 404, 414

대보단 415
대소왕 160, 253
대업 54, 155
대오 161, 437
대위국 355
대일경 335
대일여래 335
대통령 문장 252, 267, 463, 466
대한제국 134, 140, 215, 236, 348, 264~265, 310, 338, 356, 367, 379~381, 406~407, 412, 414~417, 419, 438~439, 450, 463, 466
덕종 350
덕화리1호분 121, 123~124, 126, 280~288, 290~293, 300~302
덕화리2호분 121, 123~124, 126, 280~288, 290~293, 300~302
덕흥리고분 121~123, 190, 280~284, 287~292, 295~296, 300~302
도교 64, 152, 428
도덕경 174
도상학 16~17, 18, 27, 200~201, 212, 460, 462
도선 360
도설 112, 229, 231~232, 234, 255~256
도솔천 330~331, 346~347
독서삼품과 334
독수리 43, 47~48, 92, 96, 129, 156~160, 186~188, 210~211, 215, 229, 243, 260, 265, 305, 434, 440, 463
돈황 20, 35, 110, 112
동경 54~56, 79, 243~244
동국이상국집 36, 39, 62~64, 117, 191, 461
동령 56
동명성왕 16, 36, 37, 39~40, 52, 79, 160, 304~305, 359, 366, 429~430
동명왕편 36, 39, 45~46, 58, 62~64, 73, 82, 117~118, 139, 159, 191, 359~360, 441~442, 461
동부여 47, 159~160, 253, 256, 267, 341, 437, 441
동북공정 200, 267,
동북아시아 16, 24~25, 42~45, 48, 54, 80, 209, 252, 304~305, 308, 310, 397, 449
동세動勢 18, 24, 27, 92, 98, 113~116, 129, 150, 155, 176, 181, 186, 219, 226~228, 241, 248, 290~292, 300, 309, 317~318, 343, 352, 358~359, 364~365, 368~369, 378, 407, 462~463
동심원 54~55, 57, 79, 91, 154, 432
동왕공 21, 289
동이계 16~17, 27, 54, 95, 141, 158, 160~162, 186, 207, 267, 339, 436~437, 446~447, 463
동이족 15~16, 18, 25~26, 34~35, 42, 150, 155~156, 158, 163~168, 179~190, 207~208, 211~211, 214, 252, 256, 260, 265, 267, 332, 339, 342, 348, 366, 368, 445~447, 461~463, 465
동중서 38, 178, 189, 296~298, 400, 439, 444
동탁 51
동탁은잔 58, 69
두광 57
두침 58, 69, 71

【ㄹ】
량 325~326, 329
류순정 380
리준걸 19~20, 168, 288~289, 292

【ㅁ】
마진摩震 241
만월滿月 390~391
망월대사전 335
매 23, 48, 96, 129, 156~158, 162~163, 170, 186, 188, 210~211, 215, 229, 243,

255~256, 260, 265, 389, 434, 440, 463
매산리사신총 121, 123~124, 127, 225, 280~287, 290~292, 295, 300~302, 307
맥족 167
맥종 47, 58, 159, 442
맹금류 48, 92, 95~96, 115, 129, 134, 140, 158, 186~188, 207, 210~211, 214~216, 218, 228~229, 233, 241~243, 249, 251~252, 254, 256, 260~261, 265~266, 301, 307, 319, 343, 363, 365~366, 389, 398, 407, 416, 418, 434~435, 440, 447
면류관 330
명명 39~40, 214, 233, 338, 399, 403, 413, 416, 430, 438, 450
명릉 237, 323
명종 323, 359~360, 362, 388~390, 400, 406
모두루묘지牟頭婁墓誌 37, 79, 304, 310, 429
모화사상 419
목곽묘 77
몽고족 242
목종 344, 350
묘청 354~355
무령왕릉 58, 69, 71, 77
무속 169~170
무신 난 18, 133, 297, 317, 353~354, 361, 367, 369, 463
무신 집권기 18, 133, 140, 215, 317~318, 355~356, 358~359, 363, 365~367, 369
무열왕 334
무오사화 403
무용총 60, 64, 121, 123~124, 219, 221~223, 280~282, 284~285, 287~293, 300~301
무제 38, 178, 296, 298
문수보살 249
문양 14, 17, 22, 24~25, 69, 90, 93~94, 114, 261, 295, 326, 329, 347~348, 387, 413, 426, 438, 467
문종 230, 233, 318, 323, 345, 394

문정왕후 134, 140, 380, 388, 399~401, 406
문화 공동체 14
문화권 15~18, 35, 94, 112, 139, 141, 150, 169, 179~180, 184~187, 189~201, 209, 212, 299, 333~334, 336, 397, 399, 413, 418, 444~447, 451, 460~462
문화 계통성 15~17, 141, 200, 267, 466
물水 180, 256, 341~342, 360
물상物象 15, 53, 154, 159, 191, 205, 388, 404, 427, 429, 443, 448, 464
물새 43, 45~47, 81, 96, 111, 134, 140, 150, 157, 212, 215~216, 221, 226, 228, 230, 247, 265~266, 319, 321, 356, 358~360, 364~366, 369, 398, 418, 434~435, 440~441, 461, 463
미륵반가사유상 328~329
미륵보살 329~331, 346
미륵불 330~331
미륵상생 330, 347
미륵하생 330~331
미추왕 351
민화 251

【ㅂ】
바미안 57
바이칼 호 55
바이킹족 163
박경산 340, 342
박경인 340
박세영 257, 395~396
박아博雅 264
박운 380, 388~389, 399~400, 404, 408, 439
박원종 400, 439
박익 323
박적오 340~342, 348, 368
박직윤 340~342
박혁거세 16, 39~41, 52, 75, 430
발해 14, 97, 162, 181, 211, 215, 227, 228,

323, 331~332, 336, 338, 367
밝 241
방울 49~51, 56
배불排佛 233~234, 407
백옥석조 243
백제 18, 58, 66~67, 69, 77, 108, 127, 129~130, 140, 160, 162, 261~262, 308, 325, 334, 336, 437
백제금동대향로 58, 67, 69
백호 51, 66, 201~204, 228, 284~285, 335
백화수피 58
범자문 244
법당방2호묘 323
법상종法相宗 344~345, 347, 368
법신불法身佛 334
법천사지
법화경法華經 331, 334
벽봉기 248
벽사 44, 170, 202
변용 21
변이變移 17~18, 21, 27, 252~254, 256, 257, 266, 267, 332, 395~398, 460, 462~463, 465~466
변한 60
별읍 49
보리씨 46, 159, 441
보수원 380, 388, 401
보현보살 249, 251
복락福樂 17, 19, 426, 448, 452, 460, 464
복사리벽화분 121~123, 280~284, 287~289, 291~292, 298, 300~302
복천동 77
복천추 묘 99, 216
복희 25, 103, 105~106, 108~112, 139, 184, 291
복희·여와형 21, 118, 124, 289, 290, 307
봉기 228, 246, 248, 254~255
봉문鳳文 58, 76, 78

봉상왕 67
봉수鳳首 69
봉은사 325, 329
봉조鳳鳥 62, 127, 129, 207~208, 241, 260~261, 263
봉황 18, 21, 27, 69, 71, 73, 76, 123, 127, 140, 200, 209~211, 227, 236, 241~249, 251~252, 254, 260~267, 291, 295, 345, 462
봉황문 127, 22~228, 243~248, 261~262
봉황문전 58, 69, 127, 129, 140, 261
봉황문 합 243~244
봉황문 향완 243~244
봉황 연화문 227
부국강병 403, 419
부루 208
부루단지 208
부리야트족 305
부여 39, 58, 63, 69, 127, 129, 208, 253, 261~262
부화 43, 53, 81
부활 26, 41, 153, 212, 428
북두칠성 323, 365, 405
북부여 39, 82, 118, 160, 191, 208, 430, 436, 461
북사北史 66
북송 115, 117, 354~355, 369
북아메리카 44, 159, 440
북아시아 44, 158, 180, 184, 186, 189, 209, 265, 434
북위 167
북조 304
북진정책 350, 353, 369
불 93, 204~209, 215, 229, 241, 254~260, 263, 265~267, 332, 341~342, 397, 398
불거웃 208
불구佛具 241
불두덩 208

불법佛法 328, 404
불사不死 45, 153, 163~164, 247, 434, 435~436, 448, 464
불새 205, 254, 257, 259, 263, 266, 332
불알 208
붕鵬 357~358
붕새 358
비버 43
비둘기 46~47, 58, 72~73, 159, 188, 441~442
비류국 63
비산동 50
비석 127, 140, 344
비수 344
비슈누 174
비신 243, 319, 342, 344~348, 358
비아 263
빛 37, 40~41, 43, 53~56, 79, 81, 92, 109, 127, 131, 158~159, 172, 186, 432, 452

【ㅅ】
사관史館 17
사금갑 160, 437
사기 53~54, 155, 182, 203, 209
사대事大 214, 355~356, 369, 399, 403, 438, 464
사령 201, 210
사마천 203, 209
사불회도 379~380, 388~390
사비 67
사산조 328~329
사신 122~123, 126~127, 201~204, 206, 210, 215, 219, 221, 223, 225, 228, 236, 245, 248, 253, 257, 264~266, 280, 284~287, 307, 341
사신기 230, 256
사신도 127, 236, 257, 281, 283~286, 307, 353
사자使者 42, 46, 48, 58, 73, 106, 139, 155~156, 176, 188, 253, 265, 287, 351, 434, 436, 448, 452, 464
사천성 103~106, 108, 110, 216
사택지적비 127, 129, 140
산동반도 34, 127, 158, 165, 182, 188, 252, 256, 260, 445
산동성 98, 103, 105~106, 108, 130, 167, 183~184, 216
산릉도감의궤 236~237, 241
산수봉황문전 58, 69
산서성 218
산연화총 280
산해경 101, 103, 166, 171, 174, 241~242
삼국사기 36, 40, 52, 108, 155, 253, 341, 355, 433
삼국시대 18, 25, 58, 71, 90, 117~118, 131, 140, 200, 215, 219, 236, 292, 309, 317, 328, 378
삼국유사 36~37, 40~41, 52, 62~64, 117, 130, 140, 190, 304, 365~366, 369, 461
삼국지 48, 180, 211
3두3족 230~235, 237, 241, 258, 332, 396~397
삼산형 60, 62~64, 69, 91
3수 분화의 세계관 169
3신 14
삼신 118, 169, 191
삼신기 56
삼신산 64
삼실총 121, 123, 222~223, 280, 288, 290~291
삼재론 169~170
삼재도회 113, 264
삼재 부적 170
3족 92, 95, 98, 99, 110~111, 114~115, 117, 129~130, 134, 169, 216, 347, 357, 361, 388, 398, 404, 407, 412, 416, 418, 461~462, 464
삼족오 14~21, 24~27, 34, 35, 43, 81, 82, 90,

97, 99~100, 106, 108~110, 112, 115~118, 123~124, 126~127, 129~131, 134, 138~141, 150, 155~159, 166~169, 171~174, 179, 182, 184~186, 188~191, 200, 205, 207~209, 211~212, 214~215, 233, 241, 243, 252, 254, 256~263, 265~267, 288~292, 295, 300~303, 305~310, 316~319, 323, 331~333, 336, 342~344, 348, 350~352, 358, 363~364, 366~367, 369, 396~397, 407, 414, 416, 426, 433~436, 438~439, 441~444, 446~449, 451~452, 460~467

삼족조三足鳥 18, 90, 95~97, 138
상商 15, 53~54, 155, 177, 182
상기象旗 228, 246, 254~256
상원사 380, 388~389
상제 183, 352
상학경 356
상학경기 157, 433
새 14, 17, 20, 34~35, 40, 42~46, 48~53, 58, 60, 63~64, 66~67, 71, 73, 75, 77~82, 90~99, 101, 103~105, 109~111, 113~115, 123, 126, 130, 132~134, 138~140, 150, 155~160, 162, 168~172, 176, 186~187, 189, 200, 202, 204, 207, 209~211, 214, 229~233, 236, 242, 247, 252, 256~257, 259~260, 263, 265, 267, 323, 357~358, 379, 407, 433~436, 439, 441~443, 447, 462~463, 465
새 깃털 48, 58, 64, 73, 77~78, 80, 173, 211, 442~443
새 모양 토기 57, 60
새옹지마 448
새 토템 17, 25, 34~35, 42, 44~45, 54, 57, 78~79, 90, 99, 112, 117, 139, 141, 158, 179, 181~183, 186~187, 190, 209, 214, 305, 446~447, 460, 462, 465
생성 16, 27, 448, 464~465

생활풍속도 126, 222~223, 225, 285
샤머니즘 16, 42, 44, 48, 80, 182, 184, 186, 189, 305, 446~447
샤먼 42, 80~81, 156, 158, 170, 186, 189, 209, 305, 434, 436, 447
서경 337, 341, 354~355
서경파 354~355, 369
서곡리 1호묘 323
서구릉 323
서궁 228~229, 254
서래사 379, 380, 386~387, 402~403
서봉총 43, 58, 73, 82
서삼동 고분 131, 317, 319, 322, 353, 359
서왕모 21, 106, 108~109, 139, 163, 188, 289, 390
서응도 264
서조 26, 34~35, 43, 57~58, 60, 62~64, 66~67, 69, 71, 75~76, 81~82, 109, 112, 115, 124, 129, 140, 156~157, 205, 254, 257~267, 332, 396~397, 426, 433, 462~463
서희 348~351, 368
석가모니 249, 330, 389
석곽 212, 215, 446
석관 215~216, 218, 228, 236, 245~246, 248, 353
석문의범 405
석탈해 75
선계仙界 64
선사善射 167
선인 60, 62~64, 66~67, 157
선조 53~54, 155, 182~183, 187, 340, 389~390, 400~401, 419
선종 318, 345, 351
선화봉사고려도경 228~230, 246~247, 254, 256
섬토문 323
성기 58, 169, 171~173, 181, 186, 441, 447

성리학 390~391, 399
성수聖樹 39, 44, 118, 191, 346, 430
성수전 381, 411
성종 134, 230, 232, 235, 337, 342, 348~350, 356, 369, 380, 386~387, 390, 394, 402~404, 419, 450, 463
성좌형 20, 103, 118, 123~124, 289~290
성현 232
성주사지 162
성천자 69, 79, 211, 246
성총 121, 123~124, 126, 190, 222, 224~225, 280~283, 285, 287~288, 290~292, 298, 300~302
설문해자 205, 241~242
설총 352
세계관 21, 169~170, 183~184, 189, 209, 446~447
세발 달린 자라 171
세오녀 37, 48, 130, 140, 160, 437
세조 134, 360, 386, 402~403
세종 403
세종실록 230~234, 248, 258
세형동검 49~50
소도 48~49
소르 48
소릉 323
소멸 35, 112, 139, 141, 185, 212, 446, 448, 464~465
소생 36, 41, 55, 79, 153, 180, 427~428, 432, 448, 452
소손녕 348~349
소오 161, 437
소중화사상 418
소지왕 160, 437
소호 127, 129, 260
소호족 25, 100, 127, 129, 207, 260~261
소현 345
속병장도설 233, 235, 237

속일본기 51
솟대 16~17, 35, 42~51, 58, 64, 73, 78~82, 157~158, 162, 434~435, 441, 463
솟대신앙 16~17, 35, 42~43, 48, 78~80, 158, 176, 434~435, 461, 463
송광사 381, 411~412
수경주 167
수계水界 45
수당 35, 187, 218, 333, 397
수대隋代 218~219, 444
수덕 341, 360, 369
수덕만세 341
수렵도 64, 66
수렵총 222, 225, 283~284, 287~288, 291~292, 307
수명水命 360
수미산 346
수서 37, 66
수양대군
수인燧人씨 254
수탉 215, 219, 228, 264~265, 350~351
수황 254
숙신肅愼 242
순수 성좌형 20, 103, 118, 123~124, 289~290
숭명배청崇明排淸 233
숭유억불 407
스키타이 49~50
습유기 127, 129, 260
시림 351
시조始祖 16, 25, 36, 38, 40, 43, 52~53, 62~63, 79, 81, 129, 155, 167, 172, 176, 181, 186, 260~261, 304~305, 327, 340, 351, 359, 366, 370, 403, 429, 437
시호 334
신神 36, 44, 75, 163, 170, 209, 435
신간神竿 49~50, 162, 465
신격화 36, 153, 432
신권神權 181, 186, 447

신기神旗 229, 246, 248, 254~256
신농 206, 208
신단수神檀樹 64, 75, 408
신라 16, 18, 37, 39~41, 43, 52~53, 58, 66, 73, 82, 109, 130~131, 140, 160~161, 308~310, 325, 336, 338, 340~342, 344, 348~352, 355, 359, 367~368, 370, 430, 437
신라계 336, 349
신마 45
신말평 232
신모 47, 441
신목 44, 75
신무천왕 161~162, 437
신문왕 334
신상神像 54~55, 326~327, 433
신생新生 15, 46~47, 58, 73, 78~79, 172, 176, 179~180, 211, 391, 427~428, 443, 448, 464
신석기 36, 90~92, 95, 201, 209, 432, 444
신수 203, 264
신위 412, 415
신작 263
신정神政 183
신조新鳥 16, 42, 45, 48, 80, 159, 210~211, 242, 252, 260, 302, 310, 332~333, 339, 397
신종 131, 322, 358, 362, 415
신중도 379, 381, 407, 409
신중상 390
신화 22~23, 25~26, 35~36, 38~39, 52, 62, 64, 66, 75, 100, 105, 117~118, 139, 156, 158~159, 163~164, 166~168, 184, 190~191, 206, 265, 288~289, 304, 434, 440
심양 162, 267, 463, 466
십륜사 379~380, 386~387, 402~403
쌍영총 121, 123~124, 126, 222, 224~225, 280~285, 287~288, 290~293, 300~301
쌍학 409

【ㅇ】
아마데라스 오오미카미 37, 161, 437
아미타 362, 386~387, 389
아미타 정토 362
아사달 41, 62~63, 94
아일다 331
아침 16, 39, 41, 52, 78, 94, 152~153, 180, 428, 448, 463~465
악학궤범 232~235
안릉 323
안악 164, 280~281, 283~284, 286~288, 290~293, 395, 398, 300~303, 306
안악1호분 121~122, 280, 290~291
안원왕 308
알 25, 40, 43, 52~54, 69, 81, 155, 172~173, 182, 186
알타이 47, 55
암각화 54~55, 57, 79, 154, 173, 432~433
압마 45
압형 토기 60
앙소 문화 90~92, 94~95, 138, 201, 444
애니미즘 35, 182, 431, 446
야마토국 161
야쿠트족 305
야쿠티아 47
약수리고분 121~123, 126, 219, 222, 224~225, 280, 288, 290~291
약사여래 362, 386~390, 406~407
약사여래도 233, 380, 406~407, 412, 414~415, 418~419
약사3존12신장도 317, 319, 362~363, 365, 380, 387, 402~404, 419
양陽 38, 157, 159, 169, 171, 179, 181, 187, 205~206, 259, 298, 333, 399, 433, 445, 448

양광지조이화이행 257, 397
양귀
양기 254, 258
양란 18, 378,~381, 386, 404, 414, 417~418, 463
양릉 131, 317, 319, 322, 358
양물 171~172, 442
양식 25, 27, 122, 281, 288, 299~301, 306~307, 309, 311, 316~317, 323, 325, 342, 353, 356, 358, 362, 367, 378, 386~387, 398, 404, 406, 412, 417~418
양식 변천 18, 21, 378, 463
양원왕 308
양자강 91, 181, 187, 444
양조 48, 157, 159, 172, 205, 212, 356, 433
양조형 20, 289
어둠 16, 159, 180, 214, 343, 434, 448, 464~465
어첩각 411
여러방 무덤 121~123, 222, 281, 283~285, 287, 301, 303, 306
여명 214, 343
여불위 166
여씨춘추 166~167, 206
여와 25, 105~106, 110~112, 291
여일인余一人 305
여진족 342
역도원酈道元 167
역사繹史 254
역사 계승 의식 134, 316~317, 323, 331, 347~348, 354, 359, 365, 367
연등회 350
연수전 381, 411~412
연오랑 37, 48, 130, 140, 160, 437
연호 332, 337, 341, 355
연화당초문 244
연화문 66, 127, 280
연화좌 388

연화총 121, 123, 280, 288, 290~291
열기 36, 205, 254, 256, 258, 266, 332, 426, 432, 452
염제 187, 205~208, 259
영락 281, 284
영생 154, 325, 345, 428, 448
영천 보성리 55, 432
영통사 243
영헌 168
영혼 불멸 15, 35, 78, 428
영혼 승천 46, 48, 73, 176
영혼의 전달자 16, 58, 66, 79~80, 159, 211, 214, 303, 308
예경 202
예기 184, 202~204
예서 232
예맥족 26
예 장군 163, 166, 265, 463
예종 342, 353~354
오간烏干 160, 437
오딘 163
오리 45~47, 50, 60, 96, 111, 157~158, 212, 215, 226, 247, 259, 265, 352
오리형 토기 59~60
오사성발해烏舍城渤海 162, 331, 348, 368
오우관 40, 66, 82, 118, 160, 191, 436, 461
오이烏伊 160, 437
오채 210, 255, 267
오합사 162
오행 38, 178~180, 201~202, 206, 210, 227, 229, 252~254, 256, 263, 267, 298, 407~408, 444
오행론 38, 189, 221, 246, 298, 332, 341
오행상극설 342
오행상승설 342
오회분 4호묘 60, 118, 121, 124, 222, 226, 280~283, 286~287, 290~293, 306~307
오회분 5호묘 118, 121, 124, 206, 208, 222, 226,

280~283, 286~287, 290~292, 295, 306~307
옥책함 246, 249
옥충주자 164
왕건상 131~132, 317, 319, 322, 325~331, 335~336, 338, 367, 430~431
왕대유 93
왕력편 62~64, 304, 365
왕릉 317
왕즉보살 330
왕충 166
외방 무덤 121~124, 222, 225, 281, 283~287, 301, 303, 306
요堯 117, 163, 241~243, 261, 354
요령성 35, 109, 112, 164, 185, 212, 446
요하 90, 92, 303
용 39~40, 62, 69, 71, 76, 123, 126, 201, 204, 229, 242~243, 247, 261, 264~265, 295, 307, 394, 409, 413
용건 360
용봉 76, 243
용문 393~394, 409
용산 94
우두대신 206, 208
우산리 1호분 121, 123, 127, 280, 290~291
우산리 2호분 280, 291
우인 103, 109, 139
우인형 羽人形 21, 104, 289
우주 14, 21, 36, 42, 44, 79, 152, 164, 174~175, 178, 296, 361, 402, 428~429
우주나무 42, 44, 64, 80
우주론 16, 180, 448, 464~465
욱해창응도 170
운기 231, 233~234, 248
울주군 천전리 55, 79, 154, 432
울주군 반구대 173
원圓 15, 18~20, 34, 41, 54, 56, 91~93, 97~98, 103, 105, 110~111, 113, 115, 123~124, 127, 129, 131~132, 134, 140, 150~154, 158, 176~177, 179~180, 182, 186~190, 243~244, 258~259, 280, 289, 291~293, 295, 297~303, 306, 308~311, 316~319, 322~323, 325, 328, 333, 335, 343, 352~353, 356, 358~359, 361~362, 365, 367~370, 378~381, 386~388, 390~391, 394~396, 399~409, 411~412, 414~416, 418~419, 426, 428, 431~432, 439, 443~451, 461~464
원元 18, 113, 117, 241~243, 261
원元 간섭기 133, 140, 317~318, 362, 365~367, 370, 449, 463
원당 134, 325, 329, 411
원성왕 334
원시 신앙 14, 17, 35, 117, 139, 182, 446
원종 323
원주문대 129, 140, 261, 295
원추류 210
원태자 벽화 묘 24~25, 109, 185, 212, 446
원통사 380, 388, 389
월광보살 362~363, 387~388, 390, 405
월상 19~20, 51, 105~106, 110~111, 258, 289, 323, 333, 390~391, 394~395, 405
월상문 23, 90, 97, 111, 114, 117, 120, 123~124, 126, 138, 140, 164~165, 211, 305, 323, 325, 362, 389, 391, 393~396, 408, 412~413, 431, 444, 461
위서 37, 66
유목 47~48, 117, 184, 304
유자광 232
유향 166
유화 47, 58, 73, 159, 304~305, 327, 441
육불회도 379~380, 386~387, 402~403
윤시영 393, 395
은본기 53, 155, 182
음양 38, 106, 178~179, 188~189, 205, 210, 257, 267, 298, 361, 394, 399, 402,

407~408, 431, 444~445, 447~448, 462
음양설 36, 38, 79, 106, 175~176, 181, 187, 189, 298, 361, 399, 402, 429
음양오행설 26, 206, 266
음양오행론 126, 178, 296
응준 162
응준기 228~229, 246, 254~256
의례 60, 78, 232, 248, 405
의봉기 248, 264~265
의장기 21, 112, 215, 228, 230, 232, 246, 248, 254, 256, 265, 381, 416, 438
의종 230, 353, 359, 415
이경헌 409
이곤 380, 388~390, 399~401, 404, 408, 439
이국주 380, 388~389, 399~401, 408
이보간 392
이승휴 63, 366, 369
이아 171, 203, 264
이의민 359~360, 369
이이 390
이자겸 354, 361, 369
이종린 380, 389, 399~400
2족 92, 95, 97~99, 129~130, 138, 150, 169~170, 175, 214, 219, 235, 357, 361, 398, 401~402, 407, 412, 416, 418, 439, 462
이진검 409
이집트 23, 163
이황 390, 399
인디언 43~44, 159, 440
인물풍속도 280~281, 283~287, 307
인사人事 38, 178, 298, 444
인송사 319, 362, 364
인종 40, 228, 243, 254~255, 361
인주 이씨 345
일광 40, 55, 69, 362~363, 386, 388
일광문 56, 79
일광보살 319, 387~390, 405~407, 411

일기 20~21, 112~117, 134, 140, 256, 338, 356, 367, 379~381, 406~407, 412, 414~419, 438~439
일류 40, 106, 108, 110, 184, 297
일몰 92, 97, 152, 169, 174, 427, 447
일몰관 262, 319, 387
일본서기 37, 350
일상日象 15, 19~20, 43, 51, 57, 82, 90, 99, 105~106, 109~112, 114, 134, 139, 170, 176, 258, 289, 291, 325, 333, 361, 368, 387, 390, 404~405, 418
일상문日象文 14~27, 34~35, 42~43, 78, 81~82, 90~91, 97~99, 101, 103, 106, 109~118, 120~124, 126~127, 129~134, 138~141, 150~153, 155~160, 164~165, 168~169, 171~173, 175~180~182, 184~191, 200~201, 211~212, 214, 233, 241, 243, 256, 258~263, 265~266, 280~281, 283~284, 286, 288~292, 295~296, 298~303, 305~311, 316~319, 321~323, 325, 331, 333~336, 338~339, 342~344, 347~348, 350~370, 378~381, 386~402, 404~409, 411~418, 426, 428, 430~431, 433~436, 438~441, 443~452, 460~467
일시자 39, 82, 118, 191, 208, 430, 461
일식 38, 179, 188, 298, 333, 444~445
일연 40, 365, 369
일오日烏 25
일월도자수 가사 134, 140, 214, 318~319, 379, 381, 404, 406, 414, 418~419
일월상 20~21, 23, 105, 176, 290, 323, 325~326, 328, 345~347, 387~388, 431
일월성진 280
일월오악도 134, 379, 381, 407~408, 418, 430~431
일월지자 36~37, 79, 304~305, 310, 429
일자 36~37, 447

일출 41, 92, 97, 152, 169, 173~174, 265, 427, 447
일통 의식 338
임유겸 393
입멸 330
입조 350

【ㅈ】

자연 35~36, 98~99, 138, 175, 209~210, 214, 263, 361, 402, 429~431
자작나무 58, 75
잡아함경 334
장당경 62
장대 43~44, 49~51, 229
장대투겁 49~51
장송 의례 60
장수왕 303, 449
장자 357
장천 1호분 121, 123~124, 222~223, 280~285, 287~288, 290~293, 300~301
장형 168
재생 35, 41~42, 59, 78, 153, 391, 428
재이설 178
재화 災禍 6, 8, 17, 19, 426, 460, 464
적오 160, 252~253, 341~342, 397
적조 204
전국시대 105
전륜성왕 328~329, 331
전통 문화
전한 20, 34, 38, 90, 97~101, 117, 129, 138~139, 165~166, 168, 175~176, 178, 203, 216, 296, 298, 361, 401, 439
정기 37~38, 48, 131, 160, 229, 430
정령 38, 42, 45, 48, 78, 80~81, 156, 158, 168, 430, 434, 452, 464
정미수 393~394
정변 38, 179, 298, 333, 445
정전 246~247

정조 234, 237, 241, 249
정종 323, 350, 407
정체성 17, 200, 305, 467
제곡 53, 182
제비 103, 155~158, 242, 265, 356, 434
제사장 42, 73, 77~79, 81, 173, 442, 447
제석천 390, 404
제왕운기 36, 62~64, 366, 369, 370, 461
제의 52, 78, 176
제주도 47~48, 435
제후국 112, 114, 187, 349
조령 62~63, 69, 73
조류숭배사상 25
조문 57
조선중화주의 233, 235, 450, 463
조양 24~25, 41, 109, 185, 212, 446
조우관 66
조익형 관식 75~76
조인 58
조장 48, 158, 265, 434
족장 43, 81
좌전 205
주 周 15, 26, 177~178, 296
주등 259
주몽 40, 45~47, 58, 62~63, 66, 73, 159~160, 167~168, 172~173, 181, 186, 304~305, 437, 441
주술 14, 56, 79
주자 81, 164, 212, 317, 319, 321, 356, 358, 390~391, 398
주자가례 399
주작 18, 20~21, 27, 51, 60, 62, 200~208, 210~211, 215~216, 218~219, 221~237, 241, 243, 252~254, 256~260, 262~267, 285, 332, 341, 353, 393, 395~398, 462~463
주작기 20~21, 215, 229~237, 241, 256, 258, 264~265, 332, 397

주조 202, 204, 215, 219, 263, 325, 353
주홍사
죽산박씨 341
준오 100, 156, 166
중원 20, 25~26, 35, 112, 117, 139, 141, 179, 181, 184~185, 187~188, 211~212, 299, 333~334, 336~337, 355, 369, 399, 413, 418, 444~446, 451, 461
중화사상 414~415, 419
지계 45, 349
지광국사 132, 212, 317~319, 342~348, 350~353, 358, 364, 368
지광사 380, 388
지릉 323
지모신 47, 62, 73, 118, 191, 304~305, 441
지은원 319, 362
지장사 380, 390
지적원 319, 362
직지사 233, 380~381, 406~407, 412, 414~415, 418
진쯤 252, 264
진秦 54, 155, 166, 182
진연의궤 235~236, 248, 416
진파리 1호분 121, 123~124, 222, 226, 280~283, 286~288, 290~292, 295, 306~307
진파리 4호분 121, 123, 127, 222, 226, 280, 288, 290~291
진파리 7호분 129, 261~262, 295
진표계 344
진한 60, 181, 211
진한 교체기 34, 90, 99, 108, 139, 165, 188, 445
집안 60, 64, 118, 122~124, 126, 164, 206, 221~222, 226, 280~281, 283~288, 290~293, 300, 303, 306~307

【ㅊ】
착의형 326~327
찬궁 236
찰산후 339~342, 348, 368
참새 98~99, 109`110, 134, 138, 188, 214, 263, 318, 379, 386, 404, 407, 412, 418
창경궁 247
채감 412
채화판 85, 75
천天 15, 36, 53, 75, 82, 116, 118, 153, 158, 163, 168~169, 171, 174, 177~178, 189, 191, 265, 296, 305, 333, 435, 447
천개 330
천계 45, 64, 78, 158, 407
천궁 39, 347
천도 67, 178, 297
천둥새 259
천리장성 350
천명 52, 66, 73, 75, 79~80, 116, 159, 176~178, 181, 187, 214, 233, 297, 303, 308, 310, 337, 339, 348, 351~352, 366, 368~369, 401, 403~404, 415~416, 419, 434, 436, 438~440, 447~450, 452, 464
천문도 319, 322~323, 353, 358, 365
천상天上 120
천상天象 15, 42, 112, 153, 387, 427, 429, 438, 464
천손 16, 36, 38, 42~43, 52~53, 62~64, 81, 153, 186, 253, 304~305, 447
천수 337
천수관음보살 110, 380, 388
천신사상 38, 52, 64, 79, 182, 408, 446~447
천왕 36, 60, 62, 253, 350
천왕도 62~64
천왕랑 39~40, 82, 118, 191
천왕지신총 60, 62~64, 121~122, 126, 280~284, 287~288, 290~293, 300~302
천원지방 179, 443

천인감응설 177~179, 181, 187, 189, 214, 296~297, 302, 361, 369, 400, 439, 444, 462
천인합일 15, 178, 448
천자 36, 38, 41~42, 52~53, 62, 73, 79, 116, 118, 126, 176~178, 190~191, 211, 297, 304, 326, 329~330, 338, 367, 403, 429, 434, 436, 438, 447~448, 464
천자국 112, 114, 338, 356, 367~368, 416
천자문 168, 171, 265
천장석 103, 109, 120, 122~124, 126, 140, 301
천정 고임부 216, 221~223, 225, 257
천조대신 37, 161, 437
천지인 117~118, 139, 169~170, 181~183, 186, 190~191, 214, 305, 400, 404, 435~436, 439, 446~447, 461~462
천하관 15~18, 27, 281, 299~300, 303~304, 308~310, 316~317, 323, 331, 347~348, 354, 359, 365, 367, 370, 378, 386, 399, 402, 412, 141, 147~418, 430, 449, 460, 463~465
철새 45~47, 59, 156~158, 168, 265, 434~435, 440
청淸 158, 161, 233, 267, 413, 416, 437, 439, 463, 466
청곡사 249, 251
청대 115, 243
청동기 42, 49~50, 56~58, 66, 73, 77, 80, 90, 95~96, 157, 173, 442~443
청룡 51, 66, 122~123, 201~204, 228, 230, 284~285
초사 166, 289
초사보주 171
초승달 131, 325, 328, 389~391, 395, 408, 431
초의선사 414
초학기 250~206
최충헌 359~362, 369
최치원 352
최표 252

추노 451
춘경 58, 442
춘관통고 234~235, 237
춘추 205
춘추시대 95~97
춘추원명포 171, 263, 265
춘추전국시대 26, 187
충렬왕 40, 365~366, 370
충목왕 323
충선왕 367, 370
충숙왕 367, 370
치성광여래熾盛光如來 405
치세 331, 337, 449
치수 101, 184
치우 167
치천하治天下 15, 361, 427, 429~430, 448, 464
치화 175
칠성도 379, 381, 404~405, 407, 409, 414

【ㅋ】
쿠르칸 묘 50

【ㅌ】
탄란회임설화 54, 155, 182
탑비 42, 131~132, 212, 428
태백기 228, 246, 254~256
태백산 41, 255, 408
태봉 341
태양 숭배 17, 25, 34~35, 38, 41~43, 54, 57, 78~79, 81, 117~118, 139, 158, 179~180, 182, 190, 208, 214, 260, 265, 335, 432, 446, 460~461, 463
태양새 156~158, 169, 181, 186, 205, 254, 257, 259, 265~267, 332, 356, 433~434, 440, 447, 463
태양신 37, 54~55, 160~161, 174, 206, 208, 335, 433, 437
태양신 라Ra 23, 163

태양 운행 152, 174, 178, 427
태학감 335
태현계 344
토끼 90, 97, 105~106, 113, 138, 211, 323, 389~390, 394
토속 신상 326
토테미즘 42~43, 129, 182, 202, 260, 446
토템 17, 25, 34~35, 42, 44~45, 54, 57, 78~79, 90, 99, 112, 117, 129, 139, 141, 158, 179, 182~183, 186~187, 190, 207~209, 214, 260~261, 305, 350, 446~447, 460, 462, 465
토템 기둥 43~44
통구사신총 60, 118, 121, 124, 226, 280~283, 286~288, 290~293, 306~307
통도사 243~244
통일신라 215, 227~228, 323, 325, 333~336, 366~367, 451, 461
통천관 131~132, 319, 322, 326, 329~330, 367
투르칸 57
투르판 20, 35, 112, 185, 212, 446

【ㅍ】
팔관회 249~250
팔두령동구 54, 56
패서 지역 339
편년 121, 219, 281, 283~288, 293, 295~296, 300, 302, 306, 309, 311, 353
평산 박씨 341
평주 340~341
표식 73, 443, 465
표지 120, 140
풍風 210
풍수지리학 360
풍조 210, 266

【ㅎ】
하남 91, 97, 99, 101, 103~104, 183~184, 201, 211, 214, 216, 218
하늘새 158, 169, 171, 181, 186, 265, 433~434, 440, 447
하모도 문화 90~91, 97, 138, 444
학 60, 62, 157~158, 210, 212, 215, 244, 265, 321, 354, 356~357, 361, 433~435, 440
한대漢代 18, 20~21, 23~26, 34~35, 90~91, 97, 100~101, 103, 105~106, 108~112, 138~139, 141, 166, 179, 184~185, 187~188, 202, 210~212, 215~216, 218, 264, 296, 298~299, 333, 399, 444~446, 461
한韓민족 14, 16, 267, 463, 466~467
한반도 26, 34~35, 44, 55, 59, 112, 139, 141, 156~157, 164, 182, 303, 339, 461
한밝사상 42
한족 34, 54, 90, 99, 108, 115~117, 139, 155~156, 165, 180~182, 187~188, 209, 214, 333, 445~446, 462
할관자 263
합장상 323, 325, 333~335, 367
항상성 152, 179, 428~429, 443, 446
해 속의 삼족오 14, 16, 19, 25~27, 35, 90, 97, 99, 109~110, 112, 115~118, 127, 129~131, 134, 138~141, 165, 172, 179, 182, 185, 189~191, 200, 211~212, 258, 316, 323, 333, 336, 343, 348, 365, 367, 407, 414, 416, 426, 433~434, 446, 448, 451, 460~461, 463~465, 467
해동제국기 403
해마기 228, 246, 254~256
해모수 39~40, 66, 82, 118, 160, 191, 208, 304~205, 430, 436, 461
행렬도 285~286
향완 241, 243~244
허재 353

헌경왕후 249
현덕 337
현릉 131, 317, 319, 322, 365
현무 51, 180, 201~205, 228, 285, 353
현실 60, 62, 64, 109, 120, 122~124, 126~127, 140, 209, 215~216, 221~226, 228, 284~286, 302, 307, 353, 388
현조 15~19, 21, 23~25, 27, 43, 53~54, 90, 150~151, 155~159, 162~163, 165, 167~172, 175~180~182, 184, 186~190, 200~201, 211~212, 214, 242~243, 252~254, 256~257, 259, 265, 289~290, 292~293, 295, 297~303, 305~306, 308~311, 316~319, 321, 323, 331~333, 339, 342~343, 347~348, 352~357, 359~362, 364~370, 378~381, 386~389, 395~408, 412, 414~416, 418~419, 433~434, 436, 439~440, 443~450, 460~466
현종 72, 318, 344~346, 348, 350~352, 442
현화사 344~345, 347
현화사비 132, 317~319, 342~345, 347~349, 352~353, 358, 364, 368
형식 18, 20~21, 23~24, 26~27, 97, 121, 281, 288~292, 300, 306, 309, 316~318, 344, 353, 367, 378~381, 286, 404, 417~418
형식 I 287, 292, 296, 300~302, 306~307, 309, 311, 316, 318~319, 361, 367, 378~381, 386, 398, 401~404, 406, 412, 414, 418~419, 463
형식 II 287, 292~293, 295~296, 300~302, 306~311, 316, 318~319, 321, 323, 342, 344, 352, 356, 358, 362, 365, 367~369, 378, 380, 387, 398, 402~404, 412, 418~419, 463
형식 III 287, 292, 295~296, 298, 300~303, 306, 309, 317, 319, 321, 323, 356, 358, 361, 367, 369, 378, 380~381, 388~389,
398~401, 404, 406, 412, 414~415, 418~419, 463~464
형식 IV 287, 292, 298~303, 306, 309, 317, 319, 322~323, 325, 333~336, 343, 353, 356, 358~359, 365, 367, 370, 378, 380~381, 390, 392, 394, 398~399, 407~409, 412~414, 418, 463~464
호남리사신총 221~222, 226
호랑이 64, 201
호루스 163
호족연합정책 336
혼일강리역대국도지도 403
홍성민 325
홍언광 393
홍여조 171~172
화덕 206~207, 341
화리 262~263, 265, 267
화상 101, 103~104, 106 108 139 218 452
화상석 21, 23, 26, 101, 103~105, 110, 184, 216, 296, 399
화신 43, 81~82, 118, 191, 208, 259, 405, 463
화엄법회소 330
화엄종 334
화이관華夷觀 181
화이론華夷論 117
화이론자 349, 356, 369
화조 263, 267
화하족 15~16, 18, 150, 180, 187~170, 209, 445, 462
환구단 403
환두대도 58, 71, 73, 76~78
환문 54, 57, 154, 432
환문총 54, 57, 78, 432
환웅 38~39, 41, 62, 118, 190~191, 304, 430
환인 38~39, 118, 190~191, 280, 430
황도 337
황룡 126, 246
황룡기 256

황아 127, 260
황제 114, 116, 126, 187, 237, 304, 310, 330, 337, 355, 415~417, 438
황제국 338, 349, 356, 367, 415~417, 450
황조鳳鳥 210
황천지자 26, 79, 304~305, 310, 429
황하강 187
회귀 36, 79, 152, 164, 428~429
회귀성 152, 427~428, 448, 464
회남자 100, 166, 206, 254, 258
회암사 246, 380, 388, 401, 406~407
횡혈식 325
효경 344
후고구려 160, 339, 341~342
후당 116, 337~338
후발해 162, 331, 348, 368
후예 25, 167, 187~188, 242, 340, 342, 445
후진 116, 337~338
후한 20, 90, 97, 100~101, 103~106, 108~111, 116, 139, 152, 166, 168, 176~177, 188~189, 204, 214, 216, 296, 361, 399, 428
후한서 180, 263
훈구 세력 419
흑점 20, 23, 26, 158, 168, 179, 265, 289, 299, 333, 399, 418, 445
희왕 332
희종 362